Rob van der Plas

DAS FAHRRAD

Technik · Wartung · Reparatur

Otto Maier Ravensburg

CIP-Titelaufnahme der Deutschen Bibliothek

Plas, Rob van der:
Das Fahrrad : Technik, Wartung, Reparatur /
Rob van der Plas.
Zeichn. von Gerhard Schmid u. Rob van der Plas.
– Ravensburg : Maier, 1989
ISBN 3-473-42564-8

Umschlaggestaltung: Ekkehard Drechsel
Zeichnungen: Gerhard Schmid und
Rob van der Plas
Satz: Satz-Offizin Hümmer GmbH,
Waldbüttelbrunn
Gesamtherstellung: Appl, Wemding
Printed in Germany

92 91 90 89 4 3 2 1

ISBN 3-473-42564-8

Inhaltsverzeichnis

Teil I
Fahrrad und Radfahrer

1. Radfahren heute 8
2. Das Fahrrad aus der Nähe betrachtet 13
3. Das richtige Fahrrad 21
4. Weitere Ausrüstung 30
5. Der Umgang mit dem Fahrrad 39
6. Die Sicherheit beim Radfahren 51
7. Radfahren mit Kindern 63
8. Fahrradtouren und Fahrradreisen 68
9. Mountainbike- oder Geländefahren 81
10. Radfahren als Fitneßtraining 93

Teil II
Die Technik des Fahrrads

11. Werkstoffe und Konstruktion 102
12. Der Rahmen 113
13. Die Lenkung 127
14. Sattel und Sattelstütze 139
15. Die Laufräder 144
16. Der Antrieb 163
17. Die Kettenschaltung 182
18. Die Nabenschaltung 195
19. Die Nabenbremsen 204
20. Die Felgenbremse 211
21. Beleuchtung und weiteres Zubehör 224
22. Werkstatteinrichtung und Wartung 237

Anhang

Tabellen 247

Register 251

Teil I

Fahrrad und Radfahrer

1 Radfahren heute

Radfahren ist und bleibt aktuell. Tausendmal totgesagt, findet der Drahtesel immer wieder neue Anhänger, die ihn mit Begeisterung und viel Phantasie zu nutzen wissen. Im letzten Jahrzehnt hat das Radfahren, trotz der immer mehr um sich greifenden Motorisierung sogar deutlich zugenommen. So mancher Zeitgenosse, der aus praktischen oder – häufiger noch – aus Prestigegründen irgendwann einmal auf das Auto umgestiegen war, hatte bald erkannt, daß die Freude am Autofahren ihre Grenzen hat. Und als sich schließlich jeder seinen fahrbaren Untersatz leisten konnte, war auch der Prestigegewinn durch das eigene Auto merkbar gemindert.

Dazu kam das gesteigerte Bewußtsein, daß körperliche Anstrengung in der Freizeit eine schöne Sache war. Als dann die Sportradler merkten, daß sie auf dem Fahrrad nicht nur trimmen, sondern auch so manche Besorgung erledigen konnten, von der Erholung und Freude am Radfahren einmal ganz abgesehen, war der Weg frei für eine neue Generation von Radfahrern.

Das praktische Fahrrad

In der Stadt ist das Fahrrad dem Auto auf Entfernungen bis zu 6 km überlegen – dem öffentlichen Nahverkehr sogar bis zu 13 km. Nicht zuletzt deshalb werden heute in der Bundesrepublik allein schon im Nahverkehr jährlich 15,9 Milliarden km mit dem Fahrrad zurückgelegt. Das entspricht ganzen respektablen 9% des PKW-Anteils oder 28% der im öffentlichen Nahverkehr erbrachten Leistungen.

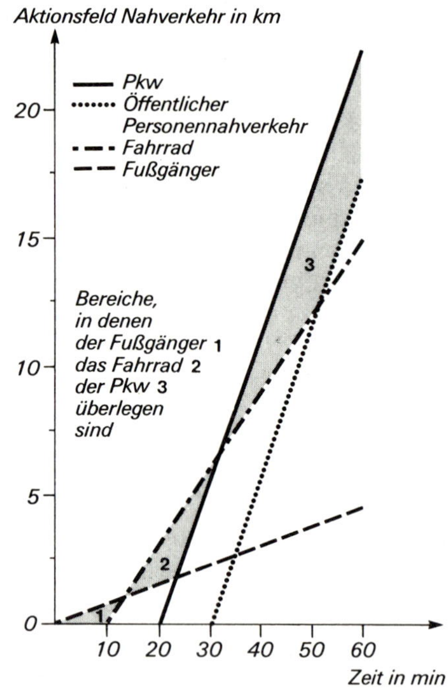

0 min: Rüstzeit Fußgänger (Start und Ziel)
10 min: Rüstzeit Fahrrad (Start und Ziel)
10-30 min: Rüstzeit Pkw (Start und Ziel)
20-40 min: Rüstzeit ÖPNV (Start und Ziel)

Das Auto fährt hinterher

Unter Berücksichtigung der längeren Rüstzeiten für das Auto (Parkplatzsuche, Anmarschweg) ist das Fahrrad in der Stadt auf Distanzen zwischen 1 und 6 km konkurrenzlos schnell.

1.1 Vergleich der Wegzeiten im innerstädtischen Nahverkehr (Quelle: „Bild der Wissenschaft", Mai 1988)

Das vielleicht erstaunlichste ist, daß dieser Trend sich in allen städtischen Bereichen gleichermaßen abzeichnet, denn seit 1974 hat sich der Anteil des Radverkehrs praktisch überall mehr als verdoppelt, ganz gleich ob in einem

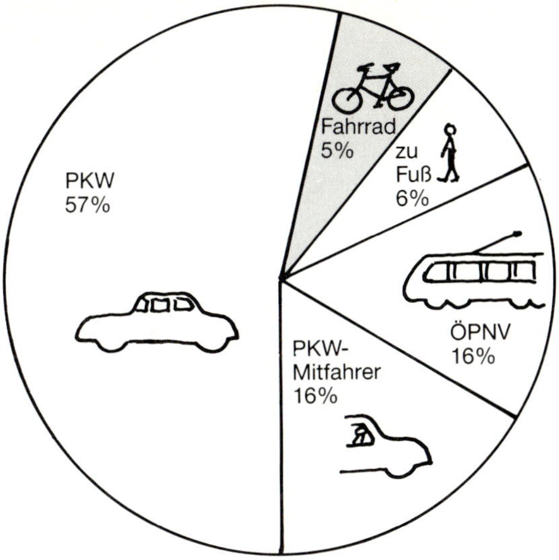

1.2 Relative Anteile der Verkehrsmittel im Nahverkehr – Stand 1986

freundlichen Ort mit ausgeprägter Fahrradförderung oder in einer fahrradfeindlichen Großstadt.

Das bessere Fahrrad

Mit der zunehmenden Attraktivität ging die ständige Weiterentwicklung und Verbesserung des Fahrrads einher. Zu keiner Zeit seit seiner Ausreifung zum „Sicherheitsrad" Ende des 19. Jahrhunderts wurden so viele Neuentwicklungen des Zweirades und seiner Ausstattung unternommen wie in den letzten zehn Jahren. Obwohl das durchschnittliche neu verkaufte Fahrrad immer noch kein Nobelrad ist, besteht doch ein deutlicher Trend zum gut ausgestatteten, hochwertigen Fahrrad.
War in Deutschland bis Ende der siebziger Jahre das sogenannte Sportrad mit seinen dikken Reifen und dem Dreigang mit Rücktritt vorherrschend, so hat sich inzwischen eine ganze Reihe von ansprechenderen Fahrradtypen durchgesetzt, die nicht nur formschöner, sondern auch praktischer, wendiger und weniger anstrengend zu fahren sind. Dazu kommt noch eine ebenso rapide Entwicklung auf dem Sektor der Teile und des Zubehörs.
Alles in allem gibt es heute eine so große Auswahl an ausgereiften Produkten, die zudem fast überall erhältlich sind, daß es nicht verwunderlich ist, wenn die Anhängerschaft des Fahrrads ständig wächst.
Angesichts der enormen Vielfalt verspürt der Fahrradfreund jedoch oft Ratlosigkeit. Zu verwirrend sind die vielen angeblichen oder echten Neuentwicklungen, zu verführerisch die neuen Angebote, zu undurchschaubar so manche Ankündigungen oder Aussagen von vermeintlichen oder echten Fachleuten, die zum Teil längst Überholtes für neu ausgeben oder die optimistischen Behauptungen der Werbetexter unkritisch weiterverbreiten.

Zweimal Fahrrad. Auch das futuristische Gefährt, das dem Rennfahrer hier mit 100 km/h davonbraust, wird mit Muskelkraft angetrieben. Trotzdem wird sich das Fahrrad der Zukunft aus praktischen Gründen wohl eher am herkömmlichen Fahrrad orientieren. (Foto: H. A. Roth)

Der selbstbewußte Radfahrer. Was hier in einer Aufnahme aus der holländischen Stadt Tilburg zu sehen ist, kann ohne weiteres auch in vielen deutschen Städten verwirklicht werden, und zwar ohne viel baulichen Aufwand.

Dieses Buch will die Radfahrer von heute mit den alten und neuen Möglichkeiten des Fahrrades vertraut machen. Es will alles Wissenswerte über das Radfahren vermitteln und ein praktischer Ratgeber für die Anschaffung, Ausstattung und Instandhaltung dieses vielseitigen Gefährts sein.

Die Betonung liegt auf „praktisch“, wobei der Blick sich weniger auf das Fahrrad von gestern oder morgen richtet. Unser Hauptaugenmerk liegt auf den greifbaren Wirklichkeiten von heute. Wir werden uns daher nur sehr beschränkt mit der Geschichte des Fahrrades oder futuristischen Vorstellungen über das vermeintliche Fahrrad von morgen beschäftigen: mit ersterem nur, wo es darum geht, die Entwicklung zu verstehen, mit letzterem nur, wenn die vorhersehbaren Entwicklungen und Einsatzmöglichkeiten des Fahrrads in der nahen Zukunft realistisch abzuschätzen sind.

Auch keinem utopischen Futurismus soll hier das Wort geredet werden: Weder ein autofreies Fahrradparadies noch ein revolutionäres Fahrraddesign wird Ihnen hier versprochen. Dafür erhalten Sie aber handfeste Fakten und hilfreiche Tips für die Benutzung des Fahrrads in der zugegebenermaßen unvollkommenen Welt von heute und mit den einfachen Fahrrädern von heute. Sie werden sehen, daß man auch in unserer vom Auto beherrschten Gegenwart Freude am Radfahren haben und das Fahrrad auch und gerade heute ein ebenso praktisches wie vergnügliches Verkehrsmittel sein kann.

Viele neue Fahrradtypen haben sich in letzter Zeit durchgesetzt. Ausgestorben sind die schwergängigen Klappräder, deren einzige Lebensberechtigung ihre Transportfähigkeit war. Dafür konnten sich Hollandrad, Rennrad, Reiserad und Mountainbike durchsetzen. An-

1817 baute sich der badische Förster Freiherr von Drais zu Sauerbronn dieses Urfahrrad, das nach ihm Draisine genannt wurde. Obwohl ein Antrieb über die Räder erst 30 bis 40 Jahre später eingeführt wurde, ist das Prinzip des Fahrrads, nämlich das Balancieren auf einem einspurigen, lenkbaren Fahrzeug, hier bereits vorhanden.

Es dauerte bis ca. 1895, bis diese moderne Form des Fahrrads mit Kettenantrieb entstand. Dieses Rover-Rad des englischen Ingenieurs und Industriellen John Kemp Starley gilt als Vorbild des heutigen Fahrrads.

dere Fahrradtypen, wie z. B. das Tandem, sind nun wieder leichter erhältlich. Wer etwas ganz Ausgefallenes haben will, kann heute solche besonderen Modelle wie Liegeräder, abgefederte Räder, teilverkleidete Räder und andere ungewöhnliche, aber gut durchdachte Sonderkonstruktionen erwerben.

Dazu kommt noch das gewaltige Angebot an Zubehör: das unzerstörbare Fahrradschloß ist heute genauso zu haben wie der sichere Sturzhelm und der Fahrradanhänger, der elektronische Tachometer wie der perfekte Heimtrainer, der Dachträger für den Transport des

Radfahren ist weiterhin eine Freizeitbeschäftigung. Organisierte und spontane Radwanderungen alleine oder in Gruppen bieten Gelegenheit, die Natur hautnah zu erleben. (Foto: Travelo Radreisen)

Auf Fahrradmessen, z. B. der zweijährig abgehaltenen IFMA in Köln oder dem Amsterdamer Tweewieler-RAI, werden die Neuentwicklungen der Fahrradindustrie einem zunehmend interessierten Publikum gezeigt.

Fahrrades sowie Packtaschen für die Mitnahme von Gepäck. Außerdem gibt es heute ein kaum zu übertreffendes Angebot an Spezialbekleidung für das Radfahren unter allen möglichen Bedingungen.

Der neue Radfahrer

Analog zu dieser technischen Entwicklung hat sich ein neuer Typus entwickelt: der selbstbewußte Radfahrer; jemand, der nicht nur gerne Rad fährt, sondern es auch öffentlich gerne und mit offensichtlichem Stolz bekundet. Radfahrer dieses Typs sind zum Teil aktiv in Radfahrerverbänden oder Bürgerinitiativen, die sich um die Belange des Fahrradverkehrs kümmern.

Dann gibt es noch welche, die nicht so sehr darauf bedacht sind, die Welt zu verändern. Ihnen liegt mehr das Praktische. Die einen wie die anderen fahren mit einer Selbstsicherheit im Verkehr, die es ihnen ermöglicht, schnell und gefahrlos voranzukommen. Den Anfängern und Zögernden unter Ihnen sei gesagt, daß guter Fahrstil, Kondition und sicheres Fahrverhalten lernbar sind. Anfängliche Mühen werden belohnt durch gesteigerte Freude am Radfahren.

Wer heute radfahren will, der kann es gemächlich oder schnell, unbepackt oder mit schwerem Reisegepäck, mit der Familie oder allein, in der Stadt oder auf dem Lande, auf Asphaltstraßen, Waldwegen oder sogar im freien Gelände – jeweils mit der entsprechenden Ausrüstung. Organisierte Auslandtouren gehören genausogut zu den heutigen Möglichkeiten wie die selbstgeplante Individualtour, sei es im eigenen Land oder in den entferntesten Ecken der Welt. Steigen Sie auf, ich zeige Ihnen, wo es langgeht.

2
Das Fahrrad aus der Nähe betrachtet

In diesem Kapitel werde ich Ihnen zeigen, wie das Fahrrad aufgebaut ist und wie die einzelnen Teile heißen. Weiter werden Sie erfahren, wie die unterschiedlichen Fahrradtypen bezeichnet werden und was sie im einzelnen unterscheidet bzw. charakterisiert.
Weitere technische Einzelheiten werden Ihnen in den Kapiteln des ersten Teils erspart. Ich gehe nähmlich davon aus, daß es Sie nicht so brennend interessiert, wie jede einzelne kleine Schraube genannt wird und welche Funktion sie hat. Ich werde diese Punkte im zweiten Teil in Verbindung mit den jeweils relevanten Reparatur- und Wartungsanleitungen behandeln. Ein paar einfache Sachen sollten Sie allerdings der Verständlichkeit halber schon jetzt kennenlernen.

Die Teile des Fahrrads

Die Abbildung zeigt ein typisches Fahrrad mit den Bezeichnungen der wichtigsten Teile und des wesentlichen Zubehörs. Um sich die Bezeichnungen und ihre Funktionen leichter einprägen zu können, teilt man sie am besten nach folgenden Funktionsgruppen ein:

Der Rahmen
Die Lenkung
Sattel und Sattelstütze
Die Laufräder
Der Antrieb
Die Gangschaltung
Die Bremsen
Die Beleuchtung
Weiteres Zubehör

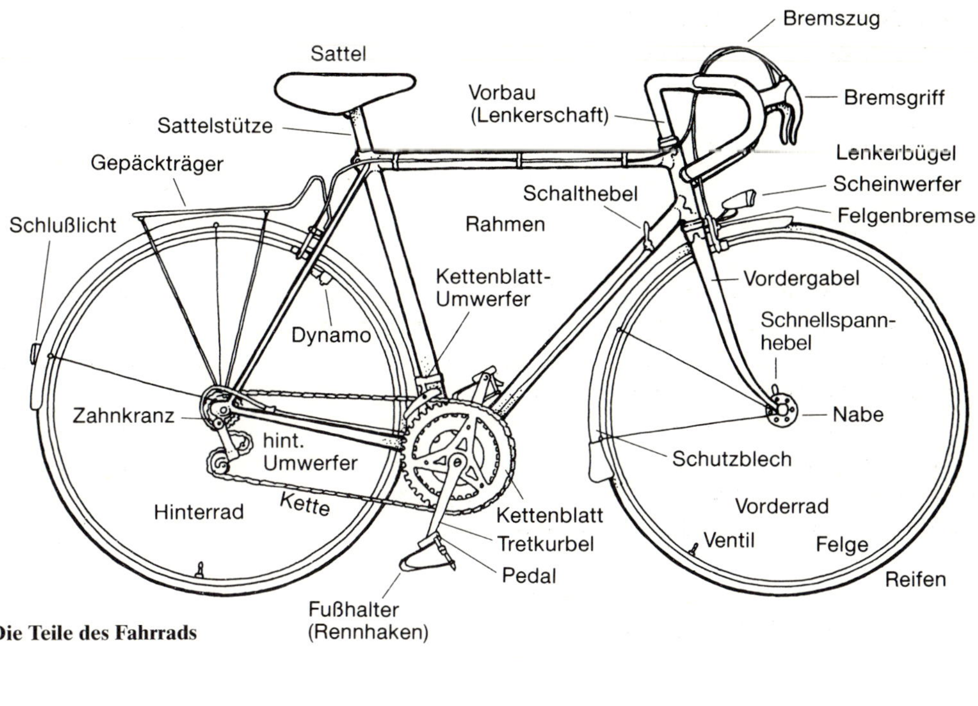

2.1 Die Teile des Fahrrads

Der Rahmen ist das Gerüst – sozusagen das Rückgrat – des Fahrrads. Alle weiteren Hauptkomponenten und Zubehörteile werden vom Fahrradhersteller, der selbst meistens nur den Rahmen hergestellt hat und alle anderen Teile von Spezialzulieferern bezieht, an den Rahmen anmontiert. Der Rahmen besteht aus den relativ dicken Rohren des Vorderrahmens (Oberrohr, Sitz- oder Sattelrohr, Unterrohr und Steuerkopfrohr) sowie aus den dünneren Hinterrohren und Hinterstreben des Hinterrahmens. Die Größe des Rahmens – genauer gesagt, die Länge des Sitzrohrs – bestimmt die nominale Größe des Fahrrads.

Die Lenkung besteht aus der Vordergabel, die mit den Kugellagern des Steuerkopfes in das Steuerkopfrohr des Rahmens montiert ist, sowie aus dem Lenker, der mit einem Lenkerschaft oder Vorbau einstellbar mit der Vordergabel verbunden ist.

Der Sattel wird auf einer rohrförmigen Sattelstütze justierbar in Höhe und Neigung im Sattelrohr des Rahmens angebracht und dort mit einem Klemmbolzen eingeklemmt.

Die Laufräder bestehen je aus einer zentralen Nabe, einem Geflecht aus Speichen, einer Felge sowie Reifen und Schlauch.

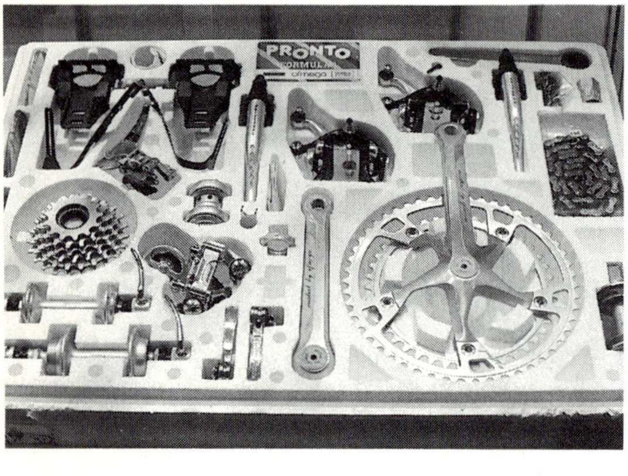

Ein Zubehörsatz. Der Fahrradhersteller macht meist nur den Rahmen selbst und montiert dann die Teile eines oder mehrerer Teilehersteller. Dieser Bausatz von Ofmega ist für den Einsatz bei einem Renn- oder Trimmrad gedacht.

Der Antrieb umfaßt die Teile, die die Antriebskräfte des Fahrers auf das Hinterrad übertragen: Pedale, Tretkurbel, Tretlager, Kettenblätter, Kette sowie das Ritzel oder der Zahnkranz des Hinterrads.

Gangschaltungen gibt es in zwei Haupttypen, nähmlich Kettenschaltung und Nabenschaltung. Im ersten Fall wird die Kette mittels Umwerfern seitlich zwischen unterschiedlich großen Kettenblättern und Ritzeln umgelegt, damit ein anderes Übersetzungsverhältnis entsteht. Bei der Nabenschaltung wird diese Anpassung von einem Mechanismus vollzogen, der in die Hinterradnabe eingebaut ist.

Die Bremsen gibt es in zwei Haupttypen: Felgenbremsen und Nabenbremsen. Zudem gibt es von jeder Sorte eine Vielzahl von Einzeltypen. Manche Räder haben vorne und hinten Felgenbremsen, während andere neben der Felgenbremse am Vorderrad hinten noch eine Nabenbremse haben. Insbesondere die aufwendigsten der Hollandräder sowie einige Reiseräder haben vorne und hinten Trommelbremsen.

Beleuchtung und Zubehör sind bei den meisten Fahrrädern, die für den normalen Gebrauch auf der Straße bestimmt sind, bereits installiert. Bei manchen Rennrädern und Mountainbikes verzichtet man aber oft darauf.

Fahrradtypen

Die wesentlichsten Fahrradtypen werden hier der Reihe nach vorgestellt. Dabei werde ich die Stärken und Schwächen der einzelnen Typen beschreiben. Bedenken Sie jedoch, daß sich auch diese Kriterien nicht so leicht festlegen lassen. Es gibt Fahrräder, die nicht so eindeutig einer bestimmten Kategorie zuzuordnen sind.

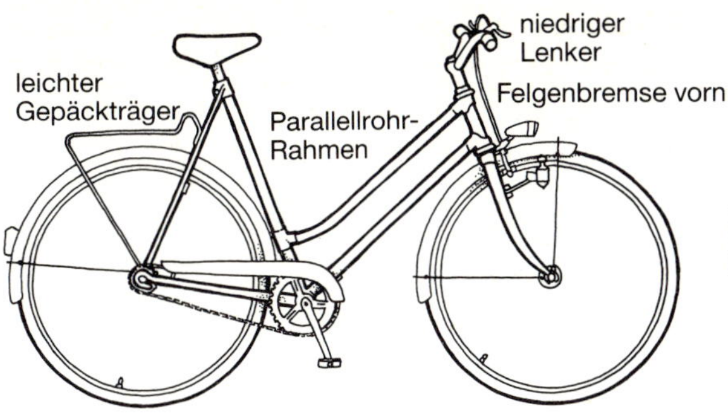

2.2 Sportrad (Damenausführung)

2.3 „Leichtlaufrad“

Sportrad ist die irreführende Bezeichnung für das bürgerliche Fahrrad mit relativ dick bereiften Rädern, einer Dreigangschaltung mit Rücktrittbremse hinten sowie einer Felgenbremse vorne. Es hat nichts Sportliches an sich und wird heute mehr und mehr durch andere Modelle verdrängt. Trotzdem hat dieses einfache Rad seine Stärken, insbesondere für Leute, die sich nicht zu viel um ihr Fahrrad kümmern wollen und keine besonderen Leistungen erwarten. Die Damenausführung ist insbesondere auch für kleiner gebaute Leute gut geeignet.

Leichtlaufrad ist eine relativ neue Beschreibung für ein Fahrrad, das meist mit Kettenschaltung und Felgenbremsen sowie (zumindest in der Herrenversion) mit relativ schmalen 28-Zollrädern ausgestattet ist. Der Name ist etwas unpräzise, denn es läuft nicht unbedingt leichter als manche anderen Modelle.

Hollandrad ist die gängige Modellbezeichnung jener Räder, die einen geschlossenen Kettenkasten und Mantelschoner sowie ein fest eingebautes Bügelschloß, einen lackierten Gepäckträger und Schutzbleche (hinten weiß lackiert) haben, auch wenn sie gar nicht in Holland hergestellt wurden. Die echten, also aus Holland importierte Räder sind ausnahmslos von besserer Qualität als Modelle aus deutscher Produktion – auch wenn erstere kein DIN-Zei-

Das deutsche Sportrad, mit Rücktrittbremse und Dreigangschaltung, ist immer noch der hierzulande verbreitetste Fahrradtyp, obwohl es nach und nach durch das Hollandrad und das Mountainbike verdrängt zu werden scheint.

Hollandrad von Batavus. Obwohl sich die Holländer daheim auch ohne Gangschaltung und Vorderbremse zurechtfinden, setzt sich die Ausführung mit Trommelbremsen und Nabenschaltung für den Export allmählich durch.

Mountainbikes sind noch relativ neu, denn in Europa wurden sie zum ersten Mal auf der Mailänder Messe von 1983 gezeigt. Sie haben rasch Zuspruch gefunden. Kettenschaltung mit 15 oder 18 Gängen, dicke Hochdruckreifen und besondere Felgenbremsen sind ihre Hauptmerkmale.

Reiserad von Cannondale aus Amerika. Diese Fahrräder sind eine Weiterentwicklung des französischen Randonneurrads. Das hier gezeigte Modell hat einen Aluminiumrahmen mit besonders dicken Rahmenrohren. Wieso das erforderlich ist, lesen Sie in Kapitel 11.

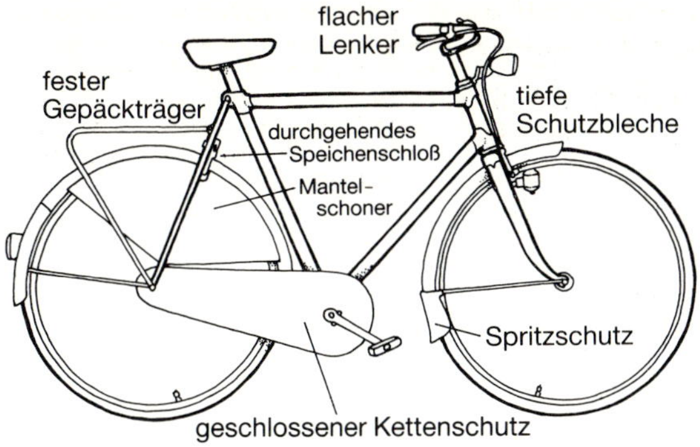

2.4 Hollandrad

chen tragen. Sie eignen sich für Leute, die ein möglichst zuverlässiges und praktisches Rad haben wollen und sich mit einer bescheidenen Leistung zufrieden geben. Außerdem haben diese Räder den Vorteil, daß hier die Kleidung gut gegen Schmiere und Spritzwasser geschützt ist und der Gepäckträger ein erhebliches Tragvermögen aufweist.

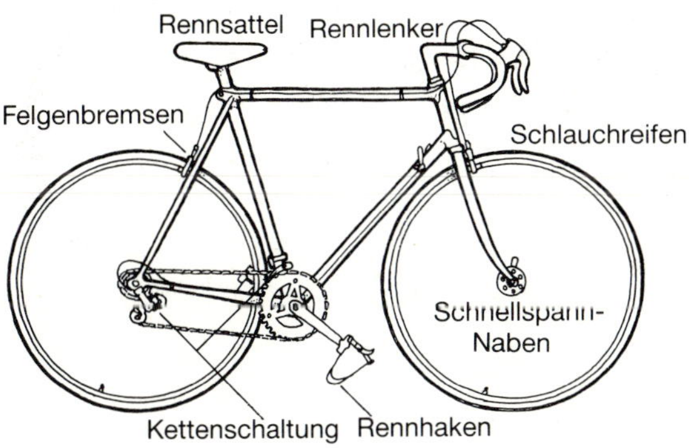

2.5 Renn- bzw. Trimmrad

Das Rennrad ist ein leichtes und fragiles Gefährt, das mit tiefgezogenem Lenker, Kettenschaltung und Felgenbremsen sowie sehr schmalen Reifen und den leichtesten Teilen ausgestattet ist. Es ist ein nacktes Ding, das eigentlich nur für Schönwettergebrauch geeignet ist. Andererseits ist es, dank seiner Leichtigkeit und meist hohen Qualität, ein besonders angenehm zu fahrendes Gerät.

Das Trimmrad ist eine Variante des Rennrads, das mehr für den normalen Gebrauch gedacht ist. Im Prinzip ist es nichts anderes als ein einfaches Rennrad. Hiervon gibt es – im Gegensatz zum echten Rennrad – Modelle mit tiefgelegtem Oberrohr, die es Frauen erlauben, mit Rock zu fahren. Das Fahrrad wird dadurch jedoch weniger stabil.

2.6 Rennsportrad

Das Rennsportrad ist ein Modell, das die Eigenschaften des Rennrads mit denen des Sportrads vereint. Ausgestattet mit einem Rennlenker, Kettenschaltung und Felgenbremsen, ist es aber meist längst nicht so leicht. Außerdem ist es durch die Ausstattung mit dem üblichen Zubehör mehr auf den Alltagsgebrauch abgestimmt. Auch dieses Rad ist als Damenrad zu haben.

2.7 Reiserad

Das Reise- oder Touristikrad ist eine relativ neue Variante. Es basiert auf dem Rennsportrad, ist aber auf das Befördern von Urlaubsgepäck und auf das Fahren in bergigem Gelände hin konzipiert. Es hat widerstandsfähige Reifen, eine bergtüchtige Gangschaltung und besonders stabile Gepäckträger hinten und vorne.

2.8 Mountainbike

Das Mountainbike ist der neueste Sproß der Fahrradfamilie. Ursprünglich in den Vereinigten Staaten für das Fahren in unwegsamem Gelände, insbesondere auf steilen Berghängen, konzipiert, ist dieses Modell auch in einfacheren Ausführungen zu haben, die auch **Stadtrad** genannt werden. Diese sind zwar gut für den Gebrauch auf Waldwegen und Kopfsteinpflaster geeignet, jedoch nicht für den wirklich harten Einsatz. Im Prinzip sollte jedes richtige Mountainbike mit 18-Gang-Kettenschaltung und besonders wirksamen Bremsen ausgestattet sein. Dazu gehören auch dicke und stark profilierte Reifen, ein flacher Lenker und eine Schnellspann-Sattelverstellung.

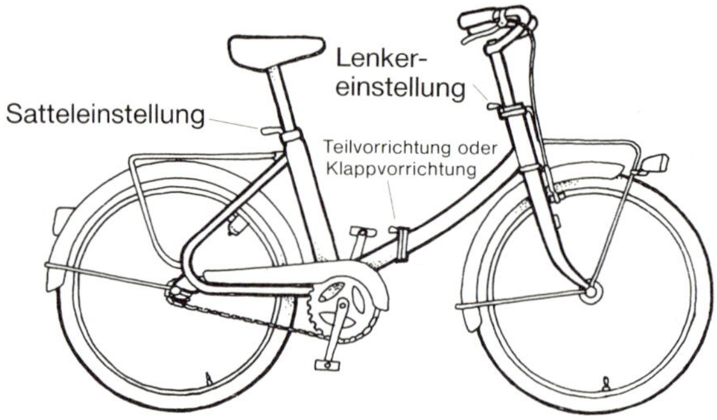

2.9 Klapprad

Klapp- und Steckräder gibt es sogar heute noch, auch wenn die große Klappradwelle der sechziger und siebziger Jahre mit ihren minderwertigen Billigprodukten zum Glück end-

Tourentandem des deutschen Spezialrahmenbauers Hans Mittendorf. Auch das Tandem erfreut sich heute zunehmender Popularität.

2.10 Tandem

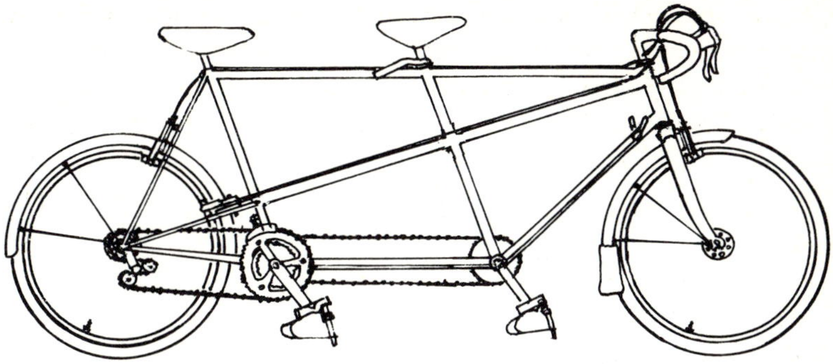

gültig vorüber zu sein scheint. Einige interessante Räder dieser Kategorie werden wieder aus England und dem Fernen Osten importiert. Obwohl es Ausnahmen gibt, wie z. B. das sehr luxuriöse gefederte und teilbare Moulton, sind die meisten dieser Räder weiterhin billige Kompromisse, die besser zum Klappen als zum Fahren geeignet sind. Allenfalls ist so ein Rad für die relativ unkomplizierte Beförderung in öffentlichen Verkehrsmitteln geeignet, z. B. bei der Fahrt zur Arbeit.

Das Tandem, das Fahrrad für zwei, ist in letzter Zeit wieder beliebter geworden. Allerdings gibt es nur wenige Modelle, die wirklich von befriedigender Qualität sind, denn die doppelte Belastung stellt recht hohe Ansprüche, denen ein Billigprodukt nicht gerecht werden kann. Gute Tandems gibt es in Ausführungen, die dem Hollandrad entsprechen sowie in Renn- oder Rennsportrad-ähnlichen Ausführungen.

Sonderfahrräder werden hin und wieder eingeführt, meistens mit einem für mich unerklärlichen Optimismus seitens der Hersteller und einer beträchtlichen Naivität seitens der Fachpresse sowie unberechtigten Erwartungen der potentiellen Kunden. Alles schon mal da gewesen, ob Liegerad oder Sesselrad, ob Wellenantrieb oder Verkleidung, ob Bambusrohr oder Kunststoff, ob Dreirad oder Möchtegern-Raumkapsel. Die Gründe, wieso solche Produkte sich in der Vergangenheit nicht durchgesetzt haben, gelten auch heute noch: Meist sind sie technisch unzulänglich oder unpraktisch.

Das Klapprad ist tot, es lebe das Klapprad! Dieses ingenieurmäßig konstruierte teilbare, kleinrädrige Modell des englischen Herstellers Alex Moulton ist an Vorder- und Hinterrad gefedert und fährt sich traumhaft schön. Es ist nicht billig.

Auch ausgefallene Fahrräder sind zu haben. Hier ein elegantes Sesselrad. So ein Gefährt ist zwar schwer zu balancieren, ist jedoch besonders sicher, weil man von ihm nicht so leicht mit dem Kopf voraus abstürzen kann.

2.11 BMX-Rad

Kinderräder gibt es heute – neben den wieder im Aussterben begriffenen BMX-Rädern, die eben nur als Spielzeug und nur sehr bedingt als Transportmittel geeignet sind – in mehreren Typen. Insbesondere von französischen Herstellern gibt es ganz vernünftig auf die Physiognomie des Kindes abgestimmte Räder, die dann z. T. auch so leicht zu fahren sind, daß sogar kleinere Kinder auf relativ großen Entfernungen bei adäquater Reisegeschwindigkeit mithalten können – eine Voraussetzung für den gelungenen Familienausflug.

Das „Formel-1"-Rad ist ganz neu auf dem Markt für Kinderräder: ein schnelles und wendiges Rad, das in einer weit nach vorne geneigten Rennposition gefahren wird. Im Vergleich zum BMX-Rad, von dem es abgeleitet ist, hat es schmale 20-Zoll-Reifen und eine Fünf- oder Sechsgang-Kettenschaltung. Einige japanische Teilehersteller haben sich bereits auf diese neue Entwicklung gestürzt und bieten besondere, passende Teile an. Allerdings ist es durchaus möglich, Teile zu benutzen, die eigentlich für das Rennrad konzipiert sind.

2.12 Das Formel-1-Rad

3
Das richtige Fahrrad

Obwohl anzunehmen ist, daß Sie bereits ein Fahrrad haben, ist es ganz angebracht, an dieser Stelle Wahl und Kauf eines neuen oder gebrauchten Fahrrads zu behandeln. Sie lernen dadurch das bereits vorhandene wie das neue Fahrrad kritisch zu betrachten, und Sie bekommen Kriterien an die Hand, die Ihnen die Entscheidung für ein bestimmtes Rad erleichtern werden.

Welches Rad für welchen Zweck?

Jeder Fahrradtyp hat seine Stärken. Die Wahl des richtigen Rades hängt daher ganz von seinem künftigen Gebrauch ab. Allerdings ist es nicht so, daß ein Rad, das für einen bestimmten Zweck besonders gut geeignet ist, nicht auch anders einzusetzen wäre. Ich hatte selbst jahrelang auch nur ein einziges Rennrad, das ich sowohl für die Fahrt zur Arbeit als auch für die Urlaubsreise sowie für Geländefahrten benutzt habe. Trotzdem sollten Sie – ganz gleich, ob Sie nur ein Rad haben oder mehrere – möglichst ein Modell wählen, das Ihren Ansprüchen und den häufigsten Nutzungsarten am besten entspricht.
Von den meisten Typen gibt es viele Fabrikate, und es läßt sich kaum eine verbindliche Empfehlung für das eine oder andere Fabrikat machen. Zwar gibt es einige Hersteller, die nur teure, hochwertige Produkte oder aber nur Billigware anbieten. Andere wiederum spezialisieren sich auf bestimmte Typen.
In der Regel aber verfügt die Mehrzahl der Hersteller über ein vielseitiges Programm, das vom Billigrad bis zur Exklusivmaschine, vom Rennrad bis zum Mountainbike reicht. Wer ein neues Rad kauft, sollte sich also nicht nach einem bestimmten Fabrikat richten, sondern vielmehr folgende Kriterien beachten:

Typ
Ausstattung
Qualität
Preis
Größe

Überlegen Sie sich zuerst anhand der Kurzbeschreibungen im vorangegangenen Kapitel, welcher Fahrradtyp Ihren Anforderungen am ehesten entsprechen würde. Dabei ist nicht nur die häufigste Nutzungsart von Bedeutung, sondern es sind auch die schwersten Bedingun-

Kritisch kaufen! Die hier klar sichtbare Skepsis ist in diesem Falle nicht gerechtfertigt, denn dieses ausgefallene italienische Klapprad von Di Blasi ist durchaus gut konstruiert.

Besorgen Sie sich ein passendes Fahrrad. Hochwertige Räder sind in vielen verschiedenen Größen erhältlich. Billigrad-Hersteller und manche Händler scheuen eine aufwendige Lagerhaltung.

gen zu berücksichtigen. Auch wenn Sie 90% der Zeit ohne Gepäck auf guten Asphaltstraßen und -wegen fahren, kann es durchaus gerechtfertigt sein, ein Rad zu kaufen, das auch gelegentlich höhere Anforderungen anstandslos bewältigen kann – etwa mit Urlaubsgepäck auf Waldwegen oder Kopfsteinpflaster.

Welches Rad Sie für welchen Zweck wählen sollten, hängt ganz von Ihren persönlichen Umständen, Ihrem Geschmack und vor allem Ihren Vorlieben ab. Und diese Faktoren bleiben nicht immer konstant: Ich selbst habe mich zu verschiedenen Zeiten mal für ein Hollandrad, mal für ein Rennrad, ein Reiserad oder ein Mountainbike entschieden. Mit dem entsprechenden Zubehör und einer dem jeweiligen Rad angepaßten Fahrweise läßt sich fast jedes Rad vielseitig nutzen.

Nachdem Sie sich über den gewünschten Typ informiert haben, sollten Sie sich die Ausstattungsvarianten ähnlicher Modelle und auch das erhältliche und passende Zubehör ansehen. Zu einigen Ausführungen – z. B. den Aluminiumrädern der Firma Kettler – paßt eigentlich nur das Zubehör des gleichen Herstellers richtig. Andere Räder akzeptieren im Prinzip alles Standardzubehör.

Ob das Rad mit den Ösen ausgestattet ist, die es erlauben, ein bestimmtes Zubehör zuverlässig zu montieren, sollte man sich schon vor dem Kauf des Fahrrads überlegen. Am besten hat man sich schon vorher Gedanken gemacht, welches Zubehör überhaupt von Interesse ist.

Preis und Qualität

Die Qualität eines Fahrrads läßt sich zunächst am Preis ablesen. Man bekommt eben meistens das, wofür man bezahlt – jedenfalls niemals mehr. Manchmal bezahlt man vielleicht etwas mehr für ein Markenzeichen, aber sogar das kann durchaus gerechtfertigt sein, wenn hinter dieser Marke auch ein entsprechender Kundendienst steht oder die Sicherheit, daß auch die montierten Teile von ausreichender Qualität oder leicht zu ersetzen und allgemein erhältlich sind. Meistens sind jedoch Räder einer bestimmten Preisklasse und eines bestimmten Typs von vergleichbarer Qualität.

Dem deutschen Käuferpublikum scheinen die Preise, die für ein qualitativ hochwertiges Fahrrad verlangt werden, oft zu hoch. Leute, die anstandslos 500 DM für eine Brillenfassung, 120 DM für ein Baumwollhemd oder 1600 DM für einen Satz Autofelgen ausgeben, tun sich manchmal schwer, wenn sie feststellen, daß ein qualitativ ausreichendes Hollandrad für weniger als 800 DM und ein gutes Mountainbike für unter 1500 DM nicht zu haben ist.

Bevor Sie ein Rad als zu teuer ablehnen und sich statt dessen für eine Sparversion entscheiden, sehen Sie sich erst einmal die Preise für hochwertige Einzelteile an. Dann werden Sie bald feststellen, daß es immer noch wesentlich billiger ist, das hochwertige Rad gleich zu kaufen, als ein Billigrad erst später nach und nach auf Vordermann zu bringen. Und selbst dann hätten Sie – trotz teuren Umrüstens – immer noch ein vom Rahmen her minderwertiges Rad.

Auf den ersten Blick sind alle Räder eines bestimmten Typs ähnlich. Wenn Sie sich aber etwas intensiver mit dem Fahrrad auseinandersetzten, wozu insbesondere die technischen Kapitel des zweiten Teils dieses Buches von Nutzen sind, bekommen Sie einen besseren Blick für die Unterschiede. Sie werden feststellen, daß die Rahmenrohre des einen Rads halb soviel wiegen oder zweimal so fest sind wie die des anderen, daß die Billigbremsen des einen Rads eben nur halb so leicht zu bedienen oder wesentlich unzuverlässiger sind.

Äußerlich ist die Qualität eines Rads noch am ehesten an der Verarbeitung der einzelnen Teile abzuschätzen. Gut und sauber verarbeitete Lötnähte an den Rahmenmuffen, gleichmäßige und voll abdeckende Lackierung und riefenfrei polierte Leichtmetallteile deuten auf solide Qualität hin. Natürlich kann ein kompetenter Fahrradhändler Ihnen auch die Qualitätsmerkmale erläutern. Aber leider gibt es unter diesen zu viele, die selbst nicht imstande sind, ein hochwertiges Fahrrad einzuschätzen, oder zumindest nur sehr beschränkt über die Merkmale der etwas weniger alltäglichen Fahrräder Bescheid wissen.

Fahrräder kann man nicht nur im Fahrradgeschäft erstehen, sondern auch in manchen Waren- und Versandhäusern, ja sogar beim Kafferöster gibt es Räder, oft zu verlockenden Preisen. Lassen Sie sich nicht verführen: zu groß ist die Gefahr, eine Katze im Sack zu kaufen. Beratung, Probefahrt, Service und Nachrüstung sind auch wichtige Faktoren, und damit ist es meist im Warenhaus mit seinem praktisch immer ungeschulten Personal oder gar im Versandhaus oder Kaffeeladen schlecht bestellt.

Die Größe des Fahrrads

Mindestens ebenso wichtig wie Typ und Qualität ist die Größe des Fahrrads. Betrachten Sie Ihr Fahrrad als ein Körperinstrument, das passen muß, um optimal zu funktionieren. Insbesondere die qualitativ anspruchsvolleren Modelle – ob Rennrad, Mountainbike oder Hollandrad – gibt es in vielen verschiedenen Größen, obwohl es insbesondere unter den einfachen Modellen für den besonders groß

Das Fahrrad für den Zweimeter-Menschen: Sondermodell von Gazelle für Leute mit einer Beinlänge von mehr als 90 cm.

und klein gebauten Menschen schwieriger wird.

Billigräder werden nur selten in vielen verschiedenen Größen angeboten. Da werden im Kaufhaus „26er"- und „28er"-Räder angepriesen, und das bedeutet nur jeweils irgendeine undefinierte Rahmengröße auf Laufrädern jener Größe. Klar, daß größere Leute sich besser an ein Modell mit den größeren Laufrädern, kleinere dafür an eine Ausführung mit 26-Zoll-Laufrädern halten. Mountainbikes gibt es in der Radgröße 26 Zoll und vereinzelt noch kleiner. Diese Räder sind allerdings – wegen der meist sehr dicken Reifen – größer als entsprechend bezeichnete Räder anderer Fahrradtypen.

Aber damit ist die Sache nicht getan. Auch der Rahmen muß auf die Körpergröße des Fahrers abgestimmt sein. Hier gibt es eine einfache Faustregel, mit der man feststellen kann, ob es sich um ein qualitativ hochwertiges Rad handelt oder nicht: Ein hochwertiges Rad ist in vielen Rahmengrößen erhältlich. Auch wenn der Händler vielleicht nicht alle Größen jedes Modells auf Lager hat, so kann er sie doch leicht besorgen.

Die Rahmengröße wird nach der Länge des Sitzrohrs gemessen und ist abhängig von der

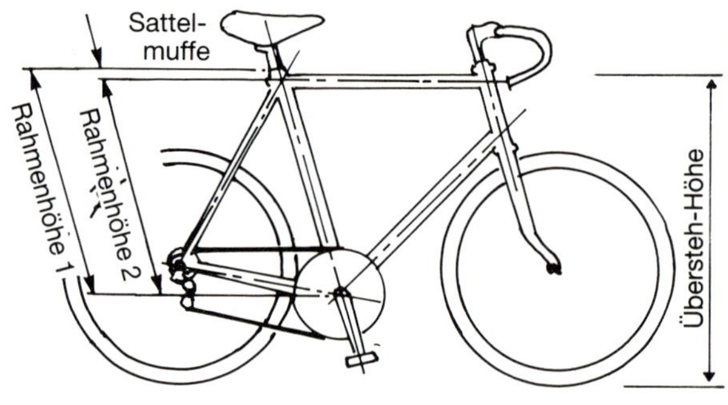

3.1 Rahmengröße

Schrittlänge des Fahrers (nach Abbildung 3.2 gemessen). Nach der französischen Methode wird von Mitte Tretlager bis Mitte Oberrohr, nach der englischen Methode von Mitte Tretlager bis Oberkante Sattelmuffe gemessen. Bei Damenrahmen mit tiefgezogenem Oberrohr kommt natürlich nur die englische Methode in Frage. Am besten messen Sie selbst nach.

In der Tabelle 1 (S. 247) finden Sie eine Übersicht der optimalen Rahmengrößen für eine Reihe von ansteigenden Schrittlängen. Bis zu 4 cm kürzer darf der Rahmen ggf. sein, mehr als 1 cm größer jedoch nicht, weil ein zu großer Rahmen beim Fahren nicht nur unbequem, sondern auch gefährlich ist, z. B. wenn Sie

Ein Entwurf für kleine Leute. Das tiefgezogene Oberrohr (hier in der Form von zwei dünnen, parallelen Rohren, die mit den Hinterstreben kombiniert sind) ermöglicht es auch dem kleineren Radfahrer, ein „richtiges" Rad zu fahren.

3.2 Schrittlänge

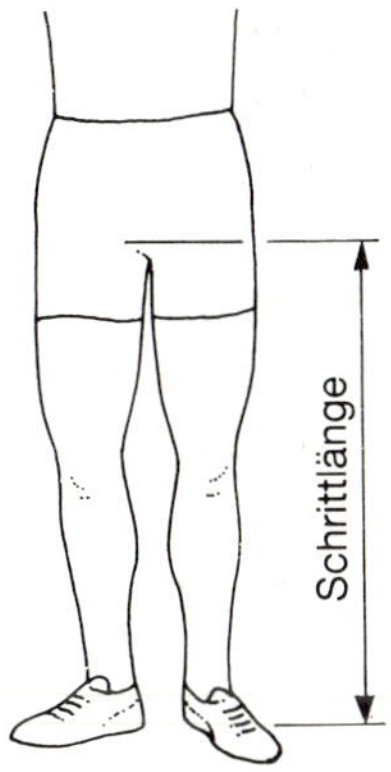

beim Anhalten nicht bequem mit den Füßen an die Straße kommen.

Sie werden in der Tabelle feststellen, daß für Rennräder etwas kleinere und für Mountainbikes noch wesentlich kleinere Rahmen empfohlen werden als für andere Modelle. Das rührt daher, daß die Sitzhaltung auf jedem Rad eine andere ist. Insbesondere in Sachen Mountainbike besteht – auch unter Fachhändlern – eine gewaltige Wissenslücke. Mir kommt die Tatsache zugute, daß ich die Entwicklung dieses neuen Fahrradtyps von Anfang an mit verfolgt habe.

Noch zuverlässiger als eine Tabelle ist eine Probe. Halten Sie sich dabei an die Abbildung 3.3. Direkt vor dem Sattel über dem Oberrohr (eines Herrenrads) stehend, muß es möglich sein, das Vorderrad vom Mountainbike 12 cm, vom Rennrad 8 cm, von anderen Modellen 4 cm vom Boden hochzuheben, ohne dabei „Platzangst" zwischen den Beinen zu bekommen.

3.3 Bestimmung der maximalen Oberrohrhöhe

Wenn das Rad Ihrer Wahl nicht in der gewünschten Größe vorhanden ist, können Sie an einer vorhandenen Größe feststellen, wieviel größer oder kleiner Ihr Rad sein soll. Oder Sie probieren ein anderes Modell, das in der gewünschten Größe vorhanden ist, vorausgesetzt, die Rahmengröße wird von beiden Herstellern nach der gleichen Methode gemessen.

Anpassung an die Größe

Auch im Fahrradbau gelten vornehmlich Konfektionsgrößen. Bei einer bestimmten Rahmengröße gehört dann zu der entsprechenden Sitzrohrlänge meist auch eine bestimmte Oberrohrlänge. In einigen Fällen ist auch die Größe anderer Komponenten den Körpermaßen des Fahrers angepaßt. Falls Sie keine „Konfektionsmaße" haben, kann es sein, daß ein von der Sitzrohrlänge passendes Rad für Sie zu lang, für einen anderen zu kurz ist. Der erfahrene Radfahrer kann das selbst feststellen. Falls Sie selbst schon so weit sind, gut. Wenn nicht, trauen Sie dem Händler und wählen Sie im Zweifelsfall doch das kleinere Rad. Manchmal können Sie einen längeren oder kürzeren Vorbau montieren lassen, womit der Abstand zwischen Lenker und Sattel vergrößert bzw. verkleinert wird.

Das Fahrrad nach Maß

Ganz besondere Fahrräder – gemeint sind Modelle, deren „nackter" Rahmen 1500 DM und mehr kostet – werden manchmal nach Maß angefertigt. Eine solche Sonderanfertigung, die von einem spezialisierten Rahmenbauer gemacht wird, lohnt sich aber erst, wenn der Radfahrer selbst schon soviel Erfahrung hat, daß er genau definieren kann, was er haben will. Dabei kann man nicht nur die Rahmengröße und die Winkel der Rahmenrohre zueinander sowie die verwendeten Materialien bestimmen, man kann auch die einzelnen Teile auswählen.
Es ist natürlich auch möglich, die Teile nach eigenen Vorstellungen zu wählen, wenn Sie, wie es unter Rennfahrern nicht unüblich ist, den Rahmen von der Stange kaufen und ihn weiter mit Teilen Ihrer Wahl ausstatten bzw. ausstatten lassen. Teuer ist auch diese Lösung. Aber dem Kenner ist es eben mehr wert, genau das zu bekommen, was er sich wünscht, statt eben nur ein Standardpaket.

Noch ein besonderes Rad aus England: Das Bickerton läßt sich leicht anpassen und wiegt weniger als 10 kg. Gedacht, um in Bus und Bahn mitgenommen zu werden. In Deutschland wird dieses Rad mit Dreigangschaltung und Rücktrittbremse geliefert.

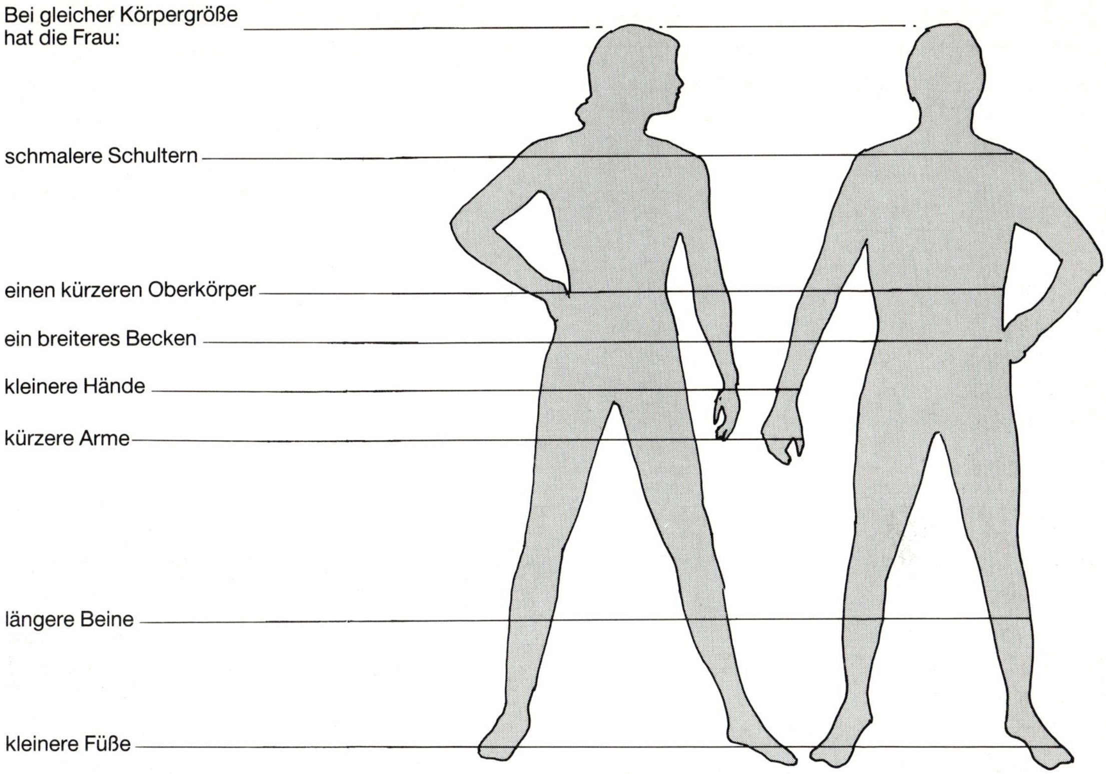

3.4 Vergleich der typischen weiblichen und der männlichen Physiognomie

Damenräder

Bei einem Damenrad mit tiefgezogenem Oberrohr muß es möglich sein, vom ganz tief gestellten Sattel aus den Boden mit den Füßen zu berühren, und zwar beim Normalrad mit leicht angehobenen Fersen, beim Mountainbike mit flachen Füßen. Das Rennrad gibt es aus Gründen der Stabilität in Verbindung mit den dort verwendeten leichten Materialien nur in der Ausführung mit waagerechtem Oberrohr.

Mit Damenrädern ist es sowieso so eine Sache. Es ist eben nicht damit getan, den Durchstieg etwas niedriger oder das gesamte Rad etwas kleiner zu gestalten. Die weibliche Physiognomie unterscheidet sich ja nicht nur in der Körperlänge von der des Mannes. Das weibliche Becken ist weistens wesentlich breiter, und im Verhältnis zur Gesamtkörpergröße sind die Beine etwas länger, der Oberkörper kürzer und die Schultern schmaler (siehe Abbildung 3.4).

Diesen Gegebenheiten wird ein Rad von der Stange nicht immer hundertprozentig gerecht. Einige wenige Hersteller machen sich die Mühe, besonders für die Frau geeignete Räder auch richtig auszustatten. Dazu gehört – trotz alter Vorurteile – nicht unbedingt ein tiefgezogenes Oberrohr, denn Frauen sind in den Beinen nicht weniger, sondern eher mehr gelenkig als Männer, und viele Frauen fahren heute nun mal in Hosen.

Was dafür sehr wohl zu einem gut angepaßten Damenrad gehört ist ein breiterer Sattel und

So wirbt die US-Herstellerin Georgena Terry für ihre speziell für die Frau konzipierten Räder.

ein im Vergleich zur Höhe relativ kurzer Rahmen sowie ein relativ schmaler Lenker. Besonders geformte Damensättel, die dem Rennsattel entsprechen, dafür aber im hinteren Bereich wesentlich breiter und etwas mehr gepolstert sind, gibt es von verschiedenen Herstellern. Gegebenenfalls kann man sie auch nachzurüsten, wenn das Fahrrad anfänglich nicht entsprechend ausgestattet ist. Solche Anpassungen sollten Sie immer gleich beim Kauf durchführen lassen, damit Ihnen nur der Preisunterschied zwischen den ausgetauschten Teilen berechnet wird.

Beim Kauf eines Gebrauchtrads

Wenn Sie ein Gebrauchtrad kaufen wollen, empfehle ich Ihnen sehr, allen auffallend billigen Angeboten mit Mißtrauen zu begegnen. Häufig handelt es sich dabei um Hehlergut. Lassen Sie sich einen Beleg des ehrlichen Erwerbs – eben einen Kassenbon oder Garantie-

Eleganz auf dem Fahrrad: Die belgische Firma Superior beweist, daß man auf dem Fahrrad durchaus „chic" sein kann.

schein – zeigen. Notieren Sie die Rahmennummer, die meistens unter dem Tretlager oder an einem der hinteren Ausfallenden eingeprägt ist. Fragen Sie bei der Polizei nach, ob ein Rad mit dieser Nummer als gestohlen gemeldet wurde.

Überprüfen Sie das gebrauchte Rad sehr kritisch auf Qualität, Vollständigkeit und Zustand. Verzogene Rahmenrohre, nicht richtig funktionierende Gangschaltung oder Bremsen, unruhiges Fahrverhalten, schlackernde Lenkung oder wackelige Pedale sind Anzeichen von Vernachlässigung, die nur selten ohne unverhältnismäßig hohen Aufwand beseitigt werden können.

Beim Kauf eines Tandems

Wenn Sie sich entscheiden, ein Tandem zu kaufen, empfehle ich Ihnen, es auch zusammen mit dem Partner auszuwählen. Obwohl das Tandem die gegenseitige Anpassung tatsächlich erleichtert – keiner fährt mehr zu schnell, während der andere hinterher „hinkt" –, muß das Rad andererseits doch beiden gefallen und passen. Das Konfektionstandem wird meistens so geliefert, daß das hintere Sitzrohr ca. 4–5 cm kürzer ist als das vordere. Kaufen Sie das Rad ruhig so klein, daß auch der kleinere Partner mal vorne sitzen kann.

Am leichtesten ist es noch, ein Tandem zu kaufen, wenn beide erfahrene Radfahrer sind und genaue Vorstellungen davon haben, was sie haben wollen. Sparen Sie nicht am Preis, denn ein Tandem wird weitaus mehr beansprucht als zwei Einzelfahrräder. Das liegt einmal daran, daß das Tandem eine höhere Geschwindigkeit erreicht und zum anderen daran, daß der Rahmen nicht nur mit dem zweifachen Fahrergewicht belastet wird, sondern durch die größere Länge im Prinzip weniger stabil ist als der Rahmen eines normalen Fahrrads. Dafür bietet das Tandem aber auch einiges, was Ihnen kein anderes Fahrrad geben kann.

Preisgünstiges Tandem vom französischen Hersteller Motobécane. Auch erhältlich mit Schutzblechen und Gepäckträger. Aufgrund der Rahmenkonstruktion nicht für den harten Einsatz geeignet – siehe Kapitel 12.

4
Weitere Ausrüstung

Zusätzlich zum Fahrrad selbst braucht der Radfahrer noch einige weitere Sachen. Es geht zwar auch ohne, aber das Radfahren wird durch die Wahl des richtigen Zubehörs einfach bequemer und sicherer. Zum Zubehör gehören Artikel, die von am Fahrrad montierten Teilen bis zur Bekleidung reichen.

Nützliches Zubehör

Obwohl insbesondere das Hollandrad mit reichhaltigem Zubehör ausgestattet ist, muß man bei einigen anderen Fahrradmodellen einiges Zubehör hinzukaufen. So z. B. beim echten Mountainbike oder beim Renn- oder Trimmrad, die in völlig „nacktem" Zustand geliefert werden. Prima, wenn Sie damit zurechtkommen, denn es ist ein schönes Erlebnis, wie leicht und leise sich so ein Rad in seinem Urzustand fährt.

Allerdings kann es ja mal regnen, oder es wird dunkel, oder Sie müssen das Rad unbeaufsichtigt abstellen. Und vielleicht wollen Sie mal etwas mitführen, das nicht in die Hosen- oder Hemdtasche paßt. Dann braucht Ihr Rad Schutzbleche, eine Beleuchtung, ein Schloß oder einen Gepäckträger. Andererseits gibt es Teile, die zwar nicht bei jedem Sport- oder Hollandrad gebraucht werden, jedoch bei einem schnell gefahrenen Rad angenehm sind. Zu dieser Kategorie gehören z. B. Trinkflasche, Reifentasche und elektronischer Tachometer. Auch eine Pumpe und das notwendigste Flickzeug sollten bei jeder Fahrt mitgeführt werden.

Die technischen Zubehörteile dieser Kategorie werden alle in Kapitel 21 behandelt, das nicht nur Kriterien für ihre Auswahl, sondern auch Anleitungen für ihre Montage und Wartung enthält. Das erforderliche Werkzeug wird in Kapitel 22 beschrieben, das auch eine Anleitung für das Anfertigen einer praktischen Werkzeughülle enthält. Überlegen Sie sich aber schon jetzt, was in Ihrem Fall in Frage kommt und ob das Rad für die Montage dieses Zubehörs geeignet ist.

Fahrradbekleidung

Obwohl es bekanntlich möglich ist, in fast jeder Aufmachung ein Fahrrad zu besteigen, ist es doch wesentlich bequemer und sicherer, wenn Sie sich die Bekleidung etwas gezielter auswählen. Vielleicht scheuen Sie davor zurück, sich wie ein Rennfahrer anzuziehen. Dabei ist diese Art Kleidung optimal, vor allem sehr bequem, auch für Leute, die gar keine Rennen fahren. Falls Sie dennoch skeptisch sind, sollten Sie sich doch zumindest die Merkmale dieser Kleidungsstücke einprägen und sich bei der Wahl Ihrer Kleidung daran orientieren (siehe Abbildung 4.1).

Richtige Fahrradschuhe sind leicht, hoch und im mittleren Bereich fest geschnürt. Sie haben eine sehr feste Sohle, die den Druck der Pedale auf die gesamte Fläche des Fußbetts verteilt. Sie bieten am besten Halt, wenn sie entweder mit Fußhaken an den Pedalen oder durch die modernen Patentbindungen mit den Pedalen verbunden sind. In Schuhen, die mit solchen Patentbindungen ausgestattet sind, kann man schlecht gehen; sie sind deshalb für den normalen Radfahrer ungeeignet. Aber Fußhaken in einer Größe, die es erlauben, den Fußballen

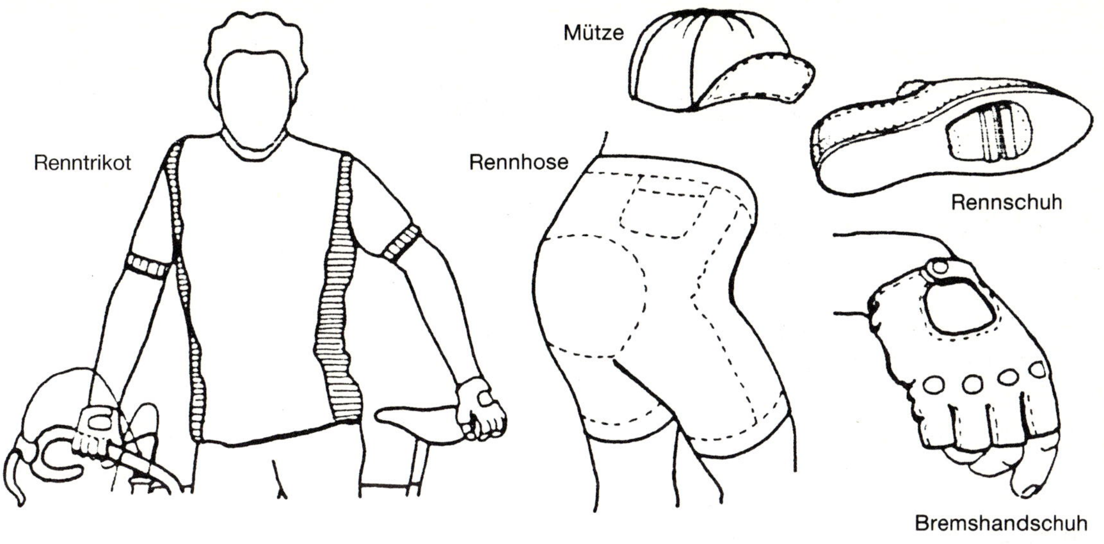

4.1 Radfahrerkleidung

direkt über der Pedalachse zu orientieren, sind auch für den Alltagsfahrer ohne sportliche Ambitionen zu empfehlen.

Die Fahrradhose ist ein elastisches und gut anliegendes Kleidungsstück, das im Inneren mit einem Stück Nappaleder bestückt ist, das Schweiß aufnimmt und wirksam gegen Wundreiben schützt. Nicht gerade erforderlich für die Zehnminutenfahrt, aber für jede längere Fahrt zu empfehlen. Solche Hosen gibt es heute in so ansprechender Aufmachung, sowohl kurz als auch lang, daß man sie zwar nicht in einem Restaurant, dafür jedoch in einigermaßen legeren Kreisen bedenkenlos tragen kann.

Wenn Sie sich trotzdem etwas konservativer kleiden möchten, empfielt es sich, eine Hose aus einem Stretch-Stoff zu wählen, die zwar eng anliegt, jedoch so elastisch ist, daß sie beim Fahren nicht stört. Frauen, die gerne einen Rock tragen, wählen am besten ein Modell, das nicht zu eng oder zu lang ist. Eine normale lange Hose muß unten enge Hosenbeine haben, und auch dann sollte das rechte Hosenbeinende unter den Socken oder mittels eines elastischen Bandes mit Klettverschluß gehalten werden, damit es nicht in die Kette gerät.

Das Radfahrertrikot ist heutzutage meistens aus einer hautfreundlichen Kunstfaser, jedoch nach dem gleichen Muster wie das alte Rennfahrer-Wolltrikot geschnitten. Es ist lang genug, um auch in extrem nach vorn geneigter Position die Nierenpartie zu bedecken. Es liegt eng an, damit es nicht stört und die Bildung einer Luftschicht zwischen Körper und Trikot verhindert. Dadurch hält das Trikot nicht nur bei Kälte warm und sorgt bei warmem Wetter für Kühlung. Es reguliert die Körpertemperatur auch bei wechselnden Außentemperaturen und Belastungen. Das merken Sie deutlich, wenn Sie z. B. in den Bergen abwechselnd klettern und hinunterrollen oder wenn Sie in der Stadt unterwegs sind, wo Sie häufig an Kreuzungen warten und anschließend anfahren müssen.

Bei kaltem Wetter ist die Ausführung in Wolle immer noch am angenehmsten, sonst reichen die Kunstfasermodelle durchaus. Auch Trikots gibt es heute nicht nur in kurz- und langärmeligen Ausführungen. Es gibt sie auch in einer

Fahrradkleidung für Freizeit und Alltag. Diese GoreTex-Jacken und -Überhosen halten Wind und Regen aus, während Schweiß durch die Stoffporen verdunstet.

wahren Farbenpracht, manchmal sogar einigermaßen geschmackvoll. Wer kein richtiges Renntrikot tragen will, besorgt sich ein langes T-Shirt, Hemd oder Trikot, daß ähnlich gut anschließt, muß dann allerdings auf die praktischen Rückentaschen des echten Renntrikots verzichten.

Der Rennfahrer trägt auch heute meist noch eine Stoffmütze und einen offenen Sturzring. Zunehmend sieht man ihn auch mit einem richtigen Sturzhelm aus Hartschaum, entweder mit Kunststoffaußenschale oder mit einer Abdeckung aus Stoff. In Kapitel 6 werden Sie erfahren, daß das sicherheitstechnisch gar nicht so übertrieben ist, ganz gleich, ob man schnell oder langsam fährt.

Die Stoffmütze schützt zwar nicht den Inhalt des Schädels, wie es der Sturzhelm macht, dafür aber Kopfhaut, Stirn, Augen und Hals gegen starke Sonneneinstrahlung, was bei einer längeren Fahrt im Sommer besonders wichtig ist. Sie soll so gut passen, daß sie Ihnen der Wind nicht vom Kopf reißen kann.

Sogar Handschuhe trägt der Rennfahrer, und zwar solche fingerlosen aus Nappaleder, die im Handballenbereich gepolstert und oben offen gearbeitet sind. Auch der Alltags- oder Tourenfahrer tut manchmal gut daran, die Hände zu schützen. Nicht nur bei einem Sturz sind solche Handschuhe nützlich, sie helfen auch, Vibrationen der Straße etwas zu dämpfen, insbesondere dann, wenn Sie den Lenker bei

schneller Fahrt auf schlechtem Pflaster sehr fest halten müssen.
Socken sind auch noch zu erwähnen, denn nicht alle Socken sind beim Radfahren gleich bequem. Achten Sie darauf, daß sie keine Nähte haben, die im relativ eng eingeschnürten Zehenbereich stören würden. Je nach Witterung kommen Wolle, Kunstfaser oder elastisch präparierte Baumwolle in Frage. Vor allem wenn Sie eine normale lange Hose tragen, die Sie in die Socken einstecken wollen, müssen die Socken lang und elastisch sein.

Augenschutz für Radfahrer: Diese eleganten Brillen von Rhode Gear aus Amerika schützen die Augen vor Sonne, Wind und Insekten.

Schlechtwetter-Ausrüstung

Man kann auch im Regen und in der Kälte erstaunlich gut radfahren, vorausgesetzt, das Fahrrad ist entsprechend ausgerüstet und der Radfahrer richtig gekleidet. Schutzbleche und Beleuchtung, bei Schnee und Eis relativ dicke Reifen, machen das Fahrrad winter- und regentüchtig.
Das vordere Schutzblech sollte mit einem Spritzschutz im unteren Bereich ausgestattet sein. Damit verhindern Sie das Hochspritzen des vom Rad aufgewirbelten Wassers, das sonst direkt auf die Füße des Fahrers gerichtet ist. Falls nicht vorhanden, können Sie sich so einen Spritzschutz selbst leicht basteln (siehe Abbildung 4.2).

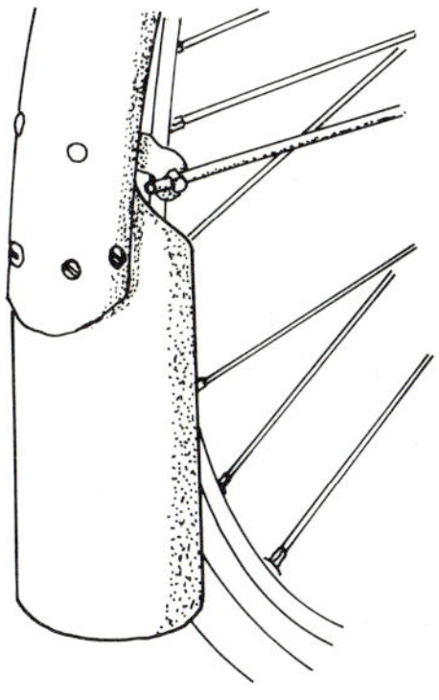

4.2 Spritzschutz am vorderen Schutzblech

Diese Fahrrad-Regenmäntel von AGU-Sport aus Holland stempeln den Radfahrer nicht gleich als solchen ab. Schließlich muß der Autofahrer im täglichen Leben auch nicht wie ein Abklatsch von Niki Lauda herumlaufen.

Wirksamer und einfacher Schutz für die Füße von VK-International

Auch wenn es kalt wird, kann man bequem fahren. Mit diesen Handschutz-Hauben bleiben die Hände angenehm warm.

Die Beleuchtung muß auch bei Regen, Eis und Schnee funktionieren, und das ist eigentlich nur mit der Batteriebeleuchtung zuverlässig möglich. Obwohl in der BRD nur als Zusatzbeleuchtung zugelassen (neben der unsinnigerweise zwingend vorgeschriebenen Dynamobeleuchtung), wird die Batteriebeleuchtung bei schlechter Witterung manchmal zur Hauptbeleuchtung, denn unter solchen Umständen fällt ein Dynamo leicht aus.

Die Abbildung 4.3 zeigt einen für den Winter ausgerüsteten Radfahrer. Entsprechende Winterbekleidung gibt es in den größeren Radsportgeschäften und einigen Sport- oder Campingläden. Wählen Sie ggf. die einzelnen Kleidungsstücke anhand der zuvor genannten Kriterien.

Bei Regenwetter hängt es von der Temperatur ab, was am besten ist. So lange die Temperatur über ca. 18 Grad liegt, genügt ganz normale

4.3 Kaltwetterkleidung

Gut geschnittener Regenanzug von Bike-a-Lite aus den USA. Beachten Sie die Überlänge der Jacke und die relativ dicht anliegenden Hosenbeine.

Regenanzug von AGU-Sport. Dieser Anzug hat sich in Holland so gut bewährt, daß er dort bei Regen das Straßenbild bestimmt.

Fahrradbekleidung aus leichter Kunstfaser, denn diese nimmt weniger Wasser auf als Wolle und ist auch in nassem Zustand einigermaßen bequem. Bei niedrigeren Temperaturen muß jedoch auf einen ausreichenden Wärmeschutz geachtet werden. Dann ist es besser, warme Kleidung mit einem wasserdichten Schutz zu kombinieren.

Am günstigsten ist Regenbekleidung aus einem Material, daß zwar Wasser zurückhält, dafür aber wasserdampfdurchlässig ist. Somit ist sichergestellt, daß der Schweiß, der sich unweigerlich auch bei niedrigen Temperaturen bildet, verdunsten und entweichen kann. Ein hervorragender Werkstoff, der das möglich

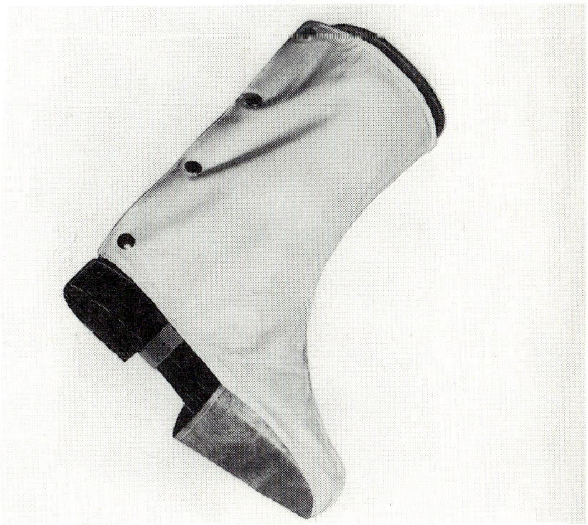

Praktischer Überschuh von Velo-Bruckmann

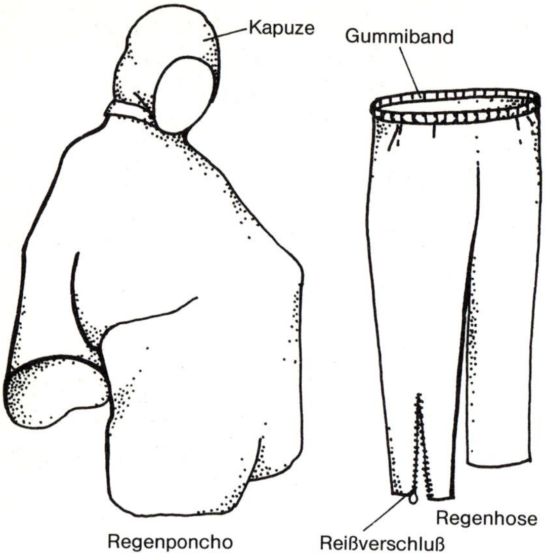

4.4 Regenkleidung

macht, ist GoreTex. Es gibt allerdings auch andere Marken solcher Stoffe.

Nicht nur das Material, sondern auch der Schnitt der Regenbekleidung ist von Bedeutung (siehe Abbildungen 4.4 bis 4.6). Alle Teile sollten möglichst dicht anschließen, ohne Sie jedoch in Ihrer Bewegungsfreiheit einzuengen. Alle Nähte müssen richtig abgedichtet sein, und die Verschlüsse müssen wind- und wasserdicht abschließen.

Für den Oberkörper ist ein Poncho besser geeignet als eine Regenjacke. Eine Kapuze ist jedoch nicht zu empfehlen, weil sie beim Umschauen auf gefährliche Weise behindert. Stattdessen empfehle ich entweder einen Südwester oder einen Hartschaum-Sturzhelm nach amerikanischem Muster, allerdings ohne Lüftungsöffnungen.

Für die Beine sind sogenannte „Spats“ am geeignetsten. Das sind Beinabdeckungen, die nach hinten offen sind und somit gut anliegen, andererseits keine Schweißfalle bilden. Die Füße kann man mit speziellen Fahrrad-Überschuhen schützen oder eine etwas primitiv anmutende, dafür aber sehr wirkungsvolle Methode anwenden: Ziehen Sie direkt über die Socken einfache Polyäthylenbeutel, wie sie zum Verpacken von Eßwaren benutzt werden.

Bei Kälte – ob naß oder trocken – empfiehlt es sich, Bekleidung in mehreren Schichten zu tragen. Es ist besser, zwei relativ dünne als nur einen dicken Wollpulli zu tragen. Eine lange Fahrradhose unter einer leichten Woll- oder Kunstfaserhose ist wesentlich effektiver als eine einzige gefütterte Hose. So können Sie sich auch Temperaturschwankungen besser anpassen. Wenn es Ihnen zu heiß wird, weil Sie einen Berg hochfahren, ist es wesentlich praktischer, eine Schicht abzustreifen, als das ganze dicke Zeug anzubehalten oder es ganz ausziehen zu müssen, damit Sie es durch leichtere Kleidungsstücke ersetzen können.

4.5 Südwester

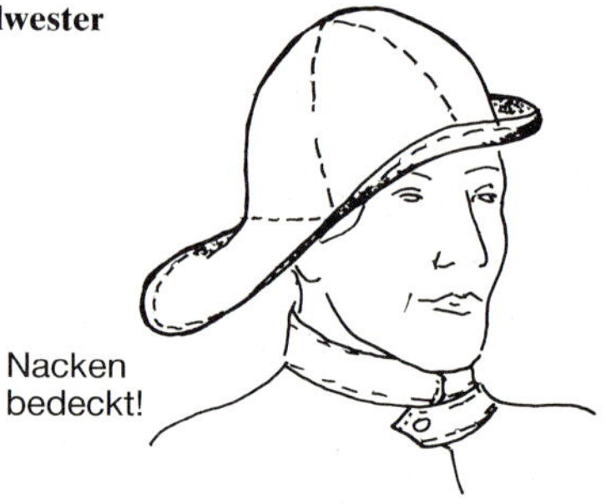

4.6 „Spats“

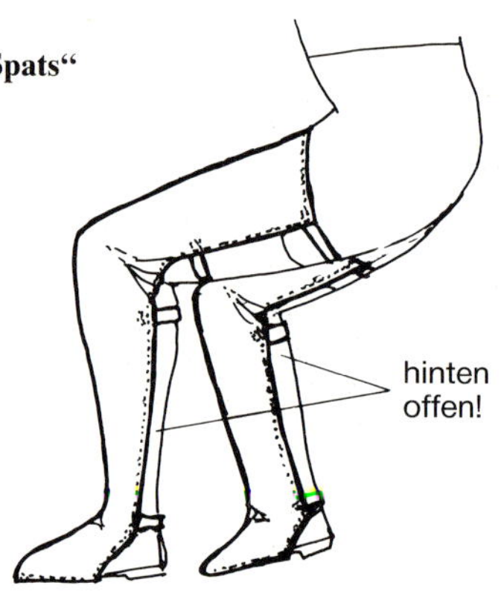

Zweimal Fahrradmitnahme auf dem Autodach: einmal auf Sattel und Lenker getragen, was für das Rennrad gut geeignet ist, einmal geradestehend, was sich für das Alltagsrad besser eignet.

Ideal für den geschützten Transport des Fahrrads ist dieser Reisekoffer von VK-International aus Holland. Obwohl Räder, Schutzbleche und Pedale entfernt werden müssen, braucht hier das Fahrrad nicht ganz so weit demontiert zu werden wie bei manchen anderen Modellen.

Bequemer Fahrradschuh, mit dem man auch laufen kann: Adidas Tourmalet

Faltbare, offene Einkaufstaschen von Eclipse aus den USA. Manchmal ist so etwas praktischer als eine richtige Fahrradtasche, weil sich damit auch nach oben weit herausragende Gegenstände transportieren lassen.

Bei kaltem Wetter müssen insbesondere die Extremitäten des Körpers gut geschützt werden: Finger, Füße, Nase und Ohren. Ein befriedigender Nasenschutz ist mir leider noch nicht bekannt, aber es gibt dicke (oder doppelte) Wollsocken, gefütterte (oder doppelte) Handschuhe sowie eine Mütze, die auch die Ohren bedeckt, bzw. separate Ohrenschützer, die unter der Mütze oder dem Sturzhelm getragen werden. Für den Radsport gibt es besondere, gefütterte Winterschuhe, deren Wirkung mit Hilfe von warmen Innensohlen noch verbessert werden kann.

5 Der Umgang mit dem Fahrrad

Radfahren kann wohl jeder. Aber manche machen es geschickter als andere. Sehen Sie sich selbst mal nach den Radfahrern um, die Sie in der Stadt sehen. Während Jugendliche im allgemeinen ganz gut vorankommen (und dabei tatsächlich weniger Unfälle bauen), sieht es bei den meisten Erwachsenen anders aus. Etwa 80% von ihnen scheinen sich zwar große Mühe zu geben, wie ein angestrengter Gesichtsausdruck und schweres Körperschaukeln verraten. Doch kommen sie nur langsam und unsicher voran. Oder aber sie fahren so, als wären sie allein auf der Welt, ohne auf andere Verkehrsteilnehmer zu achten, geschweige denn Rücksicht zu nehmen.

Dann gibt es die wirklich routinierten Radfahrer. Sie lassen das mühselige Gestrampel auf dem Radweg oder am Straßenrand links liegen und radeln locker mit etwa doppelter Geschwindigkeit daher. Dabei sehen sie ganz entspannt aus, und auch eine Steigung scheint ihnen nicht viel anzuhaben. Im Verkehr verhalten sie sich berechenbar, gewandt und selbstbewußt. Dadurch sind sie auch viel weniger unfallgefährdet. Zu welcher Gruppe Sie sich auch immer zählen mögen: Wenn Sie die Hinweise in diesem Kapitel befolgen, können Sie Ihre Verkehrstüchtigkeit wesentlich verbessern, während das Radfahren Sie weniger anstrengen wird.

Sitzposition und Einstellung

Obwohl manche Leute überzeugt sind, daß eine gerade Sitzhaltung auf dem Fahrrad besonders bequem, gesund oder „alternativ“ ist, wird das Radfahren tatsächlich angenehmer und leichter, wenn Sie dabei eine etwas geneigte Sitzhaltung einnehmen. Es sollte eine genau auf Ihre Körpermaße abgestimmte Haltung sein, wie sie im folgenden beschrieben wird. Nur für ganz ausgefallene Fahrradmodelle wie Sessel- und Liegerad gelten abweichende Einstellungen. Die lassen Sie sich am besten vom Hersteller erläutern, wenn Sie ein solches Rad kaufen wollen.

Die Haltung für das normale Fahrrad – vom Rennrad bis zum Mountainbike und vom Sportrad bis zum Reiserad – läßt sich je nach Situation variieren. Sie basiert aber auf einer ziemlich einheitlichen Einstellung von Sattel und Lenker (siehe Abbildung 5.1). Voraussetzung ist ein Fahrrad der richtigen Größe, wie bereits in Kapitel 3 beschrieben.

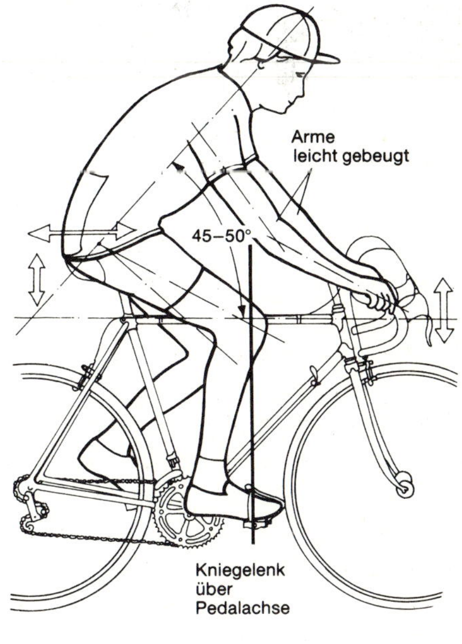

5.1 Sitzposition

Die Körperhaltung bestimmt in hohem Maße, wie bequem und wirksam Sie fahren. Die französische Rennfahrerin Jeannie Longo demonstriert hier einen hervorragenden Stil. Allerdings fährt man im täglichen Verkehr meist weniger geneigt. (Foto: H. A. Roth)

Stellen Sie zuerst Höhe und Lage des Sattels ein. Die richtige Höhe stellen Sie ein, indem Sie den in der Abbildung 5.2 gezeigten Klemmbolzen, der bei einem Mountainbike mit einem Schnellspannhebel versehen ist, lockern, die Sattelstütze weiter herausziehen oder hineinschieben und in der entsprechenden Stellung wieder festziehen. Dabei müssen jedoch mindestens 6,5 cm der Sattelstütze im Sitzrohr eingeklemmt bleiben, damit sie richtig gehalten bleibt. Manche Sattelstützen haben eine entsprechenden Markierung, bei anderen müssen Sie die Sattelstütze ggf. ganz herausziehen, nachmessen und selbst markieren. Ziehen Sie den Klemmbolzen wieder richtig fest, nachdem Sie festgestellt haben, daß

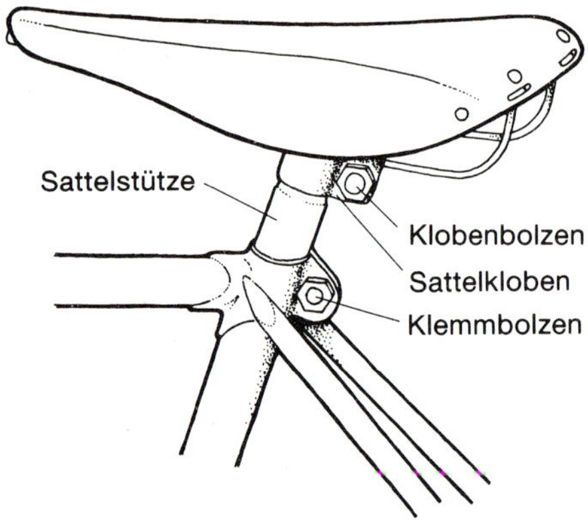

5.2 Einstellpunkte des Sattels

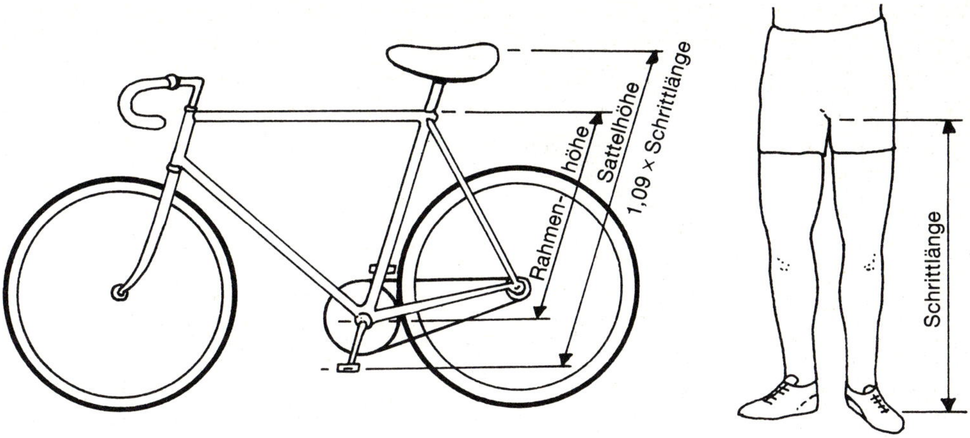

5.3 Bestimmung der richtigen Sattelhöhe nach der „109-Prozent-Regel“

der Sattel nicht nur in der richtigen Höhe, sondern auch genau gerade steht. Die richtige Sattelhöhe bestimmen Sie nach folgender Formel:

Sattelhöhe = 1,09 × Innenbeinlänge

Achten Sie darauf, daß Sie zunächst barfuß messen, aber dann die jeweilige Sohlenhöhe dazu addieren. Bei einem Rad mit besonderen Fußhaltern an den Pedalen muß deren Höhe ebenfalls berücksichtigt werden.

Sie können die richtige Sattelhöhe auch feststellen, indem Sie sich an einer Wand oder einem Pfosten abstützen und anhand der Abbildung 5.4 den Sattel so einstellen, daß Sie das Bein gerade halten können, ohne das Knie stark durchdrücken zu müssen. Überprüfen Sie die Einstellung, indem Sie rückwärts treten. Bei einem Rad mit Rücktrittbremse, wo das nicht möglich ist, können Sie eine kurze Strecke fahren. Dabei dürfen Sie nicht im Sattel hin- und herschaukeln.

Die Klemmbolzen, die den Sattel an der Sattelstütze halten, sind je nach Sattelstützentyp zwar unterschiedlich ausgeführt, aber sie dienen alle dazu, Position und Neigung des Sattels einzustellen. Bei der normalen Fahrradgeometrie ist der Sattel so einzustellen, daß die

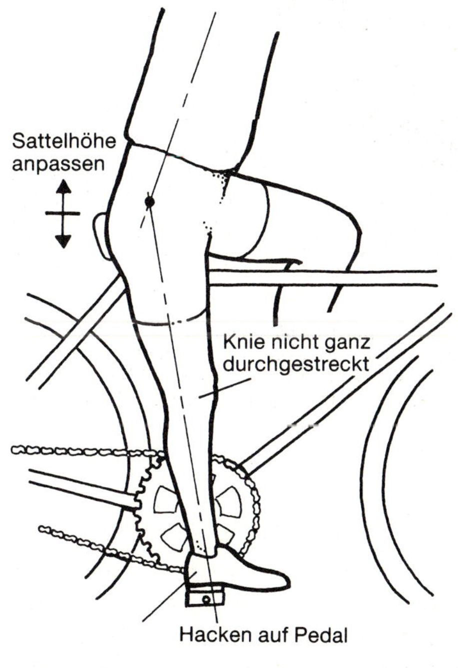

5.4 Bestimmung der richtigen Sattelhöhe nach der praktischen Methode

Oberfläche waagerecht ist und das Kniegelenk des Fahrers direkt über der Pedalachse liegt, wenn die Tretkurbel waagerecht nach vorn zeigt. Um die Einstellung ggf. zu korrigieren, einfach Bolzen lockern, Sattel neigen bzw. nach vorne oder hinten schieben, dort geradehalten und Bolzen wieder festziehen.

Der Lenker sollte so eingestellt werden, daß er auf Dauer bequem erreicht wird und der Oberkörper tief geneigt werden kann, ohne daß das zu einer verkrampften Haltung führt. Stellen Sie ihn in der Ausgangsposition so ein, daß sein höchster Teil je nach Fahrradtyp bis zu 8 cm tiefer als der Sattel liegt, und zwar:

gleich hoch für ein Hollandrad
2–4 cm niedriger für ein Sportrad oder ein Mountainbike
4–6 cm niedriger für ein Rennsport-, Trimm- oder Reiserad
6–8 cm niedriger für ein Rennrad.

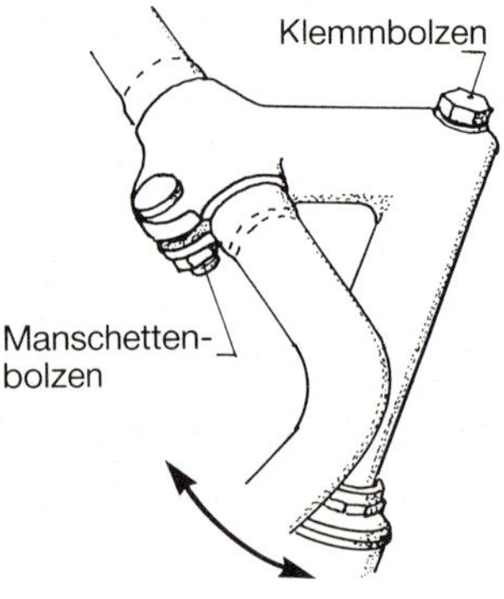

5.5 Einstellpunkte des Lenkers

Die Enden eines Rennlenkers können leicht nach unten gerichtet werden; je tiefer der Oberkörper geneigt ist, um so flacher sollten sie aber sein. Auch bei einigen anderen Lenkertypen kann eine leichte Verdrehung des Lenkers in dem Vorbau eine bequemere Haltung ergeben. Experimentieren Sie so lange herum, bis Sie die bequemste Stellung und Neigung gefunden haben.

Zum Einstellen der Höhe: Klemmbolzen oben auf dem Lenker lockern; falls er nicht gleich locker ist, oben aufschlagen, bis die Innenklemmung nachgibt; in die richtige Position bringen; Klemmbolzen wieder festziehen, wobei der Lenker gerade gehalten wird. Zum Einstellen der Neigung: Manschettenklemmbolzen lockern, in die richtige Position drehen, Manschettenklemmbolzen wieder festziehen, wobei der Lenker an der Vorbaueinklemmung gehalten wird.

Umgang mit der Gangschaltung

Die richtige Sitzposition ist zwar eine wichtige, aber nicht die einzige Voraussetzung für eine bequeme und ökonomische Fahrweise. Auch das Verhältnis zwischen Tretgeschwindigkeit, Fahrgeschwindigkeit und Kraftaufwand, das

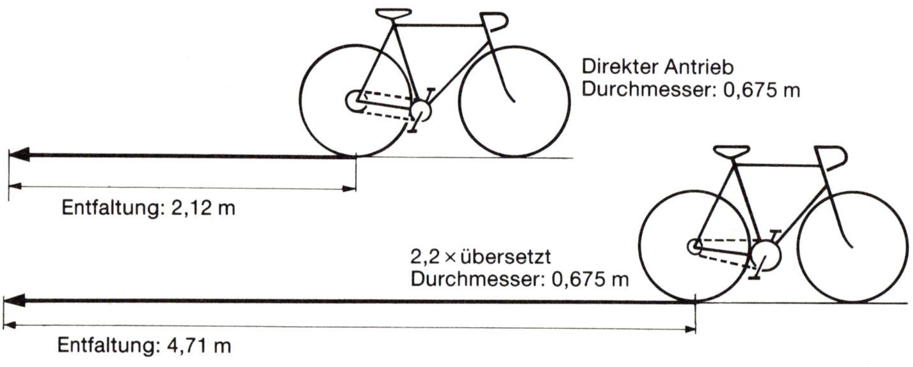

5.6 Bestimmung der Ganghöhe (Entfaltung)

Sie mit der Gangschaltung aufeinander abstimmen und optimieren können, ist hier von Bedeutung.

Fast jedes Fahrrad wird heutzutage mit einer Gangschaltung ausgestattet – entweder einer Nabenschaltung mit 3 oder 5 verschiedenen Gängen oder einer Kettenschaltung mit (nominell) bis zu 21 Gängen. Die technischen Details dieser Systeme werden in Kapitel 17 und 18 behandelt. Hier geht es darum, die Möglichkeiten dieser Systeme mit dem Ziel auszunutzen, das Radfahren möglichst leicht, bequem und sicher zu gestalten.

Das Verhältnis zwischen Tretgeschwindigkeit und Fahrgeschwindigkeit wird durch den Gang bestimmt, den Sie eingelegt haben. Bei einem Rad ohne Gangschaltung und mit gleich großem Kettenblatt und Ritzel würde sich das Hinterrad bei jeder Tretkurbelumdrehung auch genau einmal drehen. Bei einem typischen Raddurchmesser von 685 mm würden Sie so bei jeder Tretkurbelumdrehung 2,10 m vorankommen. Bei einer Tretgeschwindigkeit von 60 Umdrehungen in der Minute wären das 125 m/min oder 7,5 km/h.

Das wäre zwar schon ein beachtliches Gehtempo, würde aber ein Rad noch nicht sehr rentabel machen. Der Vorteil beim Radfahren ist zunächst, daß das Körpergewicht nicht, wie beim Gehen, mit jedem Schritt um 6–8 cm angehoben werden muß. Dabei wird wichtige Energie eingespart, die beim Fahrrad für die Fortbewegung genutzt werden kann. Eine wesentlich höhere Fahrgeschwindigkeit kann aber erst durch eine verbesserte Antriebstechnik erreicht werden.

Dabei wird das Verhältnis zwischen Kettenblatt und Ritzel so gewählt, daß das Rad erheblich schneller dreht als die Tretgeschwindigkeit. Wenn das Kettenblatt 48 Zähne und das Ritzel 18 Zähne hat, dreht sich das Rad dreimal so schnell wie die Tretkurbel. So würden Sie bei 60 Umdrehungen in der Minute schon 22,5 km/h fahren.

So nicht: Die deutsche Rennfahrerin Beate Habetz muß hier aufgrund eines schwerwiegenden Fehlers des Trainers in einem zu hohen Gang die steilen Steigungen der Salanche-Rennstrecke bewältigen. Die Wahl der richtigen Gangabstufungen sind von entscheidender Bedeutung für Komfort und Leistung. (Foto: H. A. Roth)

Schwieriger wird die Sache bei Gegenwind, Steigungen oder ungünstigen Bodenverhältnissen. Unter solchen Umständen erfordert das Radfahren mehr Kraft, während es bei Rückenwind, Abfahrt bzw. auf glattem Asphalt sehr wohl passieren kann, daß Sie noch eine Leistungsreserve verspüren. Die Gangschaltung macht es möglich, sich an diese verschiedenen Gegebenheiten anzupassen. Ein niedriger Gang (Berggang) ergibt eine relativ langsame Fahrt, obwohl Sie schnell treten, dafür aber wenig Kraft ausüben müssen. In einem hohen Gang (Schnellgang) kommen Sie bei gleicher Tretgeschwindigkeit schneller voran – vorausgesetzt Sie haben Rückenwind oder fahren bergab und auf glattem Pflaster, was den erforderlichen Kraftaufwand in Grenzen hält.

Sie nutzen die Gangschaltung dann voll aus, wenn Sie die Tretgeschwindigkeit relativ hoch halten. Am wenigsten ermüdend ist auf Dauer eine Tretgeschwindigkeit von 80 bis 100 Umdrehungen in der Minute, unter Rennsportbedingungen sogar noch höher. Das erfordert eine gewisse Geschicklichkeit, die Sie durch gezieltes Training mit der Zeit erwerben können.

Stellen Sie zuerst fest, welche Tretgeschwindigkeit Sie momentan in den einzelnen Gängen einhalten können. Wenn das z. B. 70 Umdrehungen in der Minute sind, versuchen Sie diese Zahl nach und nach zu steigern, indem Sie einen etwas niedrigeren Gang einlegen und versuchen, die Fahrgeschwindigkeit beizubehalten. Bald werden Sie in der Lage sein, gleichmäßig und schnell zu treten. Dann können Sie damit anfangen, bei gleichbleibender Tretgeschwindigkeit auch den Pedaldruck zu erhöhen. Bald werden Sie mühelos eine ganz beachtliche Geschwindigkeit erreichen. Obwohl meist zu langsam in einem zu hohen Gang gefahren wird, gilt das nicht immer für Mountainbikes. Diese sind mit so niedrigen Gängen ausgestattet, daß manche Leute geneigt sind, auch im Flachland einen Berggang beizubehalten. Achten Sie in diesem Falle darauf, daß Sie nicht nur eine hohe Tretgeschwindigkeit haben, sondern auch gut vorankommen und einen merkbaren Widerstand spüren.

Manche Fahrräder sind heutzutage mit Kettenblättern ausgestattet, die nicht kreisrund sind, wie z. B. die Shimano-Biopace-Modelle. Damit kann die Kraftphase auch bei langsamerer Tretgeschwindigkeit besser ausgenutzt werden. Obwohl das für den Ungeübten anfangs tatsächlich Vorteile bringt, ist es wirksamer, die Tretgeschwindigkeit durch ein gezieltes Training zu erhöhen.

Denken Sie daran, beim Anfahren einen niedrigen Gang einzulegen, weil in diesem Moment der Kraftaufwand im Verhältnis zur Fahrgeschwindigkeit ungleich größer ist. Legen Sie den niedrigen Gang schon beim Verlangsamen ein, damit Sie später im richtigen Gang anfahren können. Achten Sie mal ein paar Wochen lang ganz bewußt auf die Gangschaltung und den Zusammenhang zwischen Kraft, Tretgeschwindigkeit und Fahrgeschwindigkeit. Dadurch lernen Sie erstaunlich schnell, die eigenen Kräfte und die jeweils erforderlichen Gänge richtig zu koordinieren.

Schalttechnik

Bei der Nabenschaltung treten Sie während des Schaltens möglichst ohne Pedaldruck weiter, während Sie den Schalthebel schnell umlegen. Bei der Kettenschaltung geht es im Prinzip zwar ähnlich, aber die große Auswahl der Gänge ist anfangs etwas verwirrend, besonders bei Systemen mit 3 Kettenblättern und 6 oder 7 Ritzeln, wie etwa beim Mountainbike oder Reiserad.

Heutzutage sind die meisten Kettenschaltungen mit einem sogenannten Index-System aus-

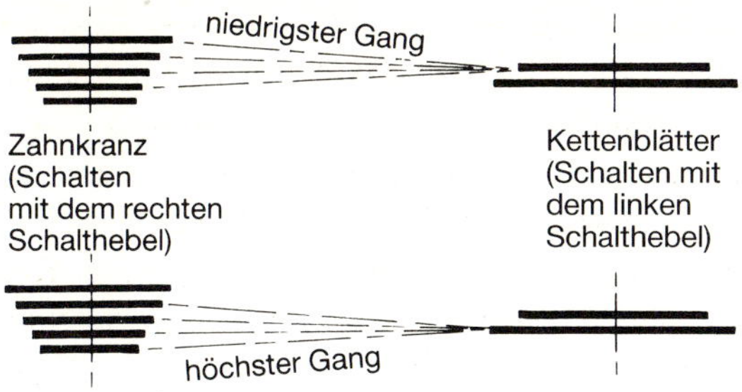

5.7 Relative Ganghöhe bei einzelnen Kombinationen von Kettenblatt und Ritzel

gestattet, bei dem – zumindest für den mit dem rechten Schalter geschalteten hinteren Umwerfer – die einzelnen Positionen abgestuft sind. Dadurch ist das Schalten schon etwas leichter als früher, obwohl man durchaus auch ohne diese Erleichterung auskommen kann.

Machen Sie sich zuerst „trocken" mit der Gangschaltung vertraut, indem Sie das Hinterrad heben und die Tretkurbel drehen, während Sie in die verschiedenen Gänge schalten und dabei beobachten, was mit der Drehgeschwindigkeit des Hinterrads passiert. Anschließend üben Sie das gleiche sehr bewußt auf einem flachen Weg, indem Sie alle Gänge durchschalten: kleines Kettenblatt in Kombination mit sämtlichen Ritzeln der Reihe nach; dann das mittlere Kettenblatt (falls vorhanden), wieder mit allen Ritzeln; schließlich das größte Kettenblatt in allen Kombinationen.

Bei einem System mit 3 Kettenblättern wählen Sie das größte Kettenblatt für alle Gänge, die auf ebener oder abschüssiger Strecke benutzt werden. Das mittlere Kettenblatt legen Sie für die Gänge ein, die bei leichten Steigungen gebraucht werden. Das kleinste Kettenblatt schließlich wird nur bei extremen Steigungen benutzt.

Wechseln Sie zwischen den einzelnen Gängen innerhalb dieser Bereiche stets nur mit dem hinteren Umwerfer. Schalten Sie insbesondere den Kettenblattumwerfer immer frühzeitig, weil das unter Belastung fast unmöglich ist. Fahren und schalten Sie so lange, bis Sie es auf Anhieb schaffen, den richtigen Gang für die jeweilige Fahrsituation zu wählen.

5.8 Wiegetritt: Benutzen Sie diese Methode, wenn auch der niedrigste Gang nicht erlaubt, beim Klettern im Sattel zu bleiben

Fahrstil und Fahrradbeherrschung

Auch wenn Sie das schnelle Treten und den Umgang mit der Gangschaltung ausreichend geübt haben, gibt es trotzdem noch einiges zu lernen. Insbesondere die Beherrschung der Lenkung trägt wesentlich zur Effizienz und Sicherheit des Fahrens bei.

Als einspuriges Fahrzeug wird das Fahrrad nicht nur dadurch gelenkt, daß der Lenker – und mit ihm das Vorderrad – in die vorgesehene Richtung gestellt wird. Gleichzeitig muß das Rad balanciert werden, denn sonst würde bei jeder Kurve der Effekt der Zentrifugalkraft dazu führen, Rad und Fahrer nach außen zu kippen. Sogar die Geradeausfahrt besteht aus einer endlosen Reihung von leichten Kurven, die durch entsprechende, mehr oder weniger bewußt durchgeführte Lenkvorgänge und Gewichtsverlagerungen ausgeglichen werden.

In jeder Kurve muß die Schrägstellung des Rads auf den Radius der Kurve und die Fahrgeschwindigkeit abgestimmt sein. Bei langsamer Fahrt ist eine geringe Schräglage ausreichend, um eine scharfe Kurve zu fahren, während umgekehrt eine geringe Gewichtsverlagerung nur durch eine größere Lenkbewegung ausgeglichen werden kann. Bei schnellerer Fahrt werden die Lenkbewegungen kleiner oder die Gewichtsverlagerungen größer.

Die Schrägstellung wird jeweils durch eine Lenkbewegung in die gleiche Richtung aufgehoben. Die Neigung nach links wird also dadurch aufgehoben, daß Sie den Lenker etwas nach links führen, wodurch das Rad sich wieder aufrichtet. Wenn Sie sich das nicht so recht vorstellen können, probieren Sie es am besten einmal auf einem leeren Parkplatz aus.

Man kann eine Kurve auf zweierlei Art fahren: natürlich (allmählich und weit) oder forciert (schnell und eng). Beide Methoden sind in der Abbildung 5.10, S. 48, dargestellt. Bei der natürlichen Kurve wartet der Radfahrer, bis das Rad in der Richtung der entsprechenden Kurve geneigt ist – z. B. nach links, wenn er nach links abbiegen will. Statt dann aber durch eine Lenkbewegung nach links das Gewicht wieder so zu verlagern, daß das Rad sich aufrichtet, belassen Sie das Rad in seiner immer flacher werdenden Schräglage, bis die Neigung so groß wird, daß die Kurve gefahren werden kann, ohne Gefahr, in die entgegengesetzte Richtung umzukippen. Diese Art der Kurve wird gefahren, wenn ausreichend Platz und Zeit vorhanden sind.

Wenn es enger wird oder Sie plötzlich ausweichen müssen, ist es nötig, eine forcierte Kurve zu fahren. Dabei wird eine größere Schrägstellung in die gewünschte Richtung (also zur Kurve hin) dadurch eingeleitet, daß ganz kurz in die entgegengesetzte Richtung gelenkt wird.

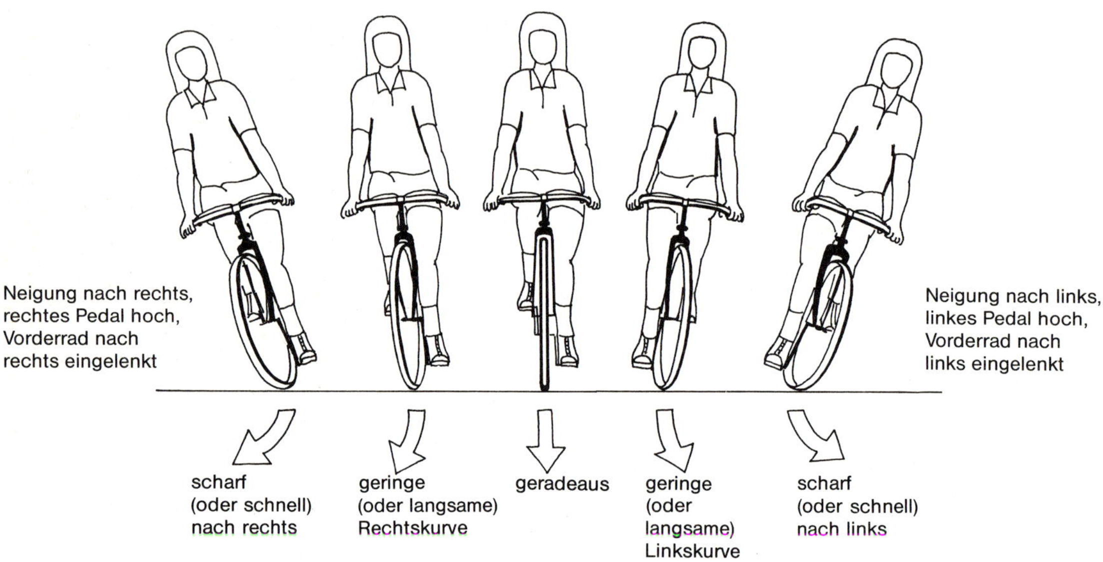

5.9 Neigung bei Kurvenfahrt

Ja, das Fahrrad kann springen lernen. Obwohl im täglichen Verkehr nur selten erforderlich, kann man auch solche Tricks in der Praxis anwenden.

Bremstechnik

Auch das Bremsen will gelernt sein. In der rollenden Masse aus Rad und Fahrer steckt eine Menge kinetischer Energie – das Produkt aus Masse und Quadrat der Fahrgeschwindigkeit. Bei einem Aufprall wird diese Energie plötzlich abgebaut, wodurch beträchtlicher Schaden entstehen kann, sei es am Rad, am Fahrer oder an dem Gegenstand, mit dem der Radfahrer kollidiert. Auch um manche Lenkbewegungen auszuführen, muß das Rad zuerst soweit verlangsamt werden, daß es bei einer geringen Ablenkung nicht gleich – infolge der bei hoher Geschwindigkeiten sehr großen

Scharfe Kurve, scharfe Bremsung. Um das Rad unter diesen Bedingungen zu beherrschen, müssen Sie schon etwas üben. Außerdem ist das mit einem Mountainbike wesentlich leichter durchführbar als mit manchen anderen Modellen. (Foto: D. Favello)

Um eine scharfe Linkskurve einzuleiten, lenkt man also kurz nach rechts. Dadurch entsteht eine beträchtliche Neigung nach links, die dann ausgenutzt wird, um auch die entsprechende Lenkbewegung nach links durchzuführen. Nehmen Sie sich wieder etwas Zeit, um diese zwei Lenkmethoden bewußt auszuführen. Eigentlich ist es kein Erlernen mehr, denn Sie haben es unbewußt bereits als Kind gemacht. Andererseits kann nur derjenige, der diese Vorgänge versteht, sie bei Bedarf bewußt und zuverlässig einsetzen.

Zentrifugalkraft – aus der Kurve geschleudert wird. Um beide Arten von Schäden zu vermeiden, werden die Bremsen benutzt, die das Rad gleichmäßiger verzögern.
Die Verzögerung wird in m/s² gemessen. Auf dem herkömmlichen Fahrrad kann sie bei einer scharfen Bremsung mit dem Vorderrad einen Wert von ca. 6,5 m/s² erreichen, etwa halb soviel bei einer Hinterradbremsung. Physikalisch bedingt kann jedoch auch bei der gleichzeitigen Benutzung beider Bremsen der Wert von 6,5 m/s² nicht überschritten werden, ohne daß das Rad nach vorne kippt oder wegrutscht.
Das gilt jedenfalls für das herkömmliche Fahrrad. Bei einem Sessel- oder Liegerad liegt der Schwerpunkt soviel tiefer und weiter zurück, daß höhere Verzögerungswerte gefahrlos möglich sind. Die maximalen Verzögerungswerte für das normale Fahrrad sind ausreichend, um aus einer Ausgangsgeschwindigkeit von 36 km/h (10 m/s) in nur einer Sekunde auf 12,5 km/h (3,5 m/s) zu kommen, wenn die Vorderradbremse oder beide Bremsen benutzt werden, während die Hinterradbremse alleine es in einer Sekunde nur auf 25 km/h (7 m/s) bringen würde.
Es ist klar, daß auch die beste Hinterradbremse nicht ausreicht, um eine wirkungsvolle oder kontrollierte Bremsung durchzuführen. Das ist eben physikalisch bedingt durch die Gewichtsverlagerung bei der Verzögerung vom Hinterrad zum Vorderrad hin. Daß es trotzdem die Hinterradbremse alleine ist, die der unbewußt Radelnde ständig benutzt, ist ein Erbe aus der Zeit, als Räder mit nur einer Rücktrittbremse und bestenfalls einer inadäquaten Vorderradbremse ausgestattet waren.
Allerdings stimmt es schon, daß man in einer Kurve wegen der Schräglage nicht mit der Vorderradbremse bremsen soll. Das Rad verliert sonst infolge der dabei auftretenden seitlichen Kräfte die Haftung auf der Straße, was zu seitlichem Ausbrechen führen würde. Technisch richtig ist es, bereits vor der Kurve ausreichend abzubremsen, damit in der Kurve selbst nicht mehr gebremst werden muß. Wenn Sie trotzdem erst in der Kurve feststellen, daß Sie zu schnell sind, dann nur geringfügig mit der Hin-

5.10 Natürliche und forcierte Kurve

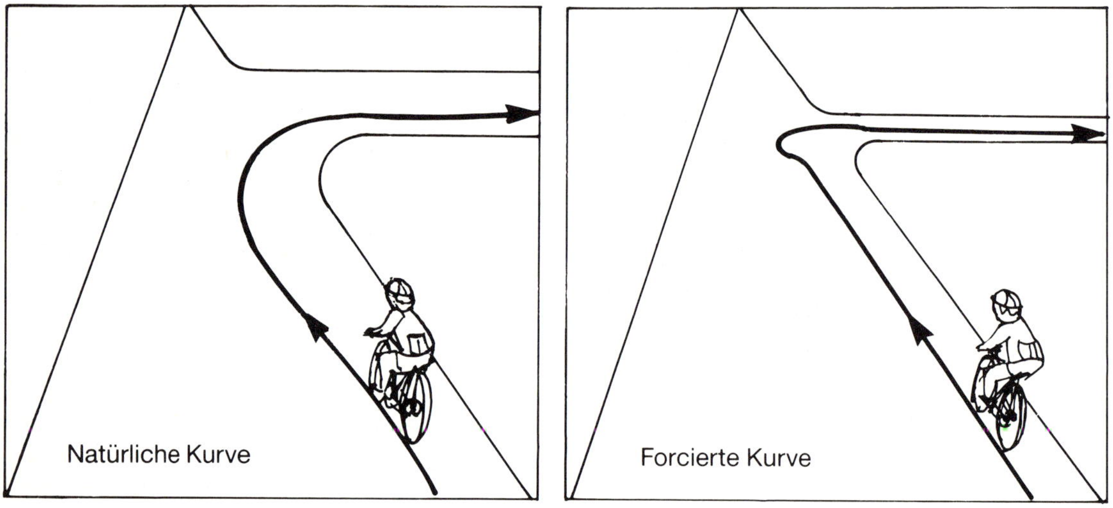

terradbremse dosieren, denn eine scharfe Bremsung kann Sie aus dem Gleichgewicht bringen und stürzen lassen.
Bei einer plötzlichen Bremsung muß das Fahrrad geradeaus fahren und senkrecht aufgerichtet sein. Am besten geht es, wenn Sie den Schwerpunkt so weit wie möglich nach hinten verlagern und den Oberkörper möglichst tief halten (siehe Abbildung 5.12, S. 50). Damit wird die Kippneigung verringert. Es ist die richtige Bremstechnik in einer sogenannten Paniksituation.

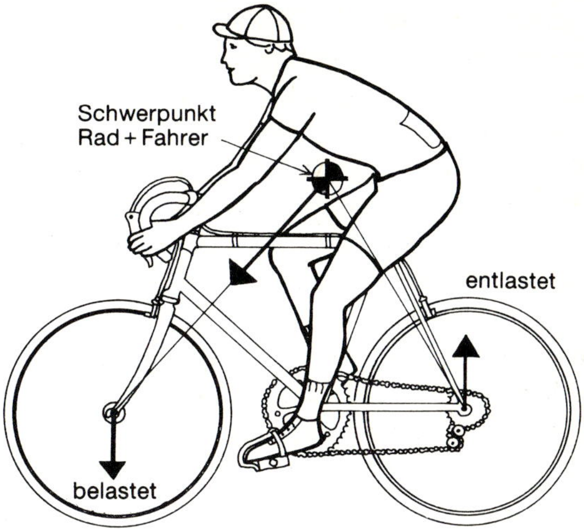

5.11 Effekt des Bremsens auf die Gewichtsverteilung

Fahren bei Eis und Schnee. Mit etwas Vorsicht geht das auch, vorausgesetzt, Sie entlasten das Vorderrad, machen keine plötzlichen Lenk-, Brems- oder Beschleunigungsbewegungen und Sie halten das Fahrrad möglichst gerade.

Insbesondere bei länger anhaltenden Bremsungen auf steilem Gefälle wird erhebliche potentielle sowie kinetische Energie freigesetzt. Die Energie wird beim Bremsen in Wärme umgewandelt, die irgendwie abgeführt werden muß. Dazu sind großflächige, dem Fahrtwind ausgesetzte Metallteile optimal. Das macht die Felgenbremse unter diesen Umständen am besten geeignet, denn die Felge bildet eine Art Wärmeabfuhrfläche. Die Rücktrittbremse würde sich hierbei zu stark erwärmen, weil die kleine Oberfläche nicht genug Wärme abführen kann.

Die Trommelbremse sowie andere relativ seltene Bremsenarten (z. B. Scheibenbremse, Bandbremse und Dinexbremse) verhalten sich in dieser Hinsicht schon wesentlich besser. Benutzen Sie bei einem Rad mit Rücktritt während einer längeren Abfahrt auf geraden Strecken hauptsächlich die vordere Bremse. Dazu können Sie hin und wieder mit der Hinterbremse dosieren, wenn z. B. vor einer Kurve verstärkt abgebremst werden muß. Aber auch bei anderen Bremsformen ist es im allgemeinen am günstigsten, die Bremsen abwechselnd zu betätigen. Vermeiden Sie es auch dann, die Vorderbremse in Kurven zu beanspruchen.

5.12 Gewichtsverlagerung für wirksameres Bremsen

Mit dem BMX-Rad läßt sich allerhand, was sonst unmöglich wäre, durchführen.

Üben Sie die verschiedenen in diesem Kapitel vorgestellten Techniken abseits vom Verkehr, bis Sie zumindest verstehen, worum es hier geht. Schalten, Lenken, Bremsen oder Anfahren lassen sich leicht meistern, wenn Sie sich während dieser Probestunden und nachher beim normalen Fahren über die technischen Abläufe im klaren sind und sich dementsprechend verhalten.

6
Die Sicherheit beim Radfahren

Jährlich verunglücken auf den Straßen und Radwegen der Bundesrepublik durchschnittlich 1200 Radfahrer tödlich. Etwa 50mal so viele – also 60 000 – tragen so schwere Verletzungen davon, daß eine Unfallmeldung erfolgt. Das sind in beiden Fällen etwa 10% der entsprechenden Gesamtzahlen für alle Verkehrsteilnehmer. Damit lebt der Radfahrer zwar nicht ganz so gefährlich wie der Fußgänger, der doppelt so häufig verunglückt. Trotzdem sind die Zahlen beunruhigend, insbesondere wenn man bedenkt, daß vom Fahrrad selbst nur eine geringe Gefahr für andere ausgeht.

Der Radfahrer kann sein Unfallrisiko am besten dadurch verringern, daß er sich ausreichend schützt und vor allem defensiv fährt. So vermeidet er nicht nur selbstverschuldete Unfälle, sondern auch solche, die durch Fehler eines anderen Verkehrsteilnehmers verursacht werden. Leider gibt es aber immer noch einige Unfälle, z. T. verursacht durch grobe Fahrläs-

Jeder kann mal fallen. Und man hat nicht immer Gelegenheit, sich den Kopf nach dieser Methode zu schützen.

sigkeit oder gar durch kriminelle Absicht anderer Verkehrsteilnehmer, gegen die man sich auch durch eine defensive Fahrweise nicht schützen kann. Diese machen weniger als 5% aller Unfälle aus. Sie lassen sich zwar nicht verhindern, man kann aber seine Überlebenschancen auch in solchen Fällen durch das Tragen eines Schutzhelms und geschickte Fahrradhantierung verbessern.

Schutzhelm aufsetzen!

Vielleicht haben Sie schon mal gelesen, daß das Tragen eines Schutzhelms in den Vereinigten Staaten unter den Radfahrern zum guten Ton gehört. Typisch amerikanische Panikmache? Das wurde jedenfalls hierzulande auch in Kreisen der Unfallforscher allgemein angenommen, bis 1986 eine interessante Studie der medizinischen Fakultät Hannover bestätigte, daß auch in der Bundesrepublik ca. 70% aller bei Unfällen getöteten Radfahrer an Kopfverletzungen gestorben waren, die durch das Tragen eines einfachen Schutzhelms hätten vermieden werden können.

Bei einem typischen Fahrradunfall mit tödlichem Ausgang oder zumindest schweren Verletzungen stürzt der Radfahrer mit dem Kopf zuerst zu Boden oder prallt gegen das Fahrzeug des Unfallgegners bzw. einen festen Gegenstand am Straßenrand. Dabei wird das Gehirn gegen das Schädelinnere geschleudert. Bei einem solchen Aufprall vollzieht sich eine schlagartige Bewegungsverminderung, die man Verzögerung nennt und in m/s^2 ausdrückt. Das Gehirn ist imstande, einen solchen Aufprall zu absorbieren, wenn die dabei entstehende Verzögerung einen Wert von 3000 m/s^2 nicht überschreitet.

Bei einem Sturz vom Fahrrad aus einer Höhe von 1,50 m wird beim Aufprall auf die Straße schon eine Geschwindigkeit von 5 m/s erreicht. Um die Verzögerung unter 3000 m/s^2 zu halten, muß diese Aufprallgeschwindigkeit über eine Zeitspanne von mindestens 0,002 Sekunden abgebaut werden. Diese Wirkung erreicht man mit einer energieabsorbierenden „Knautschzone“, bestehend aus einer ca. 2 cm dicken Hartschaumschicht.

6.1 Energieabsorbierender Schutzhelm

Der Sturzhelm muß so geformt sein, daß die am meisten gefährdeten Stellen wirkungsvoll geschützt sind. Der Helm muß auch so befestigt sein, daß er beim Sturz nicht verrutscht oder gar selbst Verletzungen verursacht. Die technischen Kriterien sind erfüllt, wenn ein Fahrradhelm der US-Norm ANSI Z-90.4 entspricht. Für die richtige Befestigung ist der Radfahrer selbst verantwortlich. Wenn Sie vernünftigerweise einen Helm tragen, dann machen Sie es bitte nicht wie die holländischen Mopedfahrer. Dort gingen nach der Einführung der Helmpflicht die schweren Kopfverletzungen keineswegs zurück: Die Mopedfahrer trugen jetzt zwar den Helm, aber es stellte sich heraus, daß sie ihn in der Regel nicht befestigten.

Natürlich ist das Tragen eines Helms jedem selbst überlassen. Schließlich sterben auch Fußgänger und Autofahrer in der Mehrzahl an Kopfverletzungen, und es wird wohl keiner auf die Idee kommen, Helmpflicht für jeden Verkehrsteilnehmer einzuführen. Aber es ist nun mal so: Durch das Tragen eines Fahrradhelms kann der einzelne das Risiko einer tödlichen Verletzung zumindest halbieren.
Als wohl erster Verfechter und Träger des Fahrradhelms in Deutschland bin ich oft belächelt worden, doch halte ich diesen Kopfschutz für unabdingbar. Nur bei einer schweren Steigung und heißer Witterung nehme ich den Helm ab. Unter solchen Umständen schwitzen die meisten Radfahrer so stark, und die Luftkühlung infolge der geringen Fahrgeschwindigkeit ist so gering, daß das Tragen eines Schutzhelms unzumutbar wird. Setzen Sie ihn aber bei der schnelleren Abfahrt, wenn die Gefahr eines Sturzes wesentlich größer ist, wieder auf.
Weitere Körperschutzmaßnahmen bringen im Vergleich zum Helm ziemlich wenig. Trotzdem können Handschuhe mit gepolsterten Handflächen wirksam sein, denn bei einem Sturz ist man geneigt, sich mit den Händen abzufangen, was dann häufig zu Handverletzungen führt. Des weiteren kann man sich einigermaßen schützen, indem man Hosen und Jacken mit langen Beinen und Ärmeln trägt.

Verletzungsursachen

Der Radfahrer trägt Verletzungen fast immer nur davon, wenn er vom Rad fällt – entweder infolge eines eigenen Fehlers, des Fehlers eines anderen oder aber wegen gravierender Mängel an der Straßendecke. In diesem Abschnitt möchte ich die häufigsten Verletzungsursachen behandeln. Die Sturzursachen sind in vier Gruppen zu unterteilen: Aufprallstürze, Ablenkungsstürze, Abrutschstürze und Kontrollverluststürze.
Bei einem **Aufprallsturz** kommt das Rad plötzlich zum Stillstand. Meistens prallt der Radfahrer entweder gegen den Gegenstand, mit dem das Rad kollidierte, oder er fällt zu Boden, was manchmal zu schweren Verletzungen am Schädel oder anderen empfindlichen Körperstellen führt.
Vermeiden läßt sich der Aufprallsturz dadurch, daß Sie die Geschwindigkeit den Umständen, genauer gesagt, den Wegverhältnissen anpassen und plötzlich auftretende Hindernisse einkalkulieren. Rechnen Sie damit, daß an einem am Seitenrand geparkten Fahrzeug die Tür sehr plötzlich geöffnet werden kann, daß ein Fahrzeug aus einer Seitenstraße oder Grundstückszufahrt auf die Straße fährt oder ein spielendes Kind auf die Fahrbahn rennt. Es sind dies alles Gefahren, die auf einem Radweg wesentlich häufiger auftreten als auf einer Fahrbahn. Vermeiden Sie daher insbesondere straßenbegleitende Radwege in bebauten Gebieten. Fahren Sie nicht zu dicht am Straßenrand, damit Sie solche Gefahren gut einsehen und ihnen leichter ausweichen können.
Ablenkungsstürze erfolgen dann, wenn das Vorderrad etwa bei einer Fahrbahnunebenheit seitlich abgelenkt wird. Man stürzt dabei ganz plötzlich seitlich zu Boden, und es entstehen Prellungen, Schürfwunden oder Knochenbrüche, insbesondere an Händen oder Schultern, manchmal auch an der Seite des Schädels.
Vermeiden lassen sich diese Unfälle, indem Sie die Fahrbahn vor Ihnen ständig auf solche Hindernisse prüfen und sie ggf. großzügig umfahren. Schräg über die Fahrbahn verlaufende Rillen und Schienen sind möglichst im rechten Winkel zu überfahren und nur wenn das Fahrrad nicht stark in eine Richtung geneigt ist. Das bedeutet, daß Sie sich schon vor dem Hindernis darauf vorbereiten, indem Sie eine Kurve fahren, die es Ihnen erlaubt, vor der Überquerung gerade aufgerichtet zu sein. Vorher müs-

sen Sie sich aber vergewissern, daß die Fahrbahn für diesen Vorgang frei ist, indem Sie auch nach hinten schauen und ggf. langsamer fahren, um den richtigen Moment abzuwarten. Auch diese Art Hindernis tritt auf Radwegen und am äußersten Straßenrand wesentlich häufiger auf als auf einer normalen Fahrbahn. Also ein Grund mehr, solche Wege oder Fahrbahnteile zu meiden.

Abrutschstürze werden dadurch verursacht, daß das Rad in einer Kurve ausbricht, weil die Haftung eines der Räder angesichts der Mittelpunktfliehkräfte nicht ausreicht oder die Räder beim Bremsen wegrutschen. Bei einem seitlichen Abrutschsturz kommen ähnliche Verletzungen wie beim Ablenksturz vor, jedoch meist weniger gravierend. Manchmal läßt sich aber ein Sturz trotz Abrutschens vermeiden, indem Sie bei den ersten Anzeichen aufhören zu bremsen und in die Richtung des Ausbrechens hineinlenken, bis das Rad wieder unter Kontrolle ist.

Am ehesten passieren solche Unfälle natürlich auf glatten Fahrbahnabschnitten, z. B. auf mit Sand, Eis, Schnee oder Laub bedecktem Pflaster, sowie auf Schotter oder nassem Kopfsteinpflaster. Stürze lassen sich dadurch vermeiden, daß Sie solche Stellen möglichst großzügig umfahren bzw. solche Wege ganz meiden. Vor dem Umfahren ist wieder zurückzuschauen, um festzustellen, ob der Weg dafür

Noch ein Sturz, dieses Mal ausgelöst durch schlechten Straßenbelag und gegenseitige Behinderung der Fahrer. Das passiert nicht nur – wie hier – bei einem Radrennen, sondern auch beim unvorsichtigen Fahren auf Touren oder im Straßenverkehr. (Foto: H. A. Roth)

frei ist. Notfalls heißt es warten, bis die Gelegenheit günstig ist. Die Geschwindigkeit muß ebenfalls den Umständen angepaßt werden. Plötzliche Lenk- oder Bremsvorgänge sind an gefährdeten Stellen unbedingt zu vermeiden.
Kontrollverluststürze nenne ich Stürze, bei denen der Fahrer die Gewalt über sein Rad verliert. Das passiert vornehmlich bei einer zu schnell gefahrenen Abfahrt. Die Ursache liegt darin, daß das Rad eine seitliche Neigung annimmt, die durch Lenkbewegungen nicht richtig kompensiert werden kann, weil meist in der entsprechenden Richtung nicht genug Platz zum Ausweichen ist. Manchmal verläßt dabei das Rad die Fahrbahn, und es kommt fast immer zu einem Sturz oder Aufprall mit z.T. schlimmen Verletzungen.
Dieser Unfalltyp läßt sich vor allem durch eine vernünftige Geschwindigkeitsbeschränkung vermeiden. Oft werden Stürze dabei nämlich nicht durch die äußeren Bedingungen, sondern durch Unsicherheit oder gar Panik des Fahrers ausgelöst. Bremsen Sie bei einer steilen Abfahrt frühzeitig ab, damit Sie auch in engen Kurven die Gewalt über das Rad nicht verlieren und bei plötzlich auftauchenden Hindernissen ausweichen können.

Schnell und sicher im Verkehr

Die gängigen Verhaltensregeln für Radfahrer in puncto Verkehrssicherheit gehen meist von falschen Voraussetzungen aus. Tatsächlich sind Radfahrer viel weniger durch überholende Kraftfahrer gefährdet, als man allgemein annimmt. Für den Radfahrer wird es vielmehr immer dann gefährlich, wenn er den Weg irgendeines anderen Verkehrsteilnehmers – ganz gleich ob Kraftfahrer, Radfahrer oder Fußgänger – schneidet. Das passiert beim Überqueren einer Kreuzung, beim Abbiegen und vor allem beim Geradeausfahren neben ab- und einbiegendem Verkehr.

Eine Analyse der tatsächlichen Unfalltypen erlaubt die Feststellung, daß die Gegebenheiten des Umfeldes von großer Bedeutung sind. Dabei ergeben sich vier Hauptkategorien mit ungefähren Angaben der relativen Risiken in Klammern:

1. in bebauten Gebieten bei Tageslicht (55% der Verletzungen, 25% der tödlichen Unfälle);
2. in bebauten Gebieten bei Dunkelheit (15% der Verletzungen, 15% der tödlichen Unfälle);
3. außerhalb der Bebauung bei Tageslicht (20% der Verletzungen, 30% der tödlichen Unfälle);
4. außerhalb der Bebauung bei Dunkelheit (10% der Verletzungen, 30% der tödlichen Unfälle).

Maßnahmen und Verhaltensempfehlungen zur Erhöhung der Verkehrssicherheit sind nur dann wirksam, wenn sie sich an den jeweiligen Gegebenheiten orientieren. Beim Fahren auf der Landstraße beispielsweise gelten andere Bedingungen als in bebauten Gebieten. Auch die Lichtverhältnisse (Tag, Nacht) spielen dabei eine nicht unwesentliche Rolle.
Aus einer Analyse dieser Gegebenheiten und der jeweiligen Unfalltypen lassen sich einfache Verhaltensregeln ableiten. Die Verkehrsplaner und Sicherheitsexperten habe ich schon oft genug mit diesen Argumenten konfrontiert. Hier möchte ich aber Sie als Radfahrer selbst ansprechen und Ihnen zeigen, wie Sie durch richtiges Verhalten die Mehrzahl der Unfälle vermeiden können.
Voraussetzung ist und bleibt, daß Sie das Fahrrad sicher beherrschen und daß Sie selbst mitdenken. Hier werden nur solche Unfälle behandelt, an denen auch andere Verkehrsteilnehmer beteiligt sind, ganz gleich ob es andere Radfahrer, Kraftfahrzeugfahrer oder Fußgänger sind. Eigenunfälle, also Stürze, an denen kein anderer beteiligt ist, können mit Hilfe der

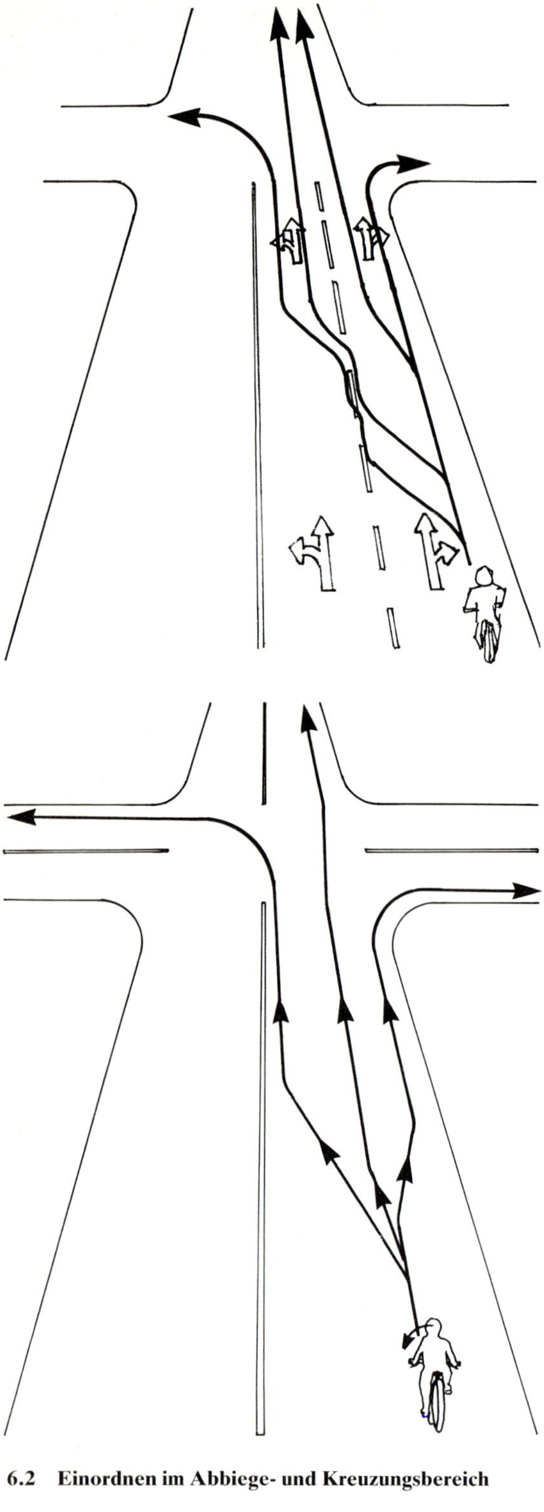

6.2 **Einordnen im Abbiege- und Kreuzungsbereich**

Verhaltensregeln, die im 1. Teil dieses Kapitels behandelt wurden, vermieden werden.
Zu ca. 75% wird in bebauten Gebieten und bei Tageslicht radgefahren, was sich auch an den Gesamtunfallzahlen ablesen läßt. Die häufigsten Unfalltypen hier:

Überquerungsunfall
Abbiegeunfall
Ausweichunfall
Falschfahrunfall

Bei einem **Überquerungsunfall** fährt der Radfahrer direkt über eine Straßenkreuzung, Seitenstraße oder Grundstückszufahrt. Dabei wird er entweder angefahren, oder er fährt in ein im Kreuzungs- oder Abzweigungsbereich geradeaus fahrendes bzw. abbiegendes Fahrzeug bzw. kollidiert mit einem Fußgänger.
Diese Unfälle lassen sich durch Aufmerksamkeit und Voraussicht vermeiden. Achten Sie auf die anderen Verkehrsteilnehmer, und wählen Sie Weg und Geschwindigkeit so, daß Sie ihren Aktionen Rechnung tragen. Ordnen Sie sich frühzeitig ein, aber nicht ohne sich vorher zu vergewissern, daß der Weg dafür frei ist. Nur wenn Sie nach rechts abbiegen wollen, fahren Sie im Kreuzungsbereich am rechten Rand. Geradeaus fahren Sie von der Mitte Ihrer Fahrbahn, bzw. von einer zum Geradeausfahren vorgesehenen Fahrspur aus. Beim Linksabbiegen fahren Sie von der Straßenmitte oder einer Fahrspur aus, die dafür vorgesehen ist. Wenn eine Fahrspur für mehrere Richtungen markiert ist, z. B. links und geradeaus, dann ordnen Sie sich so ein, daß Sie nicht von einem anderen in Ihrer Fahrbahn fahrenden Verkehrsteilnehmer geschnitten werden können.
Bei einer Einmündung ist es wichtig, ausreichenden Abstand zum rechten Rand einzuhalten. Auch hier nicht vergessen: zuerst umschauen und feststellen, ob der Weg frei ist.
Straßenbegleitende Radwege sind in dieser Hinsicht besonders gefährlich, denn sie ver-

weisen den Radfahrer in den am meisten gefährdeten Bereich, wo er weder den richtigen Überblick hat, noch selbst rechtzeitig von einem einbiegenden oder abbiegenden Fahrer gesehen werden kann. Außerdem hat er dort nicht genügend Platz zum Ausweichen. Das bedeutet, daß Sie dort immer langsamer fahren und zum plötzlichen Anhalten bereit sein müssen.

Daß auf Radwegen nicht noch viel mehr Unfälle passieren ist in der sogenannten Risikokompensationstheorie begründet: Man neigt nämlich instinktiv dazu, auf besonders gefährdeten Wegen langsamer zu fahren und reduziert dadurch sein Unfallrisiko auf ein normales Maß. Allerdings werden dadurch die Fahrleistung und die Freude am Radfahren stark gemindert.

Abbiegeunfälle passieren sowohl an Kreuzungen als auch an Einmündungen, ja oft auch schon dann, wenn der Radfahrer nur versucht, die andere Straßenseite zu erreichen. Dabei überquert er seine bisherige Fahrbahn bzw. die Fahrbahn neben dem Radweg, den er benutzt hat, und wird meist von einem in der gleichen Richtung fahrenden Fahrzeug erfaßt.

Hier heißt es aufpassen und umschauen. Weichen Sie nicht von Ihrer bisherigen Spur ab, ohne zuerst zurückgeschaut zu haben und sicher zu sein, daß der Weg jetzt frei ist. Handzeichen sind kein Ersatz für Vorsicht, denn wenn einer hinter Ihnen fährt, sollten Sie sowieso nicht abbiegen – er hat Vorfahrt und rechnet auch damit.

Auch auf den entgegenkommenden Verkehr und den in gleicher Richtung fahrenden Verkehr in anderen Fahrspuren müssen Sie achten. Gegebenfalls überqueren Sie jede Fahrspur einzeln, je nach Lücken im Verkehrsstrom, um jeweils am Trennstreifen zwischen den Fahrspuren in der richtigen Richtung weiterzufahren (siehe Abbildung 6.3). Das bedeutet, daß Sie bei einer vielbefahrenen Straße eine recht lange Strecke zum Einordnen brauchen. Diese Methode können Sie auch anwenden, wenn Sie sich bei einer Kreuzung, wo Sie geradeaus fahren wollen, über mehrere rechtsabbiegende Fahrspuren einordnen müssen.

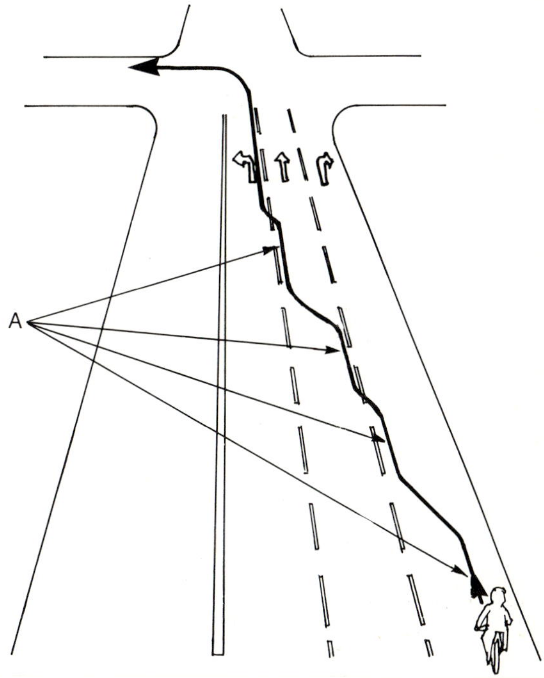

6.3 Einordnen über mehren Fahrspuren

Ausweichunfälle sind den Abbiegeunfällen insofern ähnlich, als der Radfahrer von seinem bisherigen Fahrweg nach links abweicht und dabei von einem in gleicher Richtung hinter ihm Fahrenden erfaßt wird. Schauen Sie zurück und warten Sie ggf., bevor Sie ausweichen. Fahren Sie nicht so weit rechts, daß es erforderlich ist, nach links auszuweichen. Fahren Sie nicht zwischen parkenden Fahrzeugen oder anderen Hindernissen am rechten Rand ein und aus. Halten Sie statt dessen eine möglichst gerade Spur ein, in der Sie auch noch Platz zum Ausweichen haben (siehe Abbil-

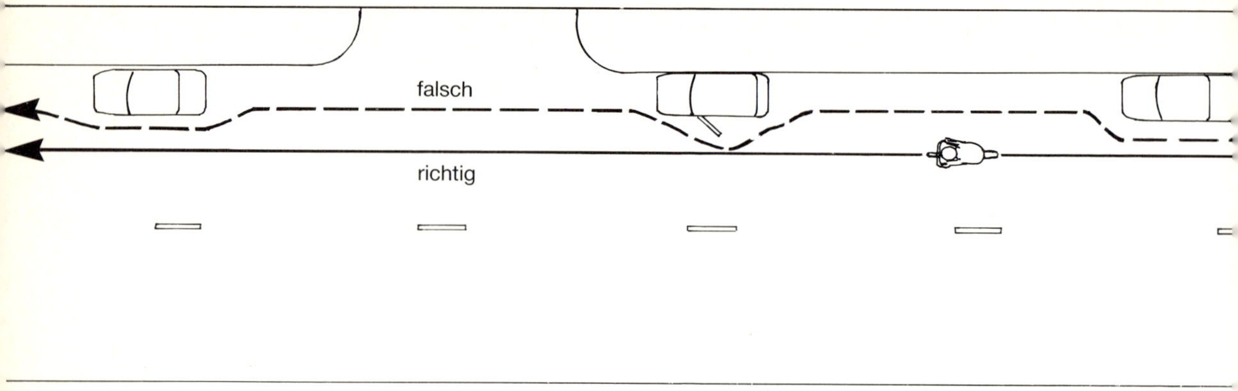

6.4 Position auf der Fahrbahn bei Hindernissen am Straßenrand

dung 6.4). Alles in allem müssen Sie ständig auf mögliche Hindernisse gefaßt sein und genügend Zeit zum Ausweichen einkalkulieren. Das setzt voraus, daß Sie Ihre Geschwindigkeit den jeweiligen Gegebenheiten anpassen.

Als **Falschfahrunfall** bezeichne ich es, wenn der Radfahrer auf einem Radweg, der in der Fahrtrichtung nicht wie üblich rechts, sondern links liegt, angefahren wird, manchmal auch von einem anderen Radfahrer. Das Unfallrisiko ist relativ hoch, denn das Blickfeld des den Radweg kreuzenden Verkehrsteilnehmers ist nicht weit genug, um auf so engem Raum Gefahren von links und von rechts gleichzeitig zu erkennen. Das ist auch einer der Gründe für das allgemeine Rechtsfahrgebot. Das gleiche Risiko besteht, wenn der Radweg für diese Fahrtrichtung freigegeben oder gar vorgeschrieben ist. Ich lasse aus guten Gründen solche Radwege bewußt „links" liegen. Ggf. fahren Sie vor jeder Kreuzung, Seitenstraße und Grundstückszufahrt so langsam, daß Sie schlagartig anhalten können.

Im Kreuzungs- und Einmündungsbereich passieren unter diesen Umständen auch viele Kollisionen zwischen richtig und falsch fahrenden Radfahrern. Hierzu kommt auf geraden Strek-

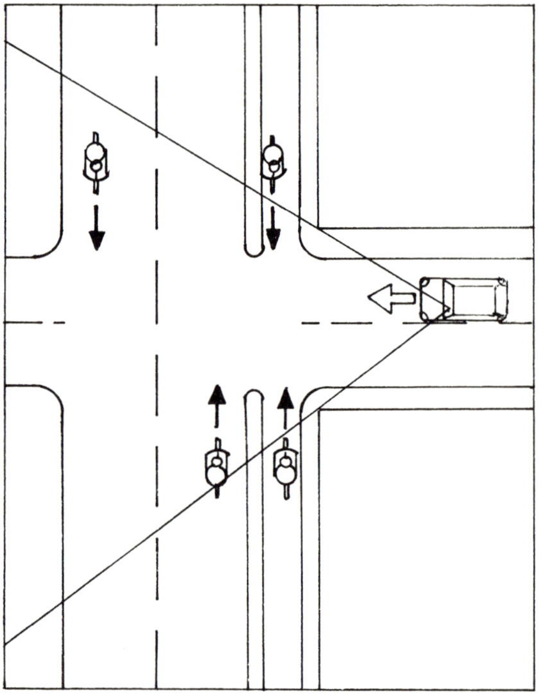

6.5 Sichtverhältnisse und Gefahr auf Radwegen am Straßenrand

An einer Kreuzung mit seitlichen Radwegen ist der Radfahrer stärker gefährdet als auf einer Kreuzung ohne seitliche Radwege. Vergleichen Sie die Zahl der Konfliktstellen an beiden Bildern!

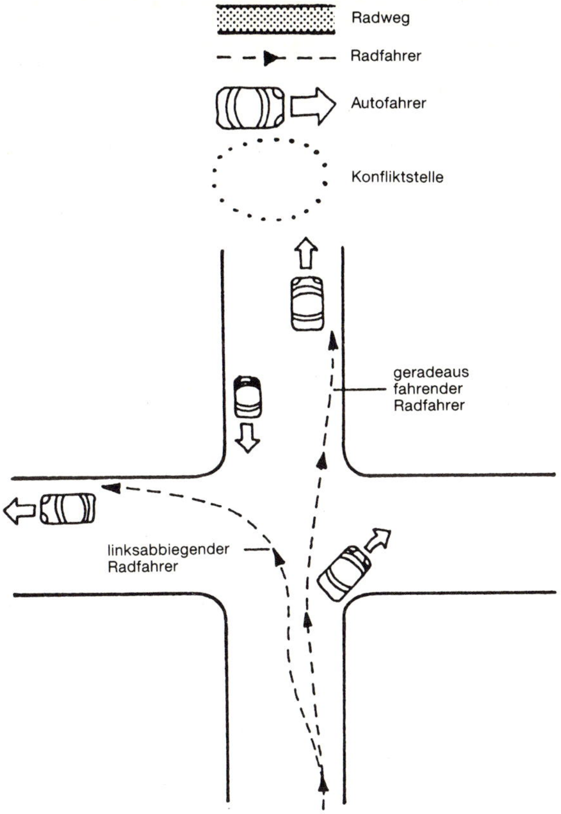

a) Kreuzung ohne seitliche Radwege

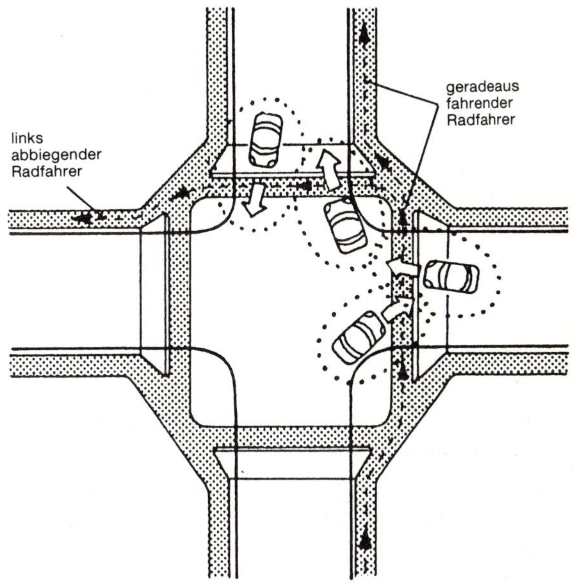

b) Kreuzung mit seitlichen Radwegen

6.6 Vergleich der Konfliktpunkte auf Kreuzungen mit und ohne Radwegen

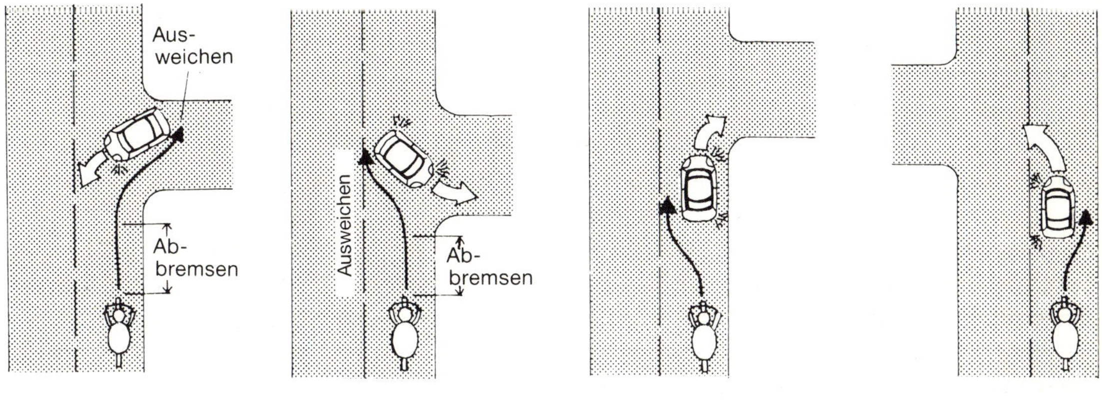

a) b) c) Abbieger nach rechts d) Abbieger nach links

6.7 Ausweichen im Konfliktfall

ken eine große Unsicherheit, weil keiner weiß, ob der richtig- oder der falschfahrende Radfahrer nach links bzw. rechts ausweichen sollte. Eine optimistische Untersuchung des HUK-Verbandes, der die Behauptung aufstellte, die Gefahr sei minimal, weil die Radfahrer ganz berechenbar ausweichen würden, hat sich selbst als falsch entlarvt, denn die dort aufgestellten Behauptungen wurden schon in der Mehrzahl der begleitenden Abbildungen widerlegt, wie auch meine eigenen Beobachtungen in Frankfurt belegten.

In der Dunkelheit passieren in der Stadt zum größten Teil die gleichen Unfälle wie bei Tag. Hinzu kommt jedoch noch die Gefahr, wegen mangelnder Beleuchtung nicht erkannt zu werden. Ein Unfalltyp kommt unter diesen Umständen sehr häufig vor: der Radfahrer wird seitlich von einem Verkehrsteilnehmer angefahren, der aus einer Seitenstraße oder Grundstückszufahrt kommt. Ausreichenden Schutz bietet nur ein funktionierender Scheinwerfer. Die lustigen Speichenreflektoren und dramatisch aufleuchtenden reflektierenden Reifen helfen da nicht, denn die Scheinwerfer des Unfallgegners waren vor dem Unfall nicht auf die Reflektoren gerichtet, die deshalb nicht gesehen werden konnten. Trotz optimistischer Annahmen konnte noch in keinem Land der erhoffte Rückgang solcher Unfälle nach Einführung von Seitenreflektoren oder reflektierenden Reifen verzeichnet werden.

Außerhalb der bebauten Gebiete passieren zwar ähnliche Unfälle, aber die Risiken sind da unterschiedlich. Der Anteil der tödlichen Unfällen ist hier aufgrund höherer Fahrgeschwindigkeiten auch wesentlich höher. Schwere Ausweich- und Abbiegeunfälle passieren unter diesen Umständen ebenfalls häufiger. Kreuzungsunfälle hingegen sind seltener. Die Wahrscheinlichkeit, daß ein Fahrzeug schneller auf Sie zukommt, ist größer und muß deshalb auch mehr berücksichtigt werden.

Auf Landstraßen passieren die schlimmsten Unfälle in der Dunkelheit. Dabei handelt es sich vornehmlich um Abbiege- und Ausweichunfälle, die in der Statistik kaum als solche erfaßt werden. Das liegt daran, daß die Statistik alle Unfälle zwischen Radfahrern und Kraftfahrern, die in die gleiche Richtung fahren, als Überholunfälle kategorisiert, ohne Rücksicht auf die Frage, ob der Radfahrer von seinem Weg abgewichen ist oder nicht.

Vor Unfällen dieser Art schützen Sie sich, indem Sie im Dunkeln nur mit Rücklicht bzw. mit einem großen Rückstrahler fahren. Außerdem müssen Sie natürlich in der Spur bleiben und dürfen sich nicht auf Handzeichen verlassen.

Sicherheit und Gesundheit

Gefahr für den Radfahrer geht nicht nur vom Verkehr aus. Fahrräder mit gefährlichen, scharfen Kanten und losem Zubehör können zu Verletzungen führen. Prüfen Sie deshalb das eigene Fahrrad gründlich auf solche Punkte wie lose Schutzbleche oder Kettenschirm und zerfranste Brems- oder Schaltseilenden.

Sorgen Sie auch für sichere Kleidung. Ein zu langer Schnürsenkel oder ein zu weites Hosenbein gerät leicht zwischen die Kette und kann einen Sturz verursachen. Zu enge Hosen oder Röcke stören beim Auf- und Absteigen und können einen Sturz verursachen.

Schließlich noch ein paar Tips zur allgemeinen Gesundheit. Übermäßige Beanspruchung, zu geringe Flüssigkeitseinnahme oder zu große Sonneneinwirkung sind nicht weniger gefährlich als manche Stürze und Verkehrsunfälle. Schützen Sie empfindliche Körperteile ausreichend gegen Sonneneinstrahlung, die bei längeren Fahrten zu erwarten ist. Insbesondere Hals, Oberschenkel, Arme und Nase – wenn Sie so wenig Haare haben wie ich, auch der Kopf – sollten mit ausreichend leichter Klei-

dung bedeckt oder mit einem wirksamen Sonnenschutzmittel (Schutzfaktor mindestens 15) eingerieben werden.
Nehmen Sie auf längeren, anstrengenden Fahrten bei heißem Wetter möglichst viel Flüssigkeit zu sich. Im Extremfall, z. B. auf einer Gebirgsfahrt, verlieren Sie stündlich erheblich mehr Wasser durch Schweißverdunstung, als Sie aufnehmen können. Trinken Sie deshalb schon vor der Fahrt etwas und nehmen Sie regelmäßig alle 15 Minuten einen Viertelliter zu sich. Einfaches Wasser genügt fast immer – es stimmt medizinisch nicht, daß zusätzliche Mineralien erforderlich sind, wie manchmal behauptet wird. Lediglich beim Auftreten von Kopfschmerzen nach mehrtägigem Wasserverlust kann eine Salztablette Abhilfe schaffen.

Der Autor meint es ernst mit der Sicherheit: er selbst trägt einen Fahrradschutzhelm.

7
Radfahren mit Kindern

Die richtige Vorbereitung des Kindes auf das Radfahren ist die beste Einführung in die Kunst des Radfahrens überhaupt. Eltern sollten auch hier mit gutem Beispiel vorangehen. Dadurch lernt das Kind am ehesten, sicher und mit Freude radzufahren.
Es gibt im Kinder-Radfahrerleben vier Altersbzw. Leistungsstufen, die alle ihre gesonderten Anforderungen stellen und eigene Möglichkeiten bieten:

bis zum Alter von etwa einem Jahr;
von 1 bis 3 oder 4 Jahren;
von 3 oder 4 bis 7 oder 8 Jahren;
von 7 oder 8 bis etwa 11 oder 12 Jahren.

Nach dieser Zeit ist das Kind in Sachen Körperbeherrschung, Auffassungsgabe und Koordination so weit entwickelt, daß es völlig selbständig radfahren kann. In dem Alter wäre es auch in der Lage, die Ratschläge in diesem Buch ohne Aufsicht der Eltern zu lesen, zu verstehen und auszuführen.

Kinder bis zu einem Jahr In diesem Alter ist es nicht leicht, mit einem Kind radzufahren, weil das Kind – insbesondere während der ersten 6 Monate – den Körper nicht für längere Zeit aufrichten kann. Es gibt deshalb nur zwei Möglichkeiten: Benutzung eines dem Kinderwagen nachempfundenen Fahrradanhängers oder eines Traggestellsitzes, der auf dem Rükken der Eltern getragen wird. Die zweite Lösung bietet sich nur bei Kindern von mindestens 4–5 Monaten an und setzt voraus, daß Sie den Kopf des Kindes mit einem Kissen stützen. Im Anhänger ist darauf zu achten, daß das Kind so eingebettet ist, daß es nicht aus seinem Bettchen rollen oder gar hinausfallen kann.

Kinder bis zu 3–4 Jahren Kinder in diesem Alter lassen sich leicht im Kindersitz mitführen. Zum Radfahren sind sie selbst noch zu klein, doch können sie schon bald mit Dreirad oder Tretroller auf das Radfahren vorbereitet werden. Kindersitze für Kinder in dieser Gruppe gibt es für die Anbringung sowohl vorne als auch hinten. Der Vordersitz ermöglicht es dem Fahrer, das Kind besser zu schützen und sich mit ihm zu unterhalten. Allerdings ist das Kind in dieser Position der Witterung stärker ausgesetzt (was mit einem im Handel erhältlichen Windschutz aus Plexiglas behoben werden kann). Auch bleibt zwischen Sattel und Kindersitz meistens zu wenig Platz zum Absteigen. Für größere Kinder kommt nur der Hintersitz in Frage.

Guter Kindersitz von Troxel aus den USA. Er hat eine solide Befestigung am Rad, stabile Fußrasten, eine Rückenlehne und einen Griff für die Hände.

Kinder bis zu 7–8 Jahren In etwa diesem Alter können die meisten Kinder nur noch mit Mühe in den Kindersitz befördert werden. Sie sind bereits alt genug, selbst radzufahren. Allerdings ist das Radfahren in diesem Alter noch zu sehr ein Spiel. Mit längeren Ausflügen oder anstrengenden Fahrten auf verkehrsreichen Wegen oder Straßen sind 7–8jährige da noch überfordert.
Begleiten Sie das Kind so viel wie möglich auf seinen kurzen Radfahrten. Dabei gehen Sie mit gutem Beispiel voran und weisen es ständig auf die Bedingungen des Wegs und des Verkehrs hin.
Eine schöne Einführung in das Radfahren auf längeren Touren bietet das Tandem, für das es auch geeignete Umrüstsätze (sog. Kiddy-Cranks, Abbildung 7.2) gibt, die den hinteren Antrieb in den Bereich der kürzeren Kinderbeine verlegen.

Kinder bis zu 11–12 Jahren Zwischen 9 und 12 Jahre alte Kinder können meist schon einigermaßen auf dem eigenen Fahrrad mitmachen. Für den Kindersitz sind sie jedenfalls zu groß. Sie sind in diesem Alter zwar imstande, selbst mit manchen Verkehrssituationen zurechtzukommen, trotzdem ist es nicht zu verantworten, sie alleine dem starken Verkehr auszusetzen. Es empfiehlt sich deshalb auch in diesem Alter noch, das Kind möglichst oft mit dem eigenen Fahrrad zu begleiten.
Auf Touren kann ein Kind in diesem Alter meist gut auf dem eigenen Rad mithalten, vorausgesetzt, Sie erwarten keine übertriebene Leistungen hinsichtlich Fahrgeschwindigkeit und Ausdauer.

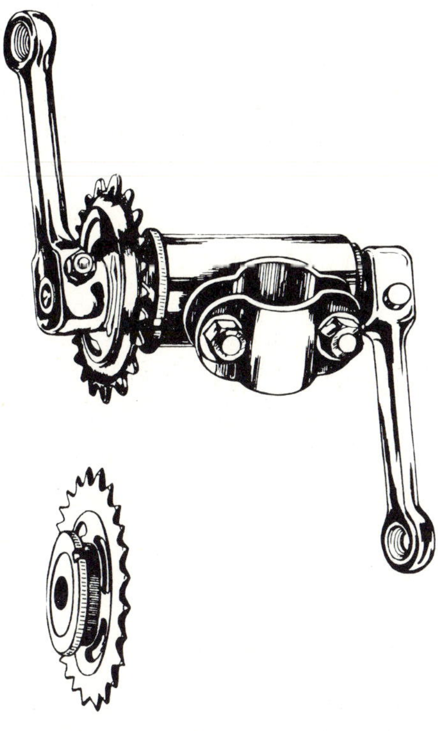

7.2 „Kiddy-Crank" (Tandem-Tretlager-Adapter)

Anforderungen an einen Kindersitz

Folgenden Anforderungen muß jeder Kindersitz genügen, damit er auch wirklich sicher benutzt werden kann:

1. Der Sitz muß direkt am Fahrradrahmen oder an einem stabilen, fest mit ihm verbundenen Gerüst angebracht sein. Der stabile Gepäckträger des Hollandrads bietet sich hier an, während der DIN-Gepäckträger mit seiner geringen Kapazität, die zudem nur unter statischen Bedingungen gilt, keineswegs ausreicht.
2. Der Sitz muß mit einer ausreichend hohen Rückenstütze ausgestattet sein und auch seitlich genügend Halt bieten.
3. Es müssen ausreichend stabile Fußrasten vorhanden sein, die verhindern, daß die Füße des Kindes in die Speichen geraten, und die so angebracht sind, daß sie nicht wegrutschen können.

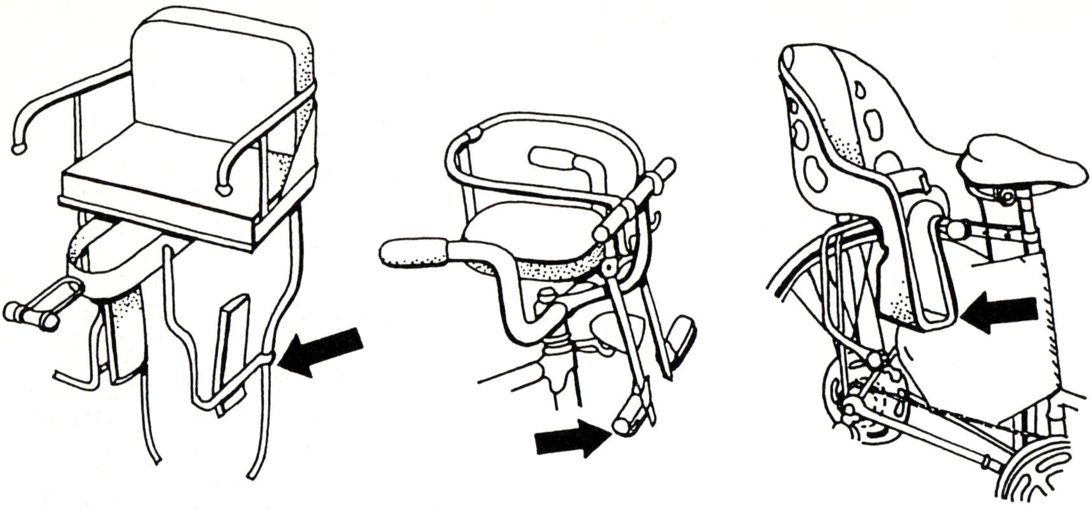

7.1 Kindersitze (Pfeile kennzeichnen Fußrasten)

4. Die Größe des Sitzes muß auf die Körpergröße des Kindes abgestimmt sein.
5. Der Sitz muß so konstruiert und angebracht sein, daß durch ihn oder das Kind die Lenk-, Antriebs- und Bremsvorgänge nicht behindert werden.

Mindestens genauso wichtig wie die Auswahl des Kindersitzes ist es, das Kind nie im Sitz zu belassen, wenn das Rad – und sei es nur für kurze Zeit – abgestellt wird: immer zuerst das Kind herausnehmen.

Wahl eines Kinderrads

Beim Kauf eines Kinderrads ist darauf zu achten, daß das Rad ähnlichen Qualitätskriterien genügt wie ein gutes Erwachsenenrad. Nicht nur der Rahmen, sondern auch andere Teile, wie z. B. Lenker, Bremshebel und Tretkurbel, müssen entsprechend den kleineren Körpermaßen des Kindes dimensioniert sein. Zur Zeit werden in Deutschland richtig dimensionierte Kinderfahrräder fast nur von französischen Herstellern geliefert. Lassen Sie sich nicht von einem Hersteller, Händler oder Publizisten irreführen, der ein bestimmtes Kinderrad als besonders sicher anpreist, weil es so poppig rot angemalt ist und so weiche Bälle an den Lenkerenden hat. Viel wichtiger, daß das Rad paßt und bequem zu fahren ist. Also:

1. Kaufen Sie auch das Kinderrad nur in einem Fahrradfachgeschäft.
2. Das Rad sollte den Körpermaßen des Kindes zum Zeitpunkt des Kaufes angepaßt sein, damit es schon gleich sicher und bequem zu fahren ist. Nicht „auf Zuwachs“ kaufen!
3. Stellen Sie hinsichtlich der Qualität, Ausstattung und Verarbeitung die gleichen Anforderungen wie an ein Erwachsenenrad.
4. Achten Sie besonders darauf, daß die Bremsen von Kinderhand leicht zu betätigen sind und auf seine geringere Handreichweite und Kraft abgestimmt sind.
5. Montieren Sie keine Stützräder, denn beim Radfahrenlernen bieten sie keine wirkliche Hilfe. Lenken und Balancieren kann man nur ohne sie richtig lernen.
6. Bestehen Sie nicht unbedingt darauf, daß ein Mädchen ein Mädchenrad fahren muß, denn Mädchen tragen heutzutage genauso

Hosen beim Radfahren wie die Jungen. Das Knabenrad ist von der Rahmenform her stabiler und meist in einer besseren Auswahl und Ausstattung zu haben.

Kinderfahrräder, die den Proportionen der kleinen Radfahrer entsprechen, haben etwa die in Tabelle 2 (S. 248) angegebenen Maße, die sich gerade soweit überlappen, daß Ihr Kind nicht unbedingt alle Größen durchlaufen muß.

Ich rate Ihnen, die letzte Stufe nicht zu überspringen, denn zu viele Jugendliche sind dadurch gefährdet, daß sie zu früh auf ein Erwachsenenfahrrad mit der Radgröße 26, 27 oder 28 Zoll umsteigen. Trotz gleicher (nomineller) Laufradgröße sind nämlich Erwachsenenräder für Jugendliche ungeeignet, weil sie mit größeren Rahmen und Teilen ausgestattet sind.

Auch Kinder in jeder Altersstufe sollten in der Lage sein, über das Oberrohr zu stehen, ohne in Bedrängnis zu kommen. Bei einem Mädchenrad mit tiefgezogenem Oberrohr sollte es möglich sein, den Sattel so tief zu stellen, daß der Boden beiderseits mit nur leicht geknicktem Fuß erreicht werden kann. Anschließend müssen allerdings Sattel und Lenker genauso eingestellt werden wie beim Erwachsenenrad (siehe Kapitel 4).

Fahrradfahren lernen

Manche Kinder lernen es allein, aber nicht alle gleich leicht. Balancieren, Lenken und andere Formen der Handhabung erlernen die meisten Kinder besser, wenn sie ihnen bewußt von sachkundigen Erwachsenen beigebracht werden. Wenn ich die Fahrweise meiner Kinder mit der anderer vergleiche, fällt mir auf, daß sie sich auch jetzt noch sicherer und bewußter bewegen, was zum Teil wohl auf die ganz bewußte Erziehung zum richtigen Radfahren zurückzuführen ist.

Kinderfahrräder gibt es auch in passenden, leichten und bequemen Ausführungen, wie diese französischen Modelle. Nur wenige deutsche Hersteller nehmen die Bedürfnisse der Kinder so ernst.

Aus Frankreich kommen gute Kinderfahrräder, die sogar auf die Körpermaße einer Vierjährigen abgestimmt sind, wie dieses Mini-Mixterad mit 400-mm-Laufrädern der Tochter des Autors.

Eine gute Körperhaltung ist auch auf dem Kinderrad möglich: französisches Rad mit 550-mm-Rädern.

Die einfachste und wirksamste Methode, einem Kind das Radfahren beizubringen, ist wohl, einen Gurt an der Sattelstütze zu befestigen und das Kind bei seiner Fahrt zu Fuß zu begleiten. Dabei lassen Sie das Kind vor Ihnen fahren und halten gerade soviel gegen, daß der Gurt immer gespannt ist. Wenn das Rad anfängt, in eine Richtung zu kippen, halten Sie den Gurt gerade so, daß das Kind nicht stürzt, aber merkt, in welche Richtung es sich wieder aufrichten kann. Erklären Sie ihm vorher und während der Übungsfahrt, worum es geht und wie es anfahren, balancieren, lenken und bremsen soll.

Am ersten Tag versuchen Sie das auf diese Weise vielleicht zweimal 15 Minuten lang und üben dabei vorläufig nur das Anfahren und Balancieren. Am nächsten Tag noch mal zwei solcher Phasen, anschließend möglichst täglich eine halbe Stunde. Dabei bringen Sie ihm bei jeder Fahrt nur eine neue Technik bei oder bauen die jeweilige Fähigkeit weiter aus.

Sobald das Kind ohne Gegenhalten fahren kann – das dauert meistens weniger als eine Woche –, machen Sie trotzdem am besten weiter mit den begleitenden Übungen. Jetzt werden Sie aber wohl schon im Laufschritt mithalten müssen. Später können Sie gemeinsam jeweils auf dem eigenen Fahrrad fahren. Dabei helfen Sie mit erklärenden Hinweisen, die Fähigkeiten und das Verständnis des Kindes im Umgang mit dem Fahrrad und im Verkehr zu verbessern.

Fahrradtouren mit Kindern

Familienausflüge und längere Touren sind eine hervorragende Einführung in das Radfahren, wenn sie richtig vorbereitet und durchgeführt werden. Meine eigene Kindheit wurde sehr dadurch geprägt, daß ich meine Eltern auf solchen Touren begleitete, und ich habe so versucht, auch meinen Kindern das Radfahren als erfreuliche Freizeitaktivität nahezubringen.

Bequemer Transport für das Kind: So ein Anhänger bietet sowohl viel Platz als auch viel Sicherheit. Offensichtlich USA, denn nur der Teddy trägt keinen Schutzhelm.

Noch ein Anhänger: Diese englische Version ist offen und bietet weniger Platz für Teddys. Andererseits ist er auch leichter zu transportieren und zu verstauen.

Hier sind noch ein paar Punkte, die Sie dabei beachten sollten:

1. Beteiligen Sie das Kind auch an der Planung und beziehen Sie seine Vorlieben, Wünsche und Bedürfnisse mit ein.
2. Lassen Sie es nicht im ungewissen über Ziel, Route und Zeitaufwand der Reise.
3. Kombinieren Sie die Fahrt nach Möglichkeit mit anderen Tätigkeiten, die dem Kind Spaß machen.
4. Überfordern Sie das Kind nicht, sondern planen Sie mit Rücksicht auf seine Leistungsfähigkeit, und bleiben Sie flexibel genug, die Pläne ggf. zu ändern, wenn das – z.B. im Fall von Ermüdung – erforderlich werden sollte.
5. Legen Sie ausreichend Pausen ein, und betätigen Sie sich während dieser Pausen auch aktiv mit dem Kind, falls es das wünscht oder braucht.
6. Achten Sie sehr auf den Zustand des Kinderfahrrads bzw. des Kindersitzes, weil das Kind oft nicht selbst feststellen kann, was nicht in Ordnung ist.
7. Verteilen Sie das Reisegepäck so, daß die kleinsten Teilnehmer auch etwas Leichtes tragen, damit sie das Gefühl haben, auch ihren Beitrag zu leisten.
8. Loben und belohnen Sie das Kind für die erbrachte Leistung. Meine Kinder freuten sich insbesondere über Anerkennung in Form von Leistungsnachweisen, wie z.B. Karten der gefahrenen Route, einen Kilometerzähler oder Andenken aus Ortschaften, zu denen sie selbst geradelt sind.

8
Fahrradtouren und Fahrradreisen

Ursprünglich war das Fahrrad wohl ein ausgesprochenes Ausflugsgefährt. Auch heute liegt sein ganz besonderer Reiz noch in dieser Eigenschaft. Ob Kurzausflug oder Fahrradreise, ob in der Nachbarschaft oder in fremden Gefilden, die Fahrradtour ist für die meisten von uns ein besonders erfreuliches Erlebnis. Noch schöner wird dieses allerdings, wenn es richtig vorbereitet und sachgerecht durchgeführt wird. Damit wollen wir uns in diesem Kapitel befassen.

Fahrradtouren allein oder gemeinsam

Je nach Neigung zieht der eine die Solofahrt, der andere die gemeinschaftlich durchgeführte Radfahrt vor. Aber auch wer gerne allein ist tut gut daran – sei es nur zur Abwechslung –, einmal mit einer Gruppe zu verreisen. Umgekehrt tut es auch dem ausgesprochen geselligen Menschen mal gut, allein zu sein und das Radfahren so von einer ganz anderen Seite kennenzulernen.

Organisatorisch ist meist die Fahrt allein am einfachsten: keine Rücksprache ist erforderlich, und Sie fahren, wann und wohin Sie wollen, und schauen sich nur das an, was Ihnen zusagt. Trotzdem bekommt es gerade dem eingefleischten Individualisten gut, sich auch mal einzuordnen, mit anderen gemeinsame Erfahrungen zu machen und den eigenen begrenzten Horizont zu erweitern. Und engagierte Gruppenmenschen lernen auf einer alleine unternommenen Radwanderung, auch mal mit sich selbst allein zu sein.

Außer Unternehmungen im Familienverband und Freundeskreis gibt es heutzutage viele

Nicht nur so: Das Fahrrad ist ein Transportmittel, und die Fahrradtour kann direkt an der Haustür beginnen.

Organisierte Fahrradtour mit Gepäck- und Fahrradmitnahme, Reisebegleitung und allem Komfort

Zelten und Radfahren sind eine natürliche Kombination. Mit moderner Ausrüstung brauchen Sie noch nicht einmal besonders viel Gepäck mitzunehmen.

Möglichkeiten, Fahrradtouren mit anderen zu machen. Da gibt es insbesondere für junge Leute organisierte Gruppen- und Vereinsausflüge, z. B. die der Jugendherbergsverbände oder mancher Radfahrervereine.
Darüber hinaus haben sich in den letzten Jahren einige kommerzielle Radtourengesellschaften etablieren können, die ihren Kunden meist sehr leichte Touren mit einem anspruchsvollen, an Sehenswürdigkeiten und Unterhaltung reichhaltigen Programm anbieten, das den oft recht hohen Preis durchaus rechtfertigt. Die Unterbringung beispielsweise erfolgt zum größten Teil in Hotels der gehobenen Klasse, und Reisebegleitung sowie Gepäckbetreuung nehmen den Kunden auch den letzten Rest „lästiger" Eigenverantwortung ab.

Schöne Aussicht: Das Fahrrad vom Zelt aus gesehen

Die Wahl des Tourenrads

Selbstverständlich können Sie für die meisten Touren das Fahrrad benutzen, das Sie gerade haben. Ich selbst bin mit meinen Eltern und später allein oder mit Freunden mit einem einfachen Hollandrad ohne Gangschaltung durch halb Europa geradelt. Damals ging das zwar auch so. Andererseits haben heute die meisten Menschen die Mittel und die Möglichkeiten, sich etwas besonders Gutes zu leisten. Warum dann nicht ein optimales Reiserad, wenn Ihnen das zusagt? Aber lassen Sie sich nicht vom Radwandern abhalten, nur weil Sie sich das optimale Rad nicht leisten können.
Es gibt Fahrräder, die besonders für die Fahrradtour geeignet sind. Allerdings kommt es ganz darauf an, wie und wo Sie verreisen wollen. Für eine Fahrt auf gut gepflasterten Straßen mit Hotelübernachtung und Restaurantverpflegung reichen ein Rennrad und eine Scheckkarte im Prinzip schon. Eine mehr abseits gelegene Tour, ggf. mit dem Zelt, erfordert eher ein ausgesprochenes Touristik- oder Reiserad oder ein Mountainbike, je nach Gelände.
Im allgemeinen kann man davon ausgehen, daß wer auf Touren fährt auch etwas Gepäck mitführen will. Auch muß er auf schlechtes Wetter vorbereitet sein. Deshalb halte ich die ausgesprochenen Reise- oder Touristikräder für die am besten geeigneten. Sie sind einem hochwertigen Rennsportrad ähnlich und mit soliden Gepäckträgern sowie widerstandsfähigen Reifen, besonders kräftigen Bremsen und einer bergtüchtigen Gangschaltung ausgestattet.
Auch das Mountainbike eignet sich im allgemeinen für Touren. Es hat seine Stärken vor allem auf ungepflasterten Wegen. Es kann für diesen Zweck relativ leicht mit dem erforderlichen Zubehör ausgestattet werden, weil die Abmessungen recht großzügig sind und das Rad sehr solide gebaut ist. In den Vereinigten

Mit dem Fahrrad im Ausland. Hier eine organisierte Gruppe auf einer Loire-Tour in Frankreich.

Staaten hat das Mountainbike das Reiserad schon völlig verdrängt – zu unserem Glück, denn die japanischen und taiwanesischen Hersteller sehen sich jetzt gezwungen, mit ihren Touristikmodellen auf den europäischen Markt zu gehen.
Wenn das Rad nicht als Touristikrad ausgestattet ist, lassen sich die fehlenden Teile leicht anbringen oder ungeeignete Teile durch zweckdienlichere, besser geeignete ersetzen. Solidere Gepäckträger, stärker profilierte Reifen mit größerem Querschnitt, zusätzliche Bremsen oder eine Gangschaltungsabstufung, die besser für das Fahren mit Gepäck in hügeligem Gelände geeignet ist, lassen sich anhand der Anleitung in den technischen Kapiteln (Teil II dieses Buches) leicht nachrüsten. Und wer zwei linke Hände hat, kann die Arbeit vom Fahrradhändler erledigen lassen.

Gepäck auf dem Fahrrad

Ich staune immer wieder, was für große Mengen von Gepäck insbesondere deutsche Radtouristen mit sich herumschleppen. Da komme ich ganz gut mit halb soviel aus. Erst die Erfahrung zeigt, was sich mitzunehmen lohnt. Es ist jedenfalls falsch, alles mitzuführen, was einem nur so einfällt. Dann fehlen meist doch noch ganz wichtige Sachen. Wer die Streichhölzer oder das Salz vergessen hat, kann sich abends auf dem Zeltplatz beim Versuch, ein genießbares Abendessen zuzubereiten, wenig damit trösten, dafür wenigstens zwei Paar überflüssige Reserveschuhe mitgeschleppt zu haben. Fragen Sie sich am besten bei den Reisevorbereitungen, auf welche Dinge Sie zur Not verzichten könnten. Machen Sie es sich zur Gewohnheit, nach jeder Fahrt mindestens ebenso sorgfältig auszupacken, wie Sie eingepackt haben. Ordnen Sie Ihre Sachen in vier Gruppen:

1. Sachen, die Sie gebraucht haben, und für die es keinen Ersatz gibt.
2. Sachen, die Sie zwar dieses Mal nicht gebraucht haben, die aber das nächste Mal nicht fehlen dürfen.
3. Sachen, die Sie zwar gebraucht haben, für die Sie aber auch andere Lösungen gehabt hätten oder von denen Sie auch mit weniger Exemplaren ausgekommen wären.
4. Sachen, die Sie nicht gebraucht haben und auf die Sie bei der nächsten Gelegenheit gleich verzichten wollen.

Auf diese Weise wird Ihr Gepäck immer weniger, denn Sie werden wahrscheinlich immer neue Möglichkeiten finden, schwere gegen leichtere Sachen austauschen und auf den einen oder anderen Gegenstand zu verzichten.
Als nächstes stellt sich die Frage, wie das Gepäck am Fahrrad zu befestigen ist. Darüber gehen die Meinungen zwar auseinander. Eine Studie hat aber ergeben, daß die Methode der Gewichtsverteilung, die im mittleren Bild der Abbildung unten dargestellt ist, die größte Stabilität, die günstigste Gewichtsverteilung und die geringste Behinderung des Fahrers gewährleistet.
Verteilen Sie also das Gepäck nach Möglichkeit so, daß ein Teil vorne tiefgeladen ist – es soll möglichst mit der Steuerachse ausgerichtet sein. Was hinten auf dem Gepäckträger angebracht ist, muß nicht unbedingt niedrig, sondern so weit nach vorne wie nur möglich angeordnet sein. Oben auf dem hinteren Gepäckträger können Sie auch einen kleineren Koffer anbringen, den Sie kaum spüren werden, wenn er richtig festgeschnürt ist. Benutzen Sie zum Befestigen von Koffer oder Tasche keine Gummikordel, sondern nur Lederriemen oder Gürtel aus starkem Band, weil diese sich unter wechselnder Belastung nicht dehnen, wie es Gummikordeln tun. Letzteres führt dazu, daß das Gepäck nicht stabil befestigt bleibt.
Packen Sie auch die Taschen mit Überlegung. Die Sachen, die zusammengehören, sollten auch zusammen verpackt werden, damit Sie nicht jedesmal mehrere Taschen aufmachen müssen. Was Sie für ein Picknick unterwegs brauchen, sollte in einer einzigen Tasche sein. Regenkleidung und Karten müssen direkt griffbereit sein. Wertsachen müssen zusammen so aufbewahrt sein, daß Sie sie leicht an sich nehmen können, wenn Sie das Fahrrad abstellen. Das sind alles nur Beispiele. Mit der Zeit und mit etwas Überlegung werden Sie selbst herausfinden, welche Packmethode für welche Situation die richtige ist.

8.1 Methoden der Gepäckverteilung (optimale Fahreigenschaften beim mittleren Bild)

Die Taschen selbst müssen gut abschließen und mit soliden Befestigungsmöglichkeiten ausgestattet sein. Heutzutage gibt es ganz hervorragende Fahrradtaschen, aber richtig wasserdicht sind sie fast alle nicht. Die schönen, modernen Werkstoffe mit Kunststoffbeschichtung und die Taschen mit den eleganten Reißverschlüssen sind leider nicht so gut gegen Regenwasser geschützt wie die altmodischen Taschen aus schwerem Packleinen. Das liegt daran, daß Kunstfasern bei Feuchtigkeit nicht aufschwellen, wie Naturfasern das tun, die sich dadurch so weit zusammendrücken, daß kein Wasser mehr durchsickert. Beschichtete Kunstfaserstoffe sind insbesondere an den Nähten und Verschlußstellen förmlich durchlöchert. Obwohl man diese Stellen mit einem Dichtmaterial einschmieren kann, ist es immer noch zu empfehlen, alles empfindliche Gepäck in den Taschen zusätzlich in Plastikbeutel einzuwickeln.

So viel Gepäck können Sie eventuell mitnehmen. Allerdings kommt man auch mit weniger aus.

Noch mehr Gepäck: Dieses Bild taugt nur als Demonstration aller möglichen Taschentypen und empfiehlt sich nicht zur Nachahmung.

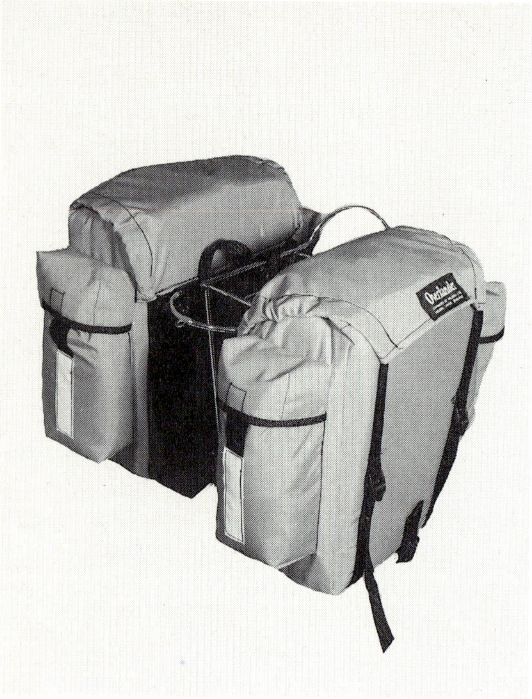

Sehr gute und absolut wasserdichte englische „Overlander"-Seitentaschen

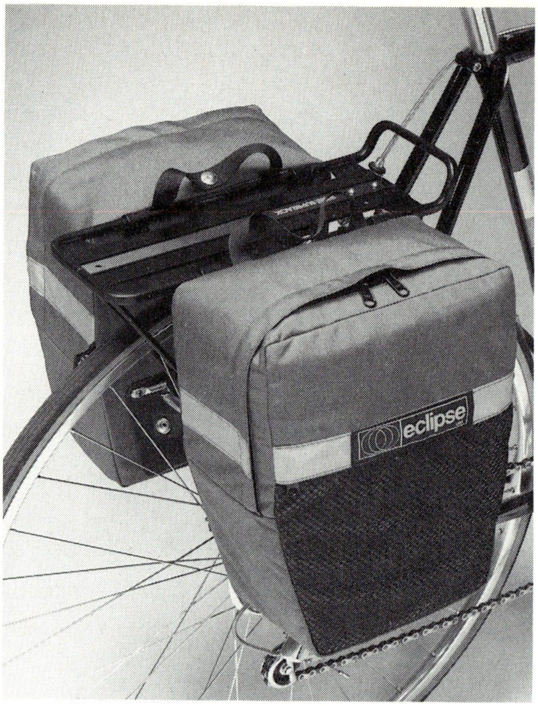

Elegant verarbeitete, aber weniger wasserdichte amerikanische Seitentaschen von Eclipse

Auch eine Möglichkeit zur Gepäckmitnahme: der Anhänger

Schließlich müssen die Taschen noch so am Fahrrad befestigt werden, daß sie beim Fahren nicht stören. Achten Sie darauf, daß sie oben und unten schwingungsfrei befestigt sind. Kehren Sie das Rad zu Not mal um, damit Sie die Befestigung testen können. Dabei verliert das richtig bepackte Rad sein Gepäck nicht. Oder halten Sie das Fahrrad am Lenker und schütteln Sie es seitlich hin und her (siehe Abbildung 8.2). Wenn das Rad nicht erheblich hin- und herschwingt, ist es richtig bepackt.
Der eigentliche Test kommt allerdings erst bei der Fahrt. Nur wenn alles so angebracht ist, daß Sie beim Fahren in keiner Weise behindert sind, ist es richtig. Vielleicht macht es Ihnen zunächst nichts aus, bei jeder Tretkurbelumdrehung ein klein wenig mit den Hacken ausweichen zu müssen, oder die Knie ausschwenken zu müssen. Aber nach einer Tagestour werden Sie anders darüber denken. Ändern Sie die Anordnung bei einer Probefahrt oder am Anfang der Reise so lange, bis Sie völlig ungestört fahren können.

Übernachtung und Verpflegung

Wenn die Betonung in der vorangegangenen Betrachtung auf „Gepäck“ lag, so heißt das nicht unbedingt, daß Fahrradtouren immer auch mit Zelten und Einfachverpflegung gekoppelt sein müssen. Eine Fahrradreise läßt sich durchaus mit Komfort machen. Nach einer anstrengenden Radfahrt ist ein bequemes Bett, eine warme Dusche und eine gepflegte Atmosphäre mindestens so angebracht wie nach einer Autofahrt, vor allem wenn man bedenkt, daß der Autofahrer ja viel mehr Platz für Zeltsachen und eine Reiseküche hat als der Radfahrer. Und was Sie bei dem Posten „Fahrtkosten“ eingespart haben, können Sie ruhig einmal in etwas Komfort investieren.
Wenn Sie unterwegs entweder ständig oder gelegentlich in Hotels absteigen oder in Restaurants essen, dann empfiehlt es sich schon, auch Kleidung dabei zu haben, in der man sich einigermaßen präsentieren kann. Eine Stretchhose und ein gepflegtes Hemd oder für die

8.2 Prüfung der Schwingungsfreiheit eines beladenen Fahrrads

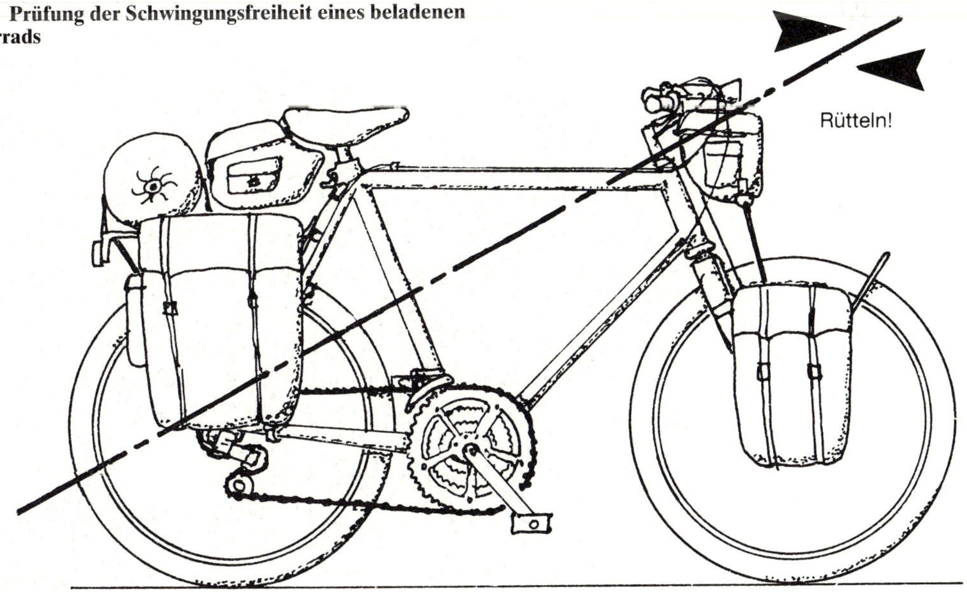

Frau ein dünnes, knitterfreies Kleid und ein paar leichte Schuhe, die den Schmutz der Fahrradtour nicht gleich erkennen lassen, würde ich mitnehmen.
Ähnlich ist es mit dem Essen: Obwohl ein Picknick am Straßenrand eine schöne Sache sein kann, wenn Sie sich die Mühe machen, es richtig vorzubereiten, können Sie sich bei einer Rast in einer Wirtschaft besser erholen.
Aber wenn es schon ein Picknick sein muß, dann sollten Sie es nicht in Eile und nur mit dem geringsten Aufwand veranstalten. Essen Sie auch am Straßenrand einmal mit Stil. Ein kleines Tischtuch, Geschirr und Servietten, Brotbrettchen und Kunststofftassen machen so ein Essen schon viel angenehmer, als wenn Sie aus der Flasche trinken und das Brot auf die Erde legen müssen. Überlegen Sie sich vorher, was Sie essen wollen, und kaufen Sie entsprechend ein. Etwas Obst, eine Vor- und eine Nachspeise sowie ein schönes Getränk gehören schon dazu. Unterwegs eingekauft, kann alles frisch auf den Tisch kommen.
Besonders schön ist die Selbstverpflegung in Ländern wie Frankreich, wo Sie auch im kleinsten Dorf vernünftiges Essen finden und wo die Geschäfte auch samstags und sonntags sowie abends ziemlich spät geöffnet sind. Dort ist es manchmal allerdings auch leichter, unterwegs ein preiswertes Restaurant zu finden, wo man leger gekleidet einkehren kann. Die Routier-Restaurants in Frankreich bieten alle ein sehr preiswertes Mittagessen von vier oder fünf Gängen, und auch die Lastwagenfahrer, die in der Regel dort einkehren, sehen nicht vornehmer aus als der erschöpfte Radfahrer.

Die An- und Abreise

Natürlich kann die Radfahrt direkt vor der eigenen Haustür beginnen. Manchmal hat man aber weniger Zeit als Unternehmungslust, und dann taucht die Frage auf, wie man am besten zu einem weiter entfernten Ausgangspunkt kommt. Reisen Sie vorzugsweise mit öffentlichen Verkehrsmitteln an. Es empfiehlt sich nicht, zwei oder drei Wochen lang mit dem Fahrrad zu reisen, nachdem das Familienauto irgendwo auf der Straße abgestellt worden ist. Wenn Sie Glück haben, finden Sie vielleicht einen guten Platz für das Auto, aber diese Sorgen sind Sie los, wenn Sie mit der Bahn, dem Bus oder dem Flugzeug anreisen.
Informieren Sie sich vorher über die Mitnahme- bzw. Versandmöglichkeiten und den damit verbundenen Zeitaufwand sowie die entstehenden Kosten. Bei manchen Reisezielen kann das Fahrrad gleich mitgenommen werden, während es bei anderen Zielen vorausgeschickt werden muß. So habe ich im angeblichen Fahrradparadies Holland einmal fünf Tage auf ein für teures Geld verschicktes Fahrrad warten müssen, und das nach einer Bahnfahrt, die ich in drei Stunden mit dem Rad hätte bewältigen können.
Meistens ist eine größere Stadt kein sehr geeigneter Ausgangspunkt für eine Radreise. Schon in einer Gemeinde mit 50000 Einwohnern ist der Straßenverkehr bereits so stark und die Wegführung so kompliziert, daß es keine Freude mehr macht, vom Bahnhof aus in das Umland zu kommen. Überlegen Sie deshalb, ob es nicht angebracht ist, an einer kleineren Station auf der Strecke auszusteigen, auch wenn das bedeuten sollte, daß Sie mit einem Bummelzug an Ihren Ausgangspunkt reisen müssen.
Bei einer Flugreise treten neue Probleme auf. Manche Reisebüros und Gesellschaften geben Auskünfte, die sich am Flughafen als falsch erweisen. Meist können Sie auf der Beförderung

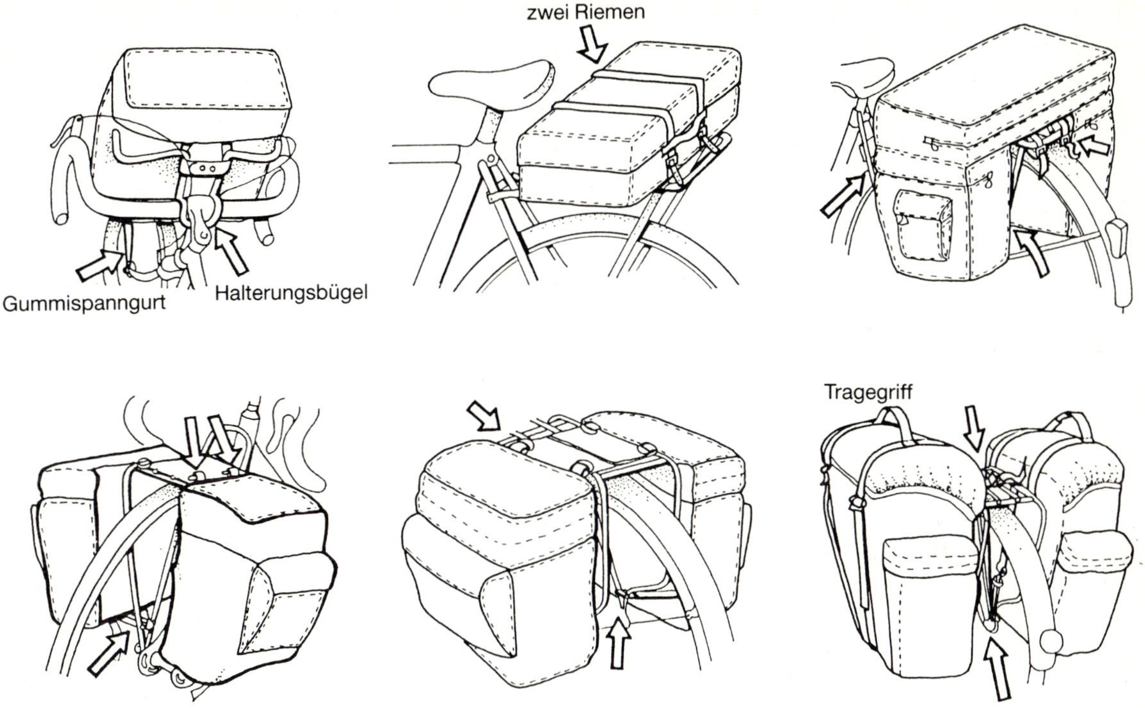

8.3 Befestigungsdetails für Fahrradtaschen

eines Fahrrads bestehen, allerdings müssen Sie damit rechnen, daß manche Gesellschaften eine saftige Sondergepäckgebühr berechnen. Außerdem kann es erfoderlich sein, das Fahrrad in einem festen Koffer oder Karton zu verpacken. Fahrradkoffer sind für viel Geld im Handel erhältlich und schützen das Rad hervorragend. Einen passenden, gebrauchten Karton können Sie bei jedem Fahrradhändler bekommen. Auf der Rückreise müssen Sie sich allerdings wieder einen anderen Karton besorgen. Das ist jedoch meist leichter, als einen Abstellplatz für einen Karton oder einen eleganten Fahrradkoffer zu finden. Ein Tandem ist manchmal nicht ganz leicht zu befördern: es wird von vielen Gesellschaften gar nicht erst angenommen. Sogar bei einer Bus- oder Bahnreise ist ein Tandem schwieriger zu befördern. Da kann sich die Anreise auf dem Rad schon eher lohnen.

Wenn Sie das Rad auf dem eigenen Auto mitführen, besorgen Sie sich dann auf alle Fälle einen richtigen Fahrradträger, an dem das Rad wirklich stabil befestigt werden kann. Auch hier ist ein Tandem wieder schwieriger zu handhaben, und Sie brauchen eine Sonderausführung des Trägers. Fahren Sie nicht schneller als etwa 100 km/h mit einem Fahrrad auf dem Dach: Sie werden gar nicht glauben, wie viele Fahrräder auf der Autobahn landen, wenn die Fahrer vergessen, was für einen Windfang sie oben auf dem Dach haben. Bei 140 km/h ist der Winddruck auf den Träger schon zweimal so hoch wie bei 100 km/h. Es ist nicht nur unangenehm, sein Rad auf diese Weise zu verlieren, sondern auch sehr gefährlich für andere.

Karten und Orientierungshilfen

Zum Radwandern gehört es, selbst den Weg zu planen und diesen dann auch im Gelände wiederzufinden. Das ist nicht so einfach wie beim Autofahren, denn manche Straßen dürfen Sie mit dem Rad gar nicht benutzen, und die kleineren Ortschaften, die Sie bevorzugt anfahren, werden Sie manchmal vergeblich auf den Schildern suchen. Trotzdem geht es mit der Karte schon besser als mit einem Radwanderführer (von einigen rühmlichen Ausnahmen wie z. B. die des ADFC abgesehen), weil bei letzteren meist nicht alle möglichen Wege eingezeichnet sind und der Bezug zum Umland fehlt.

Die Planung der Tour machen Sie am besten stufenweise. Fangen Sie mit einer geographischen Karte an, die zeigt, wo die Landschaft flach und wo sie hügelig ist, wo die Flüsse verlaufen, und wo es sich im Prinzip schön radeln läßt. So wählen Sie ein geeignetes Zielgebiet, was natürlich für den sportlichen Bergfahrer nicht das gleiche sein muß wie für den Radfahrer, der sich nicht übermäßig anstrengen will.

Anschließend nehmen Sie eine normale Straßenkarte, die in etwa das ganze Gebiet abdeckt. Daraus ersehen Sie, welche Zufahrtsmöglichkeiten Sie haben, wo die Hauptstraßen verlaufen und welche Ballungsgebiete Sie lieber meiden wollen. Auf dieser Karte suchen Sie sich im groben eine Route aus, ohne schon gleich den Weg festzulegen.

Erst dann kommt die eigentliche Fahrradkarte an die Reihe. Das muß nicht unbedingt eine ausgesprochene Karte für Radfahrer sein. Diese betonen fast immer (meist völlig ungeeignete) Radwege auf Kosten der maßstabgetreuen Darstellung wichtiger Details. Es sollte aber eine detaillierte Karte im Maßstab von 1 : 100 000 (1 cm auf der Karte entspricht 1 km) bis höchstens 1 : 200 000 (1 cm auf der Karte entspricht 2 km) sein. Für einen kurzen Aus-

a

b

c

8.4 Kartentypen im Vergleich

a) Topographische Karte
b) Stadtplan
c) Straßenkarte

Maßstab 1:50000

Maßstab 1:200000

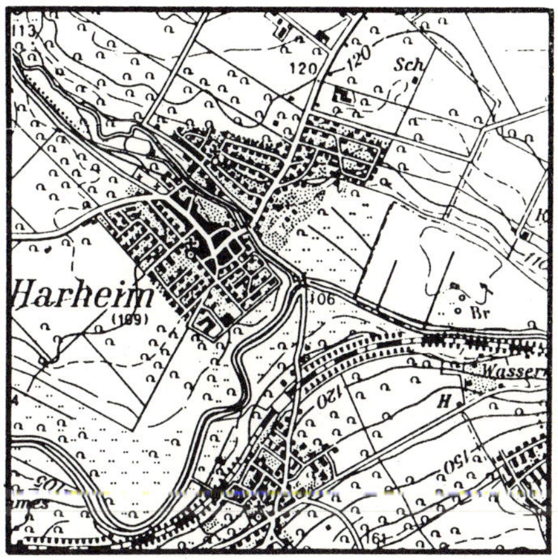

1:50000 auf Originalgröße

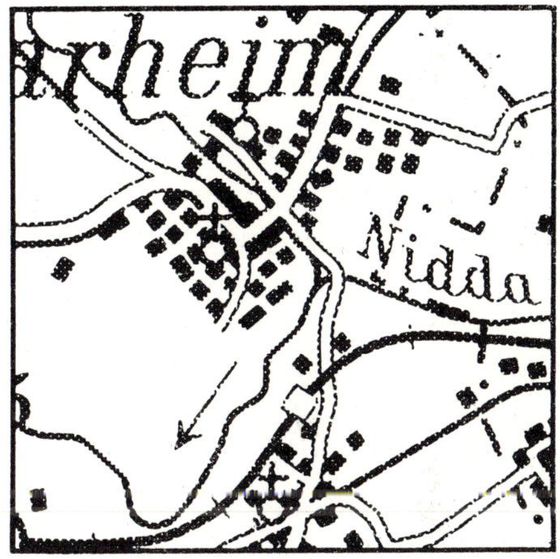

1:200000 Karte, vergrößert auf 1:50000.
So gehen die Details verloren!

8.5 Kartenmaßstäbe im Vergleich

flug kommen auch Karten im Maßstab 1:50000 – für Geländefahrten sogar 1:25000 – in Betracht.

Die topographischen Karten, die in Frage kommen, zeigen weniger betont die Straßen, die für den Kraftfahrverkehr von Bedeutung sind. Dafür enthalten sie aber für uns Radfahrer wichtige Informationen wie z. B. Höhenangaben und eine ziemlich genaue Darstellung der für das jeweilige Gelände typischen Merkmale. Diese Merkmale helfen Ihnen auch unterwegs bei der Orientierung, sowohl in der Landschaft wie auf der Karte. Lassen Sie sich ruhig etwas Zeit, die Zeichenerklärung auf der Karte bis in die Details auswendig zu lernen, und versuchen Sie, sich schon beim Ansehen der Karte vorzustellen, wie das Gelände in Wirklichkeit aussehen wird.

In der Bundesrepublik gibt es zwei sehr gut geeignete Kartenserien, die allerdings nur in Spezialgeschäften für Karten auf Lager sind, obwohl jeder Buchhändler sie bestellen kann. Die detailliertesten dieser Karten sind die TK-100-Topographischen Karten der Landesver-

Praktischer, obwohl windempfindlicher Kartenhalter von Steco aus Holland

messungsämter im Maßstab 1 : 100 000. Leider sind sie bis heute noch nicht für alle Landstriche flächendeckend veröffentlicht worden. Eine hervorragende Alternative sind jedoch die für ihren Maßstab unglaublich detaillierten 1 : 200 000-Karten des Institutes für Angewandte Geodäsie.

Manche Lenkertaschen haben ein Kartenfach. Dort ist die Karte immer zur Hand – vorausgesetzt, sie paßt zufällig in das Fach.

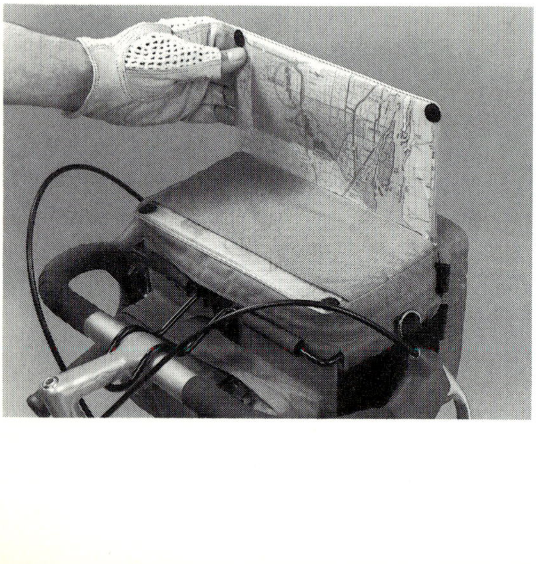

Im Gelände sollte man die Karte immer zur Hand haben und nicht warten, bis man die Orientierung verloren hat. Denn wenn Sie sich bereits verirrt haben, finden Sie auch mit der besten Karte den Weg nicht ohne weiteres zurück, weil Sie nicht einmal feststellen können, wo Sie gerade sind und wo Sie vom richtigen Weg abgekommen sind.

Kartenlesen ist Übungssache, und Übung bekommen Sie nur, indem Sie die Karte häufig zu Rate ziehen, sowohl bei der Planung der Reiseroute als auch bei der Durchführung der Tour. Das gilt nicht nur für längere Fahrten in fremde Länder, sondern genauso für kurze Ausflüge in die nähere Umgebung.

ren Gängen das Übersetzungsverhältnis wesentlich niedriger als bei einem üblichen Fahrrad. Werden auf Rennräder Übersetzungen von 50 Zoll (d. h. etwa 4,0 m Entfaltung, z. B. mit einem Zahnkranz mit 42 Zähnen in Kombination mit einem Ritzel von 22 Zähnen) für niedrig gehalten, so geht es bei Mountainbikes schon um Werte, die nur etwa die Hälfte betragen.

Mein Mountainbike hat als niedrigsten Gang vorne 28 Zähne und hinten 30, was eine Übersetzung von 25 Zoll ergibt oder eine Entfaltung von nur 2,0 m. Dabei dreht sich das Hinterrad langsamer als die Tretkurbel. Mit einer solchen Übersetzung kann man praktisch die Wände hochfahren. Wenn Sie die Ausgaben für neue Umwerfer, neues Ritzel, neue Kettenblätter und vielleicht sogar die dazugehörigen Tretkurbeln nicht scheuen, dann können Sie Ihr normales Rad anhand der Beschreibungen im zweiten Teil dieses Buches ähnlich umrüsten. Andernfalls können Sie zur Not auch absteigen und schieben, wenn es zu steil wird.

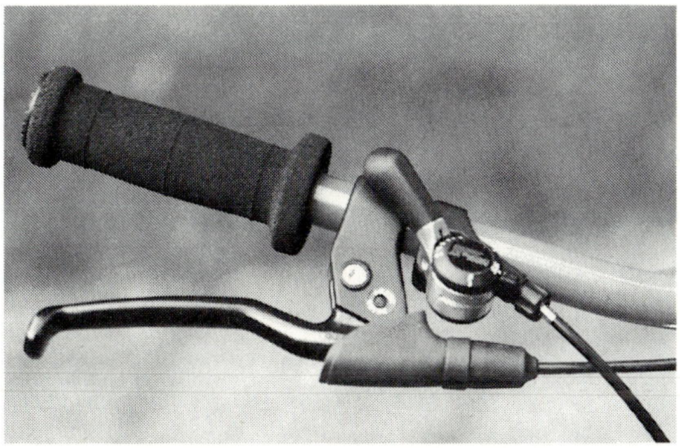

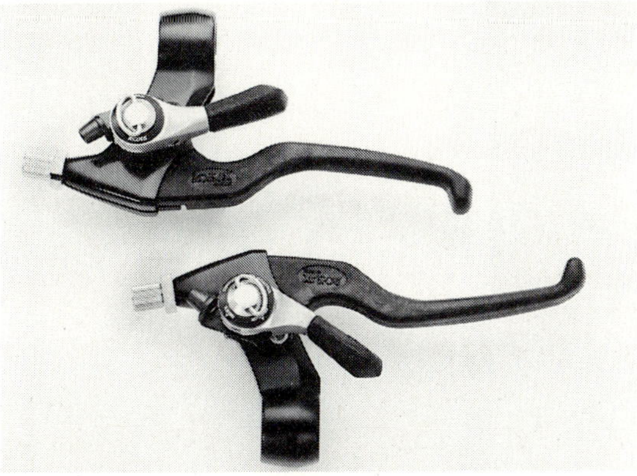

Griffbereit: Bremsgriff und Schalthebel sind auf dem Mountainbike leicht erreichbar – gelegentlich werden sie sogar als eine Einheit zusammengebaut, wie bei diesem Modell von Sun-Tour.

Fahrtechnik im Gelände

Beim Geländefahren müssen Sie Ihr Rad wesentlich besser beherrschen als auf den üblichen Fahrwegen. Es erfordert zunächst einige Mühe, diese Fähigkeiten zu erlernen. Falls Sie Kinder haben, die mit dem BMX-Sport gut vertraut sind, ist es gar keine schlechte Idee, sie mal ins freie Gelände mitzunehmen und dort zu versuchen, ihre Kunststückchen nachzumachen. Ansonsten erläutere ich Ihnen hier einige der grundlegenden Techniken, die beim Geländefahren von Nutzen sind.

Es fängt schon beim Aufsteigen an: auch das kann im Gelände schwieriger sein als auf der Straße. Wenn der Weg steil aufsteigt, der Boden nachgibt und der Reifen ausrutscht, werden Sie nur schwer aufsteigen können. Gehen Sie folgendermaßen vor:

1. Führen Sie das Rad von der linken Seite, indem Sie den Lenker mit beiden Händen halten.
2. Schalten Sie in einen niedrigen Gang – aber nicht in den allerniedrigsten: eine Übersetzung von 35 Zoll (ca. 2,80 m Entfaltung) ist auf einer Steigung etwa richtig; auf einem flachen Weg darf die Übersetzung entsprechend höher sein.
3. Suchen Sie sich eine Spur, die vom Bodenbelag her über einer Länge von mindestens 6 m möglichst günstig ist, auch wenn das keine gerade Linie ist.

4. Stellen Sie das linke Pedal etwa 20 Grad vor der höchsten Position.
5. Mit etwas „Anlaufgeschwindigkeit", was besser ist als aus dem Stillstand heraus, stellen Sie nun den linken Fuß auf das entsprechende Pedal und drücken kräftig durch. Dabei schwingen Sie sich auf den Sattel und setzen den rechten Fuß auf das rechte Pedal.
6. Treten Sie gleich mit dem rechten Pedal weiter, aber halten Sie dabei das Gewicht entweder im Sattel oder verlagern Sie es doch wenigstens so weit nach hinten, daß einerseits das Hinterrad unter den Antriebskräften nicht wegrutscht, andererseits das Vorderrad nicht zu weit entlastet wird.
7. Schalten Sie jetzt in den entsprechenden Gang und fangen Sie an, gerade soviel Kraft auszuüben und das Gewicht so weit nach vorne bzw. hinten zu verlagern, daß Sie gleichmäßig und ohne Stockungen weiterfahren können. Solange Sie Schwung haben, geht es einwandfrei, aber wenn Sie anhalten, werden Sie möglicherweise gezwungen, wieder neu aufzusteigen.

Manchmal muß man im Gelände bestimmte Strecken zu Fuß gehen, wobei das Rad an der

Mountainbikers unterwegs in den Rocky Mountains im amerikanischen Bundesstaat Colorado.

Das Mountainbike hat zwar niedrige Gänge, aber manchmal muß es trotzdem getragen werden. Das tut man so.

Hand geführt oder getragen werden muß. Auch das kann man so lernen, daß es geschickt und ohne Unterbrechung gemacht wird. Gehen Sie etwa so vor:

1. Merken Sie sich im voraus, wo Sie absteigen wollen und wie es anschließend weitergeht.
2. Schalten Sie in einen Gang, der so niedrig ist, daß Sie ihn später wieder benutzen können, um aufzusteigen.
3. Heben Sie das Körpergewicht nach vorne vom Sattel weg, während Sie auf dem linken Pedal ruhen, bis Sie das Rad auf eine etwas höhere Geschwindigkeit als die, die zum Absteigen erforderlich ist, verlangsamt haben.
4. Heben Sie das rechte Bein vom Pedal und schwingen Sie es über den Sattel, zwischen dem Fahrrad und dem linken Bein, weit nach vorne.
5. Wenn die richtige Stelle in Laufgeschwindigkeit erreicht ist, setzen Sie ab und nehmen den ersten Schritt mit dem frei nach vorne schwingenden rechten Bein, um gleich im Laufschritt weiterzulaufen, während Sie das Rad gerade so schräg halten, daß das Pedal beim Laufen nicht stört.

Schulterschutz, mit dem das Tragen bequemer wird

6. Falls das Rad getragen werden muß, was im Gelände häufig vorkommt, nehmen Sie es gleichzeitig beim Absteigen auf die Schulter, indem Sie den Lenker nur mit der linken Hand halten, während Sie mit der rechten Hand nach unten am Unterrohr entlang greifen, bis Sie die Position des Schwerpunkts (ca. 30 cm vor dem Tretlager) erreicht haben.
7. Schwingen Sie das dort gut ausbalancierte Rad auf die rechte Schulter und greifen Sie gleichzeitig durch den Rahmen hindurch mit der rechten Hand den Lenker . So haben Sie die linke Hand frei, um z. B. Gestrüpp beiseite schieben zu können.
8. Wenn Sie die Stelle erreicht haben, wo Sie wieder aufsteigen können, tun Sie das, indem Sie das Rad von der rechten Schulter hinunterlassen und den Lenker wieder mit beiden Händen greifen. Dann steigen Sie wie bereits beschrieben wieder auf.

Hindernisse bewältigen

Manchmal muß man im Gelände ein Hindernis, z. B. ein Loch oder einen Gegenstand auf dem Weg, umfahren. Wenn nicht gerade reichlich Platz und Zeit vorhanden ist, um das Hindernis in aller Ruhe zu umfahren, wenden Sie eine Variante der in Kapitel 5 behandelten forcierten Kurve an, wobei Sie einen sehr kurzen Bogen beschreiben und gleich wieder geradeaus weiterfahren können. Das geht etwa so:

1. Merken Sie sich die Möglichkeiten und fixieren Sie dann den Blick nicht auf das Hindernis, sondern auf die Stelle, wo Sie es umfahren wollen.
2. Fahren Sie gerade auf das Hindernis zu, ohne den geplanten Weg aus dem Auge zu verlieren, bis Sie kurz davor sind.
3. Lenken Sie nun ganz kurz schnell in die entgegengesetzte Richtung – also nach rechts, wenn Sie das Hindernis links umfahren wollen.
4. Bei diesem Vorgang lehnt sich das Rad plötzlich so weit nach links, daß Sie mit einem scharfen Linksruck des Lenkers korrigieren müssen, um nicht zu stürzen. Dabei machen Sie die gewünschte scharfe Kurve von dem Hindernis weg und an ihm vorbei.
5. Sobald Sie am Hindernis vorbei sind, korrigieren Sie die Lenkung wieder, um auf dem geraden Kurs weiterzufahren.

Andere Hindernisse im Gelände sind eher dazu geeignet, förmlich übersprungen zu werden. Das können Sie relativ leicht üben, indem Sie eine Bordsteinkante in Angriff nehmen, genau wie es die BMX-Fahrer machen. Sie müssen das Körpergewicht so verlagern, daß Sie zuerst das Vorderrad heben und anschließend das Hinterrad. Das geht etwa so:

1. Fahren Sie mit nur leicht abgebremster Geschwindigkeit auf das Hindernis zu. Bleiben Sie dabei nicht im Sattel sitzen, sondern verlagern Sie das Gewicht nach vorne und treten Sie mit beiden Füßen kräftig in die Pedale, die dabei in waagerechter Stellung zu halten sind. So fahren Sie auf die Kante zu, bis Sie auf geradem Kurs ca. 1–2 m davor sind.
2. An dieser Stelle machen Sie einen kräftigen Ruck nach hinten, wobei Sie den Lenker zurückziehen und das Vorderrad so weit entlasten, daß es abhebt.
3. Sobald Sie anfangen, nach hinten zu kippen, verlegen Sie das Gewicht ebenso ruckartig nach vorne, bis Ihr ganzes Körpergewicht auf dem Lenker liegt und die Pedale völlig entlastet sind. So fällt das Vorderrad wieder nach unten, während das Hinterrad hochkommt.

⑤
bis Sie wieder „auf Kurs“ sind.

④
Sie haben das Hindernis umfahren und lenken bei...

③
Sie fangen sich auf, indem Sie in die „richtige“ Richtung lenken und „von selbst“ die richtige Schräglage erhalten.

②
Lenker kurz gegensteuern ohne Schräglage: Sie würden nach der anderen Seite stürzen.

①
Sie bemerken das Hindernis „zu spät“, müssen es z. B. scharf links umfahren.

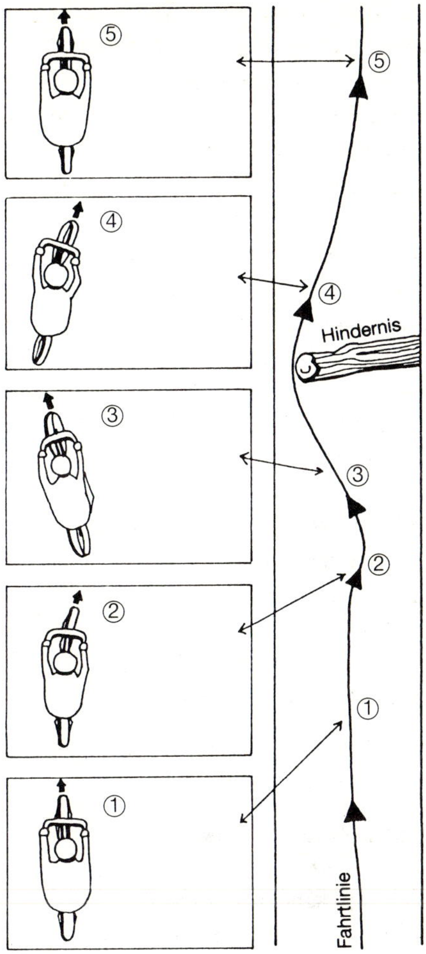

9.3 Umfahren eines Hindernisses

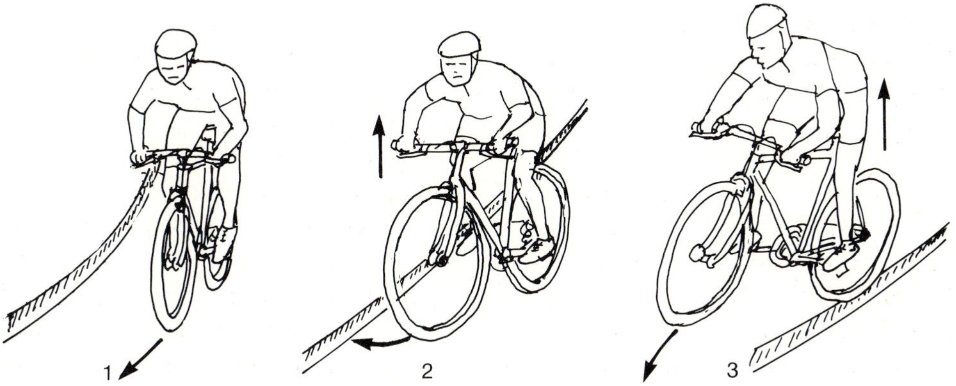

9.4 Überfahren eines Hindernisses

Es braucht schon einige Übungsstunden, bis das so perfekt gelingt, daß Sie Vorder- und Hinterrad auch tatsächlich dann abheben, wenn Sie am Hindernis sind, statt zu früh oder zu spät. Meistens führt man diesen Sprung übrigens nicht geradeaus durch, sondern schräg versetzt, z. B. um aus einer Spurrille herauszuspringen. Das geht ähnlich, ist aber eigentlich leichter, denn Sie müssen die Position nicht so genau abschätzen. Dabei fahren Sie nah am Hindernis entlang, und wenn Sie den Mut gefunden haben zu springen, lenken Sie zuerst kurz weg, dann deutlich in das Hindernis hinein, um wieder eine forcierte Kurve zu fahren, die Sie gleichzeitig mit dem gerade beschriebenen Sprung kombinieren.

Wenn Sie eine tiefe Stelle durchqueren müssen, z. B. einen Graben, ist das auch mit einer

9.5 Durchfahren einer Vertiefung

Dank gut gedichteter Lager läßt sich das Mountainbike ggf. als U-Boot einsetzten. (Foto: D. Favello)

ähnlichen Methode möglich, wobei Sie das Gewicht zuerst nach vorne verlagern, dann – kurz bevor Sie unten angekommen sind – wieder nach hinten. So fahren Sie mit etwas Schwung durch den Graben, ohne dabei so fest auf dem Vorderrad zu landen, daß sich die Gabel verbiegt oder das Rad einfach zum Stillstand kommt. Wenn seitlich ausreichend Platz ist, wählen Sie die Anfahrt und die Fahrt durch die Vertiefung so, daß der Weg möglichst gleichmäßig verläuft. Behalten Sie bei all diesen Techniken stets den vorgesehenen Weg im Auge, anstatt sich auf das Hindernis zu konzentrieren, das sonst fast hypnotisierend wirkt.

Orientierung im Gelände

Im freien Gelände braucht man meist detaillierte Karten und vielleicht sogar weitere Hilfsmittel als die, die im letzten Kapitel erwähnt wurden. Für diese Zwecke kommen eher die topographischen Karten der Reihe TK 25 und TK 50 mit Maßstäben von 1:25000 bzw. 1:50000 in Frage. Wenn 1 cm 250 m entspricht, wie bei der erstgenannten Karte, dann kann man fast jedes Merkmal am Weg und im Gelände erkennen. Ebenso wichtig ist bei solchen Karten das Vorhandensein von Höhenlinien, die Ihnen bei der Orientierung sowie bei der Wahl der Route im hügeligen Gelände sehr nutzen können.

Jede Höhenlinie stellt praktisch einen waagerechten Schnitt durch das Gelände auf der entsprechenden Höhe dar (vgl. Abb. 9.6). Je mehr dieser Höhenlinien Sie kreuzen, um so größer ist die Höhendifferenz; je dichter sie beieinander liegen, um so steiler ist das Gelände an dieser Stelle. Dadurch können Sie ihre Route so aussuchen, daß sie möglichst gleichmäßig ist. Bei der Orientierung ist es manchmal leichter, ein Merkmal zu orten, wenn Sie auch seine relative Höhe im Vergleich zum Umland einschätzen können.

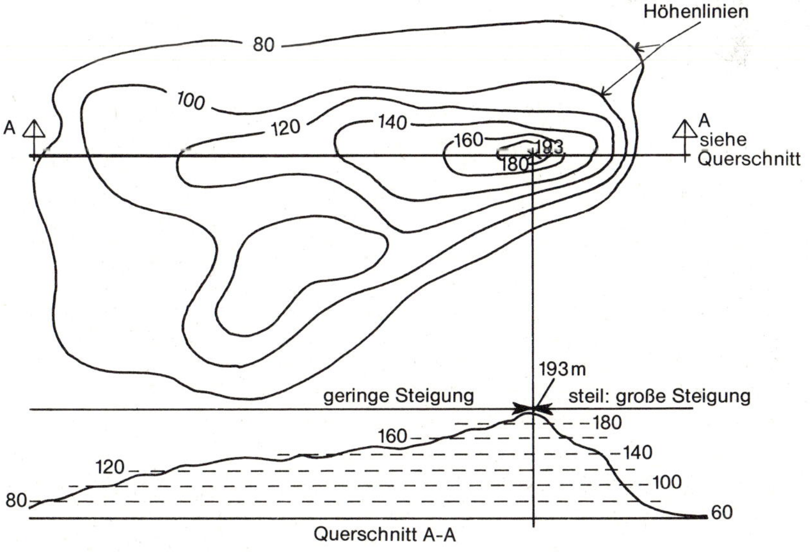

9.6 Höhenlinien (nur sinnvoll, wenn Maßstab nicht mehr als 1 : 50000 und Abstand der Höhenlinien nicht mehr als 20 m)

Der Erfinder des Mountainbike, Garry Fisher aus Kalifornien, bei einer steilen Abfahrt.

Das Verhalten des Geländefahrers

Erlauben Sie mir zuletzt noch ein paar Worte über das Verhalten des Radfahrers abseits der Straße. Bei allem Eigeninteresse sollte man im freien Gelände vor allem umweltschonend fahren. Auch wenn eine einzelne Fahrradspur noch keine Bodenerosion verursacht, so führt doch häufiges und rücksichtsloses Geländefahren von vielen zu nachhaltigen Bodenschäden. Es hängt eben sehr viel vom Verhalten aller Radfahrer ab.

Wenn Förster, Landwirte oder Wanderer feststellen, daß Radfahrer sich genauso rücksichtsvoll verhalten wie sie selbst, besteht wenig Gefahr, daß wir die Berechtigung, uns mit dem Mountainbike relativ frei bewegen zu dürfen, verlieren. Aber wenn, wie z. B. in Zermatt geschehen, die Radfahrer für alle Erosionsschäden sowie für die Behinderung der Wanderer verantwortlich gemacht werden, dann hat das Mountainbike bald seine Daseinsberechtigung verloren. Fahren Sie also rücksichtsvoll, damit wir die Natur auch weiterhin auf zwei Rädern erleben dürfen.

10
Radfahren als Fitneßtraining

Das Fahrrad ist nicht nur ein Transportmittel und ein Ausflugsgefährt, sondern auch ein hervorragendes Sportgerät. Was das Fahrrad von so vielen anderen Sportgeräten unterscheidet, ist sein praktischer Nutzen. Auf dem Fahrrad kann man sportliche mit praktischen Zwecken verbinden.

Es wäre falsch zu behaupten, Radfahren sei gesünder als andere Sportarten, wie z. B. Laufen oder Rudern. Bei gleicher Anstrengung bringt Radfahren zwar eine höhere Geschwindigkeit, aber keineswegs mehr Trainingseffekt als andere Sportarten. Doch was man mit dem Ruderboot nicht kann und im Laufschritt nur selten machen würde, kann man mit dem Fahrrad: direkt vor der Haustür loslegen und unterwegs noch einiges nebenbei erledigen.

Sie können, wenn Sie wollen, sogar die Fahrt zur Arbeit als Trimmfahrt machen. Aber auch die Fahrt am Abend nach der Arbeit oder noch später eignet sich für das Trimmen mit dem Fahrrad. Eine Wochenendfahrt ist zwar auch schön, aber ein Trainingseffekt wird nur erreicht, wenn Sie mindestens dreimal in der Woche – möglichst sogar täglich – trainieren.

Was heißt Fitneß?

Trimmen ist zwar ein moderner Begriff. Es ist aber eine altbekannte Tatsache, daß der gesünder lebt, der regelmäßig eine körperliche Leistung erbringt. Bei allen Trimm- oder Fitneßübungen, ob mit Rad oder ohne, geht es um das gleiche Prinzip, das „aerobes Training" genannt wird. Damit wird eine regelmäßig wiederholte Leistungsabgabe bezeichnet, die zwar unterhalb der „Außer-Puste-Grenze" liegt, jedoch so hoch ist, daß eine Stärkung des Herzmuskels erfolgt.

Zum Verständnis dieses Phänomens muß man wissen, daß unser Körper über verschiedene Stoffwechselmechanismen (Metabolismen) verfügt, um Nahrung in Energie umzusetzen. Die maximale Grenze der über längere Zeit abzugebenden Leistung heißt „aerobe Schwelle". Jede Leistung, die unterhalb dieser Schwelle bleibt, ist eine aerobe Leistung, was bedeutet, daß sie mit dem im Kreislaufsystem verfügbaren Sauerstoff durchgeführt wird. Die bei jedem Menschen verschiedene maximale

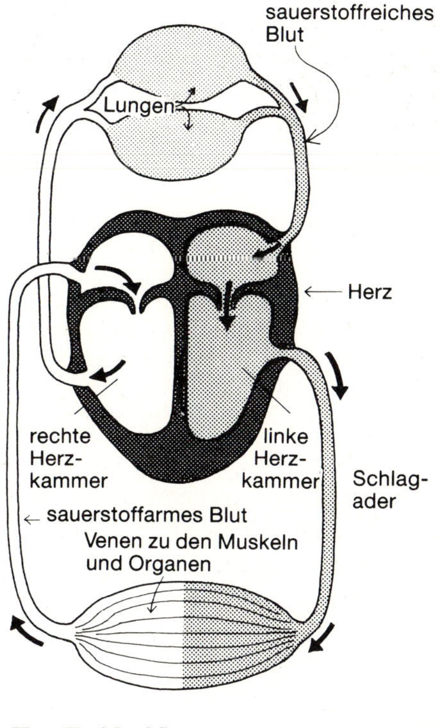

10.1 Herz-Kreislauf-System

aerobe Leistung hängt von der Leistungsfähigkeit des Kreislaufs ab, insbesondere des Herzmuskels, der Blut zur Sauerstoffaufnahme und -abgabe durch die Adern und Venen zu den Muskeln pumpt. Dieser Wert wird mit „$\dot{V}_{O_{2max}}$“ bezeichnet und drückt aus, wieviel Gramm Sauerstoff pro Zeiteinheit verarbeitet werden können, während $\dot{V}_{O_2}$(also ohne „max“) dem Wert für den aktuellen Sauerstoffverbrauch entspricht, der also meist niedriger ist als $\dot{V}_{O_{2max}}$.

Eine aerobe Leistung kann man im Prinzip sehr lange durchhalten, weil Sie hierbei nicht mehr Sauerstoff verbrauchen, als Sie in der gleichen Zeit aufnehmen können, und weil keine Milchsäure freigesetzt wird, die Muskelschwere verursacht, wie das bei den höheren, sog. anaeroben Leistungen geschieht. Der aerobe Metabolismus der meisten Menschen, die einigermaßen fit sind, reicht aus für eine Leistung von vielleicht 200–300 Watt. Auf dem Renn- oder Trimmrad ergibt das eine Fahrgeschwindigkeit von etwa 30–35 km/h. Wenn jedoch eine größere Leistung erforderlich ist – wie z. B. beim Hochsprung oder Spurt –, reicht der aerobe Metabolismus nicht aus, denn bei solchen Aktivitäten sind Werte erforderlich, die bis über 1 kW hinausgehen, wenn auch nur für äußerst kurze Zeit. Solche Leistungen, die über der genannten anaeroben Schwelle liegen, können nur durch die Metabolismen erbracht werden, die zusammen unter dem Namen „anaerober Metabolismus“ zusammengefaßt werden, weil sie nicht von der gleichzeitig eingenommenen Sauerstoffzufuhr abhängig sind.

Viele Bereiche des Leistungssports liegen in diesem anaeroben Bereich, während der gesamte Fitneßsport sich im aeroben Bereich abspielt. Allerdings kann es durchaus mal vorkommen, daß auch der Trimmsportler hin und wieder eine anaerobe Leistung erbringt, aber das ist dann nur nebensächlich.

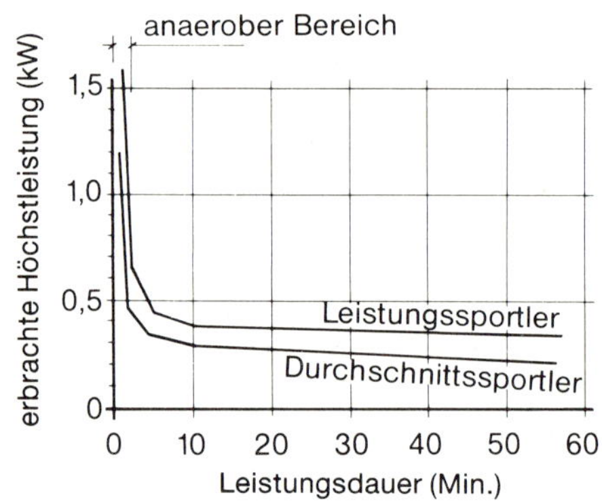

10.3 Leistungsabgabe in Abhängigkeit von der Zeit

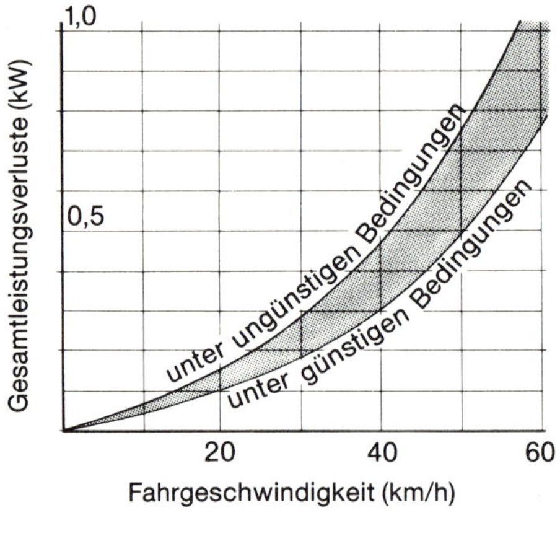

10.2 Leistungsabgabe und Fahrgeschwindigkeit auf flacher Fahrbahn

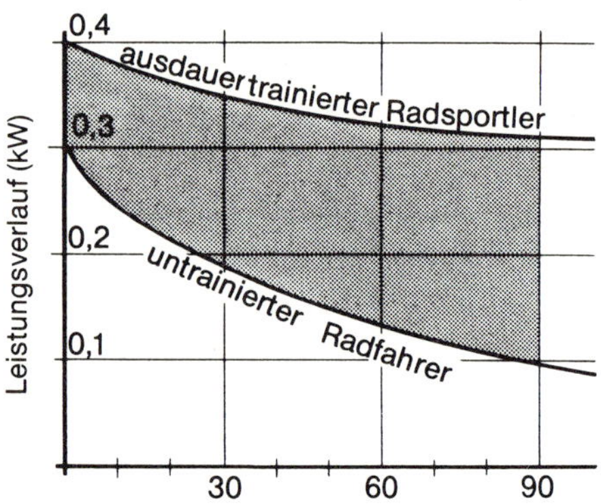

10.4 Leistungsverlauf

Breitensport: Auch wer nicht an Wettbewerben interessiert ist, findet in Vereinen, die dem Bund Deutscher Radfahrer angeschlossen sind, Gesellschaft und Betreuung. (Foto: H. A. Roth)

Der Wert des Fitneßtrainings liegt in der Bedeutung des aeroben Metabolismus für die Gesundheit. Wenn täglich eine anaerobe Arbeit geleistet wird, die über einer bestimmten Grenze innerhalb des aeroben Bereichs bei ca. 70% $\dot{V}_{O_{2max}}$ liegt, wirkt sich diese konditionsstärkend auf den Herzmuskel aus. Dieser erhöht seine Leistungsfähigkeit, Blut durch den Körper zu pumpen und ausreichend Sauerstoff aufzunehmen bzw. abzugeben.

Die Pumpleistung pro Herzschlag wird dabei größer. Das bedeutet, daß das Herz nicht nur eine größere Höchstleistung erbringt (also ein größeres $\dot{V}_{O_{2max}}$), sondern auch imstande ist, die gleiche normale Leistung mit größerer Leichtigkeit zu erbringen. Mit jedem Herzschlag wird mehr Blut und Sauerstoff gepumpt, weshalb das Herz unter normalen Bedingungen langsamer, aber dafür kräftiger schlägt.

Die Leistungsgrenzen nehmen mit zunehmendem Alter ab, können aber mittels Fitneßtraining einigermaßen erhalten bleiben. Das bedeutet zum einen, daß auch der sportlicheste Achtziger weniger leistungsfähig ist, als er mit dreißig war. Andererseits ist der fitte Achtziger leistungsfähiger als mancher ungeübte Dreißiger.

Die Grenzwerte für die aerobe Leistung, die einen Trainingsnutzen haben soll, sind wie folgt:

Mindestfrequenz:	3mal pro Woche
Mindestdauer:	20 Minuten pro Trainingseinheit (bei 3mal pro Woche)
Mindestleistung:	70% $V_{O_{2max}}$

Die Mindestleistung ist natürlich in dieser Form nicht sehr aussagekräftig, denn wer kann sie schon messen und beurteilen? Normalerweise kann das nur in einem sportmedizinischen Labor gemacht werden. Es gibt aber eine einfache Kontrollmöglichkeit, die auf dem Zusammenhang zwischen $\dot{V}_{O_{2max}}$ und Herzschlag oder Pulsfrequenz der gleichen Person beruht. Somit kann der Äquivalenzwert auch in Herzschlägen pro Minute ausgedrückt werden. Für diese sogenannte Trainingsfrequenz gilt folgende Formel:

Trainingsfrequenz = 180 – Lebensalter in Jahren

Ein Vierziger muß also ständig einen Puls von 140 Schlägen pro Minute erreichen, um einen Trainingseffekt zu erzielen. Und diese Leistung muß mindestens dreimal in der Woche über mindestens 20 Minuten beibehalten werden.

Das ist schon eine erhebliche Anstrengung, die oft unterschätzt wird, denn die meisten von uns empfinden eine Leistung schon als beträchtlich, obwohl sie weit unterhalb dieser Grenze liegt und deshalb noch keinen Trainingseffekt bewirkt. Ich habe einmal bei der Untersuchung einer Gruppe von Trimmsportlern feststellen müssen, daß die Mehrzahl von ihnen den erhofften Trainingseffekt nie für mehr als einige Minuten – und manche von ihnen überhaupt nicht – erreichten.

Wenn Sie diesen Wert tatsächlich nach dem gegebenen Schema erreichen, werden Sie eine Leistungssteigerung bewirken, die mit sich bringt, daß Sie nach und nach bei gleicher Anstrengung mehr leisten. Nur dürfen Sie dann nicht die gefahrene Geschwindigkeit weiterhin als Maßstab nehmen, denn nachdem Sie etwas trainiert haben, erreichen Sie die Geschwindigkeit von vielleicht 30 km/h, die anfangs mit Ihrer Trainingsfrequenz übereinstimmte, schon bei einem niedrigeren Herztakt. Sie müssen dann also mit zunehmender Leistungsfähigkeit auch jeweils schneller fahren, um den gleichen Trainingseffekt zu erzielen.

Kalorienzähler für den Radfahrer. Dieses Cal-Control-Pedal ist eine große Hilfe bei der Kontrolle der Trainingsleistung.

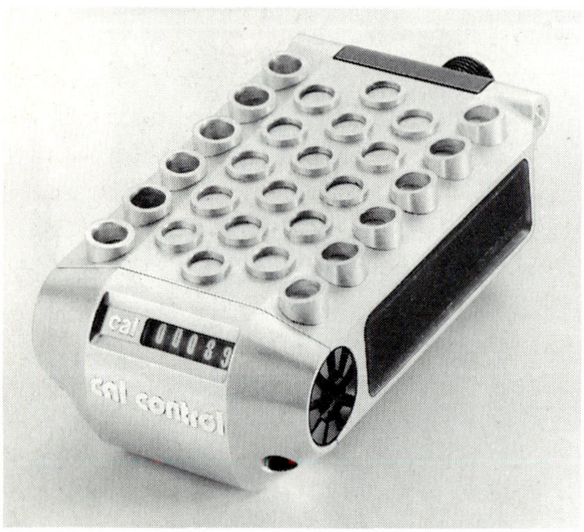

Die Leistungskontrolle

Am günstigsten ist es, den Puls (= Herzfrequenz) regelmäßig zu messen und zu erfassen, sowohl während der Belastung als auch unbelastet. Fühlen Sie morgens, vor dem Frühstück Ihren Puls, zählen Sie dabei über eine Zeit von 15 Sekunden mit und multiplizieren diesen Wert mit 4, um die Ruhefrequenz zu ermitteln. Solange die Ruhefrequenz abnimmt oder zumindest nicht ansteigt oder stark variiert, können Sie annehmen, daß Ihr Fitneßprogramm wirksam ist.

Während des Fahrens ermitteln Sie dann die Leistungsfrequenz und treten so lange kräftiger in die Pedale, bis die erforderliche Trainingsfrequenz erreicht ist. Dann aber noch nicht nachlassen, sondern dieses Leistungsniveau während der Fahrt beibehalten.

Etwas ganz Besonderes: Das Trimmrad des genialen Konstrukteurs Balz – früher von Herkules vertrieben, jetzt aber unter eigener Regie hergestellt und verkauft – beansprucht fast alle Muskelpartien des Körpers. Trotzdem fährt sich dieses eigenwillige Rad ganz gut.

Ein Trainingsschema

Benutzen Sie bei der Trainingsfahrt ein genau auf Ihre Körpermaße abgestimmtes und optimal funktionierendes Fahrrad, damit die erbringbare Leistung nicht durch andere Faktoren begrenzt wird. Aus ähnlichen Gründen sollten Sie möglichst bequeme Fahrradkleidung tragen. Suchen Sie sich eine Route aus, bei der Sie durchgehend fahren können, ohne häufig und lange an Verkehrsampeln warten zu müssen. Aus gesundheitlichen Gründen sollte die Trainingsfahrt auch mit einer weniger intensiven Aufwärmperiode beginnen und mit einer Beruhigungsphase enden. Am besten gehen Sie etwa so vor:

1. Fangen Sie in einem niedrigen Gang an und fahren Sie mit stetig ansteigender Geschwindigkeit, bis Sie nach ca. 5 Minuten die Trainingsfrequenz erreicht haben.
2. Fahren Sie bei dieser Belastung ca. 20 Minuten weiter und überprüfen Sie dabei nochmals den Puls. Wenn Sie häufiger als 3mal in der Woche trainieren, kann die Dauer der einzelnen Trainingsfahrten ggf. verringert werden bis auf ein Minimum von 10 Minuten täglich.
3. Bauen Sie die Belastung anschließend allmählich ab, bis Sie nach etwa 5 Minuten einen Puls erreicht haben, der 20–30 Schläge niedriger als die Trainingsfrequenz ist.
4. Stürzen Sie nach Abschluß der Trainingsfahrt nicht gleich unter die Dusche, sondern warten Sie besser noch ca. 10 Minuten, bis Sie nicht mehr schwitzen. Nicht nur werden Sie sich weniger leicht erkälten, Sie werden sich so auch frischer fühlen.

Mehr über Radsport

Das hier beschriebene Fitneßtraining läßt sich bei zunehmender Intensität und mit Hilfe weiterer Techniken ausbauen. Dabei werden Sprint-, Intervall- und Dauertrainingstechniken angewandt. Dazu gehören auch Übungen, die man fern der Straße durchführt, sei es mit dem Heimtrainer, dem auf Rollen gestellten Fahrrad oder in Form von gymnastischen Übungen.

Fahren Sie zur Steigerung Ihrer Ausdauer zweimal oder mehrmals in der Woche lange Entfernungen von 100 km oder mehr in wechselndem Tempo. Ihre anaerobe Sprintleistung

Für das Zeitradfahren, eine Disziplin, die auch im Triathlon aufgenommen ist, eignet sich so ein windschlüpfiges Spezialrad. Heutzutage ist es sogar mit Scheibenrädern ausgestattet, um den Luftwiderstand noch weiter zu senken.

können Sie ausbauen, indem Sie jeweils mehrere kurze Spurts mit Höchstgeschwindigkeit fahren. Variieren Sie die Geschwindigkeit während Ihrer Trainingsfahrten zwischen Maximalleistung und Erholungstempo, um die Vorteile des Intervalltrainings zu nutzen. Und machen Sie Atemübungen sowie verschiedene Gymnastikübungen, die gerade die Muskeln stärken sollen, die im Radsport nur zum Gegenhalten gefordert werden, wie Bauch-, Rükken- und Armmuskeln.

Damit haben Sie im Prinzip schon ein ganz beachtliches Trainingsprogramm beisammen. Wer den Radsport für mehr als nur Minimaltraining betreiben will, sollte sich unbedingt einem Radsportverein anschließen, damit er auch mit anderen trainieren und sich mit ihnen im Wettbewerb messen kann.

Der Speiseplan des Radsportlers

Zum Fitneßtraining gehört auch die richtige Ernährung. Damit bleibt die Leistungsfähigkeit erhalten, und Übergewicht wird vermieden. Falls Sie schon etwas angesetzt haben, werden Sie feststellen, daß das Radfahren wesentlich leichter und angenehmer wird, nachdem Sie wieder etwas abgespeckt haben. Sie sollten nicht nur weniger, sondern vor allem auch das Richtige essen.

Der ideale Kraftstoff für den Dauersportler sind komplexe Kohlenhydrate – Brot, Kartoffeln, Reis und Nudeln. Bei tierischen Fetten, die insbesondere im Schweinefleisch und in der Butter in zu hoher Konzentration vorhanden sind, ist Vorsicht geboten, weil sie Cholesterol enthalten, was insbesondere bei geringer körperlicher Leistung schädlich für das Herz ist. Überflüssige Kraftstoffe sind bei einer passiven Lebensweise stark zuckerhaltige Produkte. Allerdings kann während einer längeren Fahrt, wo viel Energie gefordert wird, eine starke zuckerhaltige Flüssigkeit gerade die optimale Energiequelle bilden.

Man kann aber von Kohlenhydraten allein nicht leben, denn der Körper braucht auch Eiweiß sowie Mineralien und Vitamine. Trotzdem ist es wohl heute für die meisten von uns in der westlichen Welt kein Problem, ausreichend Eiweiß zu bekommen. Eher noch nehmen wir heute mehr Eiweiß zu uns, als wir brauchen. Eiweiß gibt es nicht nur in Eiern, Fleisch oder

Bahnrad aus der Werkstatt des deutschen Rahmenbauers Hans Mittendorf.

Milchprodukten. Auch Weizen, Roggen, Hafer, Reis und Kartoffeln enthalten einige der Eiweißbausteine (Aminosäure). Andere wichtige Aminosäuren liefern z. B. Bohnen, Linsen oder Erbsen. Allerdings sollte immer je mindestens ein „Eiweißlieferant“ beider Gruppen bei jeder Mahlzeit vertreten sein, damit Ihr Bedarf an Eiweiß ausreichend und vor allem ausgewogen gedeckt ist.

Vitamine und Mineralien sind vor allem in Gemüse und Obst sowie in Vollkornprodukten, Fisch und Innereien enthalten. Es ist gar nicht nötig, zusätzlich Vitaminpräparate zu schlukken, wenn Sie regelmäßig Produkte aus mehreren dieser Gruppen verzehren. Dazu ist noch zu sagen, daß insbesondere Obst, Gemüse und Vollkornprodukte auch den Bedarf an Ballaststoffen decken, die für die Verdauung unentbehrlich sind. Wer versucht, seinen Bedarf an Vitaminen und Mineralien nicht durch nahrhaftes Essen, sondern mit Tabletten zu dekken, wird feststellen, daß er noch weitere Tabletten schlucken muß, um die Verdauung auf Vordermann zu bringen.

Ein häufig vergessener Aspekt bei der Ernährung ist der Wasserbedarf des Körpers. Das ist zwar bei einer kurzen Trimmfahrt noch nicht aktuell. Bei einer längeren, anstrengenden Fahrt – insbesondere bei Hitze, aber auch schon unter normalen Bedingungen – verliert der Körper bis zu 1 Liter Wasser pro Stunde. Sie sollten daher vor der Fahrt sowie unterwegs häufig Wasser trinken.

Es ist an sich nicht erforderlich, anstelle von Wasser Getränke zu nehmen, die Mineralien und Vitamine enthalten. Andererseits kann es bei einer Fahrt von mehreren Stunden von Nutzen sein, die Leistungsfähigkeit durch die Einnahme von nährstoffangereicherten Getränken zu erhalten, weil flüssige Nährstoffe am leichtesten aufgenommen werden. Zu diesem Zweck hat man Sportgetränke entwickelt, die neben Wasser und meist auch (überflüssige) Mineralien bis zu 10% komplexe Kohlenhydrate enthalten. Man kann sich solch ein Getränk auch selbst herstellen, indem man z. B. weichen, in reichlich Wasser gekochten Reis auspreßt, was aber ziemlich umständlich ist. Bei Billigprodukten dieser Art werden die komplexen Kohlenhydrate durch einfachen Zucker ersetzt. Das bringt zwar die gleiche Leistungsenergie, schmeckt aber furchtbar süß und wirkt sich ungünstig auf das allgemeine körperliche Wohlbefinden aus.

Radsport ist auch für Frauen: Die Deutsche Sandra Schumacher fährt hier am Hinterrad der Amerikanerin Rebecca Twigg. Es führt die französische Meisterin Jeannie Longo.

Radtouristikfahrten

Unter diesem etwas irreführenden Titel werden heutzutage vom Bund Deutscher Radfahrer und angeschlossenen Organisationen im In- und Ausland längere Radfahrten für Trimmsportler organisiert. Man hat sich da offensichtlich die in Frankreich sehr beliebten Randonneurfahrten zum Vorbild genommen. Es handelt sich dabei zwar nicht eigentlich um Leistungssport, doch haben diese Fahrten schon etwas Leistungsorientiertes an sich. So werden Urkunden und Preise vergeben, die die in der gesamten Saison erreichte Kilometerleistung belohnen. Eine bestimmte Mindestgeschwindigkeit muß bei diesen Fahrten auch eingehalten werden.
Leute, die sonst kaum dazu kämen, regelmäßig über längere Strecken mit einer tüchtigen Geschwindigkeit zu fahren – Voraussetzung für den Trainingseffekt, den jeder Trimmsportler sucht –, werden so ermutigt und unterstützt, dies regelmäßig zu tun. Und wer so eine relativ schnelle Fahrt von vielleicht 160 km unvorbereitet versucht, wird sich bewußt, daß man auch hierfür regelmäßig trainieren muß.

Das Musterbeispiel einer solchen Randonneurfahrt ist die Veranstaltung Paris–Brest–Paris, die jährlich durchgeführt wird und alle drei Jahre auch ausländischen Teilnehmern offensteht. Allerdings bedeutet das – je nach Kondition – 50 bis 90 Stunden fast ununterbrochenen Radfahrens, für die meisten unter uns eher eine Strapaze als eine sinnvolle und erholsame Freizeitgestaltung. Ich habe mich auch einmal zu dieser Fahrt überreden lassen, bereue es auch nicht, daran teilgenommen zu haben, bin aber auch nicht sonderlich erpicht, sie zu wiederholen. Es gibt da aber Teilnehmer, die diese Fahrt im Alter von 80 Jahren und älter in aller Seelenruhe machen und anschließend fitter aussehen als so mancher Vertreter der jungen Generation. Vielleicht ist das ein Beleg dafür, daß Radfahren fit und leistungsfähig hält.

Teil II
Die Technik des Fahrrads

11
Werkstoffe und Konstruktion

In den Kapiteln des zweiten Teils dieses Buches wollen wir die technischen Aspekte des Fahrrads etwas näher kennenlernen. Dabei geht es hauptsächlich darum, soviel technisches Wissen zu vermitteln, daß Sie Ihr Fahrrad selbst instandhalten und die Qualität und Eignung eines Fahrrads einschließlich Zubehör für den jeweiligen Zweck beurteilen können. In diesem Kapitel widmen wir uns den allgemeineren Aspekten der Fahrradtechnik. In den weiteren Kapiteln werden wir uns die Hauptfunktionsgruppen des Fahrrads der Reihe nach vornehmen.

Werkstoffauswahl

Das ganze Fahrrad sowie seine Einzelteile müssen so konstruiert sein, daß sie unter der Belastung des Gebrauchs nicht brechen oder bleibend verformt werden. Darüber hinaus ist auch eine gewisse seitliche Stabilität erforderlich. Voraussetzung dazu ist die sog. Steifigkeit oder Verwindungsfestigkeit. Und schließlich darf auch nach längeren, wechselnden Belastungen, wie sie z. B. durch Vibrationen oder den Antriebszyklus entstehen, kein plötzlicher Bruch infolge der sog. Werkstoffermüdung auftreten.

Kompetente Hersteller der einzelnen Teile, aus denen das Fahrrad aufgebaut ist, erreichen dies durch die richtige Abstimmung der Werkstoffe und der Dimensionierung einzelner Teile auf die zu erwartende Belastung. Trotzdem ist es auch für den Radfahrer nützlich, über diese Besonderheiten etwas besser informiert zu sein.

Obwohl Stahl weiterhin als primärer Werkstoff für Fahrräder und Fahrradteile benutzt wird, ist über die Materialauswahl noch einiges mehr zu sagen. Zunächst gibt es erhebliche Unterschiede zwischen verschiedenen Stahlsorten. Darüber hinaus werden aber auch immer häufiger andere Werkstoffe benutzt: Leichtmetall oder Aluminiumlegierungen, unterschiedliche Kunststoffe sowie Kohlenstoffaser und Titanlegierungen.

Die Festigkeit eines Teils wird einerseits von der Materialfestigkeit und andererseits von der Dimensionierung – z. B. der Wandstärke eines Rahmenrohrs – bestimmt. Die Festigkeit gegen Bruch und dauernde Verformung, plastische Verformung genannt, wird als Zugfestigkeit in kg/mm^2 (oder etwas wissenschaftlicher in $Newton/mm^2$) ausgedrückt; die seitliche Stabilität oder Verwindungsfestigkeit ist eine Funktion einer besonderen Materialeigenschaft, die Elastizitätsmodul heißt. Die Empfindlichkeit gegen wechselnde Belastungen bewirkt ein Phänomen, das Werkstoffermüdung genannt wird.

Stahl und seine Legierungen

Stahl ist ein relativ günstiger Werkstoff für die Herstellung von Fahrrädern und Fahrradteilen, weil er nicht nur billig und leicht zu verarbeiten, sondern auch widerstandsfähig genug ist, schon bei geringer Wandstärke – und deshalb relativ leicht – hohe Belastungen auszuhalten. Dabei hat dieser Werkstoff auch hervorragende Eigenschaften hinsichtlich der zwei anderen genannten Faktoren. Andere

Werkstoffe, die vielleicht eine geringere Dichte haben, also im Prinzip leichter sind, haben meist weniger günstige Eigenschaften, die das Endprodukt entweder schwächer oder schwerer und fast immer teurer machen.

Einfacher Stahl, wie er für den Rahmen des Billigrads und für weniger belastete Teile benutzt wird, ist Eisen, dem etwa 1% Kohlenstoff beigemischt ist. Die Eigenschaften einer Stahlsorte, insbesondere die Zugfestigkeit, können durch Beimischung anderer Metalle wie Chrom, Molybdän und Mangan noch verbessert werden. Dadurch ist es möglich, das Teil bei gleicher Festigkeit dünnwandiger und folglich leichter herzustellen.

Die Verwindungsfestigkeit oder Steifigkeit, also der Widerstand gegen elastische Verformung durch Torsions- und Biegekräfte, bleibt jedoch im Prinzip unverändert und wird geringer bei abnehmender Wandstärke. Rohre und andere Teile können deshalb nur dadurch stabiler gemacht werden, daß sie entweder einen größeren Durchmesser erhalten oder eine größere Wandstärke. Dabei gilt, daß eine Verdop-

11.1 Faktoren, die die Verwindungsfestigkeit („Stabilität") eines Rahmenrohrs positiv beeinflussen

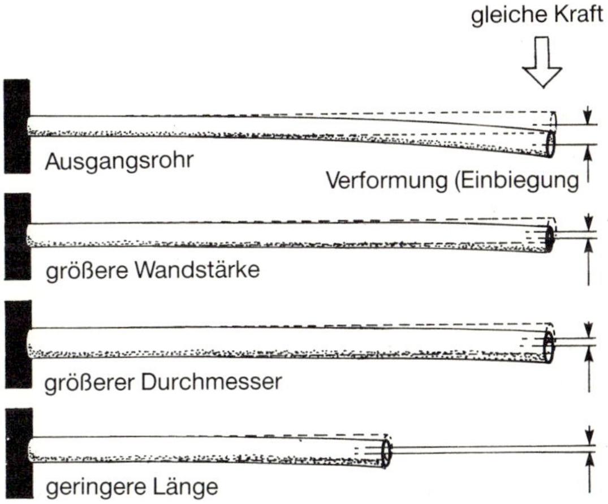

Das Fahrrad wird heute großindustriell gefertigt. Hier ein Bild der Gazelle-Fahrradfabrik.

pelung der Wandstärke auch eine Verdoppelung der Biegefestigkeit bewirkt, während eine Verdoppelung des Rohrdurchmessers sogar eine um das Achtfache erhöhte Biegefestigkeit bewirkt. Das ist der Gund, weshalb Mountainbikes mit dickeren Rohren hergestellt werden. Die meisten anderen Werkstoffe sind wesentlich weniger steif als Stahl und müssen deshalb für eine ausreichende Biegefestigkeit eine größere Wandstärke oder einen größeren Durchmesser haben.
Nicht nur die Qualität, sondern auch das Gewicht eines kompletten Rads oder eines Fahrradteils wird weitgehend durch die Qualität des verwendeten Materials bestimmt. Bei einem Stahlrahmen gibt es gewaltige Unterschiede, je nachdem, welche Stahlsorte und welche Wandstärke verwendet wurde.
Das herkömmliche deutsche Billigrad hat Rohre aus geschweißtem Stahlrohr mit einer Wandstärke von 1,0 mm. Dieses Produkt hat eine Zugstärke von 370 N/mm^2. Das Ergebnis ist ein relativ leichtes Rad: ca. 13–14 kg, wenn voll ausgestattet. Es ist aber weder sehr fest noch ausreichend stabil. Ein Hollandrad erreicht bei ähnlicher Ausstattung ein wesentlich höheres Gewicht, weil die gleiche Stahlsorte in einem wesentlich dickwandigeren Rohrquerschnitt benutzt wird, wodurch das Rad nicht nur stabiler und beständiger, sondern auch schwerer wird. Das ist wohl der Hauptgrund, weshalb das echte Hollandrad, jedoch nicht der trügerisch ähnlich aussehende deutsche Nachbau, soviel widerstandsfähiger ist.
Teure Renn-, Trimm- und Rennsporträder sind leichter und haben noch dünnwandigere Rohre. Trotzdem sind sie nicht schwächer, weil eine entsprechend hochwertigere Stahlsorte benutzt wird. Bei diesen Rohren wird kein geschweißtes, sondern ein kaltgezogenes Rohr benutzt, meist sogar mit einer Zugstärke, die das Zwei- bis Dreifache des normalen Stahlrohrs beträgt. Die größere Zugfestigkeit wird durch die Anwendung von Stahllegierungen

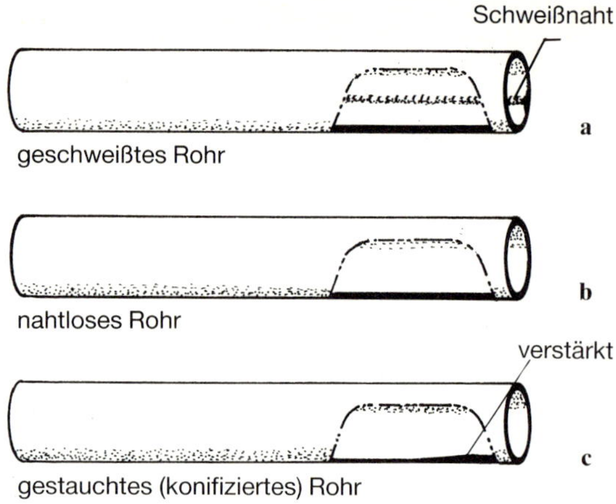

11.2 Rohrtypen

a) geschweißt
b) nahtlos
c) gestaucht (auch „konifiziert")

erreicht, bei denen dem Basismaterial Stahl auch geringe, aber entscheidende Mengen anderer Metalle (insbesondere Mangan, Molybdän und Chrom) hinzugefügt wurden.
Infolge der hohen Zugfestigkeit solcher Werkstoffe kann eine relativ geringe Wandstärke gewählt werden, was einen leichten Rahmen garantiert. Am leichtesten (weil aus den festesten Werkstoffen, die deshalb am dünnwandigsten ausgeführt werden können) sind Rohre der Typen Reynolds 753 Columbus Nivachrom sowie Tange Prestige. Ebenfalls noch sehr leicht, obwohl bei gleicher Wandstärke nicht ganz so fest, sind Rohre wie z. B. Columbus SL und SP, Reynolds 531 und weitere Typen von Vitus, Ishiwata und Tange. Noch etwas dickwandiger müssen die weniger festen Werkstoffe wie z. B. Mannesmann CrMo, Reynolds 501, Columbus Aelle, Falck und Vitus Durifort gewählt werden.
Einige dieser Rohre der zuletzt genannten Kategorie werden wie geschweißte Rohre hergestellt, anschließend durch einen Walzvorgang wesentlich gefestigt. Dabei verschwindet auch

die ansonsten innerhalb des Rohres erkennbare Schweißnaht.

Manche dieser Rohrwerkstoffe sind in verschiedenen Ausführungen erhältlich, die genau auf die jeweilige Anwendung abgestimmt sein sollten: Die leichteste Ausführung ist nicht für den schweren Einsatz gedacht, und Mountainbikes sowie Tandems erfordern größere Rohrdurchmesser und Wandstärken.

Die hochwertigen Rohre werden meist konifiziert oder gestaucht hergestellt. Diese Bezeichnung besagt, daß die Rohre, obgleich außen von gleichmäßigem Durchmesser, an den Enden eine größere Wandstärke aufweisen als in der Mitte. Die leichtesten Rohre haben Wandstärken von 0,4 oder 0,5 mm in der Mitte und 0,7 oder 0,8 mm an den Enden. Insbesondere für Mountainbikes werden heute auch Rohre mit mehreren unterschiedlichen Wandstärkenabstufungen hergestellt, die dann unter der etwas unsinnigen Bezeichnung „triple butted“ bzw. „quadruple butted“ (drei- bzw. vierfach gestaucht) angepriesen werden. Es kann natürlich nur zwei „butts“ (Enden) an einem Rohr geben, aber die Hersteller nennen sie nun mal so.

Der italienische Rohrhersteller Columbus hat in den letzten Jahren einige interessante Neuentwicklungen vorgestellt, bei denen die Verwindungsfestigkeit erhöht wird, ohne daß die Rohre eines größeren Durchmessers oder einer größeren Wandstärke bedürfen. Hierzu werden die Rohre entweder so verformt, daß zwischen den Enden, die zum Einlöten in den Muffen weiterhin rund sind, ein etwa rautenförmiger Querschnitt entsteht oder indem ins Rohrinnere helisch verlaufende Verstärkungsrippen aufgenommen werden. Der letzte Schrei auf diesem Gebiet ist das Columbus „Max“-Rohr, das an den Enden stark abgeflacht und so angeordnet ist, daß die Verwindung minimiert wird.

Obwohl diese Bemerkungen sich am Beispiel eines Rahmenrohrs orientiert haben, gelten ähnliche Überlegungen auch bei der Herstellung und Materialauswahl anderer Teile. Auch für Gepäckträgerstreben und Kettenblätter, für Tretkurbeln und Lenkerstangen gilt, daß Aluminiumlegierungen zwar leichter als Stahl sind, aber wegen der erforderlichen Biegefestigkeit einen größeren Querschnitt brauchen. Das hebt in manchen Fällen den Vorteil der

Der Rahmen wird mit Zubehörteilen ausgestattet. Hier ein Mountainbike-Satz von Sun-Tour.

Deutsche Wertarbeit, auf dem Prüfstand des alltäglichen Gebrauchs erprobt. Trotz wohlbekannter Gesetzmäßigkeit der einfachen angewandten Statik und Dynamik ist dieses traurige Bild immer noch eine häufige Erscheinung bei deutschen Billigprodukten, die nach einem holländischen Verbrauchertest zum Teil keine 1000 km harten Einsatz überstanden.

Gewichtsersparnis wieder auf – so z. B. bei den Mountainbikelenkerstangen aus Aluminium, die erheblich schwerer sind als solche aus hochfestem Stahlrohr.

Aluminium und andere Werkstoffe

Wenn wir hier wiederholt von Aluminium gesprochen haben, dann ist damit meistens nicht reines Aluminium gemeint, denn dieser Werkstoff ist zwar leicht, weist aber nur eine geringe Zugfestigkeit sowie eine geringe Verwindungsfestigkeit auf. Aus diesem Grund wird Aluminium immer mit anderen Metallen le-

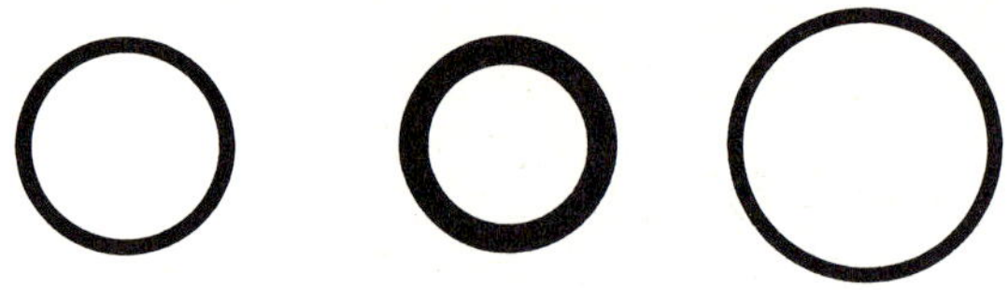

11.3 Aluminium- und Stahlrohr im Vergleich, bei gleicher Stabilität

giert wie z. B. Magnesium, Kupfer und Zink, wodurch die Festigkeit oder Zugstärke erheblich vergrößert wird. Solche Aluminiumlegierungen werden meist als Leichtmetall bezeichnet.

Titan wird nur selten und dann nur für sehr teure Rahmen oder Einzelteile verwendet. Hierbei handelt es sich wieder um Legierungen, weil sich pures Titan nicht für die Herstellung solcher Produkte eignet. Auch Titan ist bei etwa gleicher Zugfestigkeit zwar leichter als Stahl, hat aber auch eine niedrigere Verwindungsfestigkeit, ist also bei gleichem Durchmesser und gleicher Wandstärke weniger stabil. Auch bei diesem Werkstoff – der außerdem exorbitant teuer ist – müssen deshalb größere Durchmesser benutzt werden, damit ein ähnlich stabiles Produkt hergestellt werden kann.

Obwohl Kunststoffe direkt wenig Anwendung finden, hat es hin und wieder mal Ansätze gegeben, einen Rahmen oder andere wesentliche Teile aus Kunststoff herzustellen. Bisher ist das am erfolgreichsten mit faserverstärktem Kunstharz gelungen, wobei allerdings für hochwertige und leichte Produkte nur die sehr teuer herzustellende Langfaser aus Kohle („Carbon") oder Boron in Frage kommt. Billigteile aus kurzfaser-verstärktem Kunststoff gibt es allerdings häufiger. Sie sind nicht nur billig und nur selten ausreichend stabil, sondern auch häßlich.

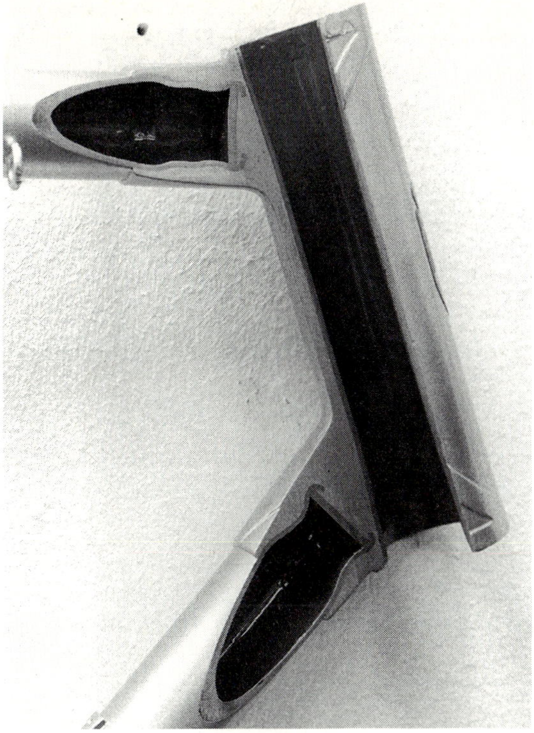

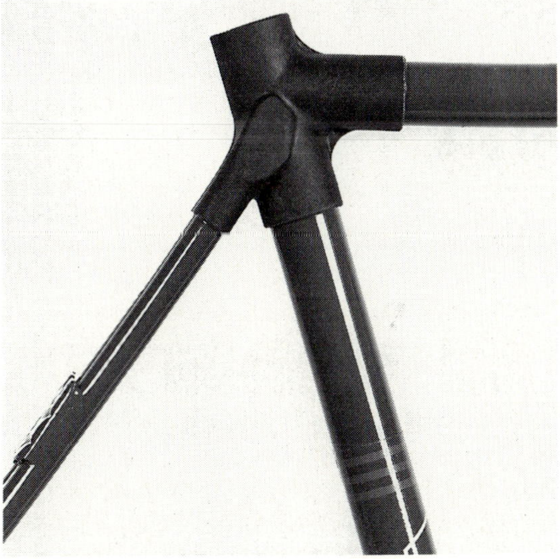

Noch einmal Aluminium, dieses Mal als klotzige Gußverbindung für Edelstahlrohre bei einem Rad der japanischen Firma Bridgestone. Eine ähnliche Lösung mit faserverstärkten Kunststoffverbindungen wurde vor einigen Jahren von der deutschen Firma Heidemann eingeführt – allerdings hat sich auch diese Lösung nicht durchsetzen können.

Kugellager

Praktisch alle drehbaren Teile des Fahrrads sind mit Kugellagern ausgestattet, und ihre Wartung ist von großer Bedeutung für die Leichtgängigkeit und Zuverlässigkeit des Fahrrads. Obwohl die Anleitungen dazu in die einzelnen Kapitel aufgenommen sind, ist das hier behandelte Grundwissen Voraussetzung für die richtige Durchführung solcher Arbeiten.

Beim Fahrrad werden zwei Kugellagertypen verwendet. Am verbreitetsten ist das einstellbare Modell, während einige Tretlager, Pedale und Naben heute auch mit nichteinstellbaren sog. Industrie- oder Rillenkugellagern geliefert werden. Die gängigen einstellbaren Kugellager müssen gewartet werden, wenn das entsprechende Teil sich schwer drehen läßt, zu locker ist oder unschöne Geräusche von sich gibt. Rillen-Kugellager müssen in solchen Fällen ausgewechselt werden. Wegen der genaueren Verarbeitung und des besseren Schutzes gegen Schmutz und Feuchtigkeit treten solche Beeinträchtigungen bei Rillenkugellagern allerdings seltener auf. Das Auswechseln des Rillenlagers ist eine Arbeit, für die Spezialwerkzeuge und besondere Kenntnisse erforderlich sind: Überlassen Sie das einem Fahrradmechaniker.

Die Abbildung 11.4 zeigt, wie das einstellbare Kugellager aufgebaut ist und wie die einzelnen

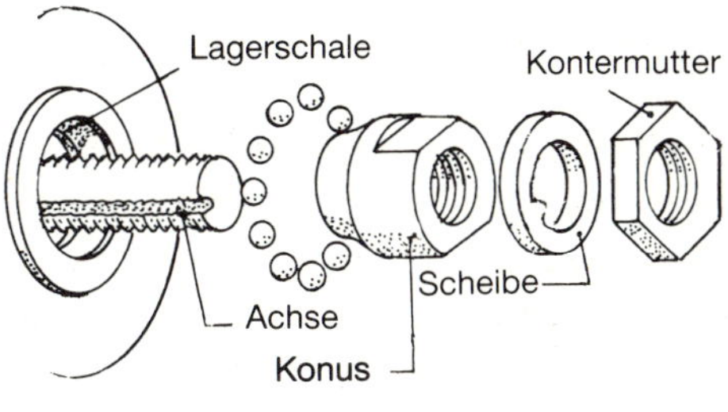

11.4 Einstellbares Kugellager

Teile heißen. Der Zwischenraum, in dem die Kügelchen liegen, wird mit Kugellagerfett gefüllt; die Kügelchen selbst dürfen nicht zu dicht aneinanderliegen. Ggf. wird ein Kügelchen entfernt. Falls sie in einem Kugelring gefaßt sind, muß dieser so installiert werden, daß nur die Kügelchen selbst, nicht das Metall des Kugelrings den Konus oder die Lagerschale berühren. Ich empfehle, den Kugelring durch lose Kügelchen der entsprechenden Größe zu ersetzen. Falls das Lager zu locker ist, muß das

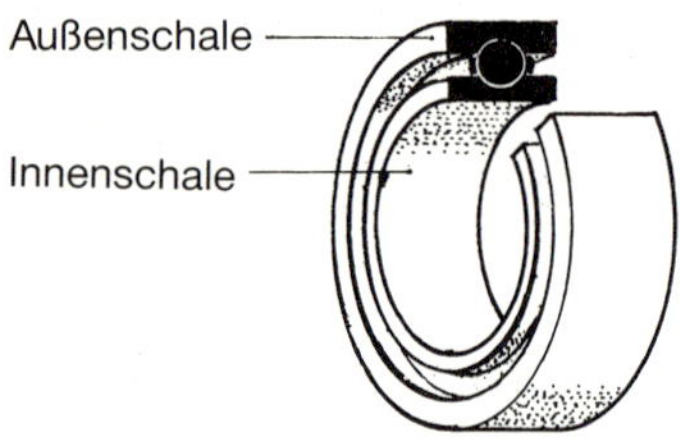

11.5 Industrielager (auch „Rillenlager")

einstellbare Teil (meistens der Konus, bei den meisten Tretlagern jedoch die Lagerschale) weiter eingeschraubt werden. Dazu wird zuerst die Kontermutter gelockert. Die genutete Scheibe, die das Mitdrehen des Konus verhindern soll, wird angehoben. Dann kann der Konus durch Ein- oder Ausschrauben eingestellt werden. Schließlich wird die Kontermutter wieder aufgeschraubt. Dabei darf sich der Konus nicht mitdrehen.

Zum Überholen werden sämtliche Teile des Kugellagers demontiert, gereinigt und gefettet. Ersetzen Sie Teile, die beschädigt oder korrodiert sind. Am besten installieren Sie neue Kügelchen und werfen die alten weg, denn manchmal ist ihnen erheblicher Verschleiß mit bloßem Auge nicht anzusehen. Beim Montieren den Hohlraum zwischen Konus und Lagerschale mit Kugellagerfett ausfüllen und die Kügelchen hineindrücken. Nach dem Montieren wieder so einstellen, daß das Lager frei, jedoch ohne Spiel drehen kann.

Verschraubte Verbindungen

Manche Fahrradteile sind verschraubt. Deshalb gehört ein Verständnis dieser Verbindungen zum Grundwissen des Freizeit-Fahrradmechanikers.

Jede Schraubverbindung besteht aus einem runden Schaft mit Außengewinde und einem hohlen Teil mit Innengewinde. Jedes dieser Gewinde ist eine spiralförmige Rille mit dreieckigem Querschnitt. Die Maße von Innen- und Außengewinde sind jeweils aufeinander

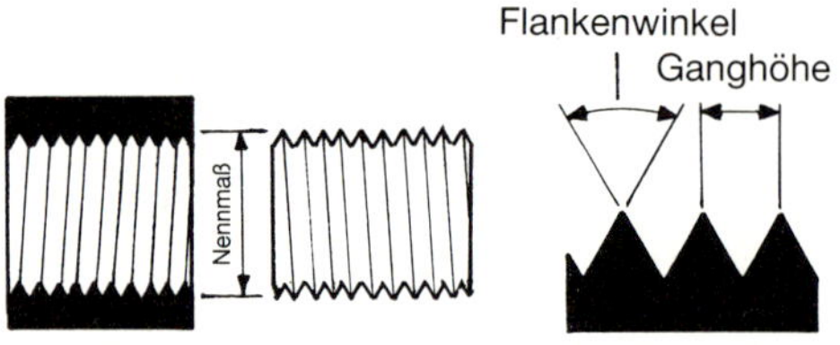

11.6 Details einer verschraubten Verbindung

abgestimmt und so gewählt, daß die Teile sich unbelastet relativ leicht ein- und ausschrauben lassen (vorausgesetzt, die Gewindeteile sind nicht stark verschmutzt, angerostet oder beschädigt).

Sobald die Teile bis zum Ende eingeschraubt sind, werden die Flanken von Innen- und Außengewinde fest angedrückt, wodurch ein hoher Widerstand und vor allem eine große Verbindungsfestigkeit entsteht. Eine Unterlegscheibe, die unter die Mutter bzw. den Schrauben- oder Bolzenkopf gelegt wird, verhindert, daß dort ein übermäßig großer Widerstand entsteht, der das ausreichende Festziehen der Verbindung erschweren würde.

Es darf auch mal was Ausgefallenes sein. Ingenieurmäßig ausgereift ist dieses Modell von Frans de la Haye, das wie eine Hängebrücke konstruiert ist. Es ist leider nie in Serienproduktion gegangen.

Gewindeteile müssen genau aufeinander abgestimmt sein. Für einfache Schrauben und Muttern ist das meistens kein Problem: jede 6-mm-Mutter paßt zu jeder Schraube der entsprechenden Größe. Manche verschraubten Fahrradteile haben jedoch Spezialgewinde. Letztere werden durch folgende Angaben näher gekennzeichnet:

Nomineller Durchmesser Der Durchmesser des Außengewindes (der Innendurchmesser des entsprechenden Innengewindes ist geringer), entweder in mm oder in Zoll ausgedrückt.

Ganghöhe oder **Steigung** Die „Dichte" des Gewindes oder die Entfernung zweier nebeneinanderliegender Rillen des Gewindes im Querschnitt, entweder in mm ausgedrückt oder mit Angabe der Rillenzahl pro Zoll Gewindelänge (bezeichnet als TPI, „threads per inch" oder Gänge pro Zoll).

Flankenwinkel Zu unterscheiden sind Gewinde mit dem üblichen 60-Grad-Winkel und die nach der Whitworth-Fine-Norm hergestellten und mit einem F gekennzeichneten Gewinde mit 55 Grad Flankenwinkel.

Gewinderichtung Entweder normales Rechtsgewinde (Festschrauben nach rechts, Lockern nach links) oder Linksgewinde (Festschrauben nach links, Lockern nach rechts). Letzteres findet sich z. B. am linken Pedal des Fahrrads.

Nur wenige Hersteller kennzeichnen die Teile eindeutig nach diesen Angaben. Deshalb werden Sie häufig feststellen, daß Teile geliefert werden, die nicht passen. Vermeiden Sie das, indem Sie immer sowohl das zu ersetzende Teil als auch ein passendes Gegenstück ins Fahrradgeschäft mitnehmen und zuerst ausprobieren, ob neu und alt richtig zueinander passen. In der Tabelle 3, S. 248, finden Sie eine Übersicht der verschiedenen Gewindetypen für Fahrradteile.

Beide Gewindeteile müssen einwandfrei sauber, unbeschädigt und frei von Korrosion sein. Entfernen Sie evtl. Schmutz und Korrosion mit einer feinen Drahtbürste, und schmieren Sie das Gewinde mit etwas säurefreier Vaseline, Öl oder Schmierfett.

Beim Ein- und Ausschrauben wird ein Gewindeteil gegengehalten, während das andere ein- bzw. ausgedreht wird. Benutzen Sie dazu nie eine Zange, sondern immer nur ein richtig passendes Werkzeug. Halten Sie Schlitzkopfschrauben mit dem Schraubendreher, Kreuzkopfschrauben mit dem Kreuzkopfschraubendreher, Sechskantschrauben und Muttern mit dem Schraubschlüssel der entsprechenden Größe, Inbusschrauben mit einem passenden Inbusschlüssel. Stellen Sie verstellbare Schlüssel vorher immer genau auf das richtige Maß ein.

Mit der Hebelwirkung eines Schraubschlüssels kann mehr Kraft ausgeübt werden als mit dem Schraubendreher (oder mit einem falsch, d. h. nicht seitlich ausragend gehaltenen Schraubschlüssel). Bei Teilen, die direkt an den Fahrradrahmen verschraubt werden, nutzen Sie die Hebelwirkung des Fahrradrahmens. Bei anderen Teilen drehen Sie nach Möglichkeit das mit dem größeren Hebelarm des Schraubschlüssels gehaltene Gewindeteil, während der Schraubendreher (oder das kürzere Werkzeug) nur zum Gegenhalten benutzt wird. Das gilt nur, wenn es darum geht, Kraft auszuüben, also beim endgültigen Festziehen des Gewindes.

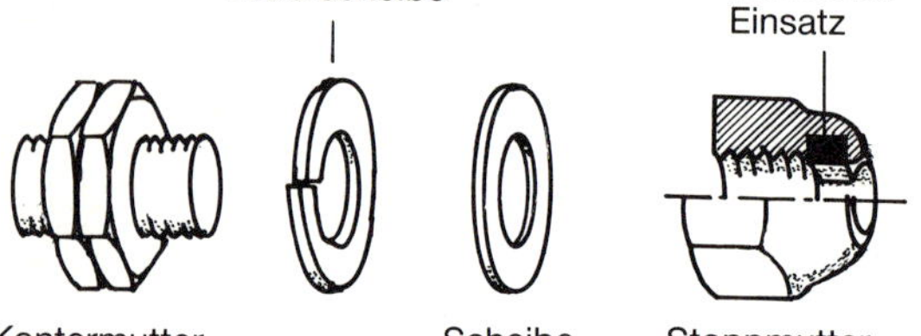

11.7 Sicherungsteile der Schraubverbindung

Es gibt mehrere Methoden, eine geschraubte Verbindung gegen Lockern zu sichern: Sicherungsscheiben, Stoppmutter und Kontermutter, die in den nächsten Absätzen behandelt werden. Wo immer der Hersteller eine solche Sicherung benutzt hat, ist sie bei einer Reparatur wieder zu installieren oder zu erneuern. Und wo der Hersteller sie vergessen hat, etwa bei Teilen, die sich unversehens lockern, können Sie sie auch selbst installieren.

Eine Sicherungsscheibe, die unter die Mutter gelegt wird, ist eine besonders geformte Scheibe aus Federstahl. Sie wird durch Einwirkung der Mutter zusammengedrückt und sichert den Kontakt, auch wenn die Mutter sich sonst, z. B. infolge von Vibrationen, lockern würde. Vergessen Sie auch nicht, unter jede Mutter, jede Schraube und jeden Bolzen eine normale Unterlegscheibe zu legen.

Wirkungvoller als eine Sicherungsscheibe ist eine Stoppmutter, die einen verformbaren Einsatz aus festem Kunststoff hat. Insbesondere auf Bremsbefestigungen sowie bei den Befestigungen von Kleinteilen empfiehlt es sich, eventuell vorhandene einfache Muttern durch Stoppmuttern zu ersetzen.

Eine Kontermutter ist eine zweite Mutter, die über die Hauptmutter aufgeschraubt wird. Wenn beide gegeneinander festgeschraubt werden, entsteht eine sehr feste Verbindung. Trotzdem muß auch diese gelegentlich nachgeprüft und ggf. festgezogen werden. Falls das mit diesen Muttern gehaltene Teil einigermaßen drehbar bleiben soll, muß die erste Mutter nur mäßig angezogen, dafür aber sehr fest gegen die Kontermutter gesperrt werden.

Ersetzen Sie geschraubte Verbindungen, die sich immer wieder lockern, und solche, die sich nicht richtig festziehen lassen. Prüfen Sie zuerst, ob das Problem mit einer neuen Mutter oder Schraube behoben werden kann. Wenn nicht, müssen beide Teile ersetzt werden. Als Notbehelf kann man manchmal mit einer zweiten, übergeschraubten Mutter die Sache vorläufig retten, bis beide Teile ersetzt werden können. Falls sich das beschädigte Innengewinde direkt in einem größeren Fahrradteil befindet, kann die Schraube manchmal durch eine längere ersetzt werden, die dann mit einer zusätzlichen Mutter gegengehalten wird. An-

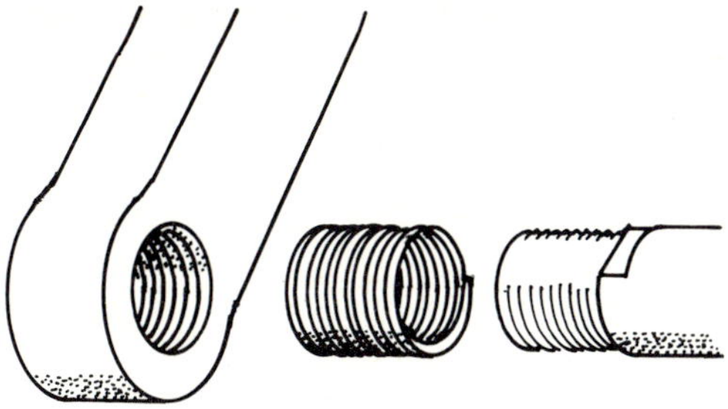

11.8 Gewindeeinsatz („Helicoil“)

dernfalls kann dort das Loch ausgebohrt und ein Spiral-Gewindeeinsatz („Helicoil“) installiert werden.

Bowdenzüge

Neben Kugellagern und Schraubverbindungen gehören auch die zur Bedienung von Bremsen und Gangschaltung verwendeten Bowdenzüge zu den Teilen, die ein allgemeines Verständnis erfordern. Sie bestehen jeweils aus einem biegsamen Seil aus geflochtenen Stahldrähten, das die Zugkräfte von Brems- oder Schalthebel aufnimmt. Diese Kräfte werden normalerweise durch eine biegsame Außenspirale aus Stahl mit einer Kunststoffhülle gegengehalten. Das Seil kann jedoch auch ganz oder streckenweise über Führungen am Rahmen verlaufen.

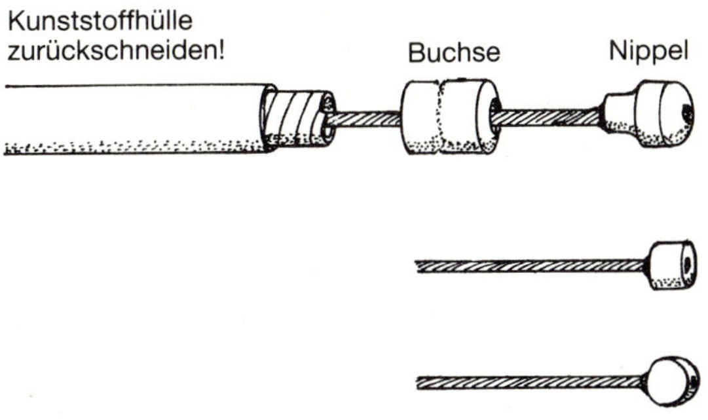

11.9 Bowdenzug und Nippeltypen

Das Seil hat an dem einen, im Bedienungshebel liegende Ende einen angelöteten Nippel. Das freie Ende wird an der Bremse oder am Umwerfer eingeklemmt und mit der Seitenschneiderzange (oder mit einem im Fahrradfachgeschäft erhältlichen Spezialwerkzeug) auf ca. 2–3 cm abgetrennt. Zur Schmierung und als Korrosionsschutz wird das Seil, bevor es in die Außenspirale gesteckt bzw. über die Führungen gelegt wird, über die ganze Länge mit einem in Wachs, Schmierfett oder Vaseline getränkten Lappen eingerieben. Lediglich die Züge von Index-geschalteten Kettenschaltungen dürfen nicht geschmiert werden, weil sie einen gewissen Reibwert erfordern. Trotzdem müssen auch diese gereinigt und einmal jährlich ersetzt werden.

Es gibt verschiedene Seilstärken und unterschiedliche Nippeltypen. Passen Sie deshalb beim Ersetzen auf, daß Sie das jeweils richtige Seil erhalten. Ich empfehle, wenigstens einen von jedem benötigten Seiltyp sowie eine Rolle Außenspirale auf Lager zu haben. Auf einer längeren Tour sollte man wenigstens ein Bremsseil mitnehmen. Ersetzen Sie das Seil, wenn es „ausgefranst“ ist, insbesondere wenn sich die gebrochenen Strähnen zwischen Spiralende und Seileinklemmung oder Nippel befinden. Eventuell können Sie die Enden mit einem Lötkolben und etwas Lötzinn so zusammenlöten, daß sie nie mehr ausfransen.

Führung und Länge der Außenspirale (oder ihrer Teilstücke) werden so gewählt, daß sie möglichst direkt verläuft, ohne jedoch scharf geknickt zu werden. Diese Führung muß auch noch stimmen, wenn der Lenker voll eingeschlagen oder die Bremse betätigt ist. Die Spirale wird im Fahrradgeschäft als Meterware gekauft und ebenfalls mit dem Seitenschneider auf die richtige Länge abgetrennt. Dabei muß man aufpassen, daß kein nach innen gerichteter Haken entsteht, der den freien Verlauf des Seils behindern würde. Am Ende muß die Kunststoffhülle etwa 6 mm zurückgeschnitten

Für eine ausreichende Verwindungsfestigkeit muß das Rad aus Aluminium mit Rohren größerer Durchmesser gebaut werden, wie dieses Modell von Cannondale.

werden, damit eine Buchse über die Spirale und in das Führungsteil am Fahrrad paßt.

Das Einstellen von Bremsen und Schaltung wird zum Teil dadurch erreicht, daß die Seilspannung nachgestellt wird. Dazu gibt es meistens eine Nachstellvorrichtung (siehe Abbildung 11.10). Um die Bremse oder die Schaltung straffer zu stellen, wird die Seilspannung erhöht. Dazu wird an der Nachstellvorrichtung

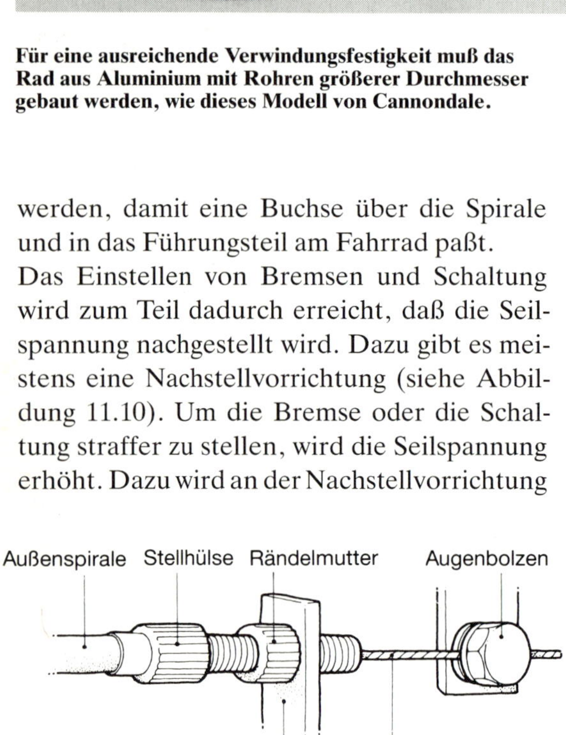

11.10 Einstellhülse für den Bowdenzug

zuerst die Rändelmutter nach links gelockert, während man die Stellhülse gegenhält. Dann wird die Stellhülse weiter herausgeschraubt. Schließlich wird die Stellhülse in der neuen Position gehalten, während die Rändelmutter nach rechts festgeschraubt wird.

Falls mit der Stellhülse kein weiteres Einstellen mehr möglich ist, wird sie zuerst ganz eingeschraubt; danach wird das Seil etwas kürzer eingeklemmt. Jetzt kann mit der Stellhülse wieder nachgestellt werden. Wenn keine Stellhülse vorhanden ist, wie z.B. bei manchen Kettenblatt-Umwerfern, kann die Seilspannung nur angepaßt werden, indem Sie die Einklemmung zuerst lockern, das Seil straffziehen und anschließend den Klemmbolzen wieder festziehen.

12
Der Rahmen

Der Rahmen ist das Rückgrat des Fahrrads. Er ist meist das einzige Teil, das vom Fahrradhersteller selbst hergestellt wird. Alle anderen Teile werden von spezialisierten Herstellern bezogen und vom Fahrradhersteller an seinem Rahmen montiert. Für den interessierten Radfahrer gibt es ebensfalls die Möglichkeit, einen Rahmen zu kaufen und nach eigenen Vorstellungen mit Teilen und Zubehör auszurüsten. Das ist jedoch eine kostspielige Sache, die sich nur selten lohnt. Der Hersteller kann die Teile eben zu günstigeren Preisen einkaufen. Außerdem ist zu beachten, daß nicht alle Teile gleich gut zu einem bestimmten Rahmen passen. Meistens weiß nur der Hersteller genau, was zu seinem Rahmen paßt und was nicht.

Aufbau und Funktion

Abbildung 12.1 zeigt einen typischen Fahrradrahmen mit Kennzeichnung der einzelnen Teile. Hier ist ein Herrenrahmen dargestellt; die Damenmodelle werden gesondert behandelt. Jeder Fahrradrahmen besteht aus einem aus einzelnen, ziemlich dicken Rohren aufgebauten Vorderrahmen und einem aus doppelten und schlankeren Rohren aufgebauten Hinterbau. Die Vordergabel, die zusammen mit dem Rahmen zum Rahmensatz gehört, wird im nächsten Kapitel gesondert mit der Lenkung behandelt. Der Fahrradrahmen wird sowohl statisch durch das Gewicht des Fahrers als auch dynamisch durch die Antriebskräfte und

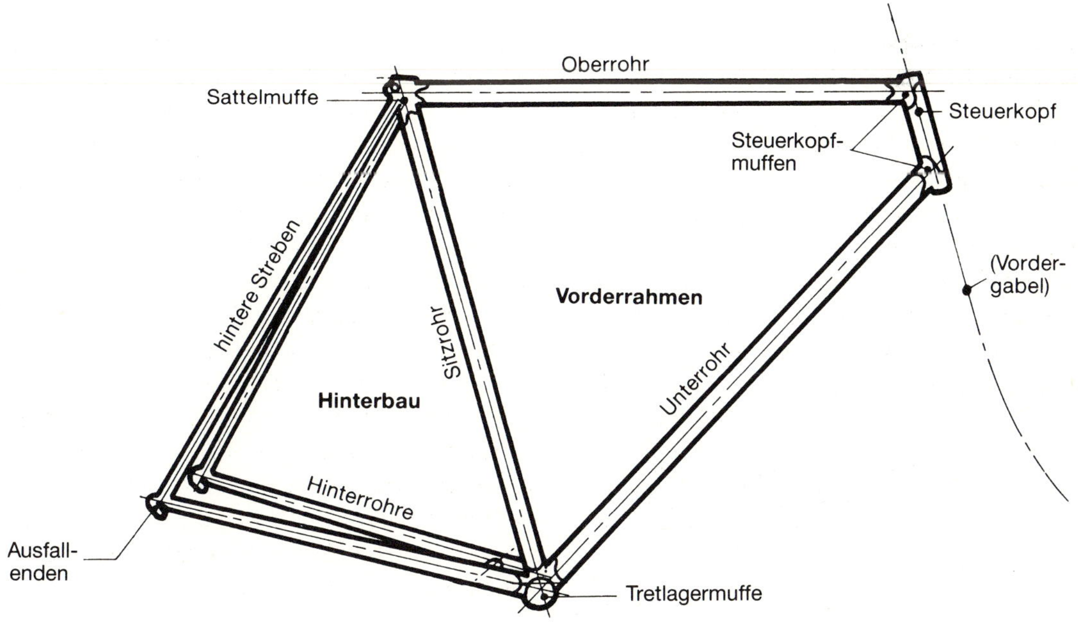

12.1 Teile des Rahmens

Vibrationen belastet. Dabei sind jeweils unterschiedliche Kräfte zu berücksichtigen, wie sie die Abbildungen 12.2 bzw. 12.3 zeigen.

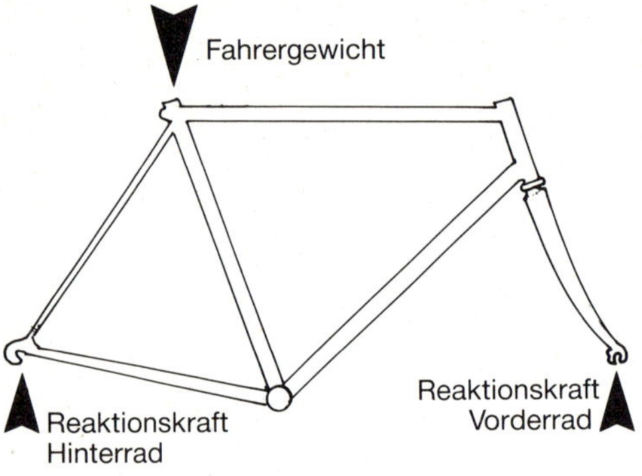

12.2 Statische Belastung des Rahmens

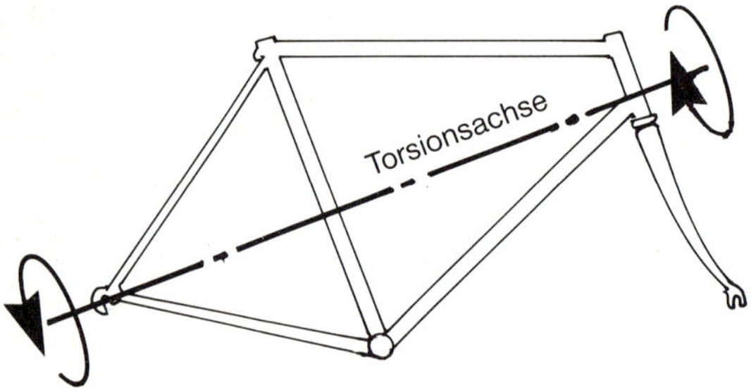

12.3 Dynamische Belastung des Rahmens

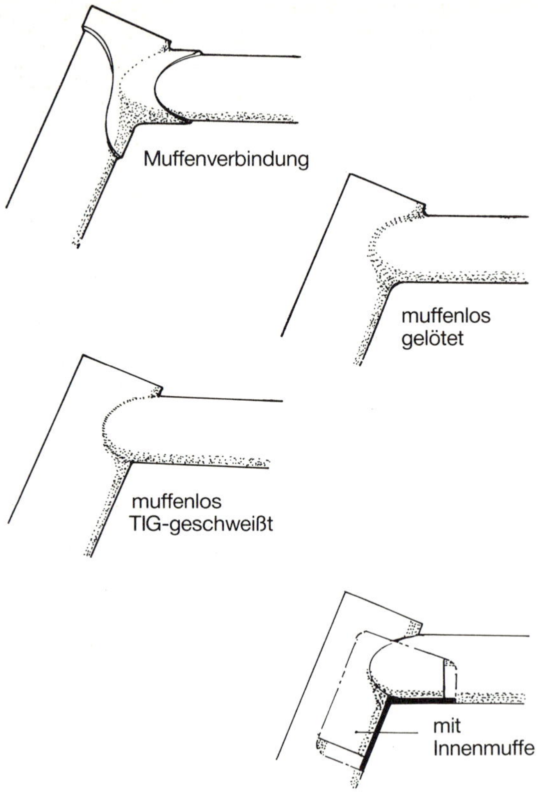

12.4 Rohrverbindungsmethoden

Der Vorderrahmen setzt sich aus Oberrohr, Unterrohr, Sitzrohr und Steuerkopfrohr zusammen, die meist mittels Muffen zusammengelötet sind. Es ist aber auch möglich, die Rohre muffenlos zu verlöten oder sogar – bei ausreichender Wandstärke – zu schweißen, eine Methode, die bei Mountainbikes häufig angewandt wird. Die Kugellager für die Lenkung werden in die Steuerkopfmuffen des Steuerkopfes eingebaut, während die Kugellager des Antrieb-Tretlagers in das Tretlagergehäuse eingebaut werden. Die Sattelstütze, die den Sattel trägt, wird in die Sattelmuffe eingeklemmt.

Der Hinterbau besteht aus zwei mit dem Tretlagergehäuse verbundenen, sich zur Hinterachse hin verjüngenden Hinterrohren und zwei schlankeren hinteren Streben. Sie werden jeweils durch kurze Querstege miteinander verbunden, von denen der obere bei einem Rad mit Felgenbremsen meistens auch die Hinterradbremse trägt. Bei Billigrädern sind die Stege als flache Plättchen (sog. Pletscherplatten) ausgeführt, während sie bei teureren Renn- und Rennsporträdern sowie Mountainbikes aus verstärkten Form- oder Rohrstücken bestehen. Bei Mountainbikes werden die Bremsen nicht an einem Steg, sondern auf aufgelöteten Sockeln an die Hinterrohre oder an die hinteren Streben montiert.

An den Enden, wo Hinterrohr und Strebe sich treffen, ist jeweils ein Ausfallende. Das Hinterrad wird hier eingeklemmt, und bei einem Rad mit Kettenschaltung hält das rechte Ausfallende auch den Umwerfer. Außer bei echten Rennrädern halte ich Ausfallenden mit Ösen

Der Fahrradrahmen. Hier ein sauber gearbeiteter Rennrahmen aus konifiziertem Reynolds-531-Rohr. Dieses ist allerdings nur ein Ausstellungsstück, denn Reynolds stellt zwar Rohre, jedoch keine Rahmen her.

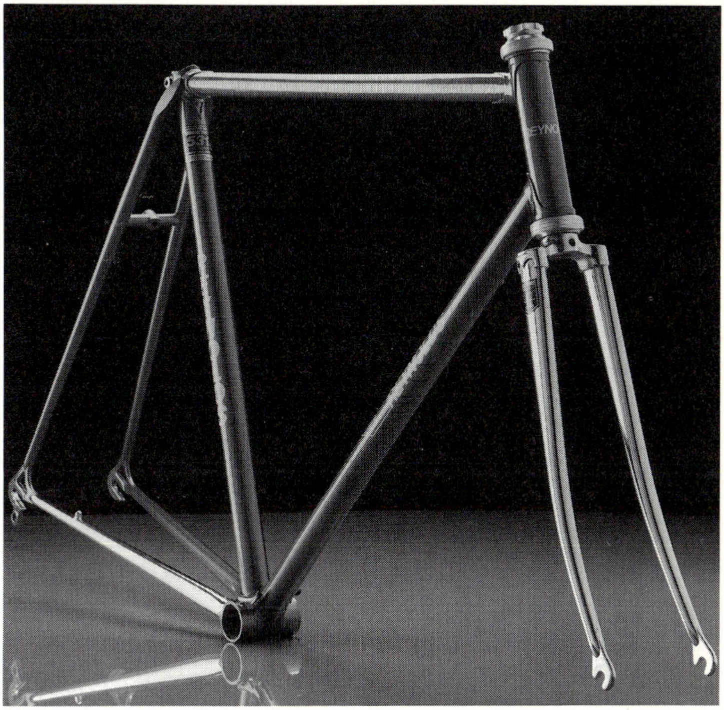

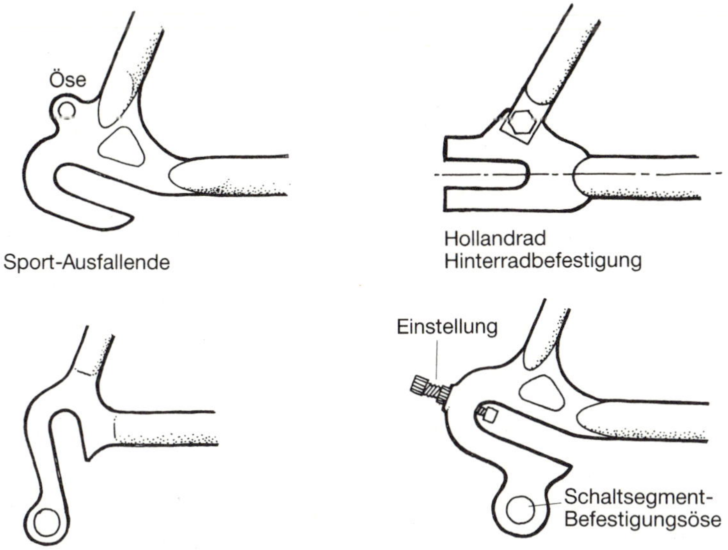

12.5 Ausfallenden-Typen

für die Anbringung von Gepäckträger und Schutzblech immer für erforderlich – also auch bei Trimmrädern, obwohl sie meist ohne Schutzbleche verkauft werden.

Qualitativ hochwertige Ausfallenden sind aus Schmiedestahl oder aus Stahlguß. Man erkennt sie an ihrer relativ wulstigen Stärke und den gerundeten Kanten, während Billigräder Ausfallenden aus dünnen Stahlplättchen haben. Hollandräder haben manchmal noch nicht einmal diese, weil hier die Hinterrohre einfach plattgedrückt werden und einen Schlitz für die Hinterradachse erhalten. Achten Sie auch auf die Befestigung der Rohrenden an den Ausfallenden: bei einem guten Rahmen ragen sie über die Ausfallenden hinaus, während sie bei unstabilen Billigrahmen einfach plattgedrückt und stumpf angeschweißt sind.

Damenrahmen

In Abbildung 12.6 sind einige Damenrahmenvarianten dargestellt. Der herkömmliche Rahmen wird nicht zu Unrecht mehr und mehr auch von sportlichen Frauen bevorzugt. Dieses Modell ist wesentlich stabiler als der gleich schwere Rahmen der anderen Modellvariante. Insbesondere fehlt es bei allen Modellen mit tiefgezogenem Oberrohr bzw. Doppelrohren an seitlicher Stabilität. Dazu kommt bei den herkömmlichen Damenrädern sowie den Berceaumodellen eine übermäßige Biegebelastung an der in Abbildung 12.7 gezeigten Schwachstelle.

Bei einfachen Rädern aus dickwandigem Stahlrohr (z. B. Hollandrad) ist das ziemlich unerheblich, aber gerade bei dünnwandigen Rohren kann das zu einer plastischen (bleiben-

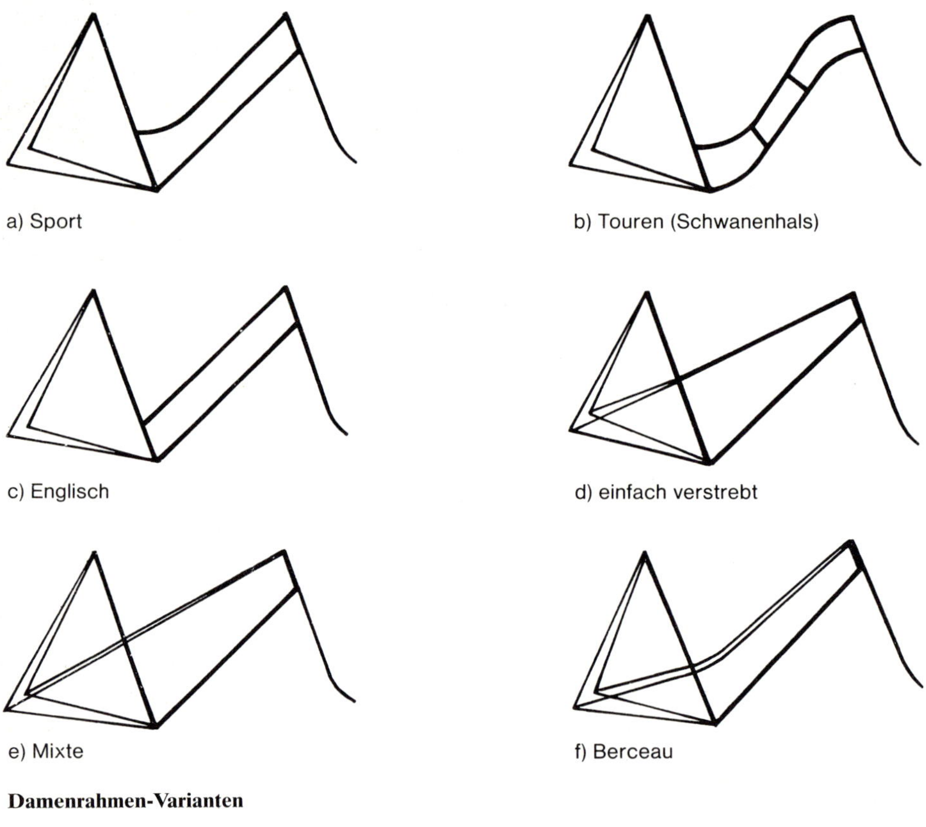

a) Sport
b) Touren (Schwanenhals)
c) Englisch
d) einfach verstrebt
e) Mixte
f) Berceau

12.6 Damenrahmen-Varianten

den) Verformung führen. Wenn überhaupt ein leichtes Rad mit einem tiefgelegten Oberrohr gewünscht wird, dann kommt nur das in Detail d der Abbildung 12.6 gezeigte Modell in Frage, weil dort der kritisch belastete Punkt am Sitzrohr mit Diagonalstreben direkt zur Hinterachse abgestützt wird. Bei diesem Modell ist auch die seitliche Stabilität ausreichend.

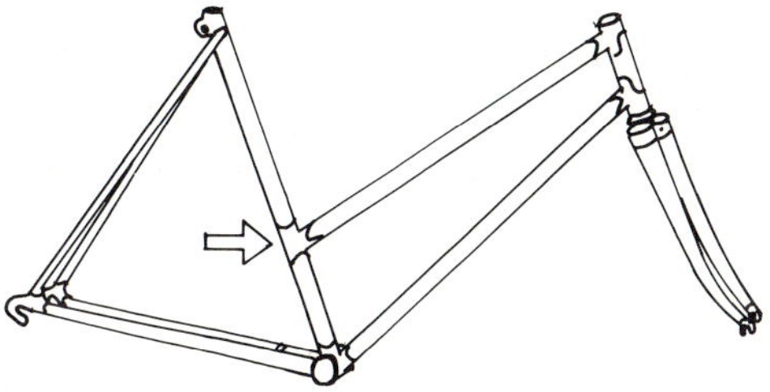

12.7 Schwachstelle eines Damenrahmens

Anlötteile

Insbesondere bei teuren Rädern werden manche Kleinteile, die sonst entweder nicht vorhanden sind oder nur mit Schellen angebracht werden, direkt an den Rahmen angelötet. Bei einem Mountainbike sowie bei manchen Reise- oder Touristikrädern sind Sockel für die dort angewandten Spezialbremsen am Rahmen angelötet. Für die Crossbremse befinden sie sich an den Hinterstreben, wahrend sie fur U-Bremsen sowie einige andere Sonderbremsen unterhalb der Hinterrohre angelötet sind.
Des weiteren gibt es bei einem hochwertigen Rahmen Sockel für die Schalthebel und für einen Flaschenhalter am Unterrohr, einen Aufhänger für die Kette sowie Hülsen oder Führungen für die Ankerung und Führung der Brems- und Schaltzüge. Bei Touristikrädern und manchen Mountainbikes gibt es zusätzlich noch Gewindebuchsen zur Anbringung eines besonders stabilen Gepäckträgers. Auch eine Platte zur Anbringung einer Lichtmaschine sollte nicht fehlen – vorzugsweise auf der linken Seite der Hinterstrebe und nach vorne gerichtet, wo der Dynamo nicht die Sicht auf den Umwerfer verbaut. Schließlich wird auf der Innenseite der Hinterstrebe eines Kettenschaltungsrads meist ein Sockel montiert, auf den die Kette bei Entfernen des Hinterrads aufgelegt wird, damit sie nicht herumschlakkert.

Rahmenbauer bei der Arbeit: der deutsche Rahmenbauer Günter Sattler beim Hartlöten einer Rahmenverbindung.

Rahmenmaterial

Das Wesentlichste über Werkstoffe wurde schon in Kapitel 11 behandelt und gilt insbesondere für den Rahmen. Bei Stahlrahmen sind die hochwertigsten Modelle aus besonders dünnwandigen, meist gestauchten Rohren einer großen Festigkeit hergestellt und mit Silberlot in den Muffen gelötet. Bei billigeren Rädern werden geschweißte Stahlrohre aus weniger festen Stahlsorten entweder mit Kupferlot in Muffen gelötet oder – insbesondere bei Mountainbikes – direkt zusammengeschweißt. Aluminiumrahmen sind entweder geschweißt oder mit internen oder externen Muffen verklebt. Noch ausgefallenere Werkstoffe wie Titan und kohlefaserverstärkte Kunststoffe werden nach besonderen Methoden verarbeitet.

Hier ist nochmals darauf hinzuweisen, daß die leichten, dünnwandigen Stahlrohre und andere leichte Werkstoffe zwar genauso fest sind wie minder hochwertige Rohre mit größeren Wandstärken, jedoch nicht so widerstandsfähig

Auch in mancher Fahrradfabrik geht es noch recht handwerklich zu. Hier wird ein maschinell gelöteter Rahmen aus der Lötkammer geholt.

gegen elastische Verformung in Verwindung und Torsion. Für die Kursstabilität sowie für ein zuverlässiges Schalten mit der Kettenschaltung ist aber eine relativ hohe Verwindungsfestigkeit erforderlich. Diese erreicht man bei solchen hochwertigen Rahmen z. T. nur durch entsprechende Abmessungen und Rahmengeometrie. Weil kurze Rohre weniger einbiegen, werden die Abmessungen solcher Rahmen absichtlich sehr knapp gehalten, wodurch z. B. zwischen den einzelnen Rohren und den Reifen nur sehr wenig Platz bleibt. Das trägt natürlich auch zum niedrigen Gewicht eines solchen Rahmens bei.

Die Rahmenhersteller kleben gewöhnlich ein Etikett auf das Sitzrohr, das verrät, was für ein Rohrwerkstoff benutzt wurde. Allerdings ist auch dieses Etikett nicht immer eindeutig – und selbst wenn eindeutig, dann doch nicht immer ganz ehrlich. So habe ich Rahmen mit Aufklebern gefunden, die besagten, daß es sich hier um gestauchte Rohre handelte („butted" heißt das auf englisch). Dabei war aber nur ein einziges Rohr dieser Sorte benutzt worden, nämlich das Sitzrohr, auf dem natürlich der Aufkleber angebracht war, während die anderen Rohre nur billige geschweißte Rohre waren. Ob ein Rohr geschweißt ist, kann man von der Innenseite des Tretlagergehäuses her fühlen, wo man im Ende des anschließenden Rohrs eine Längsrille feststellen kann.

Wenn auf dem Etikett lediglich steht, daß die Rahmenrohre („frame tubes") gestaucht („butted") sind, dann bedeutet dies grundsätzlich nicht, daß auch die Streben sowie die Gabel aus diesem Werkstoff sind. Meist sind diese Teile aus einfachem Stahlrohr, es sei denn, es ist auf dem Etikett aufgeführt oder sie tragen eigene Etiketten zur Schau.

Insbesondere in den größeren Rahmenmaßen sind die dünnwandigsten Rohre mit Vorsicht zu genießen. Auch wenn durch die große Zugfestigkeit des Materials auch bei diesen geringen Wandstärken eine ausreichende Festigkeit gegeben ist, leidet dabei die Verwindungsfestigkeit. Im Fahrradrahmen entstehen nämlich starke Schwingungsbelastungen. Diese können durch wechselnde Antriebsbelastungen, Lenkungsbewegungen oder Straßenunebenheiten verursacht werden und sind bei einem schweren, starken Fahrer natürlich ausgeprägter. Dazu kommt noch die Tatsache, daß die längeren Rohre eines größeren Rahmens eher nachgeben als die kurzen Rohre eines kleinen Rahmens. Die Verwindungsfestigkeit wird vergrößert durch eine größere Wandstärke oder – noch wirkungsvoller – durch einen wenn auch nur geringfügig größeren Rohrdurchmesser.

Die gängigen Rohrdurchmesser sind 25,4 mm beim Oberrohr, 31,7 mm beim Steuerkopfrohr und 28,6 mm bei Sattel- und Unterrohr. Diese Maße gelten für Räder, die nach den allgemein benutzten englischen Normen gebaut wurden, mit geringen Abweichungen für Fahrräder nach französischer Norm. Bei der Benutzung von Aluminium, mit seiner geringen Verwindungsfestigkeit, kann eine ausreichende Stabilität nur durch größeren Rohrdurchmesser erreicht werden. Auch Mountainbike-Rahmen, gekennzeichnet durch große Rohrlängen (jedenfalls für Unter- und Oberrohr sowie Streben) und hohe Belastungen, sollten aus Rohren mit größeren Durchmessern hergestellt sein.

Die Geometrie des Rahmens

Die wichtigsten Abmessungen und Winkelmaße des Fahrradrahmens sind aus der Abbildung 12.8 ersichtlich. Die Rahmengröße wird mit der Länge des Sattelrohrs angegeben, wobei allerdings manche Hersteller von der Mitte des Tretlagers bis zur Mitte des Oberrohrs, andere jedoch bis zur Oberkante der Tretlagermuffe messen. Der Unterschied zwischen diesen zwei Methoden beträgt etwa 1,5–2,0 cm.

Der Radstand ist die Länge zwischen den Laufrädern. Er ist für ein Rennrad weniger als 100 cm, während er für ein Hollandrad, Tourenrad oder Mountainbike bis ca. 110 cm betragen kann. Das kürzere Rad ist leichter, wendiger und im Prinzip verwindungsfester bei gleicher Materialauswahl, gleichem Rohrdurchmesser und gleicher Wandstärke. Obwohl die Stabili-

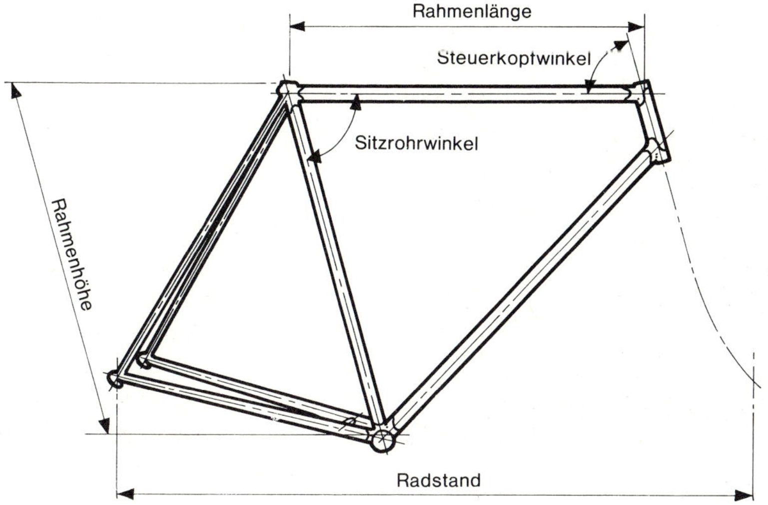

12.8 Details der Rahmengeometrie

Rahmen im Schnitt: Demonstrationsobjekt des italienischen Rahmenrohrherstellers Columbus, der ansonsten keine kompletten Rahmen herstellt.

tät des kleinen Rahmens auch hinsichtlich des Sattelrohres größer ist, soll nie ein zu kleiner Rahmen mit weit ausragender Sattelstütze und weit ausragendem Lenkerschaft gewählt werden, weil der Verlust an Stabilität und Festigkeit bei diesen Teilen wesentlich größer ist als bei einem größeren Rahmen.

Die Länge des Oberrohrs wird meist ungefähr proportional zur Sitzrohrlänge gewählt, wobei allerdings Rahmen, die für Räder mit kurzem Lenkervorbau und einer weniger geneigten Sitzhaltung bestimmt sind (z. B. Hollandrad und Mountainbike), ein entsprechend längeres Oberrohr haben. Die Länge des Hinterbaus wird an den Hinterrohren gemessen. Sehr kursfeste Rennrahmen haben Hinterrohre, die nur etwa 40 cm lang sind, dafür aber nur wenig einfedern, was sie für den einen oder anderen bei der Benutzung schlechter Straßen zu unbequem macht. Bei einem Hollandrad, Tourenrad oder Mountainbike kann die Hinterrohrlänge bis zu 45 cm betragen, zum Teil, um Platz für Zubehör zu schaffen.

Der Sattelrohrwinkel entscheidet, wie weit hinten der Fahrer sitzt. Bei einem Rennrad oder einem anderen Rad mit kurzem Hinterbau soll dieser Winkel ca. 73,5 Grad betragen. Bei keinem normalen Rad soll er weniger als 70 oder mehr als 75 Grad betragen. Einige Tourenräder werden aus unverständlichen Gründen so flachwinklig gebaut, daß es fast unmöglich ist, eine ergonomisch günstige Sitzposition einzunehmen. Das gilt jedenfalls für die traditionelle Fahrradform, nicht für Sondermodelle mit einer Rückenstütze wie z. B. das Liegerad oder das Sesselrad.

Der Steuerkopfwinkel bedingt – in Verbindung mit der Form und Einfederung der Gabelscheiden – den Komfort des Fahrrads sowie seine Lenkungseigenschaften. Diese Eigenschaften werden im nächsten Kapitel, das sich mit der Lenkung befaßt, ausführlich behandelt. Bei einem Rennrad beträgt dieser Winkel ebenfalls ca. 73,5 Grad, während er bei einem Tourenrad wesentlich flacher ist. Für ein richtiges Reise- oder Touristikrad sind 72 Grad optimal.

Die Verarbeitung

Die Verarbeitung des Rahmens sagt viel über die Qualität des gesamten Produktes aus. Achten Sie auf eine gleichmäßige und augenfällig dickschichtige Lackierung, die auch in den entferntesten Ecken und Winkeln voll abdeckt.

Unter der Lackierung soll klar sein, daß auch die Verbindungen der einzelnen Rohre und anderer Teile sauber verarbeitet sind – ohne Lükken, Risse oder Rückstände.
Eine gute Lackierung besteht aus mehreren Schichten: Phosphatschicht gegen Rost, Grundierung für optimale Haftung und eine oder mehrere Schichten Glanzlack sowie manchmal eine Schicht Klarlack. Die etwas durchschimmernden Lacke, die in mehreren sehr dünnen Schichten aufgetragen werden, sind meistens weniger beständig als die voll abdeckende Einbrennlackierung und PU-Beschichtungen, die z. B. von einigen holländischen Markenherstellern benutzt werden.
Blanke Metallteile sowohl beim Rahmen als auch bei manchen anderen Fahrradteilen werden verchromt, aber auch dabei gibt es große Qualitätsunterschiede. Eine gute Verchromung besteht aus mehreren Schichten: Kupfer, Nickel und Chrom, wodurch die Haftung wesentlich vergrößert wird. Weil gutes Chrom härter und widerstandsfähiger ist als jegliche Lackierung, ist es am besten, wenn die Stellen des Rahmens, die leicht beschädigt werden, verchromt sind: Ausfallenden, Sattelmuffe und rechtes Hinterrohr.

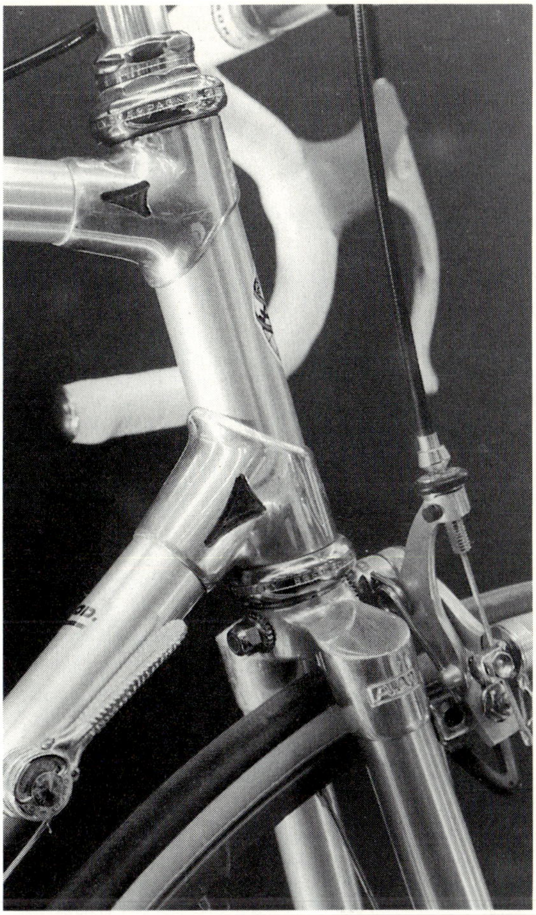

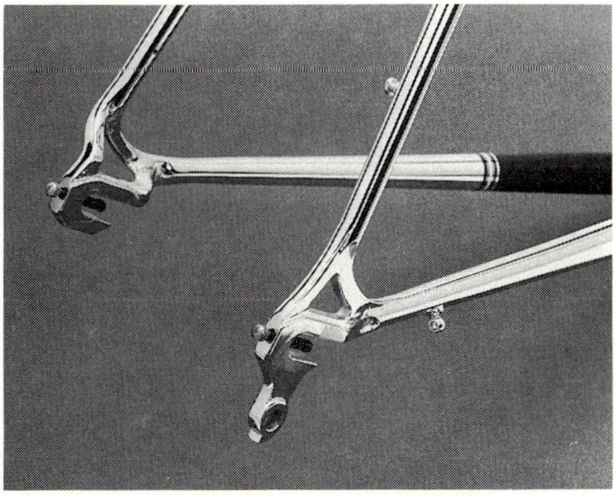

Ausfallenden besonderer Art nach einem Entwurf des deutschen Rahmenbauers Hans Mittendorf. Das linke Ausfallende ist so versetzt, daß das Hinterrad symmetrisch gespeicht werden kann (siehe auch Kapitel 15).

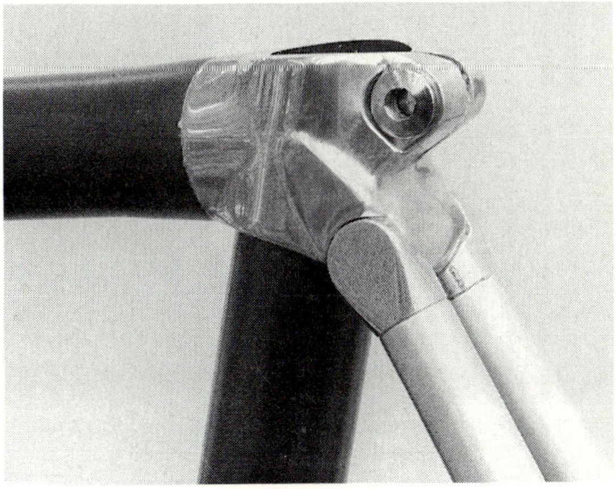

Zweimal Aluminium: ein Modell der italienischen Pionierfirma Alan mit verklebten externen Alu-Muffen (oben), und ein Modell mit internen Muffen mit Rohren aus kohlenfaserverstärktem Kunststoff (unten).

Das Fürstenkrone-Modell von Heidemann mit faserverstärkten Kunststoffmuffen. Hierbei handelt es sich um billige und unstabile Kurzfaser, während die teueren und leichten Rennrahmen mit Kohlefaserrohren aus sehr stabilen, geflochtenen Langfasern hergestellt werden.

Tandemrahmen

An einen Tandemrahmen werden besonders hohe Ansprüche gestellt. Ein solcher Rahmen wird statisch zweimal so schwer belastet, dynamisch durch die zwei Antriebe kompliziert und zudem aus wesentlich längeren Bauteilen aufgebaut. Es ist schon eine wahre Ingenieurleistung, einen solchen Rahmen wirklich ausreichend stabil zu konstruieren.

Am schwersten zu bewältigen ist die infolge der Antriebskräfte entstehende Torsionsbelastung. Sie ist auf die Diagonalachse konzentriert, wie die Abbildung 12.9 zeigt. Einige gängige Konstruktionslösungen sind in der Abbildung 12.10 dargestellt.

Nur die Modelle mit einem einzelnen, durchgehenden Diagonalrohr oder einem ähnlichen Rohr, das vom Steuerkopf bis zum hinteren Tretlager verläuft, sind befriedigende Lösungen für die Aufnahme der Torsionskräfte, insbesondere wenn es sich um ein Tandem für den touristischen Gebrauch handelt, das relativ lang gebaut sein muß, damit es ausreichenden Komfort bietet. Die Modelle mit den doppelten, dünnen Diagonalstreben sind nicht ganz befriedigend, weil die dünnen Rohre keine ausreichende seitliche Stabilität bieten. Das

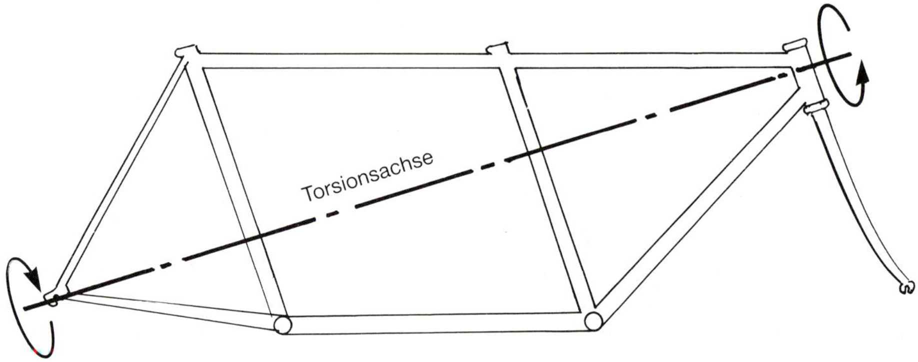

12.9 Torsionsbelastung eines Tandemrahmens

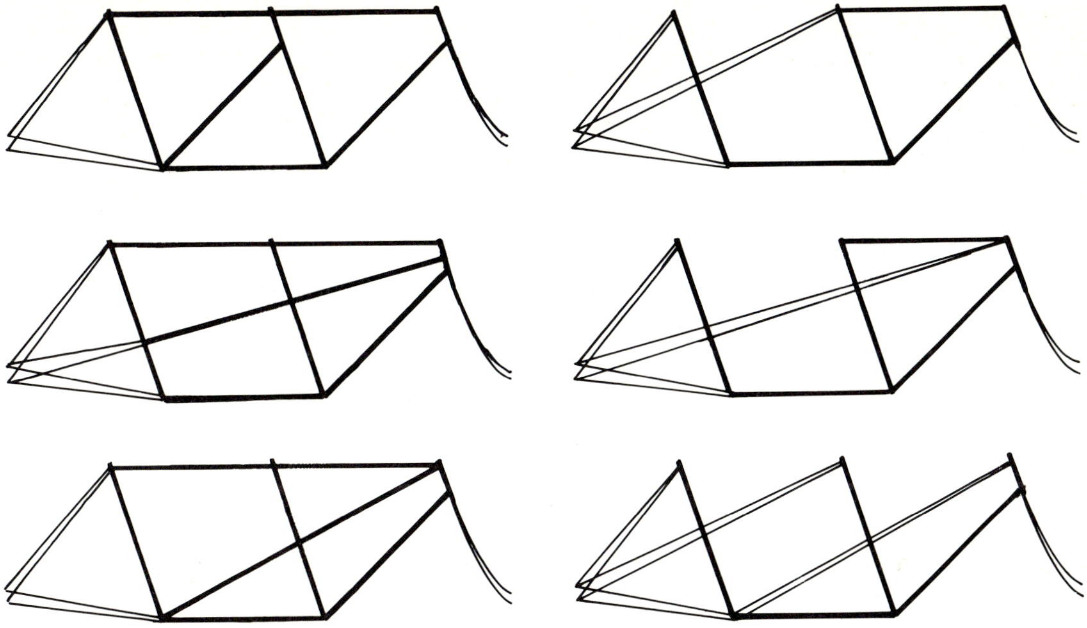

12.10 Tandemrahmen-Varianten (links befriedigend, rechts unbefriedigend)

Modell, das wie zwei aneinandergereihte Herrenrahmen aussieht, ist ausreichend stabil, wenn der gesamte Rahmen relativ kurz gehalten wird. Das macht allerdings dem hinten Fahrenden das Leben nicht gerade leicht, denn er braucht mindestens 65 cm zwischen den beiden Sattelstützen. Alle Modelle mit niedrigem Durchstieg sind abzulehnen, weil sie seitlich sowie senkrecht unzureichend stabil sind.
Einige Rahmenrohr- und Muffenhersteller liefern besondere Tandemausführungen ihrer Produkte (z. B. Reynonds und Ishiwata für Rohre, Haden für Muffen). Diese Teile haben abweichende Maße. Das vordere Unterrohr, das Diagonalrohr und das waagrechte Unterrohr, das die Tretlager verbindet, müssen alle überdimensioniert sein. Dabei hat das waagrechte Unterrohr manchmal einen elliptischen Querschnitt. Auch die Gabel sowie die Hinterstreben sollten etwas solider ausgeführt sein als bei einem Normalrad. Dort sollten auch Nokken für die Anbringung der bei einem Tandem bevorzugten Crossbremsen angelötet sein.

Pflege und Reparatur

Obgleich der Rahmen wichtigster Bestandteil des Fahrrads ist, erfordert er nur selten Wartung oder Reparatur. Nur bei schwerster Mißhandlung – einem Sturz oder Unfall – entstehen gelegentlich ernsthafte Schäden. In einem solchen Fall prüfen Sie den Rahmen anhand der untenstehenden Anleitung. Eine etwa erforderliche Reparatur soll dem Fachmann überlassen werden, falls sie über das hier Beschriebene hinausgeht.
Abgesehen von solch schweren Fällen, die eine Verwindung des Rahmens oder sogar den Bruch eines Rohres zur Folge haben können, ist hier nur die Pflege der Lackierung von Bedeutung. Die regelmäßige Pflege des Rahmens besteht aus dem Reinigen der Lackierung – vielleicht einmal monatlich. Ein- oder zweimal jährlich sind eventuelle Kratzer auszubessern. Für die Pflege befolgen Sie die Anleitung „Reinigung“ in Kapitel 22.

Rahmeninspektion

Diese Inspektion ist erforderlich, wenn Sie einen Sturz oder Zusammenstoß hatten. Häufig ist jedoch nicht der Rahmen selbst, sondern lediglich die Vordergabel beschädigt; ihre Inspektion wird in Kapitel 13 behandelt.

Werkzeuge und Hilfsmittel

- ca. 3 m dünnes Seil (z. B. Bindfaden)
- Lineal mit Millimetermarkierung
- ca. 60 cm langes Metall-Lineal

Vorgang

1. Die in der Abbildung 12.11 mit Pfeilen markierten

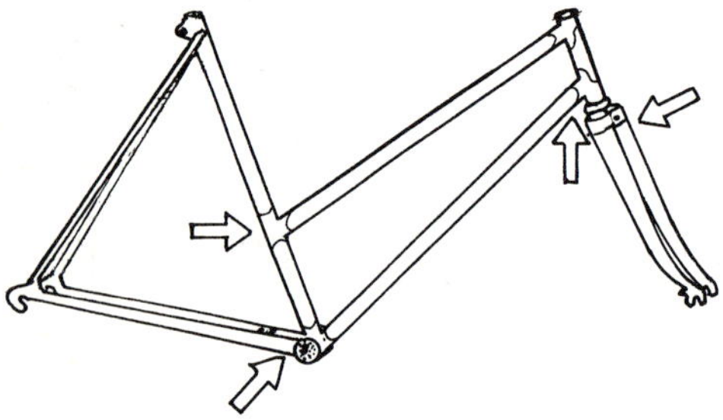

12.11 Empfindliche Stellen eines Rahmens

Stellen nach Rissen, augenfälligen Verwindungen, Beulen und Dellen prüfen. Bei einem Frontalzusammenstoß ist die empfindlichste Stelle der Punkt am Unterrohr, der in der Abbildung 12.12 gezeigt ist. Überlassen Sie dem Fahrradfachmann die Entscheidung darüber, ob der Rahmen noch zuverlässig ist, möglicherweise repariert werden kann oder ersetzt werden muß.

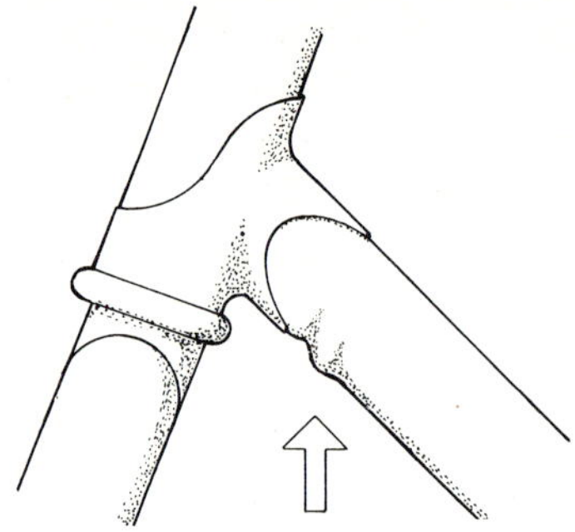

12.12 Delle im Unterrohr (typische Folge eines Frontalaufpralls)

2. Hinterrad ausbauen (Beschreibung in Kapitel 15) und evtl. störendes Zubehör entfernen.
3. Das Seil nach der Abbildung 12.13 um den Rahmen legen, wobei die Seilenden fest angezogen werden. Den Abstand zwischen Seil und Sitzrohr bzw. Seil und Unterrohr auf beiden Seiten messen und vergleichen. Falls sich die beidseitigen Messungen an einer dieser Stellen um mehr als 1,5 mm unterscheiden, ist der Rahmen verzogen. Die Reparatur überlassen Sie am besten dem Fachmann, oder Sie befolgen die Anleitung „Richten des Rahmens“. Versuchen Sie das jedoch nicht selbst bei einem sehr leichten Rennrad-Rahmen.

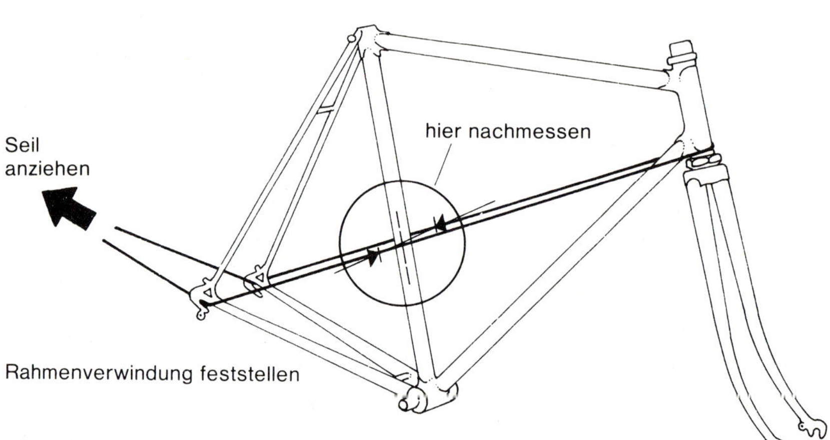

12.13 Rahmeninspektion

4. Um festzustellen, ob die Ausfallenden gerade sind (auch erforderlich, falls die Kettenschaltung sich nicht richtig schalten läßt), legt man das lange Metallineal nach der Abbildung 12.14 jeweils flach auf das Aus-

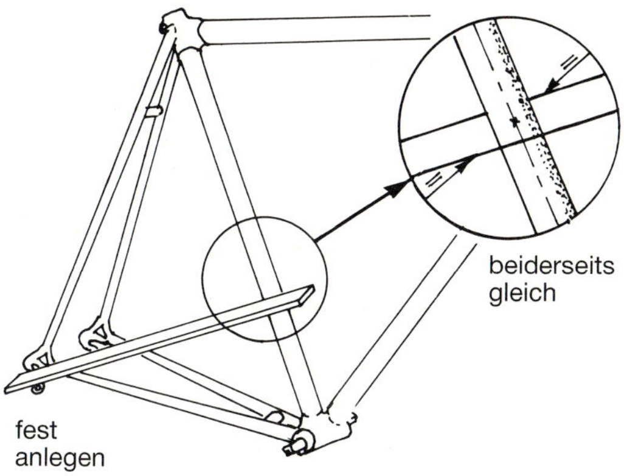

12.14 Inspektion der Ausfallenden

fallende und vergleicht den Abstand links und rechts zum Sitzrohr sowie den Abstand zwischen den Außenseiten der Ausfallenden selbst. Falls die beidseitigen Messungen sich um mehr als 1,5 mm unterscheiden oder die Summe dieser Abstände und des Sitzrohrdurchmessers sich von dem Abstand zwischen den Ausfallenden unterscheidet, müssen die Ausfallenden anhand der Anleitung „Richten der Ausfallenden" gerichtet werden. Bei einem sehr leichten Rennrad-Rahmen überlassen Sie auch diese Arbeit dem Fachmann.

Richten des Rahmens

Falls der Rahmenschaden sich auf die Verwindung der dünneren hinteren Streben und Unterrohre beschränkt, ist es manchmal möglich, diese Arbeit selbst durchzuführen. Hierbei brauchen Sie einen Helfer. Ein sehr leichter Rennradrahmen könnte jedoch, infolge der geringen Wandstärke, zu leicht beschädigt werden. Dann überlassen Sie es besser dem Fachmann.

Werkzeuge und Hilfsmittel

- Meßwerkzeuge wie für Inspektion

Bemerkung

Diese Arbeit kann nur zu zweit gemacht werden.

Vorgang

1. Aufgrund der unter „Inspektion des Rahmens" beschriebenen Messungen ist zu entscheiden, wie weit welche Seite des Hinterbaus nach innen oder nach außen gezwungen werden muß. Die gemessenen sowie die gewünschten Maße notieren.
2. Den Rahmen mit den dicken Rohren des Vorderteils flach auf einen stabilen Tisch legen, wobei der Hinterbau ausragt. Eine Person stellt sich mit den Füßen auf Sitzrohr und Steuerkopfrohr.

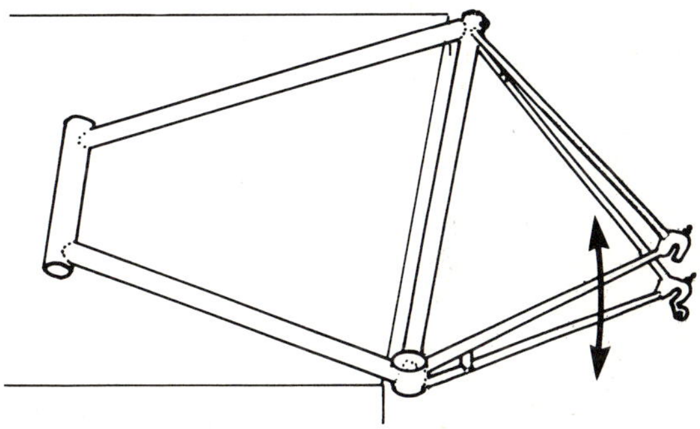

12.15 Richten des Hinterbaus

3. Der Assistent drückt die Rohrpaare des Hinterbaus kräftig, aber zugleich vorsichtig in die gewünschte Richtung.
4. Den Rahmen umkehren und ggf. auch die andere Seite korrigieren. Nach jeder Biegung nachmessen und ggf. korrigieren, bis die gewünschten Maße und Symmetrie erreicht sind.
5. Anschließend die Ausfallenden nach dem Punkt 4 der Anleitung „Inspektion des Rahmens" prüfen. Gegebenenfalls anhand der Beschreibung „Richten der Ausfallenden" korrigieren.

Richten der Ausfallenden

Die Ausfallenden müssen genau parallel und auf die Breite der Hinterradnabe abgestimmt sein. Das Maß zwischen den Ausfallenden kann ggf. nach der Beschreibung „Richten des Rahmens" korrigiert werden. Falls sie schräg oder verbogen sind, können sie manchmal von Hand gerichtet werden. Auch diese Arbeit muß bei besonders empfindlichen, leichten Rennradrahmen dem Spezialisten überlassen werden. Falls Risse oder Anfänge von Bruchstellen sichtbar sind, müssen Sie auch einen Fachmann zu Rate ziehen. Bei einem teuren Rahmen kann es sich lohnen, ein neues Ausfallende einzulöten.

Werkzeuge und Hilfsmittel

- Werkbank mit stabilem Schraubstock und Schoneinsätzen aus Kupfer, Blei oder Aluminium

Vorgang

1. Feststellen, welches Ausfallende an welcher Stelle in welche Richtung nachgebogen werden muß.
2. Den Rahmen am Ausfallende so in den Schraubstock einspannen, daß die Biegestelle gerade freiliegt.

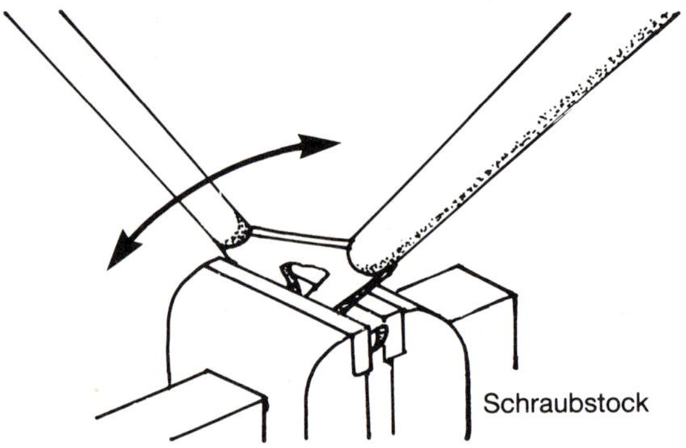

3. Den Rahmen vorsichtig in die entsprechende Richtung einbiegen.
4. Den Punkt 4 der Anleitung „Inspektion des Rahmens" wiederholen und ggf. Korrekturen vornehmen, bis die Ausfallenden genau flach und parallel sind.

Ausbesserung der Lackierung

Hierzu muß das Rad zuerst gründlich gereinigt und trokken sein. Anmontierte Teile im nachzubessernden Bereich sind zu entfernen. Anschließend auch die so freigelegten Stellen reinigen und trocknen.

Werkzeuge und Hilfsmittel

- Putzlappen
- Schmirgelpapier oder Stahlwolle
- feiner Pinsel
- Terpentin oder Terpentinersatz
- Metallack in der entsprechenden Tönung (als Ausbesserungslack vom Hersteller des Fahrrads zu beziehen; ggf. sowohl Grundierung als auch Glanzlack)

Vorgang

1. Zuerst beschädigte und bereits angerostete Stellen bis auf blankes Metall abschmirgeln.
2. Staub trocken entfernen, die Stelle mit Terpentinersatz reinigen und trocknen.
3. Lack gründlich umrühren und mit der Spitze des Pinsels nur dort auftragen, wo er entfernt wurde (d. h. möglichst nicht auf intakte Lackierung „überlappen" lassen).
4. Eventuell Überschuß oder Tropfen entfernen. Lackdose gut verschließen und umgekehrt aufbewahren. Pinsel gründlich mit Terpentin reinigen und mit den Borsten nach oben trocknen lassen. Lackierung 24 Stunden trocknen lassen.
5. Vor dem Auftragen der zweiten Schicht zuerst die erste Schicht leicht mit Stahlwolle oder feinem Schmirgelpapier behandeln. Anschließend die Schritte 2, 3 und 4 wiederholen.

13 Die Lenkung

Die Lenkung des Fahrrads dient nicht nur der Richtungsveränderung, sie ist auch für das Balancieren sowie die Geradeausfahrt des Fahrrads erforderlich. Zusätzlich bestimmt die Lenkung auch erheblich, wie bequem das Rad zu fahren ist. Die einzelnen Teile der Lenkung sind in der Abbildung 13.1 gezeigt: Lenker mit Vorbau, Steuerkopflager und Vordergabel.

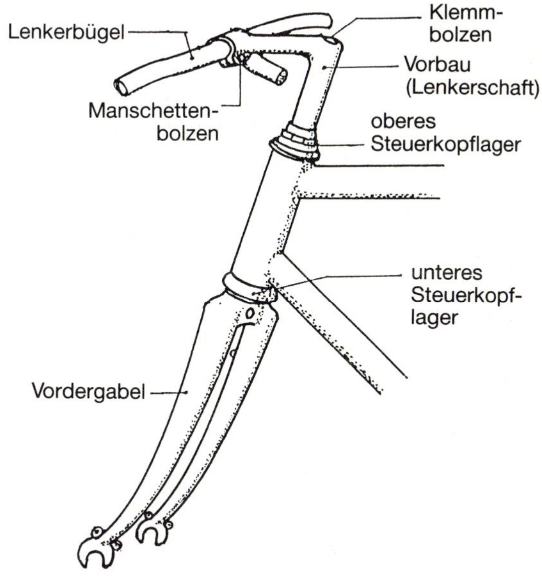

13.1 Die Teile der Lenkung

Prinzip der Lenkung

Die Geometrie der Lenkung – das Zusammenspiel von Steuerkopfwinkel und Gabelmaßen – bestimmt in hohem Maße das Fahrverhalten des Fahrrads. Die Durchbiegung der Gabel ist, neben der Flexibilität der Reifen und der Einfederung des Sattels, die einzige Stoßdämpfung des Fahrrads. Je flacher der Steuerkopfwinkel und je größer die Biegung der Gabel

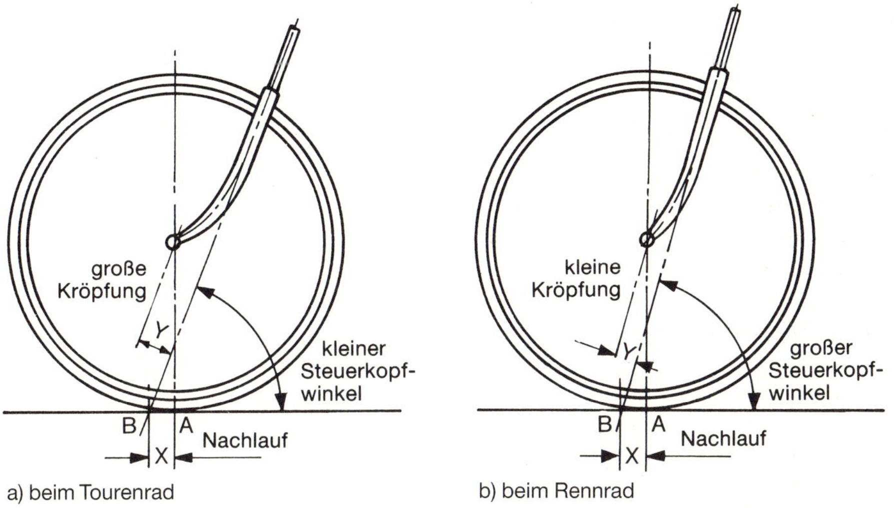

13.2 Geometrie der Lenkung (gleicher Nachlauf, trotz unterschiedlicher Steuerkopfwinkel)

(Kröpfung genannt), um so größer die Einfederung. Auch die Materialeigenschaften spielen hier eine Rolle: sehr festes Rohr kann dünnwandiger sein und federt deshalb bei gleichbleibender Festigkeit mehr ein.
Eine geringere Neigung oder ein flacherer Steuerkopfwinkel würde bei einer geraden Gabel den Schnittpunkt zwischen der Steuerachse mit der Straße (Punkt B) weit vor den Berührungspunkt zwischen Reifen und Straße (Punkt A) verlegen. Dieser Abstand heißt Nachlauf, und ein größerer Nachlauf bewirkt eine verstärkte Neigung zur Geradeausfahrt (Untersteuerung), während die Lenkungskräfte, die erforderlich sind, um das Fahrrad in die gewünschte Richtung zu führen, größer werden. Ein optimaler Nachlauf beträgt für ein wendiges Rad ca. 5 cm, für ein kursfestes Rad ca. 6,5 cm. Wesentlich größere und kleinere Nachlaufmaße sind unbefriedigend.
Wie aus der Abbildung 13.2 ersichtlich ist, kann im Prinzip jede gewünschte Nachlaufgröße durch geschickte Kombination von Steuerkopfwinkel und Gabelkröpfung erreicht werden. Ein steiler Winkel erfordert eine geringere Kröpfung, während ein flacher Winkel eine Gabel mit größerer Kröpfung erfordert. Mit etwas Kenntnis der Trigonometrie können Sie selbst ausrechnen, was die Kombination von bestimmten Winkeln und Kröpfungen bewirkt.
Rennräder haben meist einen Steuerkopfwinkel von ca. 73,5 Grad und eine Kröpfung von 50 mm. Bei einem Raddurchmesser von 685 mm ergibt das einen Nachlauf 51 mm, während ein typisches Reise- oder Rennsportrad einen Steuerkopfwinkel von 72 Grad mit einer Kröpfung von 55 mm kombiniert (56 mm Nachlauf) und ein Holland- oder Tourenrad einen noch flacheren Winkel mit noch größerer Kröpfung hat. Natürlich ist es Sache des Fahrradherstellers, die Längen- und Winkelmaße auf die gewünschten Fahreigenschaften abzustimmen. Trotzdem ist es auch für den Radfahrer wichtig zu wissen, worauf er bei dem Ersatz der Gabel zu achten hat, insbesondere, wenn er die Eigenschaften des Fahrrads in seinem Sinne beeinflussen will.

Die Gabel

Die Vordergabel der meisten Räder besteht aus zwei Gabelscheiden mit Ausfallenden zum Vorderradeinbau, einem Kronstück und einem Gabelschaft, die zusammengelötet sind. Das Loch im Kronstück dient der Befestigung einer Felgenbremse. Der Gabelschaft hat ein Gewinde für das obere, einstellbare Steuersatzlager, und der Lagerring des unteren Steuersatzlagers wird auf einen Absatz des Kronstücks aufgepreßt. Bei modernen Mountainbikes mit sog. Unicrown-Gabel entfällt das Kronstück. Statt dessen werden die Gabelscheiden zum

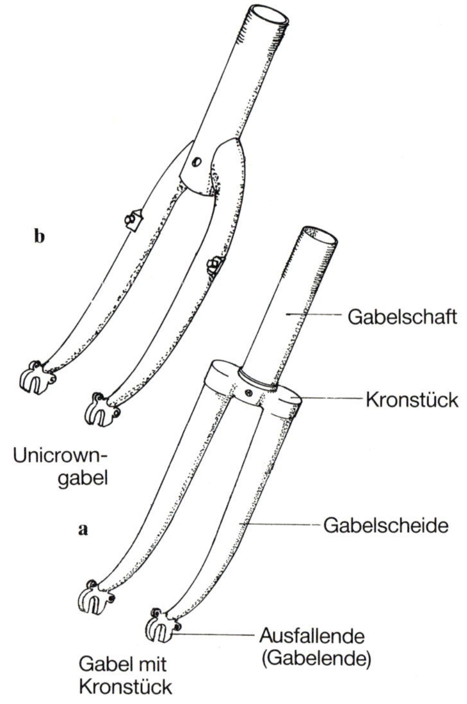

13.3 Die Gabel
a) mit Kronstück
b) ohne Kronstück (auch „Unicrown-Gabel")

durchlaufenden Gabelschaft gebogen und dort angeschweißt. Die Gabelscheiden sind nach vorne eingebogen, um die erforderliche Kröpfung zu erreichen. Richtig ausgeführt ist diese Konstruktion stabiler und leichter.

Die Gabel wird aus ähnlichen Werkstoffen gefertigt wie der Rahmen. Auch hier gilt, daß die hochwertigsten und leichtesten Räder (abgesehen von solchen aus Aluminium und anderen abweichenden Werkstoffen) aus hochfesten Stahllegierungen und relativ dünnwandig sind. Die Wandstärke soll am dünnen Ende möglichst nicht größer sein als am dicken Ende (was infolge der Walzarbeit bei Verwendung eines einfachen Ausgangsrohres passieren würde). Deshalb sind die teuersten Gabeln aus konisch endverstärktem Rohr gefertigt, das erst nach der Bearbeitung eine gleichmäßige Wandstärke ergibt.

Die Ausfallenden sollten aus relativ wülstigem Stahlguß oder Schmiedestahl gefertigt sein. Es ist eine Unsitte, die Gabelenden einfach flachzudrücken und stumpf an dünnen Plättchen anzuschweißen. Ergebnis: eine schwache und seitlich unstabile Gesamtkonstruktion. Abgesehen von richtigen Rennrädern sollten die Ausfallenden mit Ösen für die Installation von Schutzblech- und Gepäckträgerstreben versehen sein. Die Gabeln für Mountainbikes und Reise- oder Touristikräder haben meist angelötete oder angeschweißte Nocken für die dort benutzten Crossbremsen.

Die Länge des Gabelschafts und des aufgeschnittenen Gewindes ist von Belang, wenn eine Gabel ersetzt werden soll, weil sie auf die Länge des vorhandenen Steuerkopfrohrs des Rahmens abgestimmt sein müssen. Außerdem ist zu berücksichtigen, daß es unterschiedliche Gewindetypen gibt, wobei ein Steuersatz französischer Norm (mit Gewinde 25×1 mm) nicht auf Gabelschaftgewinde englischer oder italienischer Norm (beide $25{,}4 \times 24$ tpi, sei es mit unterschiedlichen Flankenprofil des Gewindes) paßt und umgekehrt.

Inspektion der Gabel

Wenn das Fahrrad nicht mehr genau spurt oder lenkt, kann das daher kommen, daß die Vordergabel verzogen ist. Zum Ein- und Ausbauen der Gabel ist die Anleitung „Überholen des Steuersatzes" zu befolgen. Sollte der Gabelschaft einer Gabel brechen, so liegt das fast immer daran, daß der Lenker zu hoch ausragte. Dann liegt die Einklemmung des Lenkerschafts in dem vom Gewinde geschwächten oberen Teil des Gabelschafts. Bei einem starken Stoß oder auch schon bei wiederholten schwächeren Stößen kann diese Stelle dann plötzlich infolge der Werkstoffermüdung brechen. Aus diesem Grund ist der Lenker mindestens 65 mm tief einzuklemmen. Eventuell erforderliche Richtarbeiten überlassen Sie entweder dem Fachmann, oder Sie befolgen die Beschreibung „Richten der Vordergabel". Falls die Vordergabel ersetzt werden muß, ist ein Modell zu besorgen, das die gleiche Scheidenlänge sowie die gleiche (zum Rahmenmaß passende) Schaftlänge und den zum Steuersatzlager passenden Gewindetyp hat (französisch, englisch/italienisch oder fabrikatgebunden).

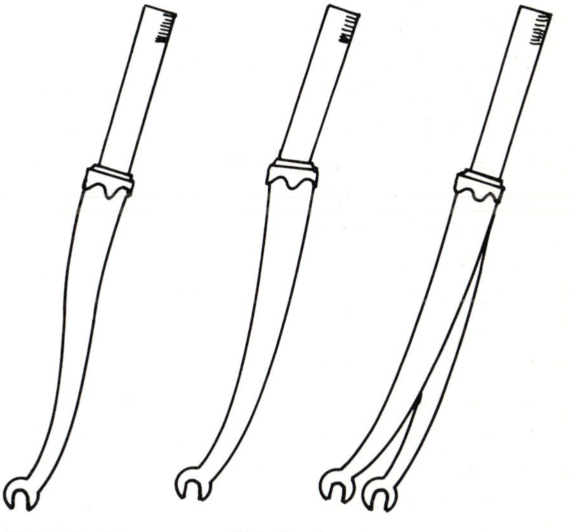

13.4 Drei Formen von Gabelverformung

Werkzeuge und Hilfsmittel

- absolut flacher Arbeitstisch
- Lineal mit Millimetermarkierung
- langes Metallineal
- 2 genau gleich hohe Holz- oder Metallklötzchen (ca. 5–6 cm)

Vorgang

1. Bei eingebauter Gabel mit dem langen Metallineal prüfen, ob die oberen Enden der Gabelscheiden genau mit dem Steuerkopfrohr fluchten und die Gabelscheiden nicht sichtbar in sich zurückgeknickt sind. Falls dieser Schaden vorliegt (insbesondere wenn ein scharfer Knick, eine Delle oder Risse im Metall oder in der Lackierung sichtbar sind), ist die Gabel entweder zu ersetzen oder von einem Fachmann zu beurteilen und ggf. zu richten.
2. Falls immer noch Bedenken bestehen, Gabel ausbauen und auf dem flachen Arbeitstisch wie folgt prüfen:
3. Nach der Abbildung 13.5 (Gabelkopf ragt gerade über den Tischrand hinaus) prüfen: beide Scheiden und beide Gabelenden müssen gleichzeitig den Tisch berühren, wenn die Gabel genau senkrecht zur Tischkante liegt.

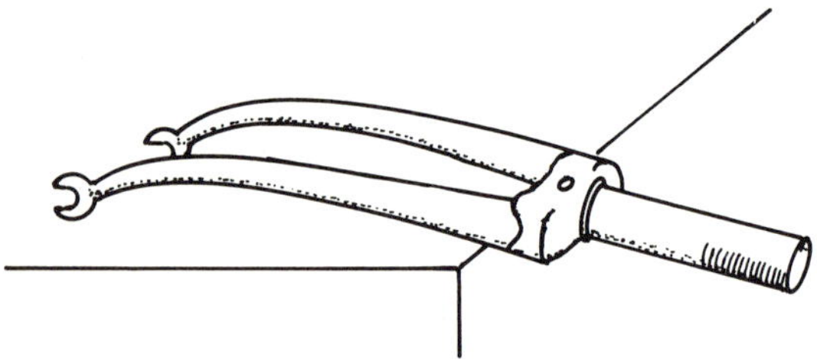

13.5 Gabelinspektion

4. Der Abstand zwischen den Gabelenden muß mit der über die Kontermutter gemessenen Breite der Vorderradnabe übereinstimmen.
5. Stützen Sie den Gabelschaft auf zwei genau gleich hohe Klötze, wobei die Gabelenden genau übereinander liegen (mit Zeichendreieck nachprüfen), einmal mit der einen Scheide unten, einmal umgekehrt. Der Abstand zwischen Tischplatte und Gabelende muß beiderseits gleich sein.

Richten der Vordergabel

Diese Arbeit ist nur ratsam bei einer nicht zu stark verzogenen Gabel. Bei einer sehr leichten Rennradgabel muß das Richten dem Fachmann überlassen werden. In Fällen, bei denen der Gabelschaft verbogen ist, muß die gesamte Gabel ersetzt werden.

Werkzeuge und Hilfsmittel

- stabile Werkbank mit Schraubstock
- zwei in V-Form gearbeitete Holzklötzchen
- ca. 60 cm langes Stahlrohr mit ca. 30 mm Innendurchmesser

Vorgang

1. Feststellen, welcher Teil der Gabel in welche Richtung gerichtet werden muß, und entsprechend markieren.
2. Gabelschaft mit den V-förmigen Holzklötzchen fest im Schraubstock einspannen.
3. Das Stahlrohr über die zu richtende Gabelscheide bis zu der Stelle, die gerichtet werden muß, führen und vom Ende des Rohrs aus kräftig, jedoch nicht ruckartig zurechtbiegen.

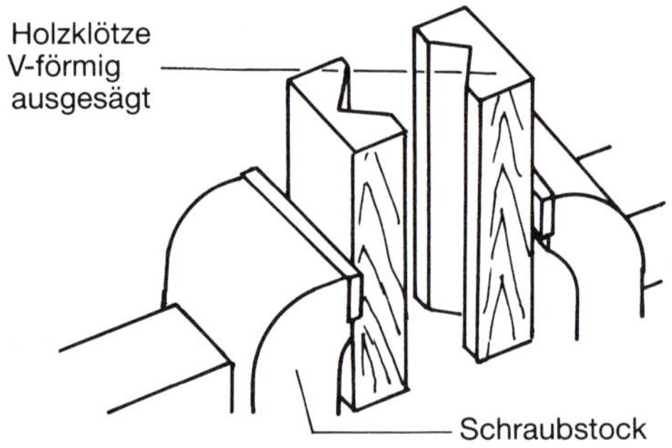

13.6 Vorrichtung zum Richten der Gabel

4. Prüfung nach der Beschreibung „Inspektion der Gabel" wiederholen und ggf. korrigieren.

Einstellen des Steuersatzlagers

Die Abbildung 13.7 zeigt die Teile eines typischen Steuersatzes. Er besteht aus einem oberen und einem unteren Lager. Die festen Schalen sind in die Enden des Steuerkopfrohrs eingepreßt bzw. (beim unteren Lager) auf den Gabelkopf aufgepreßt. Wenn die Lenkung sich – ganz oder nur stellenweise – schwer drehen läßt oder wenn sie zu locker ist, versuchen Sie zuerst, das Problem durch Einstellen zu beheben. Die Einstellung des Lagers geschieht über die obere einstellbare Lagerschale, die mit einer Sperrscheibe und einer Kontermutter gehalten wird.

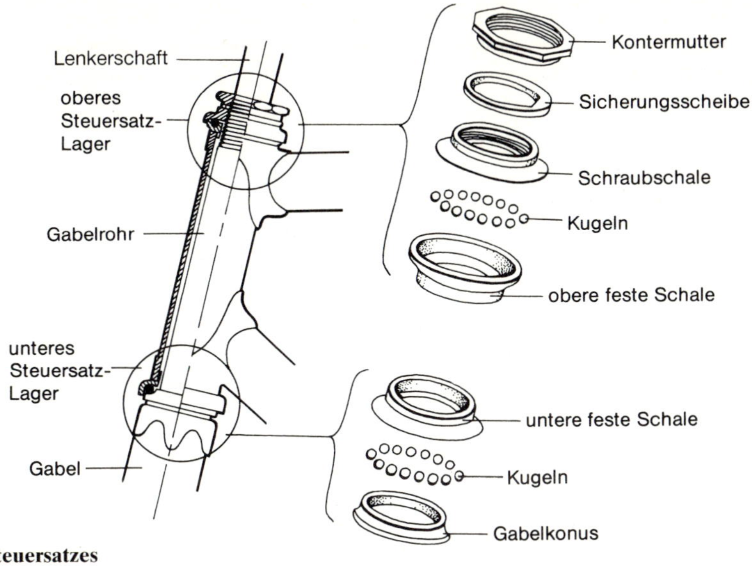

13.7 Teile des Steuersatzes

Werkzeuge und Hilfsmittel

- großer Rollgabelschlüssel

Vorgang

1. Die Konter- oder Kopfmutter des oberen Lagers lokkern. Falls die Sperrscheibe und die dazugehörige Schraubschale gegenseitig verzahnt sind, wird die Mutter so weit gelockert, daß die Schraubschale nach Heben der Scheibe verdreht werden kann.
2. Sperrscheibe anheben und Schraubschale etwas lockern oder anziehen, je nachdem, ob das Lager zu fest oder zu locker war.
3. Sperrscheibe auflegen und Kopfmutter festziehen, während die Schraubschale gehalten wird.
4. Funktion des Lagers prüfen und ggf. nachstellen.

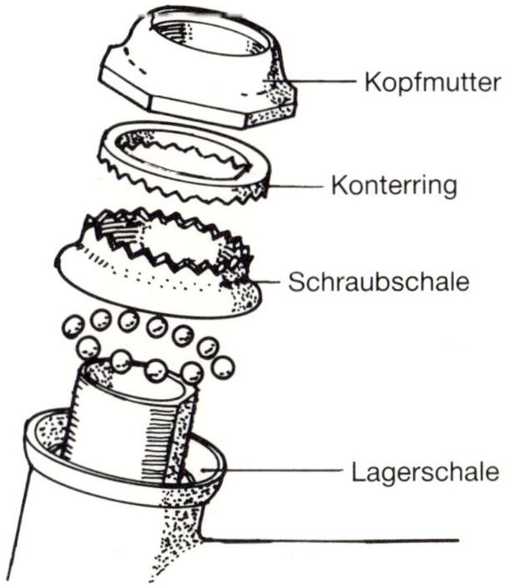

13.8 Einstellteile des Steuersatzes

Bemerkung

Falls das Problem so nicht gelöst werden konnte (oder dafür ein neues auftritt), muß das Lager überholt oder ggf. ersetzt werden.

Überholen des Steuersatzlagers

Diese Arbeit ist erforderlich, wenn Einstellen keine Abhilfe schafft, und soll möglichst bei der halbjährlichen Wartung des Fahrrads durchgeführt werden. Vorher muß der Lenker mit Lenkerschaft ausgebaut werden (Beschreibung auf S. 126). Falls das Fahrrad mit einer Mittenzugbremse ausgestattet ist, vorher das Bremsseil lockern. Beim Ersetzen eines Steuersatzlagers oder der einzelnen Teile müssen Sie darauf achten, daß Sie ein Modell mit dem gleichen Gewindetyp erhalten. Diese Anleitung gilt sinngemäß auch für das Ersetzen des Steuerkopflagers oder der Vordergabel.

Werkzeuge und Hilfsmittel

- großer Rollgabelschlüssel
- Lappen
- Kugellagerfett
- nur für den Fall, daß Lagerschalen ersetzt werden müssen: großer Schraubendreher, Hammer, Holzklötzchen und ca. 35 cm langes Kupfer- oder Aluminiumrohr mit 30 mm Innendurchmesser.

Vorgang: Ausbau

1. Zuerst die Kopfmutter des oberen Lagers entfernen.
2. Sperrscheibe abheben, eventuell auch Bremszugankerung (Mittenzugbremse) oder Lampenhaken (Hollandrad).
3. Schraubschale entfernen, während Gabel und Rahmen am unteren Lager zusammengehalten werden.
4. Vordergabel nach unten herausnehmen; dabei evtl. lose Kügelchen auffangen.
5. Kugelringe (oder lose Kügelchen) beider Lager entfernen.

Vorgang: Überholen

1. Sämtliche Lagerteile prüfen und reinigen.
2. Kugelringe oder evtl. lose Kügelchen sowie angerostete oder beschädigte Lagerteile (d. h., wo unregelmäßiger oder starker Verschleiß auf den Kugelläufen sichtbar ist) ersetzen. Dabei Teile des gleichen Fabrikats und Gewindetyps benutzen.
3. Falls die festen Lagerschalen ersetzt werden, mit dem großen Schraubendreher und einem Hammer rundum arbeitend vom anderen Ende des Steuerkopfrohrs herausklopfen.
4. Falls der Gabelkonus entfernt wird, mit dem großen Schraubendreher von beiden Seiten arbeitend abheben.

Eleganter Leichtmetall-Steuersatz Edco-Sport des Schweizer Qualitätsherstellers Dubied

5. Beim Ersetzen der Lagerschalen diese genau ausrichten, mit dem Holzklötzchen schützen und bis zum Anschlag in das Steuerkopfrohr einhämmern.

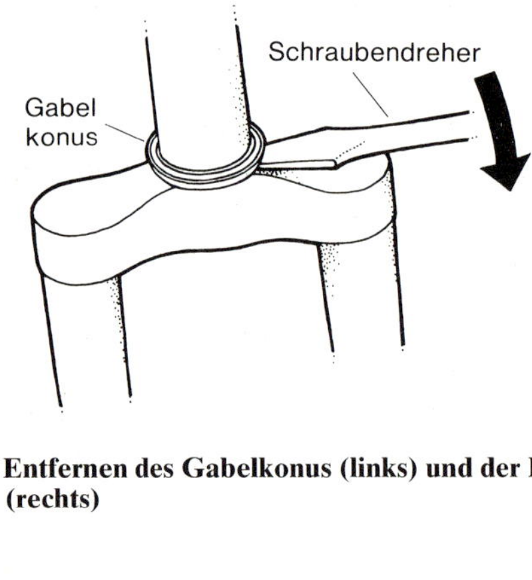

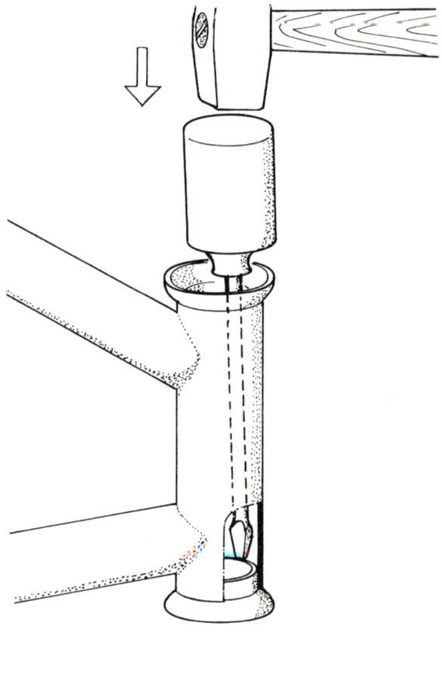

13.9 Entfernen des Gabelkonus (links) und der Lagerschale (rechts)

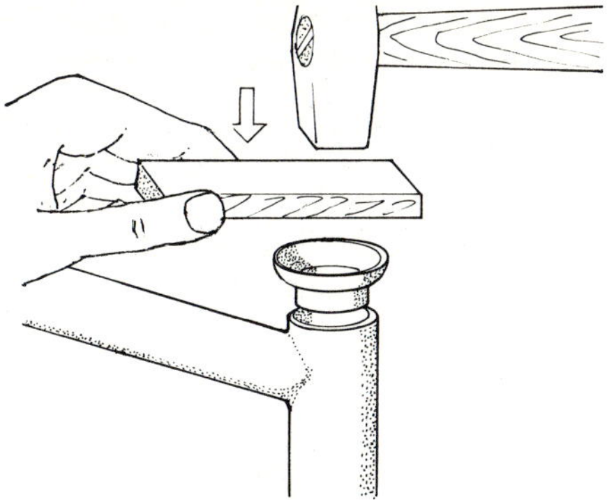

13.10 Installieren der Lagerschale des Steuersatzes

Der Steuersatz, in seine Einzelteile zerlegt. Hier ein etwas weniger aufwendiges Modell.

6. Zum Ersetzen des Gabelkonus den Konus genau ausrichten, mit dem Rohrstück über das Gabelrohr stecken und bis zum Anschlag aufhämmern.

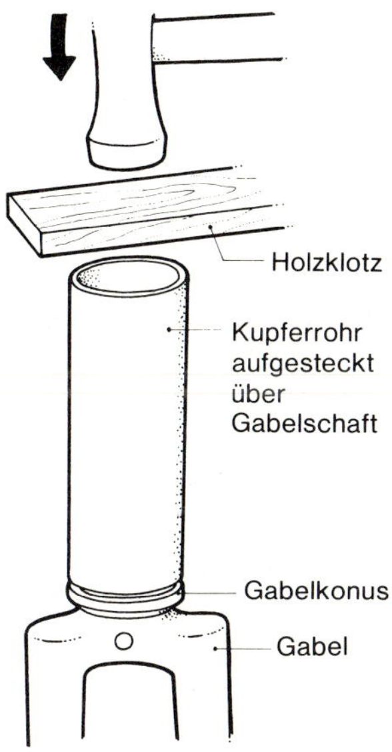

13.11 Installieren des Gabelkonus

7. Alle Teile reinigen und Lagerschalen mit Kugellagerfett ausfüllen.

Bemerkung

Falls Lagerschalen oder Gabelkonus nicht passen, lassen Sie vom Fachmann feststellen, durch welches Modell sie ersetzt werden müssen. Falls erforderlich, kann er an der Gabel den Sitz für den Gabelkonus nacharbeiten.

Bei einem neuen Rahmen kann es erforderlich sein, die Sitze für die Lagerschalen im Steuerkopfrohr nachzuarbeiten. Prüfen Sie vor dem Einbau, ob das Gabelrohr noch gerade und nicht etwa „abgeknickt" ist. Ggf. auch die Gabel ersetzen.

Vorgang: Einbau

1. Rahmen umgekehrt halten; Kugelring oder lose Kügelchen in die jetzt obenliegende, mit Kugellagerfett ausgefüllte untere Lagerschale einlegen. Kugelring so einlegen, daß nur die Kügelchen (nicht der Ring) Lagerschale und Konus berühren.
2. Gabel durch das Steuerkopfrohr einführen; Gabelkopf und Rahmen am unteren Lager zusammenhalten und Rahmen samt Gabel umkehren, damit das obere Lager wieder oben ist.
3. Kugelring oder lose Kügelchen in die obere Lagerschale einlegen (Kugelring so, daß nur die Kügelchen, nicht der Ring, die Lagerschalen berühren).
4. Schraubschale von Hand auf das Gabelrohr aufschrauben.
5. Sperrscheibe (ggf. auch Lampenhaken oder Bremszugankerung) auflegen, dabei die Abflächung des Gabelrohrs und den entsprechenden Sitz der Scheibe sowie evtl. Verzahnung von Lagerschale und Scheibe beachten.
6. Kontermutter fest aufschrauben, während die Schraubschale gehalten wird.
7. Einstellung des Lagers prüfen und ggf. anhand der Beschreibung „Einstellung des Steuersatzlagers" nachstellen, bis es sich frei, jedoch ohne Spiel dreht.

Lenker und Vorbau

Bei den meisten Fahrrädern besteht der Lenker aus zwei getrennten Teilen: einem Lenkerbügel und einem Vorbau, der den Lenkerbügel einstellbar mit der Vordergabel verbindet. Die Verbindung ist in der Abbildung 13.12 gezeigt, wobei die Ausführung mit dem Keil wesentlich leichter verstellbar ist, weil sie sich viel leichter lockern läßt.

Die Bestimmung von Höhe, Neigung und Entfernung zum Sattel wurde schon in Kapitel 4 behandelt. Hier wird erklärt, wie die Einstellungen durchgeführt werden und wie der Lenker oder Vorbau ggf. ersetzt wird. Die wichtigste regelmäßig durchzuführende Arbeit ist festzustellen, ob der Lenker ausgerichtet und fest eingeklemmt ist. Ggf. ausrichten und den Klemmbolzen festziehen.

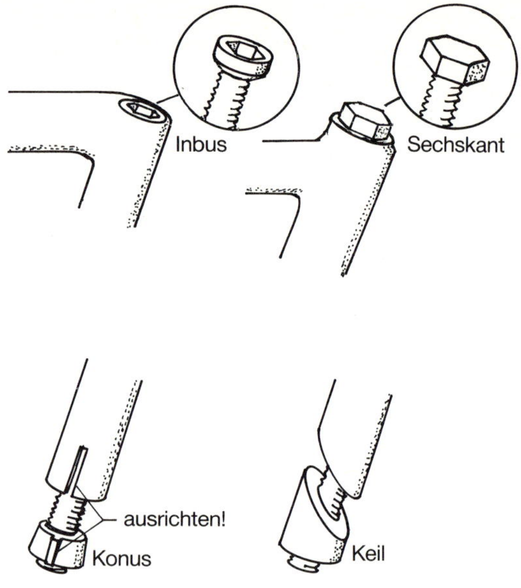

13.12 Lenker und Vorbau

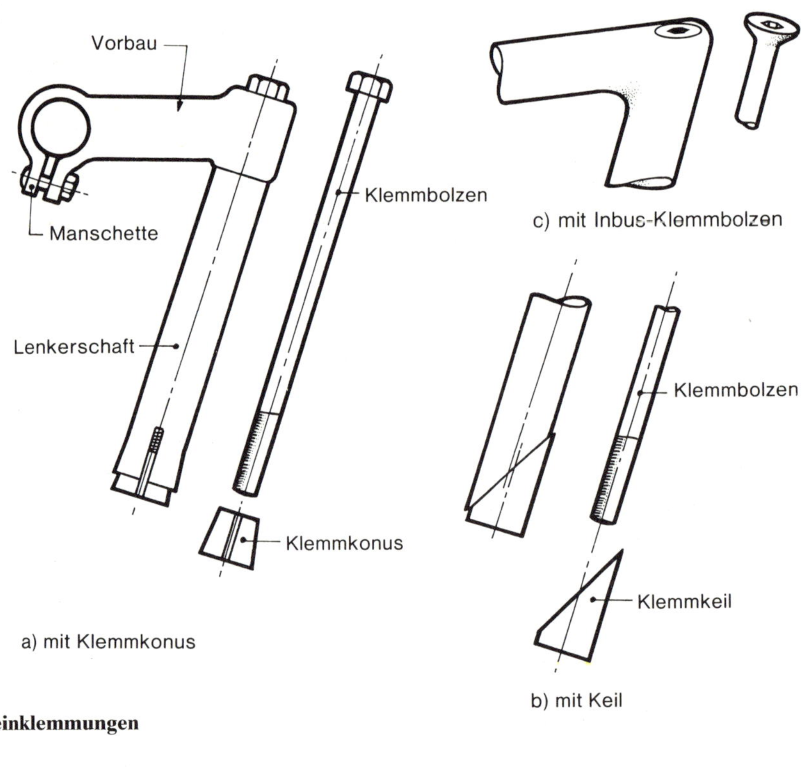

13.13 Lenkereinklemmungen

Rennlenker werden mit Lenkerband umwickelt und an den Enden mit Lenkerstopfen abgeschlossen, während die Enden von anderen Lenkertypen meist mit Handgriffen ausgestattet werden. Als Alternative zum Lenkerband empfiehlt sich bei Rennsport-, Trimm- und Touristik- oder Reiserädern eine Art von stoßabsorbierendem Schlauch aus Schaumstoff. Dieser wird ähnlich wie der Lenkergriff angebracht und entfernt.

Sollte der Lenker einmal brechen, so ist das fast immer nur bei einem falsch entworfenen flachen Aluminiummodell der Fall. Der mittlere, dickere Teil des Lenkers, der eine Verstärkungsbuchse enthält, ist dann zu kurz, um die konzentrierten Biegekräfte direkt neben dem Vorbau aufzunehmen. Dieser verstärkte Teil muß bei einem flachen Lenker mindestens 8 cm lang sein. Eine ähnlich lange, außenliegende Verstärkung ist noch zuverlässiger, obwohl weniger elegant.

Ein Lenker, der z. B. bei einem Sturz verbogen wurde, kann manchmal zurechtgebogen werden. Entfernen Sie zuerst das Lenkerband, damit Sie prüfen können, ob sich beim Sturz oder beim Zurechtbiegen Risse gebildet haben. Ein Lenker mit Rissen muß ersetzt werden. Manche Mountainbikes werden immer noch mit zu breiten Lenkern geliefert, die Sie durch Absägen der Enden auf ein vernünftiges Maß reduzieren können.

Einstellen des Lenkers

Die Höhe kann bei jedem Lenkertyp eingestellt werden, die Neigung nur bei zweiteiligen Modellen, die aus getrenntem Vorbau und Lenkerbügel bestehen.

Werkzeuge und Hilfsmittel

- Schraubschlüssel oder Inbusschlüssel (je nach Klemmbolzentyp)
- Hammer

Die Lenkung, von oben betrachtet. Hier die Lenkung eines Bridgestone-Mountainbikes. Beachten Sie, wie das Bremskabel für die Vorderradbremse durch den Vorbau verläuft.

Vorgang: Höheneinstellung

1. Zuerst den Klemmbolzen auf dem Lenker um ca. 4 Umdrehungen lockern.
2. Lenker abstützen und so das Vorderrad hochheben.
3. Kräftig mit dem Hammer auf den Klemmbolzen schlagen, damit sich der im Inneren liegende Keil am Ende des Klemmbolzens lockert.
4. Lenker in die gewünschte Position bringen, dort ausgerichtet halten und Klemmbolzen festziehen.

Bemerkungen

1. Falls der Lenker lediglich ausgerichtet werden soll, den Klemmbolzen nur geringfügig lockern, damit die Lenkerhöhe nicht beeinflußt wird.
2. Falls das Rad mit einer Gestängebremse oder einer Crossbremse ausgestattet ist, muß auch das zugehörige Gestänge oder Bremsseil neu eingestellt werden.

Vorgang: Neigungseinstellung

1. Den Manschetten-Klemmbolzen um ca. 1 Umdrehung lockern.
2. Lenkerbügel in die gewünschte Neigung drehen, dort halten und Manschetten-Klemmbolzen wieder festziehen.

Bemerkungen

1. Aus Sicherheitsgründen müssen mindestens 65 mm des Lenkerschafts unterhalb der Steuersatz-Kopfmutter liegen. Falls diese Position nicht vom Hersteller markiert worden ist, machen Sie das selbst.
2. Falls der ganze Lenker oder der Lenkerbügel zu locker ist, wird lediglich der Klemmbolzen bzw. der Manschetten-Klemmbolzen festgezogen, während der Lenker in der richtigen Position gehalten wird. Falls er sich nicht ausreichend festziehen läßt, muß entweder der Bügel oder der Vorbau durch ein besser passendes Modell ersetzt werden (Durchmesser des Lenker-Mittenteils nachmessen).

Auswechseln des Lenkerbügels

Der Lenker muß ersetzt werden, wenn er bei einem Sturz oder Unfall erheblich verbogen wurde oder wenn seine Form oder Größe nicht zusagt. Diese Anleitung gilt für zweiteilige Lenker; für einteilige Modelle wird der Vorgang „Ersetzen des Lenkervorbaus" sinngemäß befolgt. Vorher müssen auf mindestens einer Seite sämtliche am Lenker montierten Teile (z. B. Klingel, Schalter, Bremsgriff und Lenkerband oder Handgriff) entfernt werden. Die Handbremse ist zu entspannen.

Werkzeuge und Hilfsmittel

- Schraubschlüssel oder Inbusschlüssel (je nach Manschetten-Klemmbolzentyp)
- großer Schraubendreher

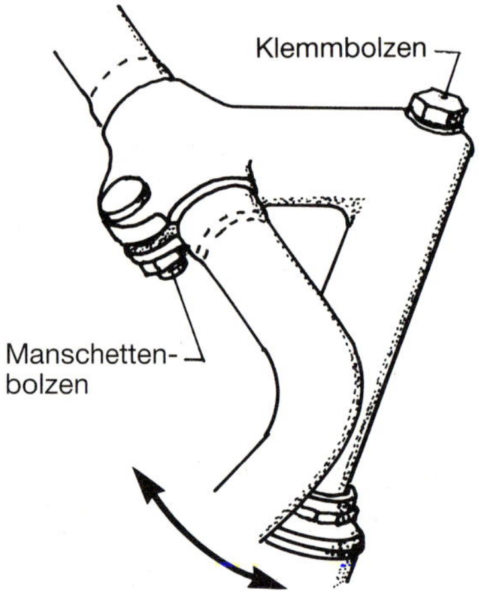

13.14 Manschettenklemmung

Vorgang: Ausbau

1. Manschetten-Klemmbolzen aufschrauben und entfernen.
2. Manschette mit dem großen Schraubendreher aufspreizen und Lenkerbügel in einer vorsichtig drehenden Bewegung in die Richtung des freien Lenkerendes hinausführen.

Vorgang: Einbau

1. Feststellen, ob der Durchmesser des mittleren Teils des Lenkerbügels mit dem des Vorbaus übereinstimmt.
2. Manschette mit dem großen Schraubendreher aufspreizen und Lenkerbügel vorsichtig drehend hineinführen.
3. Lenkerbügel genau mittig und unter der gewünschten Neigung im Vorbau halten, Manschettenbolzen installieren und festziehen.

Auswechseln des Vorbaus

Vorher müssen auf einer Seite des Lenkers alle aufmontierten Teile sowie das Lenkerband oder der Lenkergriff entfernt werden.

Werkzeuge und Hilfsmittel

- Schraubschlüssel oder Inbusschlüssel (je nach Klemmbolzentyp)
- Hammer

Vorgang: Ausbau

1. Den Klemmbolzen um ca. 4 Umdrehungen lockern.
2. Lenker abstützen; mit dem Hammer kräftig auf den Klemmbolzen schlagen, damit sich der innenliegende Keil lockert.
3. Lenker samt Vorbau herausziehen.
4. Falls erforderlich, Lenkerbügel und Vorbau anhand der Beschreibung „Auswechseln des Lenkerbügels" entfernen und austauschen.

Vorgang: Einbau

1. Je nach Keiltyp:
   a. bei einem konischen Keil müssen die Rippen in den Aussparungen des Lenkerschafts liegen;
   b. bei einem abgeschrägten Keil müssen die schrägen Flächen von Lenkerschaft und Keil übereinstimmen,

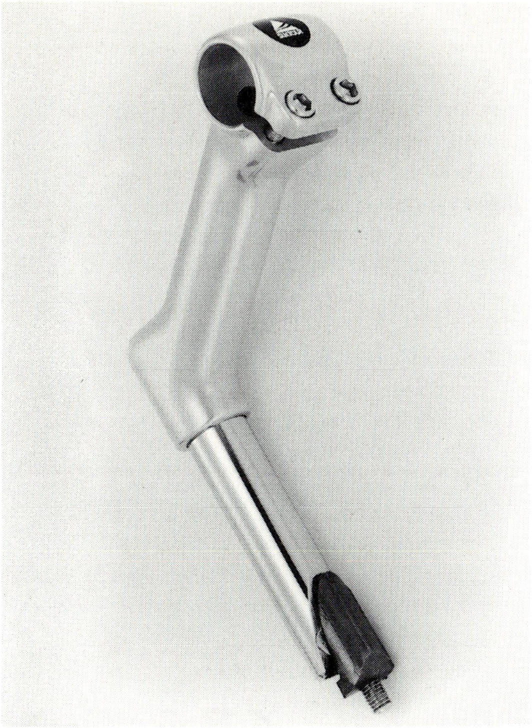

Vorbau von Sun-Tour mit doppelter Manschettenklemmung für den Mountainbike-Einsatz

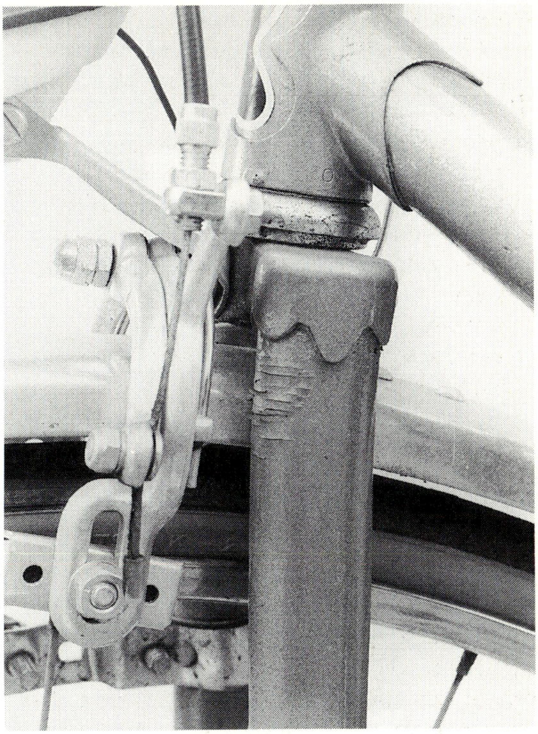

Die Gabel als Knautschzone. Infolge eines Zusammenstoßes wurde diese Gabel plastisch (d. h. bleibend) verformt. So eine Gabel müßte ersetzt werden.

und der Keil muß in der Verlängerung des Lenkerschafts liegen.

2. Klemmbolzen von Hand nur so weit festschrauben, daß der Keil in der richtigen Position verbleibt, ohne zu klemmen.
3. Lenkerschaft einführen und den Klemmbolzen in der gewünschten Position festziehen.

Umwickeln eines Rennlenkers

Es gibt selbstklebendes Baumwollband und nichtklebendes Kunststoffband. Selbstklebendes Band wird von der Mitte des Lenkerbügels zu den Enden, nichtklebendes Band von den Enden zur Mitte hin gewickelt. Die Bremsgriffe müssen vorher in der gewünschten Position angebracht sein. Sie brauchen zwei Rollen Band, für jede Seite eine.

Werkzeuge und Hilfsmittel

- Schraubendreher
- nur für nichtklebendes Band: wasserfestes Klebeband oder Klebstoff

Vorgang: Entfernen

1. Zuerst die Lenkerstopfen entfernen, indem man sie – je nach Typ – von Hand in einer drehenden Bewegung abdrückt bzw. nachdem man eine Klemmschraube im Stopfenende um ca. 4 Umdrehungen gelockert hat.

13.15 Lenkerendstopfen

2. Feststellen, in welcher Richtung das alte Band gewikkelt war und vom Ende her zurückrollen. Klebrige Bandreste mit Terpentinersatz o. ä. entfernen.

Vorgang: Umwickeln

1. Zuerst prüfen, ob die Bremsgriffe in der richtigen Position angebracht sind und ggf. Brems- oder Schaltkabel so verlegen, daß sie nicht stören, indem man sie mit Band in die entsprechende Position am Lenker klebt.

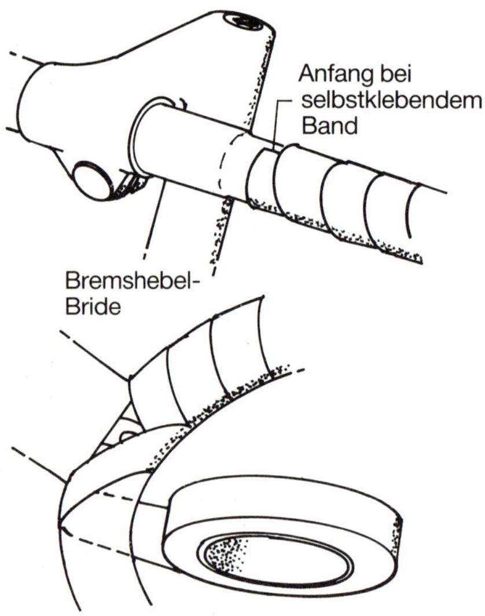

13.16 Anbringen des Lenkerbandes

2. Die Schellen der Bremsgriffe jeweils mit einem ca. 6 cm langen Stück Band umkleben (bei nichtklebendem Band mit Klebeband oder Klebstoff an den Ende halten).
3. Bei selbstklebendem Band ca. 5 cm von der Mitte des Lenkers anfangen. Von dort aus (immer etwa um die Hälfte der Bandbreite überlappend) zum Ende hinaus wickeln.
4. In einem Kreuz die Bremsgriffbefestigung möglichst „glatt" einfassen und darauf achten, daß im gekurvten Bereich des Lenkerbügels keine Stelle freigelassen wurde. Falls das Band nicht ausreicht, entweder von neuem anfangen und diesmal weniger großzügig überlappen oder nur bis zum Bremsgriff wickeln und dort mit einer neuen Rolle Band anfangen.
5. Das Bandende in das offene Lenkerende umknicken und mit dem Lenkerstopfen halten. Lenkerstopfen mit Klemmschraube zuerst lockern, nach dem Einstecken wieder festziehen.
6. Bei nichtklebendem Band den Anfang im Lenkerstopfen einklemmen und auf die Mitte zu wickeln. Die Enden jeweils mit einem ca. 8 cm langen Stück Klebeband umwickeln oder über die letzten 5 cm kleben und fest umklemmt halten, bis der Klebstoff getrocknet ist.

Lenkergriffe ersetzen

Diese Beschreibung gilt sowohl für einfache Lenkergriffe als auch für Schaumstoff-Schläuche, wie sie heute gelegentlich auch bei Renn- und Trainingslenkern – insbesondere für Reiseräder – benutzt werden. Der alte Griff wird von Hand in einer drehenden Bewegung zum Lenkerende abgedrückt. Falls das so nicht geht, mit einem Schraubendreher anheben und etwas flüssiges Spülmittel zwischen Griff und Lenker geben. Falls auch das nicht gelingt, aufschneiden.

Montieren Sie zuerst alle auf den Lenker anzubringenden Teile, bevor die Griffe installiert werden. Beim Anbringen des neuen Griffes zuerst den Lenker reinigen. Beim Anbringen sollte man jedoch auf Spülmittel verzichten, damit der Griff nicht zu locker sitzt. Der Griff läßt sich in einer drehenden Bewegung aufschieben, nachdem er in heißem Wasser aufgeweicht worden ist.

Lenkergriffe für das Mountainbike. Diese festen und zugleich federnden Griffe schützen gegen Erschütterungen.

14
Sattel und Sattelstütze

Der Sattel

Der Sattel und die dazugehörige Sattelstütze, die ihn mit dem Sitzrohr des Fahrrads verbindet, sind in Abbildung 14.1 dargestellt. Die

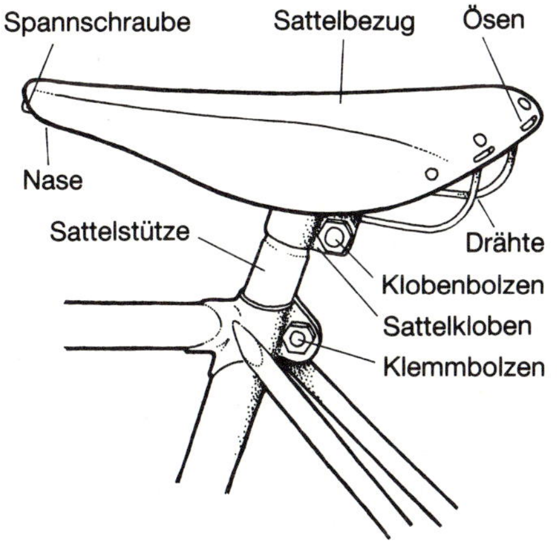

14.1 Sattel und Sattelstütze

Sattelstütze wird mit einem Klemmbolzen in der gespaltenen Sattelmuffe am Ende des Sitzrohrs in den Rahmen eingeklemmt. Die anfallenden Arbeiten sind Einstellen von Höhe, Position und Neigung sowie Pflege des Sattels und Austausch von Sattel oder Sattelstütze.
Es gibt zwei Typen von Sattelstützen: rohrförmige Modelle mit separatem Sattelkloben und einstellbare Leichtmetallmodelle. Es gibt ebenfalls unterschiedliche Satteltypen, von denen nur das Modell mit vorgespannter Lederdecke besondere Pflege erfordert. Auch innerhalb dieser Kategorien von Sätteln gibt es erhebliche Unterschiede. Wenn das Radfahren einfach nicht bequem ist, kann das manchmal dadurch behoben werden, daß Sie einen anderen Sattel wählen.
Dabei ist allerdings der Sattel mit den meisten Federn und der größen Sitzfläche nicht unbedingt auch das bequemste Modell. Im übrigen hängt der Komfort auch von der eingestellten Höhe des Sattels ab. Bei richtig eingestelltem Sattel ruht das Gewicht des Fahrers nicht so sehr auf dem Sattel, sondern der Sattel wirkt eher wie eine Art Führung für die Beine des Fahrers. Deshalb genügt ein Sattel, der zumindest im vorderen Bereich sehr schmal ist.

Ein bequemer Sattel. Er hat eine vorgespannte Lederdecke und zwei seitlich geführte Spiralfedern.

Manchmal werden Mountainbikes bergab in einer tieferen Sattelposition gefahren. Das erhöht das auf dem Sattel abgestützte Gewicht und erfordert ein etwas breiteres und vielleicht weicheres Modell. Vor allem Frauen haben oft ein breiteres Becken, als vom Fahrradhersteller berücksichtigt. Sie sind mit einem Modell,

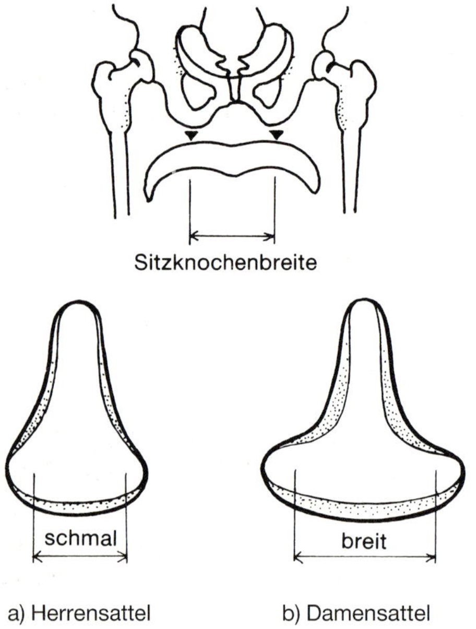

14.2 Sattelbreiten im Vergleich

das hinten breiter ist, wesentlich besser bedient. Solche Sättel gibt es heutzutage leicht zu kaufen. Beim Kauf eines neuen Fahrrads können sie ihn ggf. gleich montieren lassen.

Einstellen des Sattels

Die Bestimmung der ergonomisch günstigsten Sattelposition wurde im Kapitel 5 behandelt. Hier sei nochmals darauf hingewiesen, daß der Sattel aus Sicherheitsgründen nicht so hoch gestellt werden darf, daß nicht wenigstens 65 mm der Sattelstütze im Sitzrohr eingeklemmt sind. Falls die Sattelstütze nicht bereits vom Hersteller entsprechend markiert ist, können Sie das auch selbst machen.

Werkzeuge und Hilfsmittel

- Schraubschlüssel oder Inbusschlüssel (je nach Klemmbolzen- und Sattelstützentyp)

Vorgang: Höheneinstellung

1. Die Mutter des Klemmbolzens um 1–2 Umdrehungen lockern.

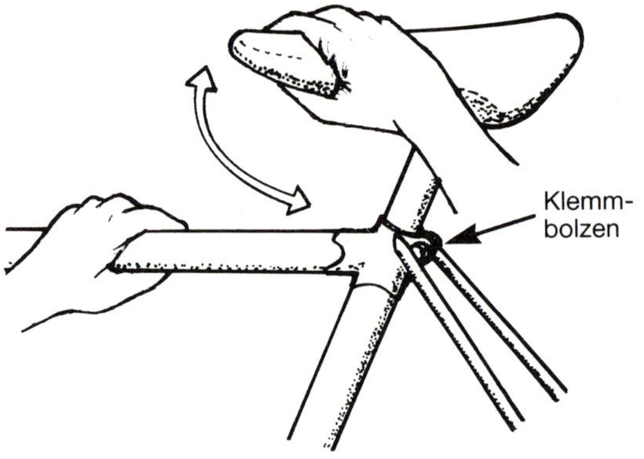

14.3 Verstellen des Sattels

2. Sattel samt Sattelstütze in einer drehenden Bewegung höher oder tiefer stellen.
3. In der richtigen Position ausgerichtet halten und die Mutter des Klemmbolzens festziehen. Bei einem Rad mit Mittelzugbremse aufpassen, daß Sie die Ankerung des Bremszuges nicht verdrehen.

Vorgang: Neigungseinstellung

1. Bei einer Sattelstütze mit separatem Kloben beide Klobenmuttern um 1–2 Umdrehungen lockern.

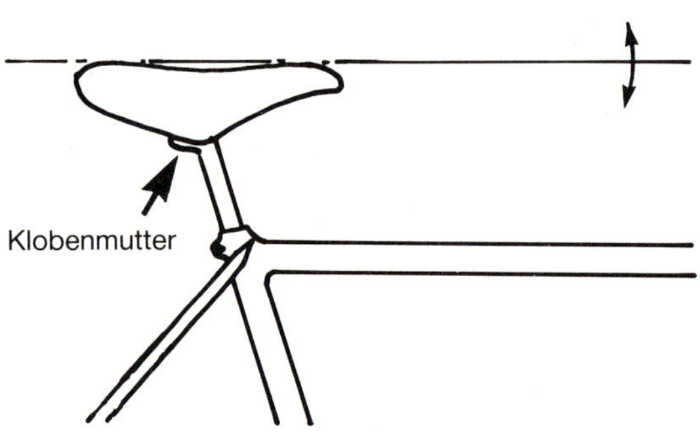

14.4 Sattelneigung

2. Sattel drehen, bis er unter der gewünschten Neigung einrastet.
3. Sattel dort ausgerichtet halten und beide Muttern des Klobenbolzens festziehen.
4. Bei den meisten einstellbaren Leichtmetall-Sattelstützen sind unter der Satteldecke zwei Stellbolzen erreichbar. Der Sattel wird hier nach vorne geneigt, indem der hintere Bolzen gelockert, der vordere fester gezogen wird. Umgekehrt wird er nach hinten geneigt, indem der vordere Bolzen gelockert und der hintere angezogen wird.

Vorgang: vorwärts oder rückwärts

Wie bei der Neigungsänderung; bei einer einstellbaren Leichtmetall-Sattelstütze müssen jedoch beide Stellbolzen gelockert werden. Den gelockerten Sattel in die gewünschte Richtung schieben, dort festhalten und beide Klobenmuttern bzw. Stellbolzen festziehen.

Auswechseln des Sattels

Bei einer einfachen, rohrförmigen Sattelstütze braucht man einen Sattel mit Kloben; bei der einstellbaren Sattelstütze wird der Sattel ohne Kloben installiert.

Werkzeuge und Hilfsmittel

- Schraubschüssel oder Inbusschlüssel (je nach Sattelstützentyp)

Vorgang: Ausbau

1. Bei einer einstellbaren Leichtmetall-Sattelstütze beide Stellbolzen um ca. 4 Umdrehungen lockern und die Halterungsteile so verdrehen, daß der Sattel entfernt werden kann.
2. Bei einem Sattel mit seperatem Kloben beide Muttern des Klobenbolzens um ca. 3 Umdrehungen lockern, wenn der Kloben an der Sattelstütze bleiben soll; um nur je 1 Umdrehung, falls der Kloben mit dem Sattel entfernt wird.
3. Falls der Kloben auf der Sattelstütze verbleiben soll, Sattelschienen oder -drähte aus der Klemmung des Sattelklobens herausnehmen. Anderenfalls Sattel mit Kloben in einer drehenden Bewegung entfernen.

Vorgang: Einbau

1. Prüfen, ob Schienen- oder Drähteform des neuen Sattels mit dem Kloben oder der einstellbaren Leichtmetall-Sattelstütze übereinstimmt (rund oder flach).
2. Den Kloben entfernen, wenn eine einstellbare Leichtmetall-Sattelstütze benutzt wird.
3. Falls ein Sattel ohne Kloben eingebaut wird, die Sattelschienen oder -drähte einführen, Sattel mit Klemmung in der richtigen Position festhalten und Klobenmutter oder Stellbolzen festziehen.
4. Anderenfalls einfach den Kloben samt Sattel auf der Sattelstütze anbringen und die Muttern des Klobenbolzens festziehen, während der Sattel in der richtigen Position gehalten wird.
5. Falls erforderlich, Sattelstand einstellen und Bolzen festziehen.

Die Sattelstütze

Die verschiedenen Sattelstützenmodelle sind aus der Abbildung 14.5 ersichtlich. Die einstellbaren Modelle werden meist auf Renn- und Trimmräder sowie Mountainbikes installiert. Sie haben den Vorteil, daß die Neigung des Sattels genau eingestellt werden kann. Das

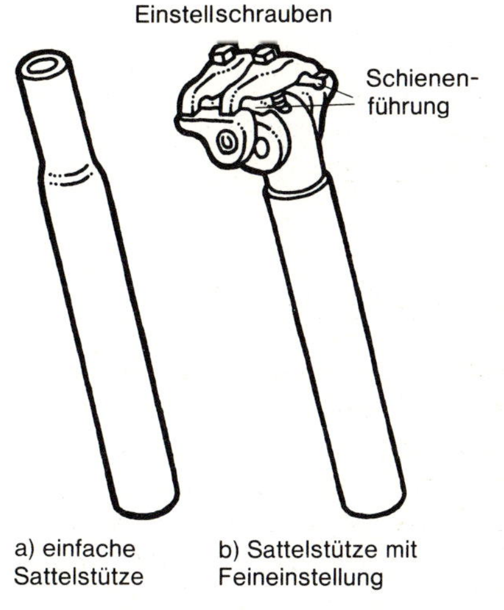

14.5 Sattelstützentypen

trägt wesentlich zum Fahrkomfort bei und lohnt sich auch für Radfahrer ohne sportliche Ambitionen. Der Durchmesser der Sattelstütze muß auf den Innendurchmesser des Sitzrohrs – die selbst von der Wandstärke des Rohrwerkstoffs abhängt – abgestimmt sein. Bei einfachen Rädern ist dieser Durchmesser manchmal 25,4 mm, bei Rennrädern meistens 27,2 mm und bei hochwertigen Mountainbikes 26,8 mm. Bei Aluminium- und Titanrahmen ist dieser Durchmesser manchmal abweichend, weil das Sattelrohr einen größeren Außendurchmesser hat.

Eine besonders lange Sattelstütze mit Feineinstell-Mechanik, hervorragend geeignet für Mountainbikes und für besonders große Leute, die keinen passenden Rahmen finden können.

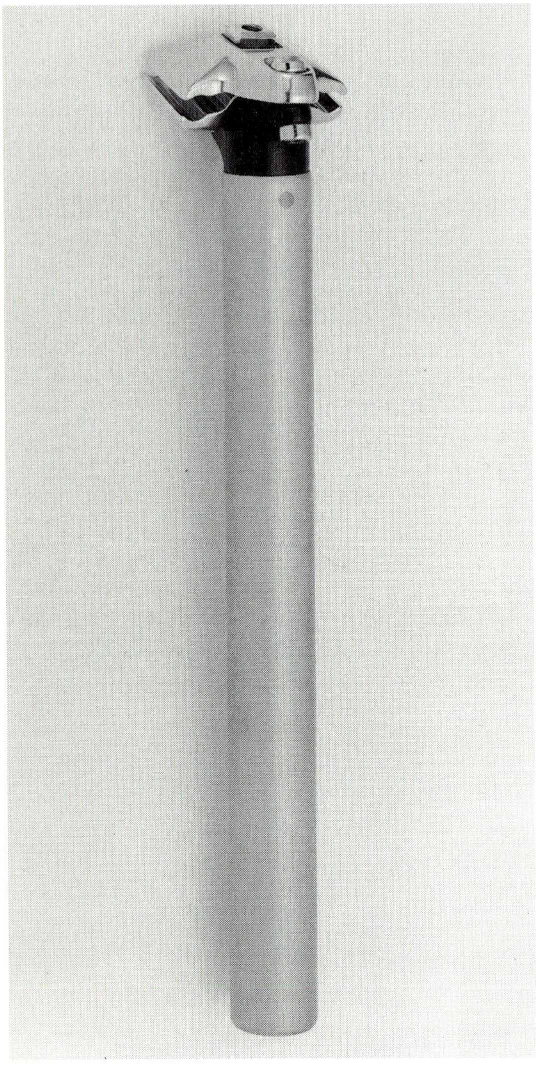

Die Länge einer Sattelstütze muß ausreichen, um die Anpassung des Sattelstands zu erlauben. Besonders weit herausragende Sattelstützen werden jedoch sehr stark belastet und müssen entsprechend stabil sein. Mountainbikes brauchen eine Sattelstütze, die mindestens 300 mm lang ist. Weil die Sattelstütze immer mindestens 65 mm eingeklemmt sein muß, ist es günstig, wenn sie eine entsprechende Markierung hat, die man ggf. selbst anbringen kann, falls der Hersteller das versäumt hat.

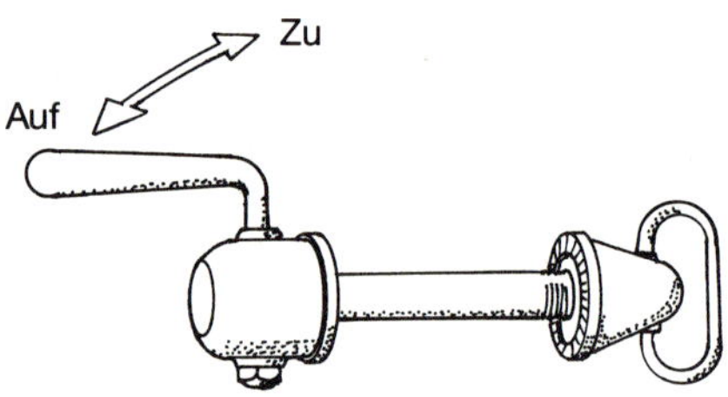

14.6 Schnellspann-Sattelklemmbolzen

Der Klemmbolzen eines Mountainbikes ist üblicherweise als Schnellspanner ausgelegt. Allerdings verführt das auch mal zum Diebstahl des Sattels. Dem können Sie vorbeugen, indem Sie ihn durch einen normalen Klemmbolzen ersetzen. Letzteren gibt es heute häufig mit Inbusbefestigung, manchmal mit dem Nachteil, daß Sie gleichzeitig zwei Inbusschlüssel der gleichen Größe benötigen, um den Sattel einzustellen. Falls die Muffe sich nicht ausreichend festziehen läßt, kann der Schlitz in der Sattelmuffe mit einer dünnen, flachen Feile etwas ausgearbeitet werden. Dann muß jedoch auch ein Loch von 4 mm am Ende dieses Schlitzes gebohrt werden, um der Entstehung von Rissen im Metall vorzubeugen.

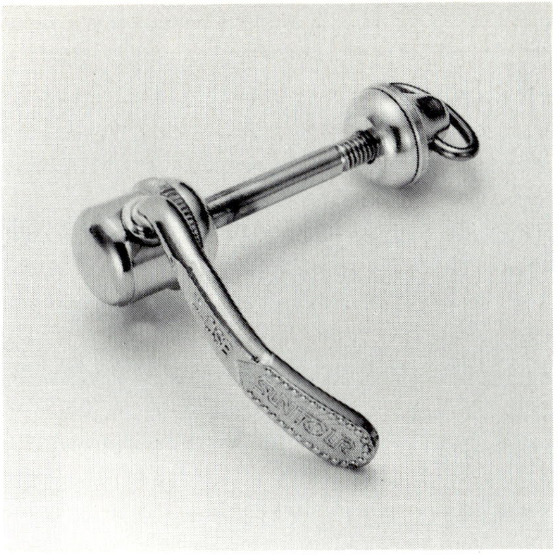

Schnellspann-Sattel-Klemmbolzen. Dieses Zubehör findet sich auf den meisten Mountainbikes, eignet sich jedoch auch für jedes Fahrrad, das häufig eingestellt werden muß, weil es von verschiedenen Fahrern benutzt wird.

Auswechseln der Sattelstütze

Entfernen Sie zuerst den Sattel mit der Sattelstütze. Erst dann wird der Sattel von der Sattelstütze getrennt. Bei der Installation kann man entweder ähnlich verfahren, oder es kann zuerst die Sattelstütze und danach der Sattel angebracht werden.
Befolgen Sie dazu die Anleitungen „Einstellen des Sattelstands" und „Auswechseln des Sattels". Die Sattelstütze vor der Installation leicht mit Vaseline einschmieren.

Pflege eines Ledersattels

Der Sattel mit vorgespannter Lederdecke muß trocken gehalten werden. Stülpen Sie beim Abstellen und Transportieren des Rads immer eine Plastiktüte über den Sattel. Falls er trotzdem naß wird, sollten Sie sich nicht darauf setzen, weil er sich dann unweigerlich verformen würde.
Um das Leder geschmeidig und einigermaßen wasserabweisend zu erhalten, wird die Unterseite der Satteldecke mindestens zweimal jährlich mit Lederschutzmittel (z. B. Brooks „Proofide") behandelt. Sie muß etwa eben-

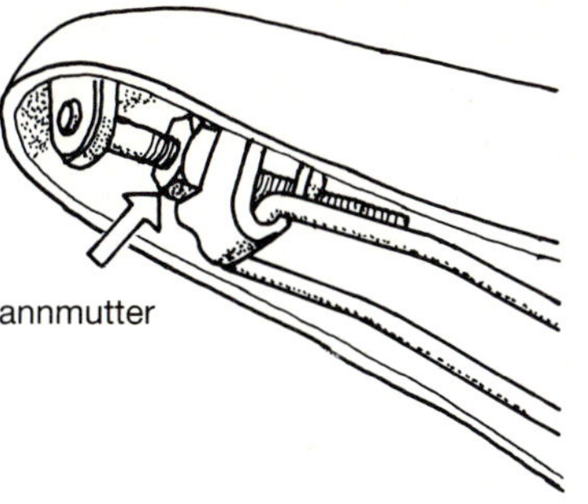

14.7 Spannbolzen für Ledersattel

sooft angespannt werden, damit sie ihre Form und Federwirkung behält. Dazu die in der Abbildung gezeigte Mutter fester anziehen.
Um den Sattel zu schützen, können Sie sich einen Sattelschutz kaufen. Wenn dieser nicht erhältlich ist, können Sie ihn auch leicht selbst nach dem Muster der Abbildung

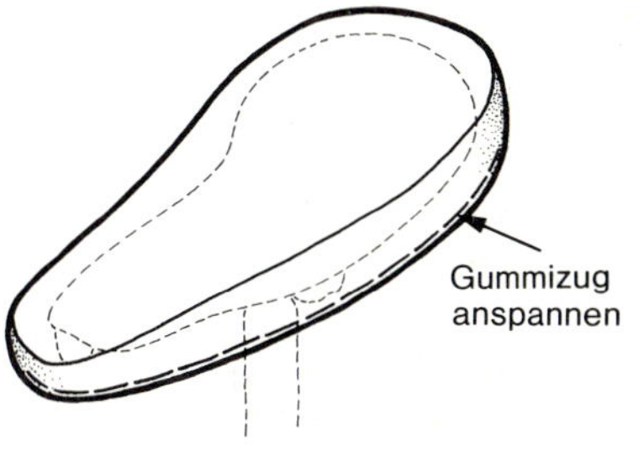

14.8 Sattelschutz

14.8 nähen. Wenn das Rad über längere Zeit abgestellt ist, sollte der Sattel abgedeckt werden. Achten Sie auch auf einen wirksamen Regenschutz für den Sattel, wenn das Rad auf dem Auto-Fahrradträger transportiert werden soll. Und vergessen Sie nicht: falls der Ledersattel irgendwann naß werden sollte, erst wieder draufsetzen, wenn er völlig trocken ist.

15
Die Laufräder

Die Abbildung 15.1 zeigt den Aufbau eines typischen Fahrrad-Laufrads. Es besteht aus einer Nabe, einem Satz Speichen und einer Felge, auf die der Reifen montiert ist. Diese Teile werden hier jeweils einzeln vorgestellt, und die jeweils anfallenden Wartungsarbeiten werden nach Einzelteilen geordnet aufgeführt. Zusätzlich gibt es jedoch Arbeiten, die das Laufrad als Ganzes betreffen. Dazu gehören das Ein- und Ausbauen des Rades, das Richten eines verformten Rades sowie das Einspeichen, um Nabe, Speichen oder Felge zu ersetzen.

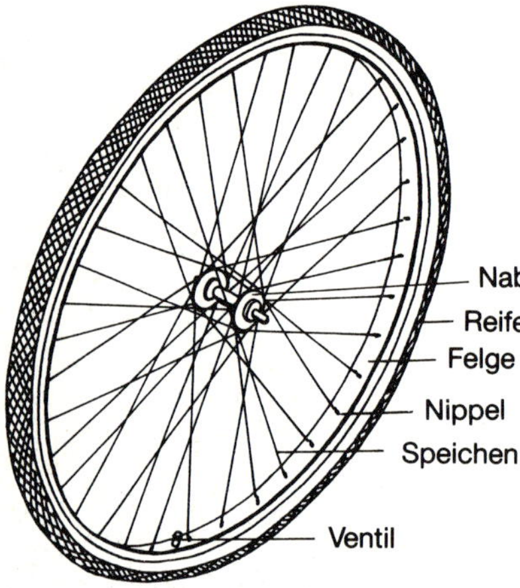

15.1 Teile des Laufrads

In den letzten Jahren hat man bei Radrennen (insbesondere beim sog. Zeitfahren) sowie beim Triathlon speichenlose Scheibenräder eingeführt. Sie haben einen bis zu 60% niedrigeren Luftwiderstand als konventionelle Räder, sind dafür aber seitenwindempfindlich, was sie für den Einsatz auf der Straße ungeeignet macht. Meistens werden solche – erschreckend teuren – Räder in einem Stück hergestellt. Ihr Querschnitt wird einem bewährten Luftfahrtprofil entnommen. Hin und wieder findet man auch Abdeckungen, mit denen ein konventionell gespeichtes Laufrad verkleidet wird. Diese sind weniger luftschlüpfrig und erheblich billiger. Beide Lösungen sind eher interessante Novitäten als praktische Artikel, die sich für die Anwendung beim gängigen Fahrrad anbieten.

Das nominelle Maß eines Fahrrad-Laufrads richtet sich nach dem Reifenmaß. Obwohl dieses Maß früher immer nach dem englischen Vorbild in Zoll ausgedrückt wurde, ist eine Angabe in Millimetern heute ebenfalls gebräuchlich. Man spricht also heute eher von einem 700-mm-Rad als von einem 28-Zoll-Rad. Allerdings sind beide Angaben sehr ungenau, und ich empfehle die Benutzung einer Maßangabe nach der ETRTO-Norm, die auf dem Felgendurchmesser basiert und im Abschnitt, der sich mit den Reifen befaßt, ausführlich behandelt wird.

Die Nabe

Die Nabe ist das Herzstück des Laufrads. Dabei behandeln wir zunächst die Nabe im allgemeinen. Besondere Nabentypen mit eingebauter Bremse oder Gangschaltung werden in den entsprechenden Kapiteln ausführlicher behandelt werden. Je nach der Befestigung der Nabe im Rahmen bzw. an der Vordergabel gibt es Schnellspannaben und solche mit Achsenmuttern.

Die Abbildung 15.2 zeigt den Aufbau einer einfachen Nabe. Sie besteht aus einer Achse,

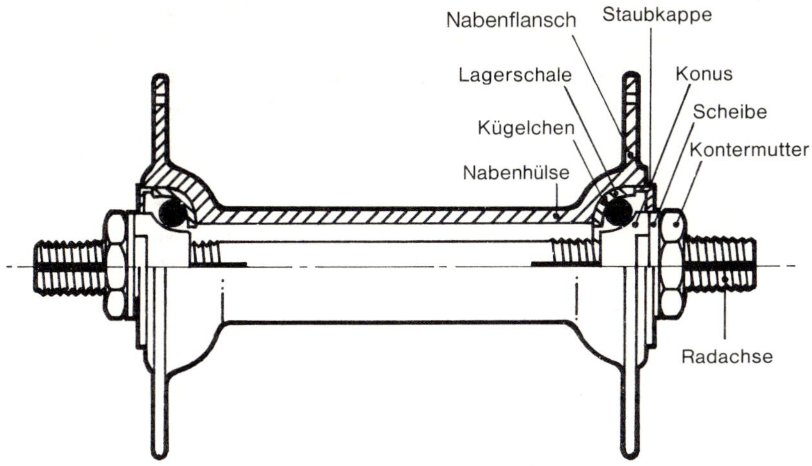

15.2 Querschnitt einer Nabe

die bei der Schnellspannabe hohl ist, zwei Kugellagern und einem Hohlkörper mit zwei Flanschen zum Einhaken der Speichen sowie entweder Achsenmuttern oder einem Schnellspanner. Die Kugellager sind meistens vom konventionellen, einstellbaren Typ, obwohl es auch Naben mit nichteinstellbaren Maschinenlagern gibt. Um eine Nabe zu ersetzen, muß das ganze Laufrad neu eingespeicht werden.

Beim leichten Fahrrad gibt es verschiedene Ausführungen: mit oder ohne Schnellspanner, mit großen oder kleinen Flanschen (Hochflansch und Niederflansch genannt) und mit unterschiedlichen Breiten für die hintere

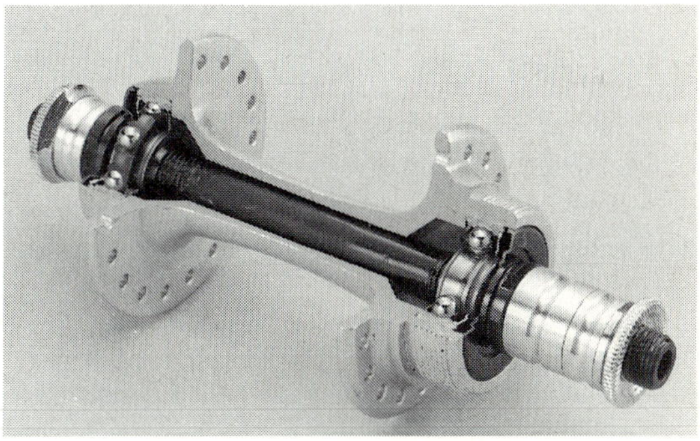

Das Innenleben einer hochwertigen Fahrradnabe von Sun-Tour. Dieses Modell hat gedichtete Industrielager.

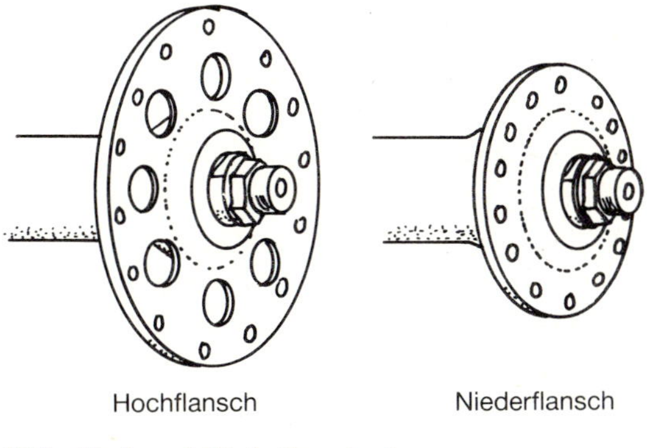

15.3 Hoch- und Niederflanschnabe

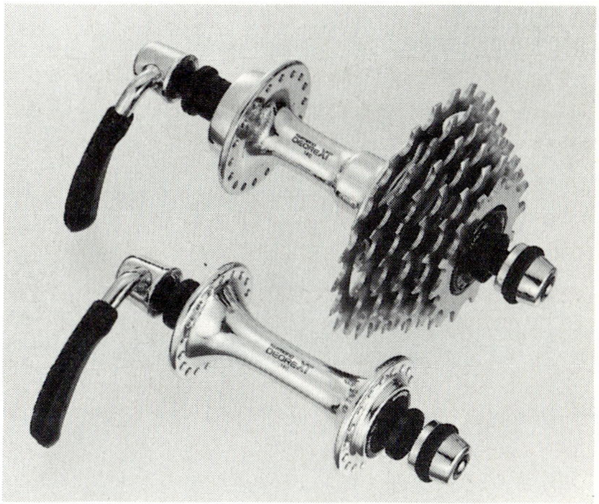

Schnellspann-Naben von Shimano

Nabe. Für die Praxis ist es egal, welche Ausführung es ist, solange Sie ein hochwertiges Modell haben, daß mit leichtlaufenden Kugellagern ausgestattet ist und eine Breite hat, die zu Ihrem Rahmen und Zahnkranz paßt: vorne meistens 100 mm, hinten 120 mm für einen fünffachen Zahnkranz oder 125–126 mm für einen sechs- oder siebenfachen, während Mountainbikes mehr und mehr mit 130 mm breiten Hinterradnaben ausgestattet werden.

Ein- und Ausbauen – Rad mit Achsenmuttern

Beim Hinterrad eines Hollandrads ist vorher der Kettenkasten zumindest im hinteren Bereich zu lösen oder zu entfernen. Überlegen Sie sich in diesem Fall jedoch vorher, ob das Rad wirklich ausgebaut werden muß. Beim Reifenflicken ist das z. B. nicht nötig. Falls das Rad eine Kettenschaltung hat, legen Sie den Gang mit dem kleinstem Ritzel und dem kleinem Kettenblatt ein.

Werkzeuge und Hilfsmittel

- Schraubenschlüssel
- für das Hinterrad: Lappen, Schraubendreher

Vorgang: Ausbauen

1. Bei einem Rad mit Rücktrittbremse die Befestigung des Bremshebels entfernen. Bei einem Rad mit Nabenschaltung die Verbindung zum Schaltseil lösen. Bei einem Rad mit Gestängebremse das Gestänge lösen. Bei einem Rad mit Trommelbremse das Bremskabel lösen. Bei dem Hinterrad eines Hollandrads die beidseitigen Kettenspanner lockern.
2. Beide Achsenmuttern um ca. 4 Umdrehungen lockern – bei einem Vorderrad mit Radhalterungen in der Gabel so weit, daß diese gelöst werden können.
3. Bei einem Hinterrad die Kette zurückhalten und das Rad nach vorne schieben, bis die Kette abgenommen werden kann.
4. Das Rad herausnehmen. Falls es sich nicht durch die Felgenbremse führen läßt, diese entspannen (siehe Kapitel 20) oder Luft aus den Reifen ablassen.

Vorgang: Einbauen

1. Führen Sie Muttern, Scheiben und etwaige Radhalterungen zu den Achsenenden hin, ohne sie zu entfernen.
2. Bei einem Rad mit Kettenschaltung diese so einstellen, daß die Kette vorne auf dem kleineren Kettenblatt liegt und hinten auf das kleinste Ritzel gelegt werden kann.

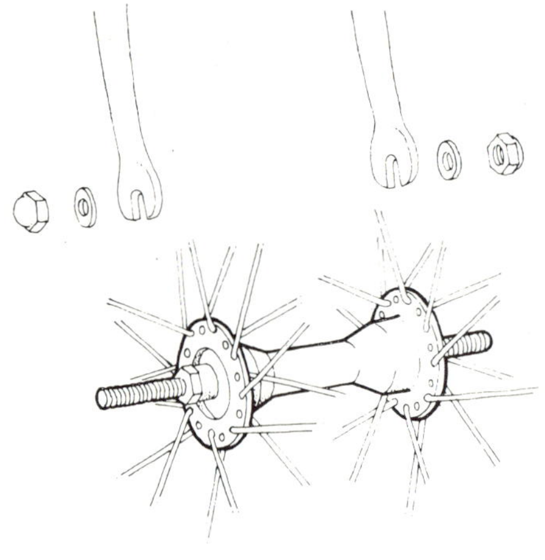

15.4 Befestigung mit Achsenmuttern

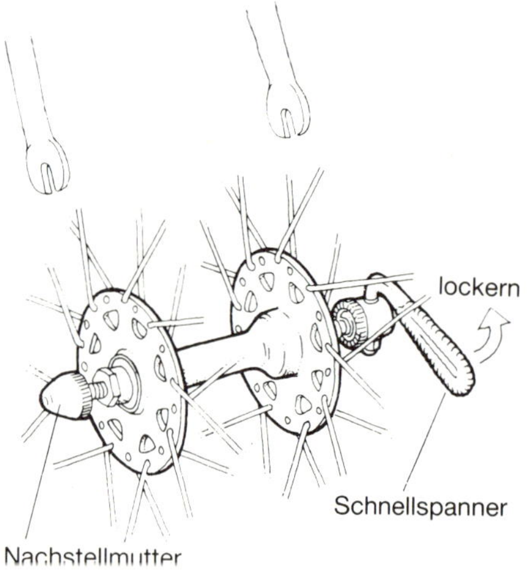

15.5 Befestigung mit Schnellspanner

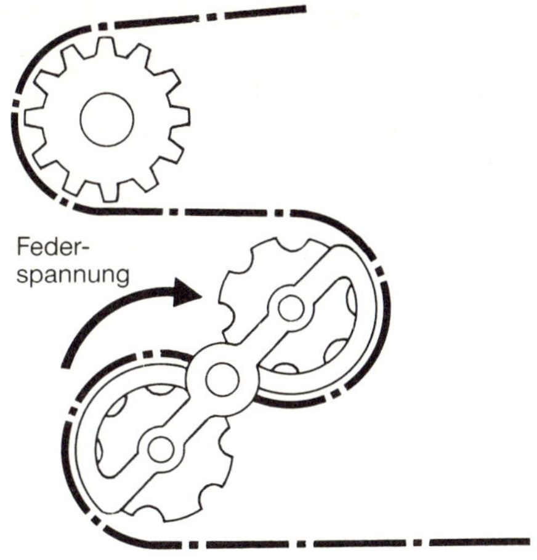

15.6 Verlauf der Kette bei der Kettenschaltung

3. Achse in die Ausfallenden von Rahmen oder Gabel schieben. Bei einem Hinterrad die Kette um das Ritzel legen (Kettenschaltung: kleinstes Ritzel, dabei das Schaltsegment zurückhalten und die Kette nach der Abbildung 15.6 führen). Falls erforderlich, Bremse entspannen oder Reifenluft ausströmen lassen.
4. Bei einem Hollandrad zuerst die Kette neben das Ritzel legen, danach die Achse nach vorne schieben und zuletzt die Kette auf das Ritzel legen.
5. Rad ausrichten und Kettenspannung einstellen (siehe Kapitel 16).
6. Achsenmutter anziehen, dabei das Rad ausgerichtet halten. Bei einer Nabenbremse den Bremshebel befestigen. Brems- und Schaltbedienungszüge befestigen und einstellen.

Ein- und Ausbau – Rad mit Schnellspannabe

Diese Form der Nabe wird auf allen Renn- und Trimmrädern sowie auf manchen Mountainbikes und Reiserädern benutzt. Obwohl der Schnellspanner nicht unbedingt besser oder leichter ist, findet man ihn auf fast allen hochwertigen Naben. Bei Tandemrädern, die sehr hoch belastet werden, ist wegen der geschwächten Hohlachse auf Schnellspannaben zu verzichten.
Die Abbildung 15.7 zeigt die Teile des Schnellspanners. Die Spiralfedern werden beidseitig in der gezeigten Orientierung installiert. Die Mutter ist lediglich eine Stellmutter. Sie darf zum Festziehen bzw. Lockern des Rads nicht benutzt werden. Nach dem richtigen Einstellen der Kontermutter wird das Rad verriegelt bzw. gelockert, indem der Schnellspannhebel umgelegt wird.

Werkzeuge und Hilfsmittel

- für das Hinterrad: Lappen

Vorgang: Ausbauen

1. Vorbereitung wie oben für Rad mit Achsenmuttern.
2. Schnellspannhebel in die offene Position umlegen. Falls das Rad damit noch nicht ausreichend gelockert ist, die Kontermutter von Hand um 1–2 Umdrehungen lockern.
3. Weiterer Ausbau wie oben für Rad mit Achsenmutter.

Vorgang: Einbauen

1. Vorbereitung wie oben für Rad mit Achsenmuttern.
2. Schnellspannhebel in die offene Position stellen. Falls erforderlich, Stellmutter (mit dem Hebel in offener Position) etwas lockern oder festziehen.
3. Weiterer Einbau wie oben für Rad mit Achsenmuttern.

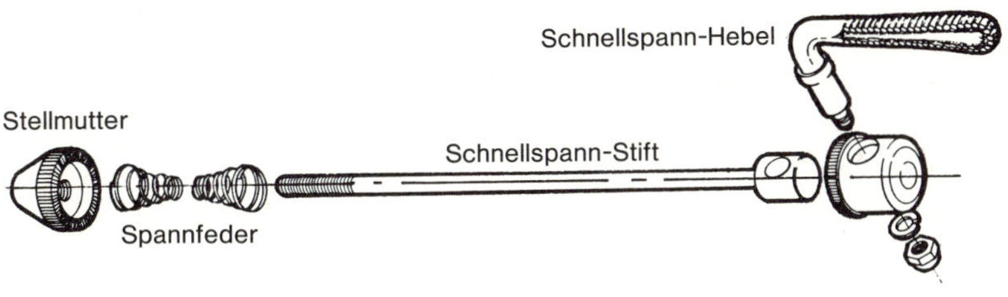

15.7 Teile des Schnellspanners

Einstellen der Nabe

Diese Arbeit läßt sich auch durchführen, ohne daß das Laufrad ausgebaut wird. Dann muß jedoch zuerst die Achsenmutter auf der einzustellenden Seite oder der Schnellspanner gelockert werden. Falls die Nabe sich nicht so einstellen läßt, daß sich das Rad frei und ohne Spiel dreht, muß die Nabe überholt oder ersetzt werden. Nicht einstellbare Naben mit festen Kugellagern müssen vom Fachmann überholt werden.

Werkzeuge und Hilfsmittel

- 2 Konusschlüssel (je nach Fabrikat der Nabe werden unterschiedliche Maße gebraucht)
- Schraubschlüssel

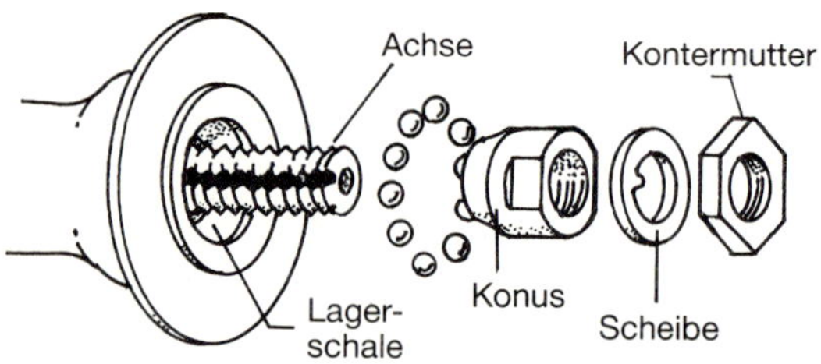

15.8 Einstellteile der Nabe

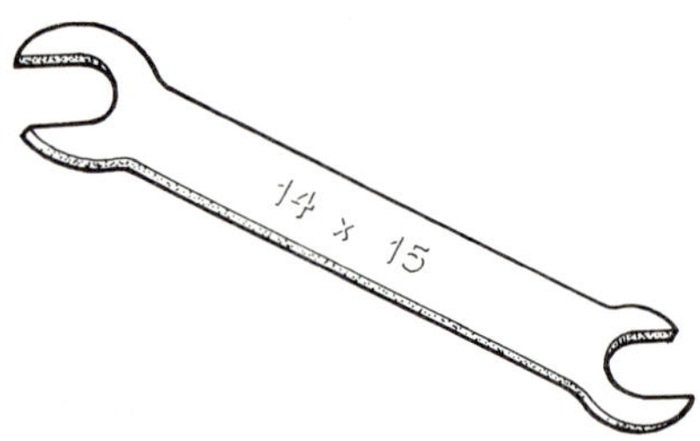

15.9 Konusschlüssel

Vorgang

1. Lockern Sie die Kontermutter um ca. 1 Umdrehung.
2. Scheibe anheben.
3. Konus nach rechts fester oder nach links lockerer stellen. Zum Lockern den Konus der anderen Seite und zum Festziehen die Kontermutter der anderen Seite gegenhalten. Nur wenn das Laufrad einseitig im Rahmen oder in der Gabel festsitzt, brauchen Sie dabei nicht gegenzuhalten.
4. Konus gegenhalten, damit er nicht mitdreht, und Kontermutter festziehen.
5. Prüfen und ggf. nachstellen. Nicht vergessen, das Rad wieder richtig einzuspannen.

Überholen der Nabe

Diese Arbeit empfiehlt sich eher als das Ersetzen der Nabe, weil dazu das ganze Laufrad neu eingespeicht werden müßte. Allerdings sind Ersatzteile für manche Nabentypen nicht erhältlich. Zuvor muß das Laufrad ausgebaut sein. Es gibt vereinzelt auch Naben mit festen Kugellagern, die nur vom Fachmann überholt werden können.

Werkzeuge und Hilfsmittel

- 2 Konusschlüssel
- Schraubenschlüssel
- Lappen
- Reinigungsmittel (z. B. Petroleum oder Terpentinersatz mit einer Beimischung von ca. 5% Mineralöl, um Korrosion zu verhindern)
- Kugellagerfett

Vorgang: Ausbauen

1. Schrauben Sie auf einer Seite die Kontermutter ab, während Sie den zugehörigen Konus gegenhalten.
2. Scheibe abheben und Konus abschrauben.
3. Kugeln auffangen, während die Achse mit dem anderen Konus und der Kontermutter herausgezogen wird.

Vorgang: Überholen

1. Zuerst alle Teile reinigen und prüfen. Beschädigte oder angerostete Lagerteile sowie die Kügelchen ersetzen. Lagerschalen nur vom Fachmann ersetzen lassen. Die Scheibe muß ersetzt werden, wenn ihre Nut nicht ausreichend Halt in der Rille der Achse hat, um sie gegen Mitdrehen zu sperren.
2. Die Achse auf Verbiegung prüfen, indem Sie sie langsam über eine gerade Fläche rollen und dabei genau beobachten. Eine gebogene Achse muß ersetzt werden.
3. Alle Teile nochmals reinigen und einfetten. Lagerschalen mit Fett ausfüllen.
4. Kügelchen in die Lagerschalen eindrücken.
5. Achse mit Konus und Kontermutter auf einer Seite einführen; dabei aufpassen, daß Sie die Kügelchen nicht verlieren.
6. Den zweiten Konus aufschrauben, Scheibe auflegen, Kontermutter locker aufschrauben.
7. Lager einstellen und Kontermutter festziehen. Beim Festziehen der Kontermutter am Konus der gleichen Seite gegenhalten. Beim Festziehen des Konus den

anderen Konus, beim Lockern des Konus die Kontermutter der anderen Seite gegenhalten.
8. Nach ca. 100 km nochmals nachstellen.

Bemerkungen
1. Falls die Nabe nur einseitig einstellbar ist (einseitig fester Konus), montieren Sie das einstellbare Lager auf die linke Seite des Fahrrads.
2. Falls das Überholen keine Abhilfe bringt, muß die ganze Nabe ersetzt werden. Die Beschreibung finden Sie unter „Einspeichen eines Laufrads". Achten Sie darauf, daß Sie eine Nabe mit genau so vielen Speichenlöchern besorgen, wie in der Felge sind (meistens 36, aber nicht immer, insbesondere bei sehr leichten Rädern sowie bei Kinderrädern).

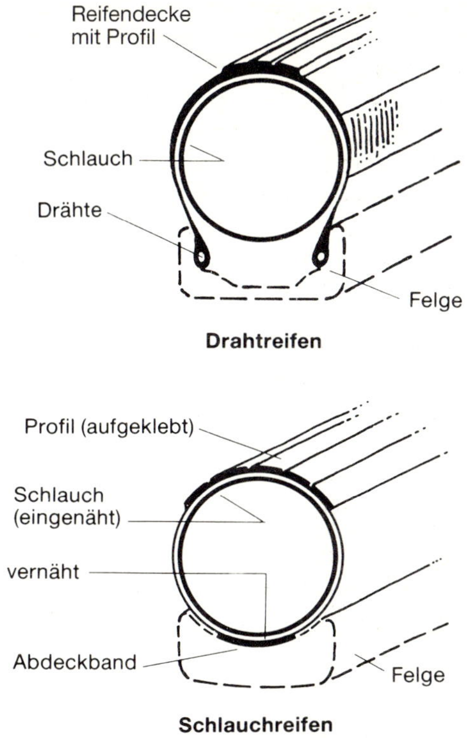

15.10 Vergleich Drahtreifen und Schlauchreifen

Die Reifen

Der Fahrradreifen besteht aus Schlauch und Decke. Beim Rennrad wird ein rundum vernähter sog. Schlauchreifen benutzt, der auf die Felge gekittet wird. Meistens wird jedoch nur der gängige Drahtreifen, also der mit separatem Schlauch, benutzt. Beachten Sie auch die drei Ventiltypen. Für das Dunlop-Ventil gibt es Einsätze mit Gummischlauch und sog. Blitzventile, die leichter aufzupumpen, dafür aber auch störungsanfälliger sind. Das Schräder- oder Autoventil hat einen größeren Durchmesser. Folglich muß bei der Anwendung dieses Typs auch die Felge mit einem größeren Ventilloch ausgestattet sein. Wenn später ein Schlauch mit einem anderen Ventiltyp installiert werden soll, muß dann eine Scheibe unter das Ventil gelegt werden, um den Schlauch direkt neben dem Ventil zu schützen. Wenn eine Standardscheibe einen zu großen Außendurchmesser hat, kann sie seitlich mit der Feile nachgearbeitet werden.

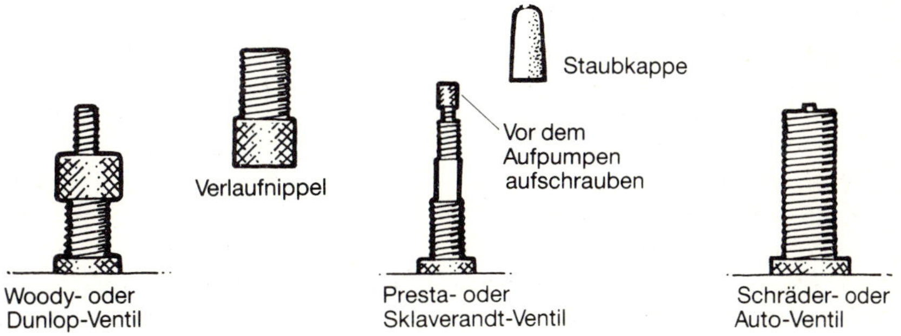

15.11 Ventiltypen

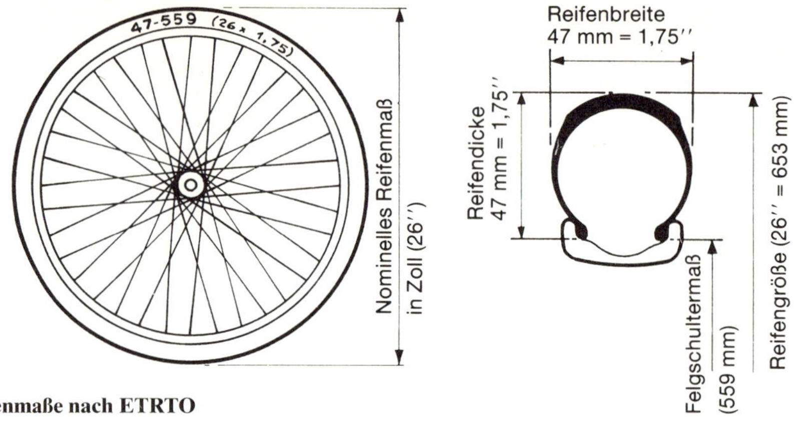

15.12 Reifenmaße nach ETRTO

Die Abbildung 15.12 zeigt, wie die nominalen Abmessungen eines Reifens bestimmt werden. Nennen Sie beim Kauf eines neuen Reifens immer die ETRTO-Angabe, weil sie genauer ist als die Zoll-Angabe. Felge und Reifen müssen zueinander passen: die Dreiziffernummern (z. B. 622 für das 28-Zoll-Rad) auf Reifen und Felge müssen übereinstimmen. Schläuche sind da flexibler, denn der gleiche Schlauch paßt meistens zu mehreren Reifengrößen.

Zum sog. 28-Zoll-Reifen paßt eine Felge mit einem Durchmesser von 622 mm, und dieser Reifen heißt dann auch z. B. 622-25 für einen 25 mm breiten Reifen, der auf diese Felge paßt. Der herkömmliche 26-Zoll-Reifen sowie der Reifen eines Mountainbikes paßt auf eine Felge mit einem Durchmesser von 559 mm, während französische 650-mm-Reifen auf eine größere Felge passen und durchweg eine geringere Breite haben.

Der Rollwiderstand eines Reifens ist hauptsächlich vom Reifendruck abhängig. Weil es leichter ist, einen schmalen Reifen zu konstruieren, der einem hohen Druck widersteht (und dadurch selbstverständlich auch leichter ist), haben schmale Reifen den Ruf, weniger Rollwiderstand zu bieten, was aber nur gilt, wenn sie auch entsprechend fest aufgepumpt sind. Mountainbikes haben zwar ganz dicke Reifen, aber diese erlauben einen weitaus höheren Druck als die herkömmlichen dicken Reifen des Sportrads. Ein weiterer Faktor, der viel über die Qualität eines Reifens aussagt, ist die Flexibilität, die nach der Abbildung 15.13 geprüft werden kann.

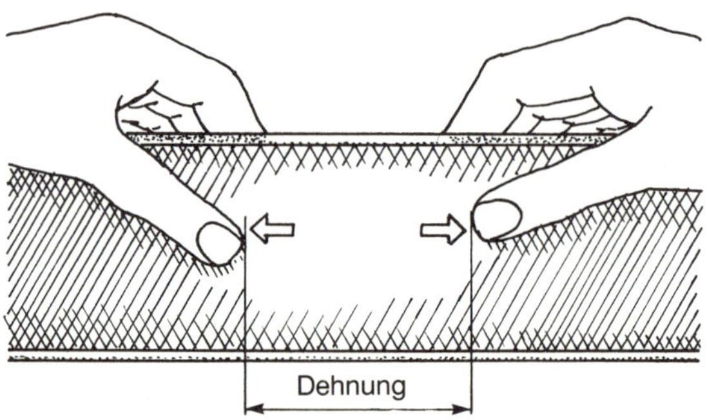

15.13 Prüfung der Flexibilität eines Reifens

Der Schlauch muß auch möglichst flexibel sein, um einen minimalen Rollwiderstand zu gewährleisten. Außerdem sind flexible Schläuche wie z. B. die Latexschläuche aus sehr weichem Naturgummi weniger pannenanfällig. Besonders dicke Schläuche und solche, die nur im Bereich der Lauffläche des Reifens besonders dickwandig sind, bieten zwar auch etwas mehr Pannenschutz, sind aber sehr schwer zu fahren. Übrigens entstehen die meisten Pannen nicht durch eindringende Nägel oder Splitter in der Lauffläche, sondern infolge zu geringen Reifendrucks, wenn der Schlauch zwischen Felge und Reifen eingeklemmt wird: ein Reifendruck von 6 bar für schmale Reifen (28 mm oder weniger) bis hinunter zu 4 bar für dicke Reifen (40 mm oder mehr) halbiert das Pannenrisiko.

Zur Profilierung eines Reifens ist zu sagen, daß sie eigentlich unter den meisten Bedingungen gar nicht erforderlich ist. Tatsächlich ist der Reifendruck entscheidend für den Druck zwischen Reifen und Fahrbahn. Dieser ist, anders als beim Autoreifen, so hoch, daß Regenwasser sich nicht zwischen Reifen und Straße aufstaut und ein Abrutschen verursachen könnte. Deshalb hat man in letzter Zeit auch völlig profillose Reifen entwickelt, die bei ausreichendem Reifendruck auf guter Fahrbahn hervorragende Eigenschaften haben. Nur im Schnee und auf losem Kies ist ein ausgeprägtes Profil erforderlich. Für das Fahren auf Eis ist der glatte Reifen schon besser als der Reifen mit dicken Stollen, obwohl dann auch Spikesreifen in Frage kommen, die es nur in bestimmten Größen gibt.

Flicken oder Ersetzen eines Reifens bzw. Schlauchs

Die nun folgende vollständige Anleitung gilt für das Flikken. Beim Ersetzen eines Schlauchs oder Reifens sind nur die Punkte zu befolgen, die offensichtlich zutreffen.

In beiden Fällen ist immer ein Felgenband zwischen Felge und Schlauch zu installieren, weil das den Schlauch vor Beschädigung durch die Speichenenden schützt.

Für das bloße Flicken ist es in manchen Fällen nicht erforderlich, das Laufrad auszubauen, es sei denn, Sie stellen fest, daß das Felgenband fehlt oder gerissen ist und Sie folglich ein neues installieren müssen. Vor allem bei einem Hinterrad mit Rücktritt (insbesondere beim Hollandrad) sowie bei jedem anderen Rad mit Naben- oder Gestängebremse ist dies sogar zu vermeiden: einfach das Fahrrad umkehren und wie folgt vorgehen:

Werkzeuge und Hilfsmittel

- 3 Reifenheber
- Flickzeug (Flicken, Gummilösung, Schmirgelpapier)
- Luftpumpe

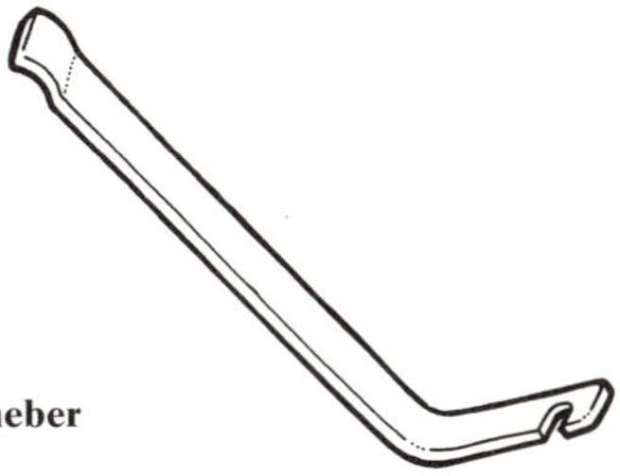

15.14 Reifenheber

Vorgang

1. Zuerst das Ventil ausprobieren; manchmal entweicht hier Luft. Falls erforderlich, zuschrauben oder das Innere (eventuell nur den Gummischlauch eines Dunlop-Ventils) ersetzen und aufpumpen. Falls das Problem noch nicht behoben ist, lesen Sie weiter.
2. Reifendecke ringsherum prüfen; dabei etwaige Dornen, Nägel oder Glassplitter entfernen und solche Stellen markieren.
3. Etwa verbleibende Luft ausströmen lassen, Ventil aufschrauben (beim Sklaverandt- und Autoventil den Stift eindrücken), Mutter entfernen.
4. Ventilgehäuse nach innen drücken und Reifendecke einseitig über den ganzen Umfang in die (tiefere) Mitte der Felge zwängen. Beim Hinterrad macht man das auf der der Kette gegenüberliegenden Seite.

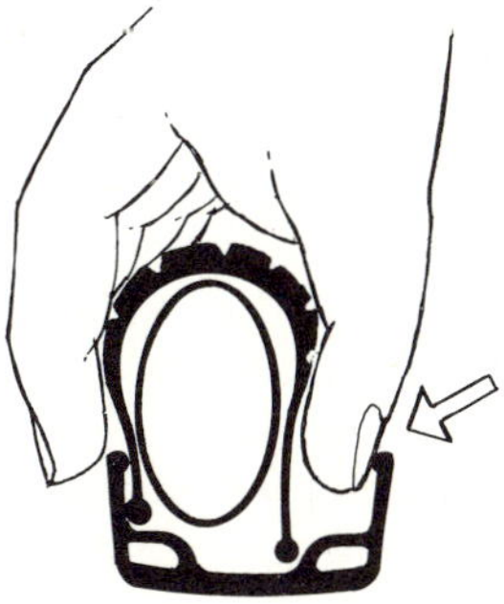

15.15 Reifenflanke in tiefste Stelle der Felge bringen

5. Das längere Ende eines Reifenhebers etwa diametral zum Ventil unter die Reifendecke einführen und die Decke abheben, wobei das andere Ende bei einer Speiche eingehakt wird.

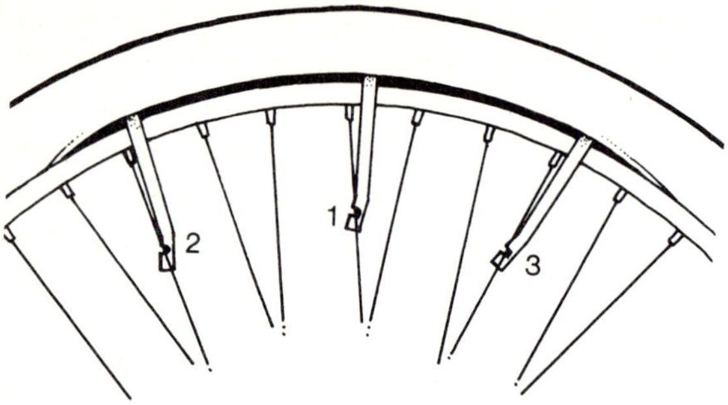

15.16 Reifenheber-Anordnung

6. Ca. 15 cm weiter das gleiche mit dem zweiten Reifenheber und 15 cm in die andere Richtung mit dem dritten Reifenheber machen. Der erste Reifenheber kann jetzt leicht entfernt und die Decke über den Felgenrand geführt werden.
7. Falls erforderlich, diesen Vorgang mit dem gerade freigewordenen Reifenheber wiederholen, bis die ganze Seite des Reifens über die Felge geführt werden kann.
8. Vom Ventil aus den Schlauch herausziehen.
9. Falls zutreffend (Dunlop- oder Blitzventil), Ventil montieren und aufpumpen.
10. Beobachten, wo Luft austritt, und die Stelle oder Stellen markieren. Falls Luft nicht hörbar austritt, entweder den Schlauch langsam am Auge vorbeiführen oder nach und nach in Wasser tunken: Wo Luftblasen austreten, ist ein Loch (es können aber auch mehrere Löcher sein).
11. Falls zutreffend, abtrocknen und die schadhafte Stelle über eine Fläche, die etwas größer ist als der Flicken, abschmirgeln und trocken abwischen.
12. Gummilösung gleichmäßig und dünn auftragen; ca. 3 Minuten trocknen lassen.
13. Abdeckfolie vom Flicken abziehen und den Flicken fest auf die eingeschmierte Stelle drücken. Transparentfolie belassen.
14. Schlauch leicht aufpumpen und prüfen, ob jetzt nirgends mehr Luft austritt. Falls erforderlich, Reparatur wiederholen.
15. Innenseite der Reifendecke und Felgenbett prüfen. Alles, was den Schlauch beschädigen könnte, entfernen. Herausragend Speichenenden abfeilen und mit Felgenband abdecken.
16. Luft ablassen und bei einem Dunlop- oder Blitzventil den Einsatz entfernen.
17. Ventil von innen einstecken und von außen die Mutter (falls vorhanden) aufschrauben.
18. Ganz leicht aufpumpen und Schlauch unter die Decke in das Felgenbett legen.
19. Reifendecke von Hand über den Felgenrand ziehen, dabei den bereits aufgelegten Teil jeweils in die tiefere Mitte des Felgenbetts drücken. Bei dieser Arbeit fängt man ca. 30 cm vom Ventil an und arbeitet in die entgegengesetzte Richtung, bis beiderseits des Ventils 30 cm verbleiben.
20. Luft ablassen, von beiden Seiten gleichzeitig zum Ventil hin arbeitend Decke in das tiefste Teil der Felge zwingen, und auch dieses Stück aufziehen. Dabei keinen Reifenheber benutzen.
21. Ventil noch einmal in die Felge hochdrücken, damit der Reifen auch an dieser Stelle richtig sitzt, dann wieder festschrauben.
22. Schlauch leicht aufpumpen und den Reifen hin- und herdrücken, bis Sie sicher sind, daß der Schlauch nicht eingeklemmt ist und die Decke konzentrisch zur Felge liegt (Abstand zwischen Felgenrand und Reifen-Ringmarkierung muß überall gleich sein).
23. Noch einmal Luft ablassen und anschließend fest aufpumpen.
24. Vergessen Sie nicht, geänderte Einstellungen zu korrigieren und gelöste Teile wieder festzumachen.

Ersetzen von Reifendecke oder Schlauch

Wenn eine Reparatur nicht möglich ist, weil z. B. der Schlauch am Ventil Luft durchläßt oder bereits mehrmals an einer Stelle geflickt worden war, wird der ganze Schlauch ersetzt. Auch eine Decke mit einem Loch oder Riß muß ersetzt werden. Das Felgenband, das den Schlauch vor Beschädigung durch die Speichenenden schützt, muß ersetzt werden, wenn es gerissen ist. Normalerweise wird dazu das Rad ausgebaut, aber sogar diese Arbeit kann z. B. bei dem Hinterrad eines Hollandrads, wo das Ausbauen beschwerlich ist, am montierten Rad gemacht werden.
Zum Abnehmen der Decke werden die zutreffenden Punkte der Anleitung „Flicken eines Reifens“ befolgt. Anschließend entweder den Schlauch herausziehen (wenn dieser ersetzt werden soll) oder auch die andere Seite der Decke über die Felge ziehen (falls diese ersetzt werden soll).

Beim Hinterrad macht man diese Arbeit auf der der Kette entgegengesetzten Seite. Bremshebelbefestigung und Achsenmutter auf dieser Seite entfernen. Schlauch, Decke oder Felgenband (je nachdem, was gerade ersetzt wird) bis an die Radachse heranführen. Hinterbau des Fahrrads kräftig aufspreizen und zugleich das zu entfernende Teil durchführen. Beim Einführen des neuen Teils ähnlich verfahren. Es gibt für diese Arbeit zwar ein Spezialwerkzeug (Spreizzange), aber es geht auch ohne.

Die Felge

Die Felge ist entweder aus Stahl oder Aluminium. Weil verchromte Stahlfelgen im Regen keine ausreichende Bremswirkung erlauben, sollten diese nur auf Rädern mit Nabenbremsen benutzt werden. Nichtrostende Edelstahlfelgen sind in dieser Hinsicht etwas günstiger, aber nur Aluminiumfelgen sind ausreichend sicher. Auch bei diesen gibt es allerdings Unterschiede, denn die Bremswirkung auf billigen, unbehandelten Aluminiumfelgen ist merkbar besser als auf teureren, eloxierten.
Aluminiumfelgen können wie die hier gezeigten Muster konstruiert sein, wobei das mittlere sog. Hohlkammerprofil für leichte Räder am günstigsten ist, während die beiden anderen Profile etwas robuster und schwerer sind. Schlauchreifen für Rennräder können nur auf Felgen des in Abbildung 15.18 gezeigten Modells montiert werden. Alle guten Aluminiumfelgen haben Verstärkungsbuchsen um die Speichenlöcher, damit sich keine Risse im Aluminium bilden.

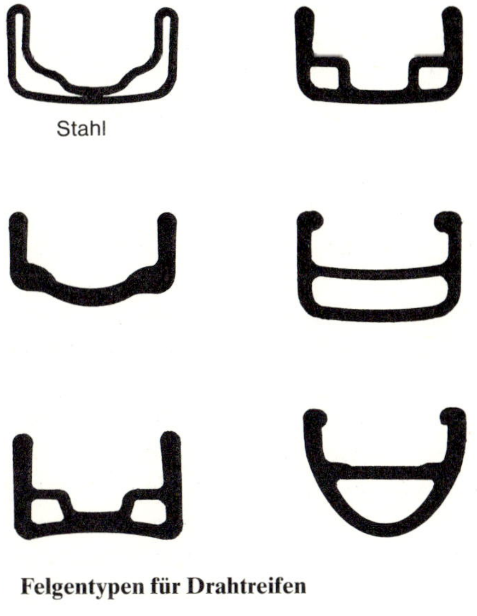

15.17 Felgentypen für Drahtreifen

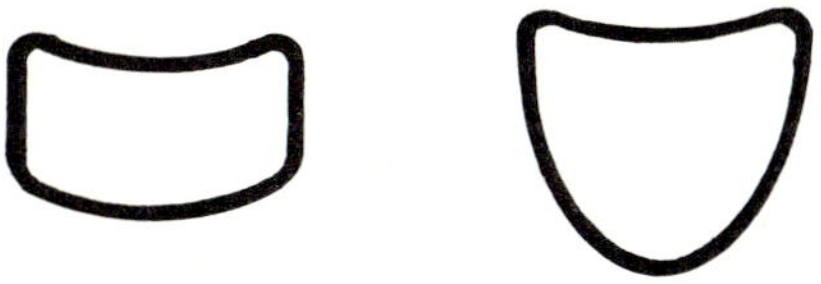

15.18 Felgentypen für Schlauchreifen

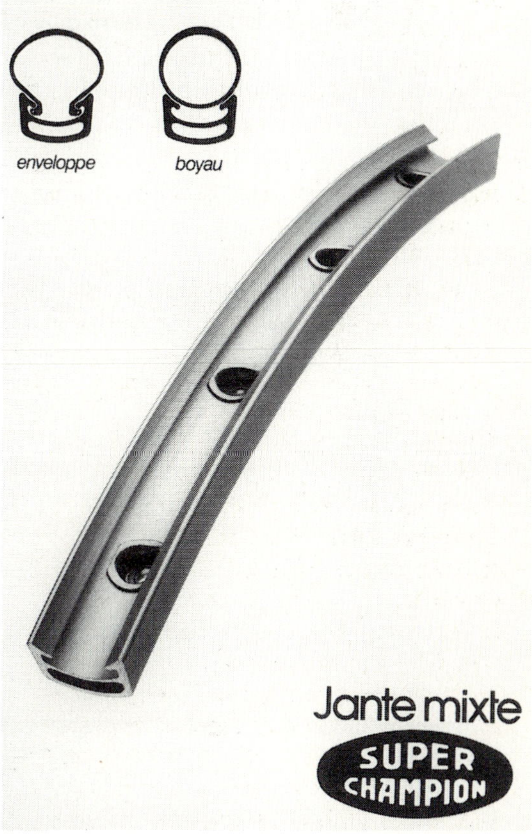

Eine eierlegende Wollmilchsau unter den Felgen: Dieses Modell von Wolber/Super Champion erlaubt die Montage sowohl von Drahtreifen als auch von Schlauchreifen.

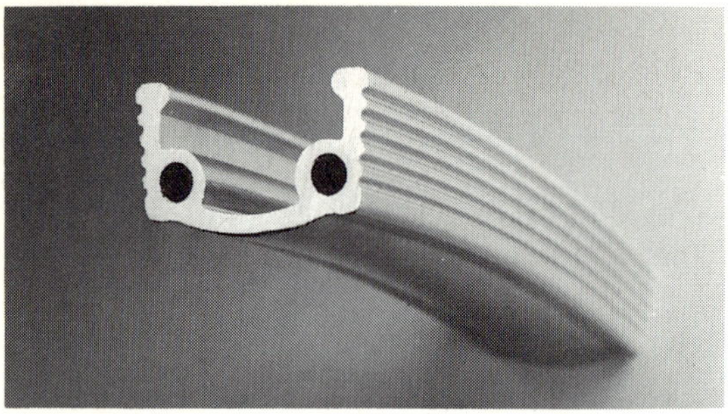

Felgenquerschnitt. Die Hohlrippen sorgen für die Verwindungsfestigkeit. Die hier gezeigten Seitenrippen sollen die Wirkung der Felgenbremse bei Nässe verbessern; in dieser Form wird sie inzwischen jedoch nicht mehr hergestellt.

Wenn eine Felge beschädigt ist, muß sie meistens ganz ersetzt werden, insbesondere wenn eine Felgenbremse auf das betreffende Rad wirkt. Auch wenn es sich um ein Rad ohne Felgenbremse handelt, empfehle ich eine gute Aluminiumfelge, die eben wesentlich leichter ist und in einer größeren Vielfalt an Maßen erhältlich ist. Zur Optimierung der Bremswirkung müssen die Felgenflanken sauber und fettfrei gehalten werden.

Das nominelle Maß der Felge muß mit dem des Reifens übereinstimmen. Die Dreiziffernummer der ETRTO-Angabe muß für beide gleich sein. Die Zweiziffernummer muß für die Felge niedriger sein als für den Reifen. Die Zahl der Speichenlöcher muß mit der der Nabe übereinstimmen. Für das Auswechseln der Felge ist die Anleitung „Einspeichen eines Laufrads" zu befolgen.

Die Speichen

Abbildung 15.19 zeigt die beiden gängigen Speichensorten: gleichmäßig dick oder endverstärkt. Letztere sind auch etwas leichter (bei gleicher Stärke der Enden, die entscheidend ist für die Festigkeit). Ihr Hauptvorteil ist, daß die erhöhte Elastizität infolge der Verjüngung sie weniger bruchanfällig macht. Die Speiche wird am Kopfende in den Nabenflansch eingehakt und am freien Ende mittels eines aufgeschraubten Nippels in der Felge gehalten. Das Anspannen der Speichen geschieht durch Aufdrehen dieses Nippels. Die gezeigte Scheibe ist zu empfehlen, wenn die Felge keine Löcher hat, die mit einer Büchse verstärkt sind. Speichen aus rostfreiem Stahl sind besonders haltbar und bleiben auch nach vielen Jahren noch einigermaßen ein- und ausschraubbar.

Die Speichen werden abwechselnd von innen und von außen durch die Nabenflansche gesteckt und in einem der gezeigten Muster zusammengeflochten. Wenn die Speiche z. B. drei andere, in Gegenrichtung verlaufende Speichen kreuzt, spricht man von einem dreifach gekreuzten Rad. Vierfach gekreuzt ergibt die wenigsten Speichenbrüche. Die Speichen auf der rechten Seite eines Hinterrads sind schwer zugänglich, und deshalb muß das Ritzel bzw. der Zahnkranz entfernt werden, wenn eine solche Speiche ersetzt werden soll. Das gilt jedoch nicht für besondere Naben mit

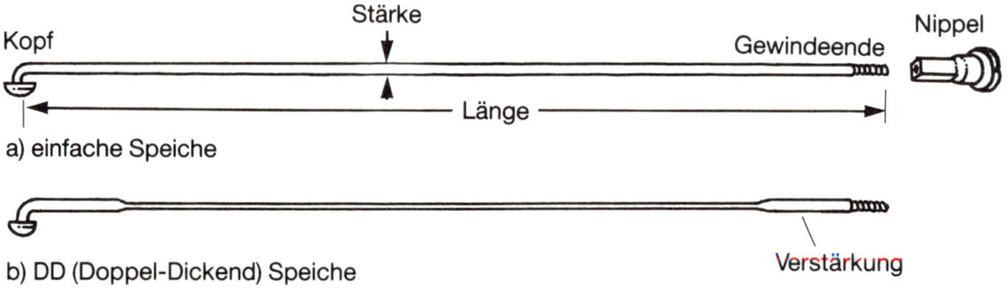

15.19 Details der Speichen

„Knopfloch-Speichenlöchern", wie die hervorragenden französischen Maxicarnaben, die auch besonders leichtlaufende Kugellager haben, obwohl sie nicht so elegant aussehen wie manche der weniger guten Naben.

Das gesamte Geflecht muß so konzipiert sein, daß schließlich die Felge und der Reifen seitlich mittig zwischen den Gabelscheiden bzw. den Hinterstreben gehalten werden. Beim Hinterrad liegen aber die Nabenflanschen nicht mittig, insbesondere bei einem Rad, das eine Kettenschaltung mit 5-, 6- oder 7fachem Zahnkranz hat. Dadurch stehen die Speichen auf der rechten Seite steiler, wodurch das Rad leicht verspannt wird. Deshalb muß ein solches Hinterrad häufiger geprüft und ggf. nachgespannt werden. Außerdem brechen die Speichen auf der rechten Seite deshalb auch leichter, und das sind gerade die am schwersten zugänglichen, weil sie vom Zahnkranz abge-

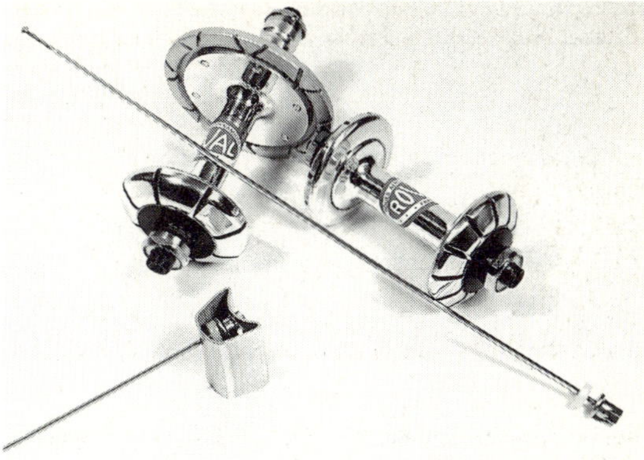

Aerodynamische Vorteile soll diese Lösung von Roval bringen: weniger und flache Speichen, im Vorderrad radial eingespeicht, und eine aerodynamische Felge.

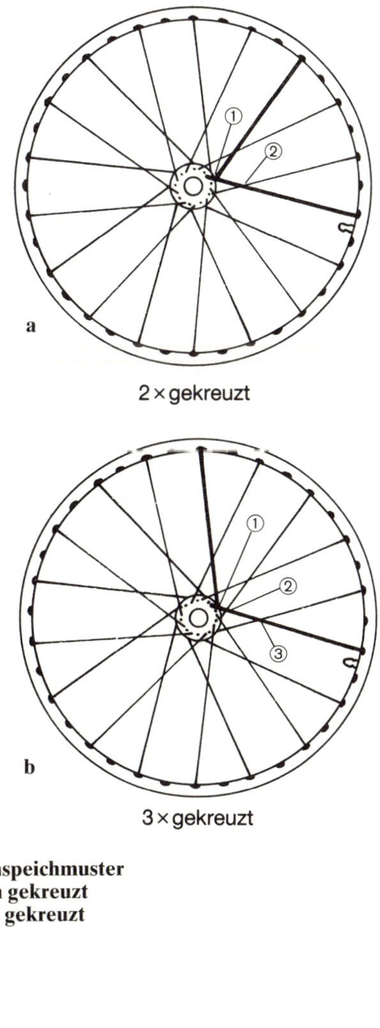

15.20 Einspeichmuster
a) zweifach gekreuzt
b) dreifach gekreuzt

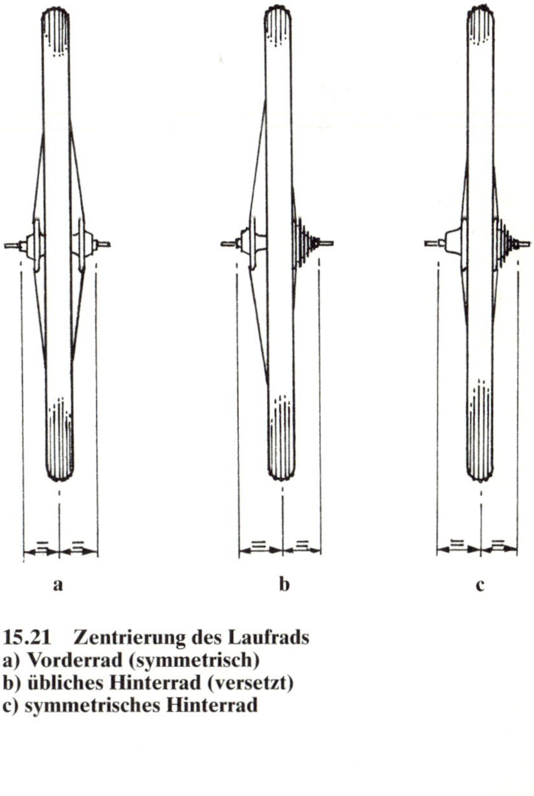

15.21 Zentrierung des Laufrads
a) Vorderrad (symmetrisch)
b) übliches Hinterrad (versetzt)
c) symmetrisches Hinterrad

15.22 Notspeiche

deckt sind. Auf einer Reise kann man als Ersatz für diese Speichen ein paar überlange Speichen nach der Abbildung 15.22 zurechtbiegen, die als Notbehelf einfach eingehakt werden, bis eine endgültige Reparatur durchgeführt werden kann.
Es brechen natürlich immer zunächst die am stärksten belasteten Speichen. Wegen Werkstoffermüdung (infolge ständig wechselnder Belastung) tritt der Bruch an den Stellen auf, die ständig hin- und hergebogen werden: am Kopf der Speiche. Am Hinterrad passiert das immer an den Speichen, die auf der Innenseite liegen, bei einer Rücktritt- oder Trommelbremse, wenn gerade diese Speichen nach vorne verlaufen, bei einem Rad ohne Rücktritt oder Trommelbremse, wenn diese Speichen nach hinten verlaufen. Speichen Sie das Rad so ein (nach der Abbildung 15.23), daß Sie Speichenbrüche weitgehend vermeiden.

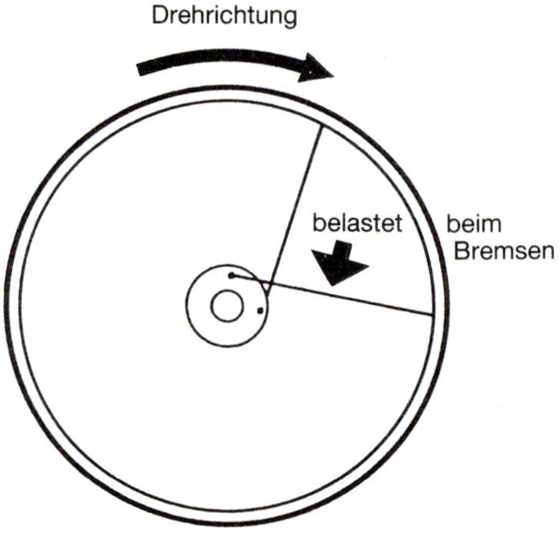

15.23 Belastete Speiche bei Nabenbremse

Ebenfalls aerodynamisch günstig soll das Scheibenrad sein. Es ist keine Entwicklung der letzten Jahre, sondern wurde – wie dieses Bild belegt – schon im Jahre 1895 konzipiert, und zwar, laut Werbeliteratur der Firma Disc Wheel Co., aus dem gleichen Grund wie heute.

Richten eines Laufrads

Wenn das Rad „eiert“, einen „Achter“ hat oder nicht mittig zentriert ist (d. h. die Laufräder fluchten nicht, obwohl Rahmen und Vordergabel in Ordnung sind), kann es meist durch Nachstellen der Speichenspannung gerichtet werden. Falls einzelne Speichen gebrochen sind, müssen diese vorher ersetzt werden. Sollte Ihnen diese Arbeit nicht gelingen, überlassen Sie sie besser dem Fachmann.

Werkzeuge und Hilfsmittel

- Speichenschlüssel
- falls mittig zentriert werden muß: langes Metallineal und Holzklötzchen

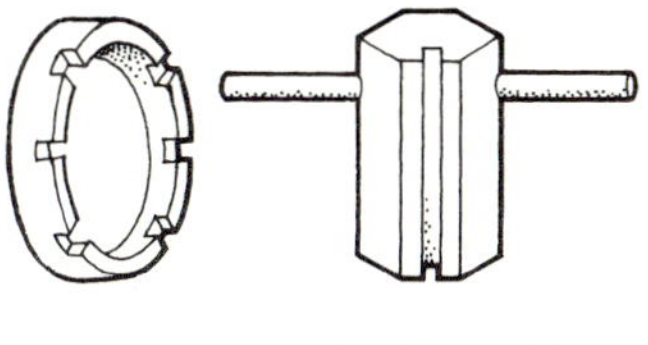

15.24 Nippelspanner (auch Speichenschlüssel)

Vorgang

1. Zuerst feststellen, welche Art von Abweichung vorliegt. Dazu das Laufrad langsam drehen und prüfen, ob es sich um einen Seitenschlag (Rad geht scheinbar hin und her) oder Hochschlag (Rad geht scheinbar rauf und runter) handelt. Als Bezugspunkt beim Drehen dazu die Stelle betrachten, wo die Felge die Felgenbremse passiert. Bei einem Rad ohne Felgenbremse einen Stift oder den Daumen an diese Stelle halten. Den genauen Bereich der Abweichung feststellen und diesen z. B. mit Kreide auf der Reifenflanke markieren.
2. Bei einem Seitenschlag sind im Bereich der Abweichung die Nippel der Speichen, die zum Nabenflansch der gleichen Seite verlaufen, in mehreren Durchgängen allmählich (jeweils nur um eine halbe Umdrehung) zu lockern, die zum anderen Nabenflansch verlaufenden fester anzuziehen. An der Stelle, wo die Abweichung am größten ist, sind schrittweise mehrere Umdrehungen erforderlich, dort wo die Abweichung geringer ist, vielleicht nur eine halbe Umdrehung.
3. Bei einem Hochschlag sind im Bereich der Abflachung die Nippel sämtlicher Speichen in mehreren Durchgängen nach und nach zu lockern, während sie im erhöhten Teil auf die gleiche Weise angespannt werden. Dort, wo die Abweichung am größten ist, sind schrittweise ziemlich viele Umdrehungen erforderlich, bei geringer Abweichung vielleicht nur eine Umdrehung.
4. Bei einem nicht richtig mittig zentrierten Rad sind sämtliche Speichen in mehreren Durchgängen auf der einen Seite schrittweise zu lockern und auf der anderen Seite festzuziehen.

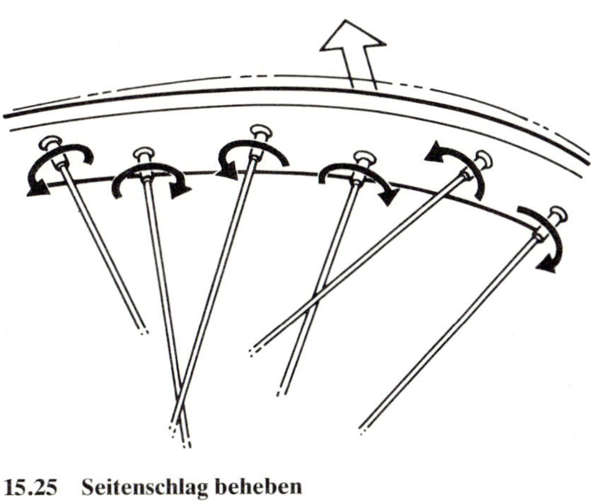

15.25 Seitenschlag beheben

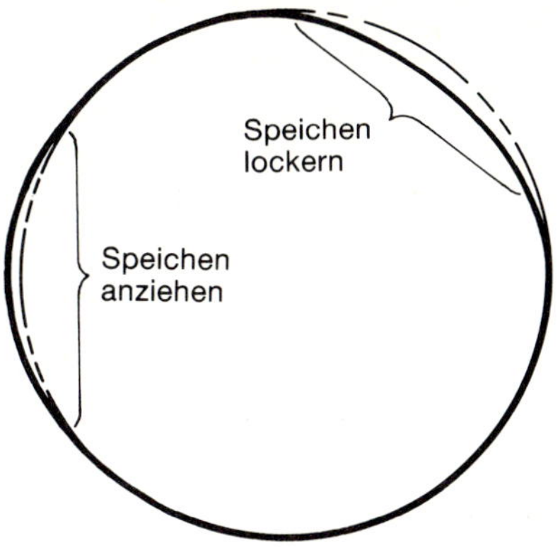

15.26 Hochschlag beheben

Bemerkung

Ob ein Laufrad mittig zentriert ist, läßt sich am ehesten feststellen, indem man es ausbaut und nach der Abbildung den Höhenunterschied zwischen Felgenseite und Kontermutter beidseitig an mehreren Punkten im Umkreis vergleicht. Das Lineal muß absolut gerade und die Klötz-

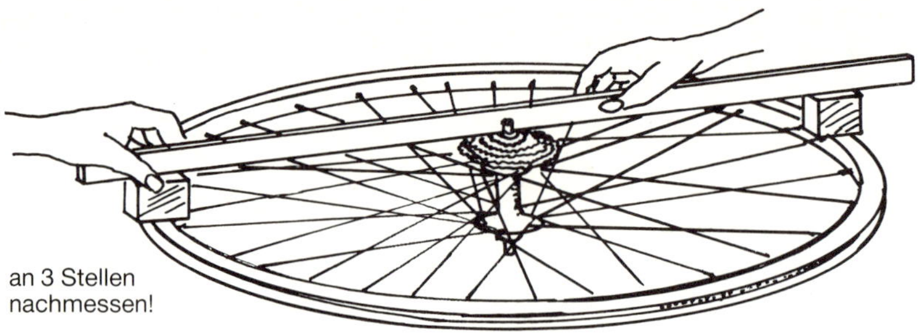

15.27 Zentrierprüfung

chen gleich hoch sein. Anstatt eines langen Lineals kann man sich nach dem Detailbild in der Abbildung 15.27 einen Bogen basteln.

Ersetzen von Speichen

Weil die Speichen nur als gesamtes „Geflecht" ihrer Funktion als Träger des Laufrads gerecht werden, ist eine gebrochene Speiche möglichst sofort zu ersetzen. Es lohnt sich, Speichen und Nippel der erforderlichen Länge (siehe Abbildung 15.19 für Maßfeststellung, S. 154) und Stärke auf Lager zu haben.
Meistens genügt es, die neue Speiche mit dem alten Nippel zu installieren. Falls der Nippel beschädigt ist oder Speiche und Nippel sich wegen Rost nicht lösen lassen, müssen Reifendecke, Schlauch und Felgenband z. T. entfernt oder angehoben werden, damit der Nippel ersetzt werden kann. Die am schwersten belasteten Speichen – die deshalb auch am ehesten brechen – sind die der Kettenseite des Hinterrads. Um diese zu ersetzen, muß bei einem Rad mit Kettenschaltung der Zahnkranz, bei einem Rad ohne Kettenschaltung häufig, jedoch nicht immer, das Ritzel entfernt werden (siehe Kapitel 17 bzw. 18).

Werkzeuge und Hilfsmittel

- Speichenschlüssel
- Schmiermittel (z. B. Vaseline)

Vorgang

1. Zuerst die alten Speichenteile entfernen, indem man das äußere Ende aus dem Nippel herausschraubt oder auch den Nippel ersetzt.
2. Feststellen, wie die Speiche verlaufen soll. Das Speichenmuster wiederholt sich bei jeder vierten Speiche. Kontrollieren Sie dabei, ob der Kopf der Speiche innen oder außen liegen soll, in welcher Richtung die Speiche verläuft und wie sie die anderen Speichen kreuzt.
3. Das Gewindeende in Vaseline tunken. Die Speiche nach dem Vorbild einer ähnlich verlaufenden Speiche „einflechten" und den Nippel aufschrauben.
4. Nippel anspannen, bis die gleiche Spannung erreicht ist wie in den vorhandenen Speichen.
5. Laufrad richten und ggf. Spannung aller Speichen erhöhen, denn ungenügende Speichenspannung ist ein häufiger Grund für Speichenbruch und sonstige Laufradprobleme.

Einspeichen eines Laufrads

Wenn die Nabe oder die Felge ersetzt wird, muß das Laufrad neu eingespeicht werden. Diese Arbeit ist für den Ungeübten sehr zeitraubend. Wer es eilig hat, überläßt sie deshalb besser dem Fachmann. Am einfachsten ist

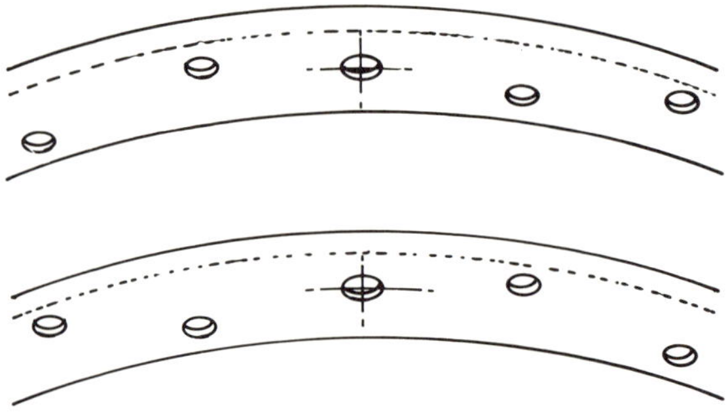

15.28 Position der Speichenlöcher relativ zum Ventilloch

es, eine Felge durch eine neue des gleichen Typs zu ersetzen. Das geht aber nur, wenn die Felge tatsächlich identisch ist und die alten Speichen wieder verwendet werden können. Entfernen Sie vorher Reifen, Schlauch und Felgenband.

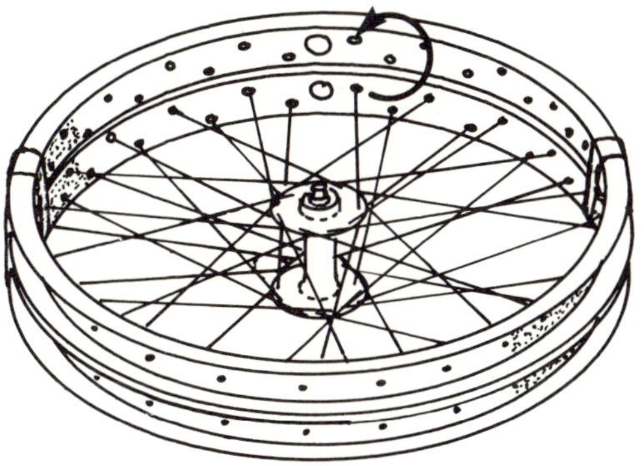

15.29 Ersetzen einer identischen Felge

In diesem Fall legen Sie die neue Felge so auf das alte Rad, daß die Ventillöcher direkt übereinander sind. Jetzt werden die Speichen der Reihe nach aus dem alten Rad herausgenommen und, nachdem die Gewindeenden eingefettet worden sind, in die neue Felge eingespeicht. Anschließend fester anziehen und das Rad richten. Falls Sie diese Methode nicht anwenden können, gehen Sie wie folgt vor:

Werkzeuge und Hilfsmittel

- Speichenschlüssel
- Schraubendreher
- Schmiermittel (z. B. Vaseline)
- Lappen

Vorgang

1. Anhand eines zutreffenden Beispiels oder einer der Abbildungen entscheiden, nach welchem Muster das Rad eingespeicht werden soll. Aufgrund dieses

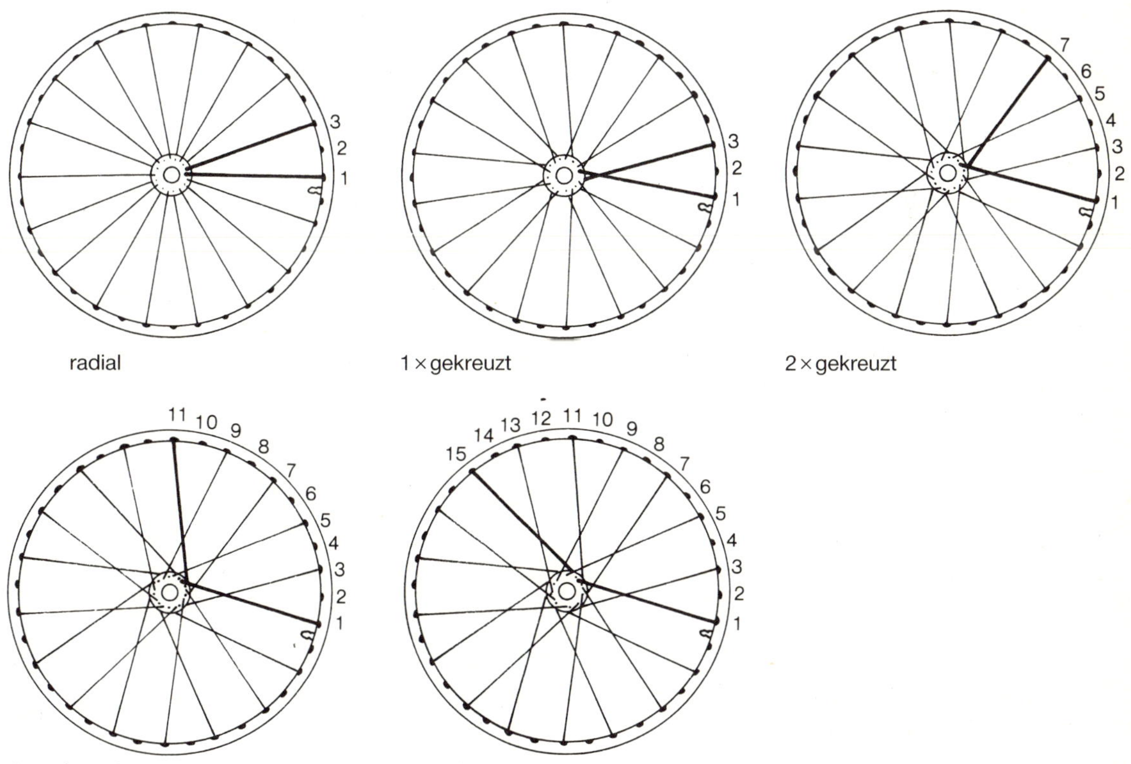

15.30 Beispiele für Einspeichmuster

Musters und der Angaben zu Naben- und Felgentyp kann der Fahrrad-Fachmann die erforderliche Speichenlänge empfehlen. Es können auch zwei unterschiedliche Längen für links und rechts sein. Pro Laufrad werden meist 36 Speichen und Nippel gebraucht. Falls die Löcher in der Felge nicht verstärkt sind, brauchen Sie auch Unterlegscheiben.

2. Feststellen, ob alle Speichen die richtige Länge haben. Sodann die Gewindeenden in Vaseline tunken und den Überschuß abwischen.

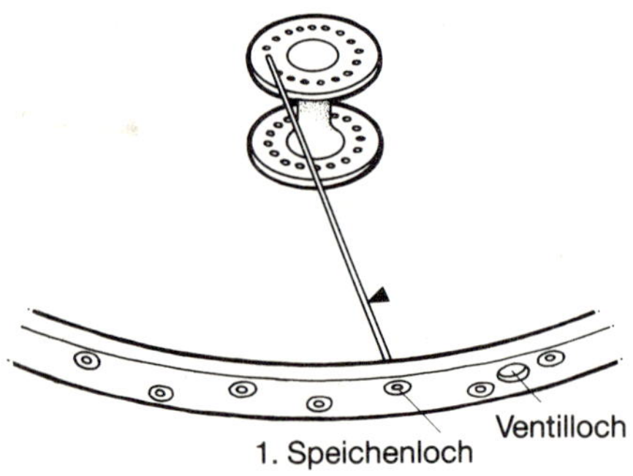

15.31 Die erste Speiche

3. Eine Speiche von innen nach außen durch jedes zweite Loch eines Nabenflansches führen. Die Löcher sollten möglichst auf der Außenseite versenkt sein.
4. Die Felge auf den Tisch legen. Die Nabe (Flansch mit eingesetzten Speichen nach oben gerichtet) in den Mittelpunkt der Felge legen.
5. Eine der Speichen mit einem Nippel in dem ersten, neben dem Ventilloch nach oben versetzten Speichenloch festsetzen. Diese erste Speiche mit Klebeband kenntlich machen. Den Nippel mit 5–6 Umdrehungen einschrauben.
6. Die verbleibenden Speichen dieser Nabenflanschseite der Reihe nach auf die gleiche Weise in jedes vierte Speichenloch der Felge einsetzen.
7. Einen weiteren Satz Speichen von außen nach innen in die verbleibenden Löcher des gleichen Nabenflansches einsetzen.
8. Rad und Nabe gegenseitig so verdrehen, daß die bereits mit der Felge verbundenen Speichen tangential verlaufen, und zwar so, wie in einer der Abbildungen gezeigt (je nachdem, ob das erste, nach oben versetzte Speichenloch links oder rechts neben dem Ventil liegt, wie es bei unterschiedlichen Felgentypen möglich ist).
9. Diese Speichen, je nach Einspeichmuster, jeweils so in das mittlere der drei freien Felgenlöcher zwischen den bereits verbundenen Speichen einsetzen, daß die gewünschte Zahl der Kreuzungen entsteht. Dabei wird die letztere Kreuzung so verlegt, daß die ursprünglich innere Speiche an der Stelle außen liegt.
10. Das Rad umdrehen, damit der andere Nabenflansch jetzt oben liegt.

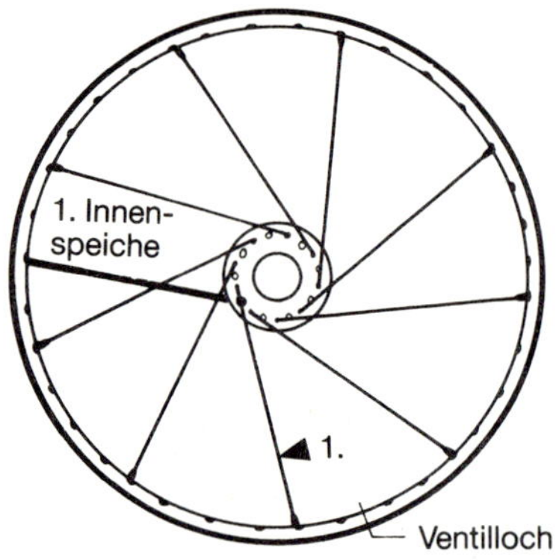

15.32 Erste Speiche der zweiten Seite

11. Die Löcher der beiden Nabenflanschen vergleichen: die Löcher des oben liegenden Flansches sind gegenüber denen des unteren Flansches jeweils gleich viel nach links und nach rechts versetzt.
12. Feststellen, ob die erste Speiche links oder rechts vom Ventilloch liegt. Liegt sie links, dann wählen Sie das nach links von der ersten Speiche versetzte Loch im oberen Nabenflansch. Liegt die erste Speiche rechts vom Ventilloch, so wählen Sie das nach rechts versetzte Loch.

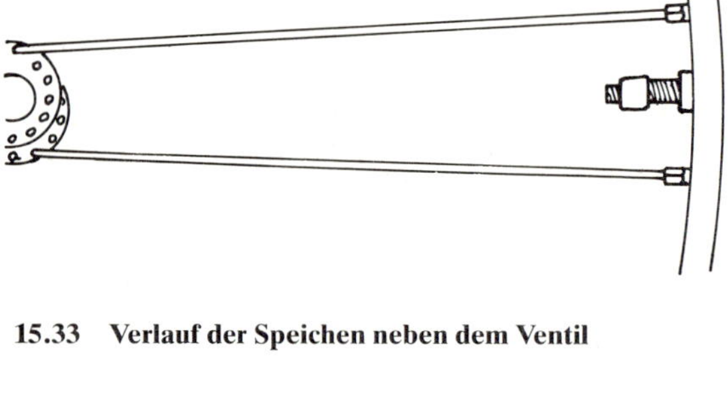

15.33 Verlauf der Speichen neben dem Ventil

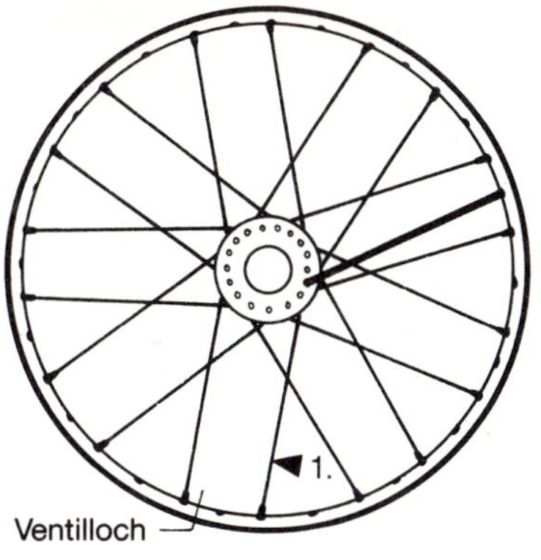

15.34 Die erste Speiche der zweiten Seite

13. Eine Speiche von innen nach außen durch das so bestimmte Loch des nun oben liegenden Nabenflansches stecken.

Das Einspeichen eines Laufrads ist eine aufwendige Arbeit – gleich, ob es von Hand oder, wie hier, mit einer Maschine gemacht wird.

14. Diese Speiche fast parallel zur ersten Speiche zum direkt neben dessen Felgenloch liegenden Loch führen. Beim Ventilloch muß das in der Abbildung gezeigte Speichenmuster entstehen.
15. In jedes zweite der verbliebenen Löcher dieses Nabenflansches eine Speiche ähnlich einsetzen. Diese mit den jeweils übereinstimmenden Felgenlöchern verbinden.
16. Die restlichen Speichen von innen nach außen in die verbleibenden Löcher der Nabe einsetzen und diese mit den freien Felgenlöchern verbinden.
17. Prüfen, ob das Rad richtig nach dem Muster eingespeicht ist und eventuell erforderliche Korrekturen durchführen.
18. Sämtliche Nippel mit dem Schraubendreher in zwei oder drei Durchgängen gleichmäßig so weit einschrauben, daß jeweils noch 1–2 mm des Gewindes sichtbar bleiben.
19. Die Nippel mit dem Nippelspanner weiter anziehen, bis die Speichen alle gleichmäßig fest angespannt sind. Probieren Sie anhand einiger Beispiele im Fahrradgeschäft, wie hoch die Speichenspannung sein soll.

Dieses so solide wirkende Aluminium-Druckgußrad ist zwar schwerer, aber nicht stabiler als das herkömmlich gespeichte Laufrad, wie eine Untersuchung der TH Aachen belegte.

20. Das Rad anhand der Anleitung „Richten eines Laufrads“ richten.
21. Die Speichen in Sätzen von jeweils 4 Stück zwischen der ersten und zweiten Kreuzung (von der Nabe aus gezählt) greifen und diese so zusammendrücken, daß sie sich ausrichten und die beim Aufdrehen der Nippel entstandene Spannung hörbar abgebaut wird.

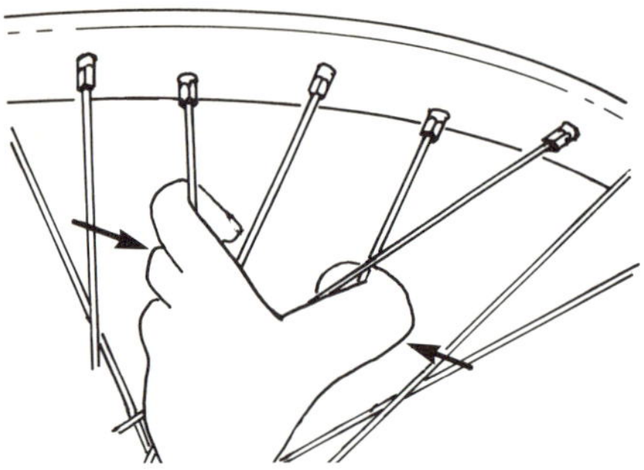

15.35 Speichen eindrücken (zum Setzen und zum Abbauen der Spannungen)

22. Prüfen, ob einzelne Speichenenden im Felgenbett (dort, wo der Schlauch liegen wird) herausragen. Diese ggf. flach abfeilen. Anschließend Felgenband über die Nippelköpfe im Felgenbett einlegen oder einkleben.
23. Das Rad nach ca. 50 km nochmals prüfen und ggf. richten.

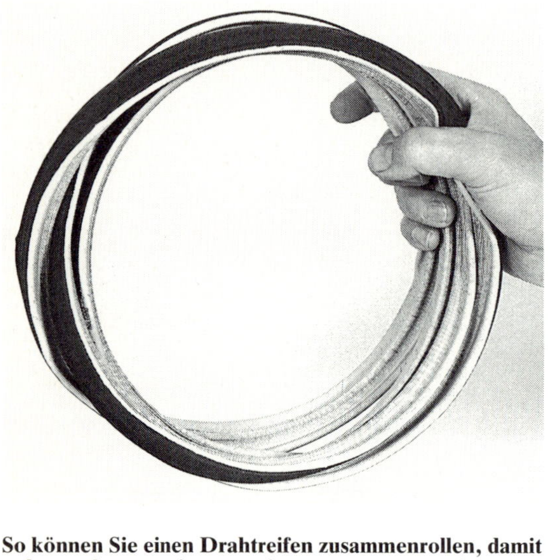

So können Sie einen Drahtreifen zusammenrollen, damit er kompakt genug ist, um mitgenommen zu werden.

Tandemräder

Die Laufräder eines Tandems werden besonders schwer beansprucht. Das liegt nicht nur an der schwereren Belastung, sondern auch daran, daß es bei Bodenunebenheiten unmöglich ist, das Hinterrad durch Gewichtsverlagerung zu schonen. Außerdem werden die Speichen bei der Anwendung von Nabenbremsen, die meistens hinten angewandt werden, sehr stark beansprucht.

Die Entwicklung des Mountainbikes ist auch dem Tandem sehr zugute gekommen. Unverwüstliche, gut einfedernde Hochdruckreifen, breite und starke Felgen, solidere Naben – das sind alles Sachen, die für das Tandem noch mehr von Bedeutung sind als für das Mountainbike. Darüber hinaus ist zu empfehlen, Speichen mit einem Durchmesser von mindestens 2,3 mm zu wählen und jedes Rad regelmäßig auf Straffheit der Speichen zu prüfen, denn eine unzureichende Speichenspannung führt aufgrund der Wechselbelastung eher zum Bruch. Außerdem muß ein locker gespeichtes Rad häufiger gerichtet werden.

Wie bei allen Rädern gilt auch hier, daß ein viermal gekreuztes Rad zuverlässiger ist als ein zwei- oder dreimal gekreuztes. Falls das Hinterrad 44 oder mehr Speichen hat, kann es sogar fünfmal gekreuzt werden. Wenn die Speichen trotzdem brechen, dann ist das meist in dem gekrümmten Teil am Speichenkopf. Dieses Übel wird dadurch behoben, daß Sie eine Unterlegscheibe mit einem Innendurchmesser von ca. 3 mm zwischen Speichenkopf und Nabenflansch legen.

16 Der Antrieb

Der Antrieb des Fahrrads besteht aus den Teilen, mit denen die Antriebskräfte des Fahrers auf das Hinterrad übertragen werden: Tretlager, Tretkurbeln, Pedale, Kettenblätter und Kette. Die übrigen Teile – Ritzel oder Zahnkranz mit Freilauf – werden in den der Ketten- bzw. Nabenschaltung gewidmeten Kapiteln 17 und 18 behandelt.

Das Tretlager

Das in das Tretlagergehäuse des Rahmens eingebaute Tretlager ist das Herz des Antriebs. Es gibt einige verschiedene Typen, die in den Abbildungen 16.1 bis 16.3 dargestellt sind. Bei Billigrädern wird das Thompsonlager immer noch häufiger benutzt. Dieses ist ein einstell-

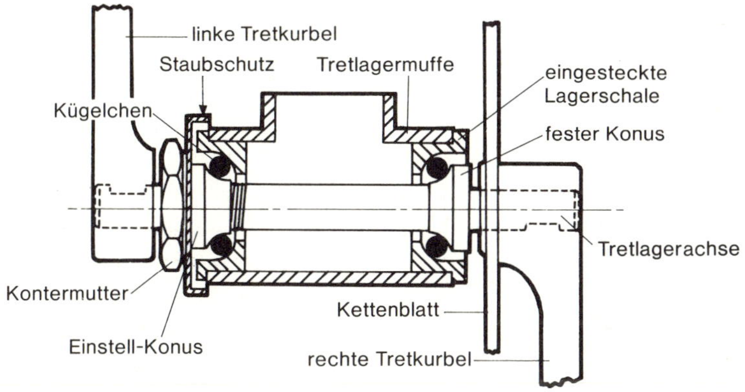

16.1 Thompsonlager

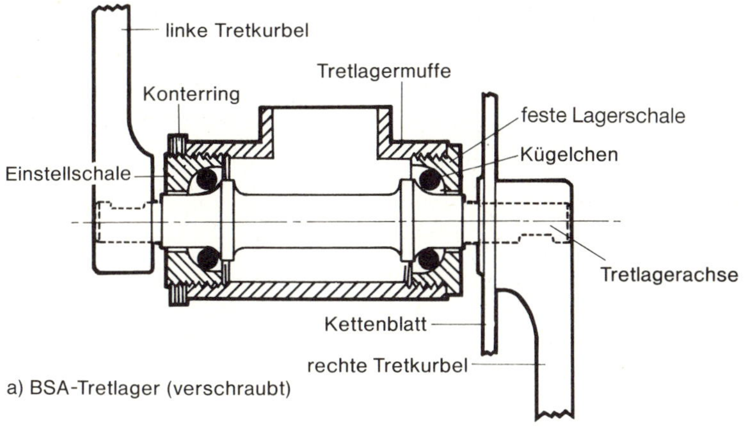

16.2 BSA-Lager

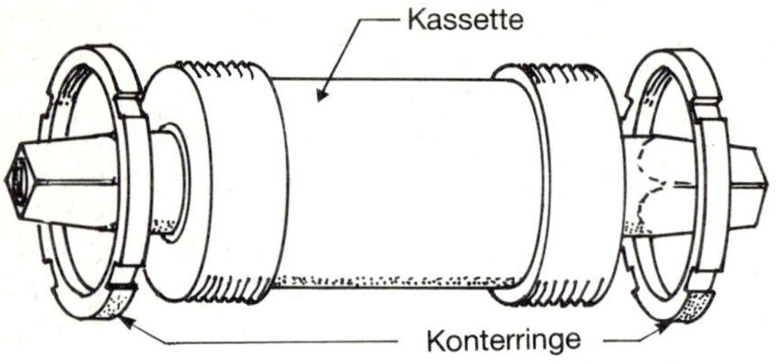

16.3 Rillenlager

bares Modell, das ähnlich aufgebaut ist wie eine Nabe. Die festen Lagerschalen sind in das Tretlagergehäuse eingepreßt. Von den beiden auf der Achse installierten Konen ist der linke einstellbar. Der Nachteil dieses Lagertyps liegt in der unzureichenden Abdichtung gegen Staub und Wasser.

Auf Fahrrädern der mittleren und höchsten Qualitätsklassen wird entweder ein BSA-Tretlager oder ein Kassetten-Tretlager mit gekapselten Rillenlagern (auch Industrie-Kugellager genannt) benutzt. Letzteres Modell ist zwar nicht einstellbar, läuft aber wegen seiner hohen Genauigkeit sehr leicht und ist so gut gegen Staub und Schmutz abgedichtet, daß es nicht nachgeschmiert zu werden braucht.

Beim BSA-Lager sind die Lagerschalen in das Tretlagergehäuse eingeschraubt. Dabei ist die linke einstellbar und wird mit einem Konterring gesichert, während die rechte Lagerschale bis zum Anschlag eingeschraubt wird. Die Konen der Kugellager sind aus einem Stück mit der Achse geschmiedet. Dieser Lagertyp ist relativ gut gegen Staub und Wasser geschützt und leicht einstellbar.

Thompson- und BSA-Lager gibt es sowohl mit Keilbefestigung für die Tretkurbeln als auch

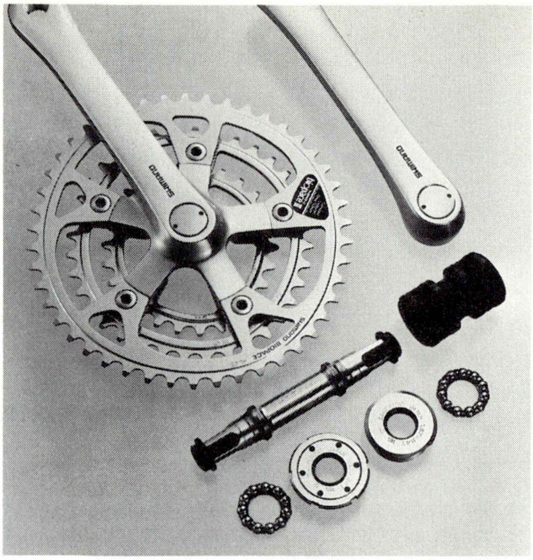

Shimano-Tretlager mit Tretkurbeln und Kettenblättern. Hierbei handelt es sich um ein Modell mit den besonders geformten (nicht runden) Bio-Pace-Kettenblättern.

Sehr eleganter Tretkurbelsatz von Edco. Schon 1984 vorgestellt, ist er das Vorbild für manche später eingeführten, angeblich aerodynamisch geformten Modelle größerer Hersteller geworden.

Fahrrad mit Hebelantrieb: Ein Modell aus Amerika, wo es seit 1982 auf jeder Fahrradmesse ohne Erfolg vorgestellt wird

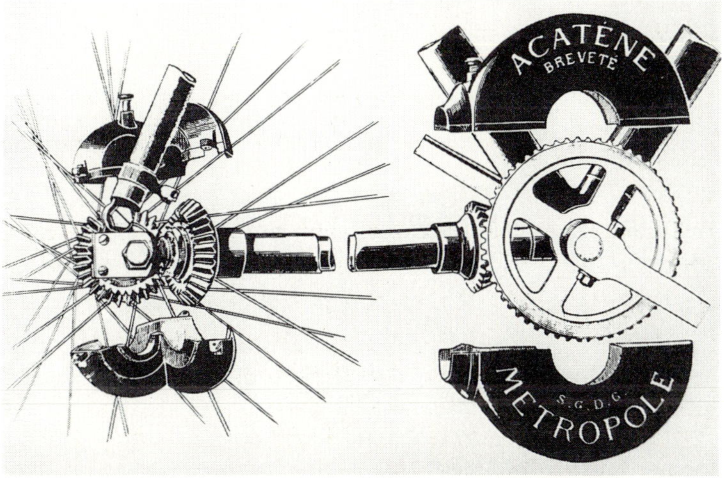

Auch der fälschlich als Kardanantrieb bezeichnete Wellenantrieb für das Fahrrad ist nicht von heute. Dieses französische Acatene aus dem Jahre 1985 basiert auf einem belgischen Design von FN, das schon 1889 gebaut wurde.

Ganz nett, dieser Zahnriemenantrieb von Continental, auch wenn es sich in Wirklichkeit um einen japanischen Riemen handelt. Nachteil: Dieses endlose Ding läßt sich bei der herkömmlichen Rahmenform nicht installieren oder demontieren, ohne den Fahrradrahmen zu zerlegen.

Abweichende Antriebe gibt es schon seit ca. 1839. Hier ein hebelgetriebenes Fahrrad, das vom schottischen Schmied Macmillian erfunden worden sein soll.

mit einer keillosen Befestigung, die wesentlich eleganter und haltbarer ist. Kassetten-Tretlager werden nur in Ausführungen mit keilloser Befestigung geliefert. Einzelheiten über die Tretkurbelbefestigung werden in dem Abschnitt „Die Tretkurbel" behandelt. Tretlagergehäuse sowie Tretlagerachsen gibt es in verschiedenen Maßen; folglich muß man zum Auswechseln das alte Teil nachmessen bzw. ins Fahrradgeschäft mitnehmen, wenn ein neues gekauft wird.

Insbesondere Reiseräder und Mountainbikes mit Dreifach-Kettenblatt erfordern Modelle mit langer Achse: 119 bis 130 mm, gegenüber ca. 114 mm bei einem Modell für ein Zweifach-Kettenblatt. Wie leider so viele Fahrradteile sind die Achsenenden nicht genormt, und das erfordert wieder eine genaue Prüfung, damit man sicher sein kann, daß das Tretlager auch wirklich zu den vorhandenen Tretkurbeln paßt.

Knackende Geräusche, Schlackern, Schwergängigkeit und Schleifen des Kettenblatts beim Treten, das alles sind Symptome, die durch Einstellen oder Überholen des Tretla-

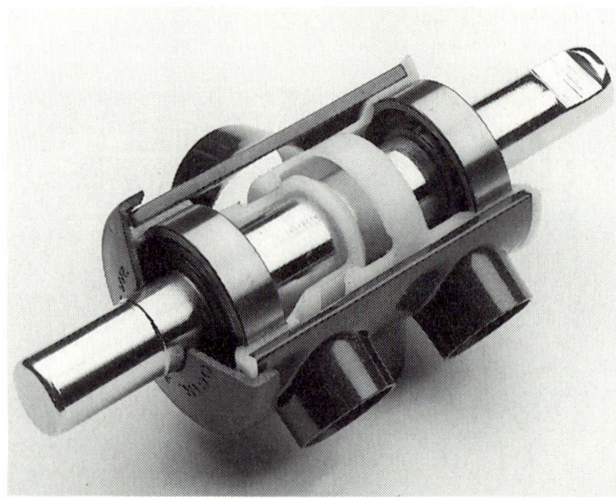

Zweimal Rillentretlager. Das aufgeschnittene Modell ist ein Billigmodell mit Kunststoff-Faßringen. Das andere ist das hochwertige Modell der Schweizer Pionierfirma Dubied, das unter dem Namen ECDO vertrieben wird.

gers beseitigt werden können. Versuchen Sie es zuerst mit Einstellen. Wenn die Probleme dadurch nicht behoben werden können, muß das Lager überholt werden. Die Kassetten-Tretlager mit Rillenlagern können nur vom Fachmann durch Auswechseln gewartet werden. Das Einstellen und Überholen von Thompson- und BSA-Lagern erledigen Sie folgendermaßen:

Thompsonlager einstellen

Werkzeuge und Hilfsmittel

- Schraubenschlüssel

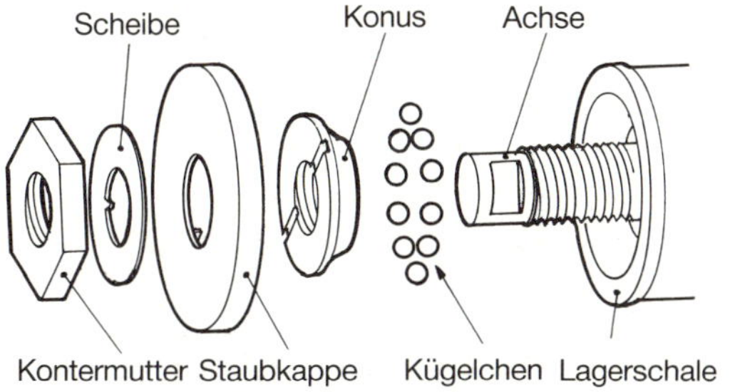

16.4 Einstellteile des Thompsonlagers

Vorgang

1. Die Kontermutter auf der linken Seite um ca. 2 Umdrehungen nach rechts lockern (Linksgewinde).
2. Die darunterliegende Unterlegscheibe anheben.
3. Den unter der Scheibe liegenden Staubdeckel, der mit zwei Zacken in den Konus des Kugellagers greift, andrücken und gleichzeitig nach links oder rechts drehen, bis die gewünschte Einstellung erreicht ist.
4. Staubdeckel halten, Scheibe andrücken und Kontermutter nach links festziehen.
5. Feststellen, ob das Problem so gelöst wurde. Ggf. nachstellen oder das Lager überholen.

Thompsonlager überholen

Diese Anleitung gilt auch für das Auswechseln des Lagers. Bevor mit dieser Arbeit angefangen wird, muß die Kette sowie die linke Tretkurbel entfernt werden (Anleitung auf S. 170 bis 171).

Werkzeuge und Hilfsmittel

- Schraubschlüssel
- Putzlappen
- Kugellagerfett
- falls Lagerschalen ersetzt werden müssen: Hammer, großer Schraubendreher und Holzklötzchen

Vorgang: Ausbauen

1. Die Kontermutter nach rechts abschrauben (Linksgewinde).
2. Scheibe abheben.
3. Konus lockern: dazu den Staubdeckel eindrücken und nach rechts drehen, dann von Hand abschrauben.
4. Achse mit rechter Tretkurbel nach rechts herausnehmen, dabei Kugelringe oder lose Kügelchen auffangen.

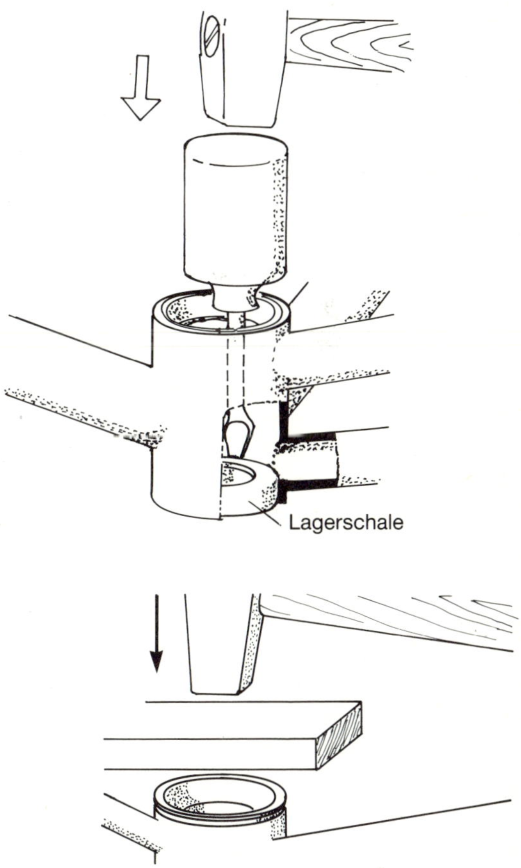

16.5 Entfernen bzw. Installieren der Lagerschale (Thompsonlager)

Vorgang: Überholen

1. Zuerst die Kugelbahnen von Lagerschalen und Konen reinigen und ihren Zustand inspizieren. Falls beschädigt oder angerostet, ebenso wie die Kugelringe oder Kügelchen ersetzen. Achten Sie darauf, daß Sie genau passende Ersatzteile erhalten.
2. Falls die Lagerschalen ersetzt werden müssen, diese mit dem Schraubendreher vom anderen Ende des Tretlagergehäuses heraushämmern.

Vorgang: Einbauen

1. Falls die Lagerschalen ersetzt werden müssen, die neuen Lagerschalen mit einem Holzklötzchen schützen und einhämmern.
2. Lagerschalen mit Kugellagerfett ausfüllen, Kügelchen oder Kugelringe hineinpressen (aufpassen, daß nur die Kügelchen, nicht der Ring, Lagerschale und Konus berühren).
3. Achse mit dem festen Konus von rechts einführen.
4. Konus nach links aufschrauben.
5. Staubdeckel und Scheibe (mit Nut in der Rille der Achse) auflegen, dann Kontermutter nach links aufschrauben.
6. Einstellung prüfen und eventuell anhand der vorangegangenen Beschreibung nachstellen und die Mutter fest anziehen.
7. Nach ca. 100 km nochmals prüfen und nachstellen.

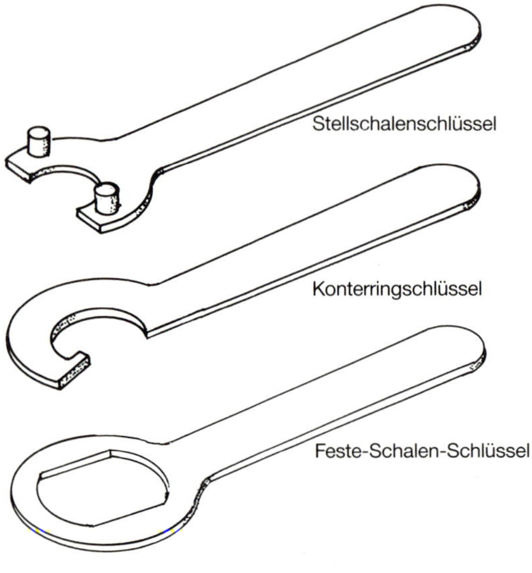

16.6 Tretlagerwerkzeug (BSA-Lager)

BSA-Lager einstellen

Werkzeuge und Hilfsmittel

- Spezialwerkzeug (Ringschlüssel und Stiftschlüssel)
- oder: Hammer und Stift

Vorgang

1. Den Konterring der linken Lagerseite um ca. 1 Umdrehung nach links lockern.

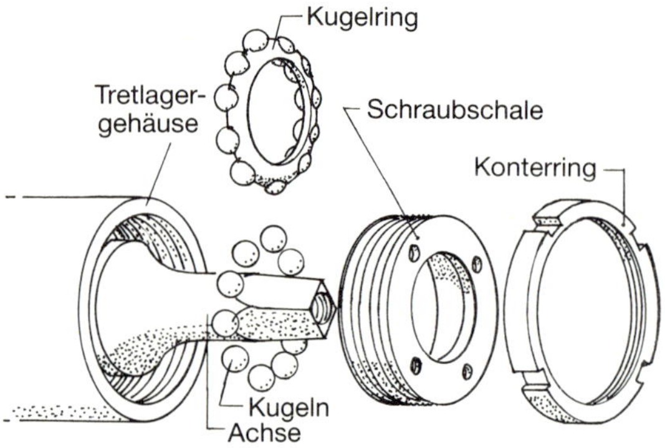

16.7 Einstellteile der BSA-Lager

2. Einstellbare Lagerschale nach links lockern oder nach rechts fester anziehen.
3. Konterring festziehen, dabei die Lagerschale sperren, damit sie nicht mitdreht.
4. Kontrollieren und ggf. nachstellen.

BSA-Lager überholen

Diese Anleitung gilt auch für das Auswechseln des Lagers. Vorher müssen Kette und beide Tretkurbeln entfernt sein (Beschreibung an anderer Stelle in diesem Kapitel).

Werkzeuge und Hilfsmittel

- Spezialwerkzeug (Ringschlüssel, Stiftzange und Lagerschlüssel)
- oder: Hammer und Stift sowie sehr großer Rollgabelschlüssel oder Schraubstock
- Lappen
- Kugellagerfett

Vorgang: Ausbauen

1. Den Konterring der linken Tretlagerseite nach links drehend entfernen.
2. Einstellschale nach links entfernen; Kügelchen oder Kugelring der linken Lagerseite auffangen.
3. Tretlagerachse herausziehen, dabei auch Kügelchen oder Kugelring der rechten Seite auffangen.

Vorgang: Überholen

1. Die Lagerteile sowie das Gehäuse reinigen und prüfen. Beschädigte oder angerostete Teile ebenso wie die Kügelchen oder Kugelringe ersetzen (beim Ersetzen darauf achten, daß Sie genau passende Teile erhalten).
2. Falls die feste (rechte) Lagerschale ersetzt werden soll, ist sowohl beim Ein- und Ausschrauben als auch beim Kauf zu bedenken, daß es diese mit Linksgewinde (englische und Schweizer Norm) und mit Rechtsgewinde (französische und italienische Norm) gibt, und daß einige Firmen (z. B. Raleigh) für manche Räder eine abweichende, „hauseigene" Norm verwenden.

Vorgang: Einbauen

1. Nochmals alle Lagerteile reinigen und schmieren; evtl. feste Lagerschale vorsichtig (nach links oder rechts drehend, je nach Gewindenorm) einschrauben; Schutzhülse in das Tretlagergehäuse einlegen.
2. Kügelchen oder Kugelringe in die mit Kugellagerfett gefüllten Lagerschalen eindrücken (bei Kugelringen so, daß nur die Kügelchen, nicht der Ring, die Lagerteile berühren).
3. Achse so einschieben, daß das längere Ende nach rechts (kettenseitig) herausragt.
4. Einstellbare (linke) Lagerschale vorsichtig aufschrauben.
5. Schale halten, damit sie nicht mitdreht, und Konterring fest aufschrauben.
6. Einstellung prüfen und evtl. anhand der vorangegangenen Anleitung nachstellen.
7. Nach ca. 100 km nochmals prüfen und nachstellen.

Die Tretkurbeln

Die Tretkurbeln sind entweder mit einem Keil oder keillos an der Tretlagerachse befestigt. Die keillosen Modelle setzen sich zum Glück immer mehr durch, weil sie zuverlässiger und

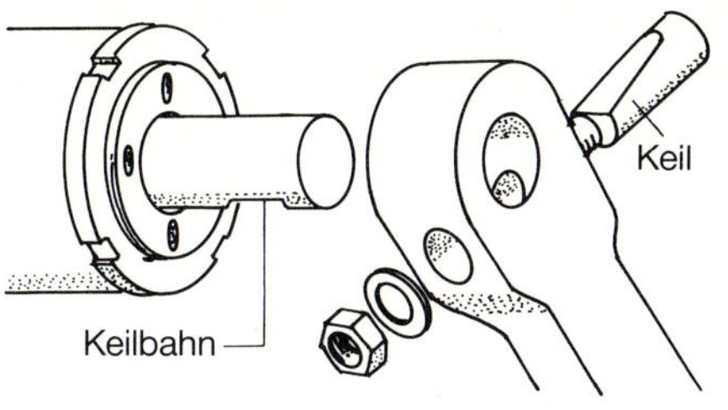

16.8 Keilbefestigung der Tretkurbel

sicherer sind. Es gibt diese Lösung fast nur in Verbindung mit Aluminium-Tretkurbeln. Falls die Tretkurbeln merkbar locker sind oder knackende Geräusche von daher kommen, ist die Verbindung festzuziehen. Nach einem Sturz kann eine Tretkurbel verbogen sein. Das Ausrichten kann nur vom Fachmann richtig gemacht werden, weil dazu ein Spezialwerkzeug erforderlich ist. Für Arbeiten am Tretlager müssen die Tretkurbeln manchmal auch entfernt werden.

Verkeilte Tretkurbel festziehen

Werkzeuge und Hilfsmittel

- Schraubschlüssel
- Hammer und fester Gegenstand zum Abstützen

Vorgang

1. Die Tretkurbel genau in die richtige Position drehen.
2. Tretkurbel abstützen und Keil weiter einhämmern.

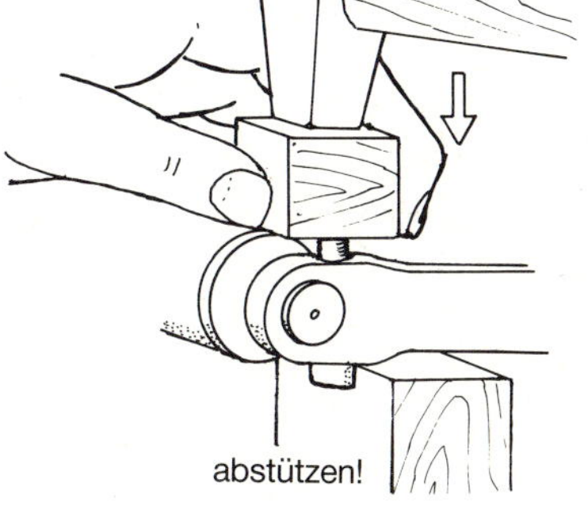

16.9 Entfernen eines Keils

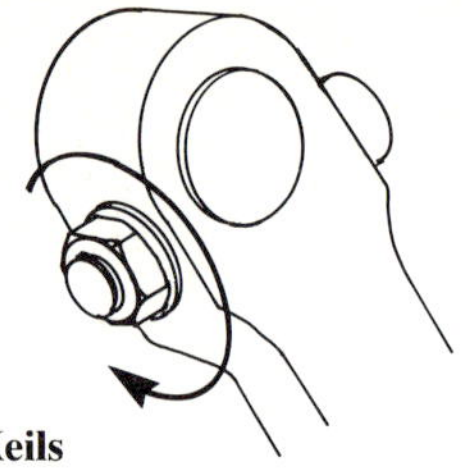

Festziehen des Keils

3. Mutter sehr fest anziehen (falls sie entfernt wurde, Unterlegscheibe nicht vergessen).

Verkeilte Tretkurbel auswechseln

Sogar unter den Keilbefestigungen gibt es abweichende Maße, und es ist wieder erforderlich, alte Teile mit in das Fahrradgeschäft zu nehmen, wenn sie ersetzt werden sollen, damit man auch die richtigen Ersatzteile erhält.

Werkzeuge und Hilfsmittel

- Hammer und fester Gegenstand zum Abstützen
- Schraubschlüssel
- Stift und Hammer

Vorgang: Entfernen

1. Die Keilmutter so weit zurückschrauben, bis das Gewinde des Keils nicht mehr herausragt und zwischen Mutter und Tretkurbel ein Abstand von mindestens 2 mm verbleibt.
2. Kurbel abstützen und von der Mutterseite zurückhämmern.
3. Mutter und Scheibe entfernen, Keil herausnehmen (falls erforderlich, vorsichtig mit Stift und Hammer herausklopfen).
4. Tretkurbel von Hand in einer drehenden Bewegung entfernen.

Vorgang: Einbauen

1. Die Achse (insbesondere die Keilbahn) und Tretkurbelloch reinigen und leicht mit Vaseline einschmieren.
2. Tretkurbel in der richtigen Orientierung aufstecken (Tretkurbel mit Kettenblatt-Befestigung rechts, d. h. kettenseitig; die zwei Tretkurbeln 180 Grad zueinander versetzt).
3. Tretkurbel aufstecken; Keil von der Seite mit dem größeren Loch einführen.
4. Keil hineinzwängen, Unterlegscheibe und Mutter installieren und die Mutter ganz festziehen.
5. Nach ca. 50 km nochmals nachprüfen und festziehen.

Festziehen einer keillosen Tretkurbel

Es gibt zwei gängige Ausführungen: mit loser Schraubkappe und mit Inbus. Erstere erfordert fabrikatsgebundenes Spezialwerkzeug (Kurbelabzieher); für letztere genügt ein 6 mm Inbusschlüssel.

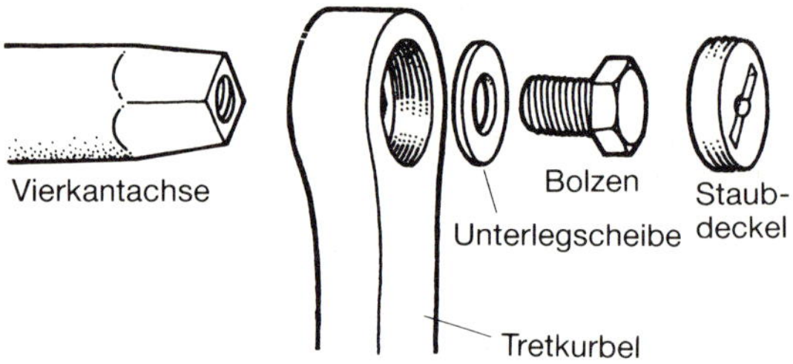

16.10 Keillose Tretkurbelbefestigung

Werkzeuge und Hilfsmittel

- je nach Fabrikat und Modell: Kurbelabzieher oder Inbusschlüssel

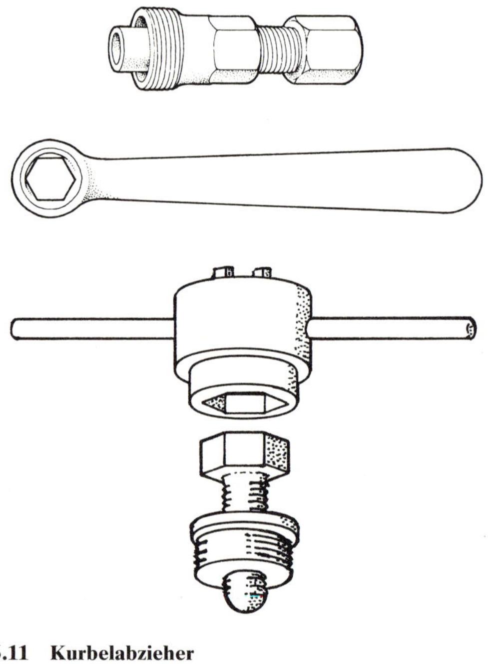

16.11 Kurbelabzieher

Vorgang

1. Falls es sich um ein Modell mit Inbusschraube handelt, diese kräftig festziehen, und dabei an der Tretkurbel gegenhalten.

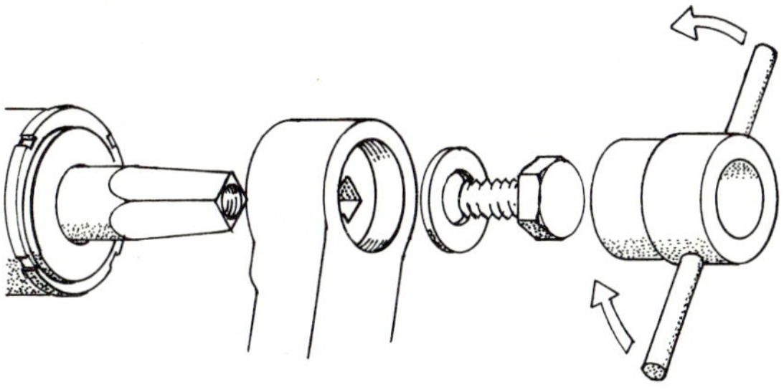

16.12 Festziehen bzw. Lockern eines keillosen Tretkurbelbolzens

2. Bei anderen Modellen zuerst den Staubdeckel entfernen, dann die Mutter oder den Bolzen mit dem Steckschlüsselteil des Kurbelabziehers festziehen und Staubkappe wieder einschrauben.

Auswechseln einer keillosen Tretkurbel

Diese Beschreibung gilt auch, wenn eine oder beide Tretkurbeln für Kettenblatt- und Tretlagerarbeiten entfernt werden müssen.

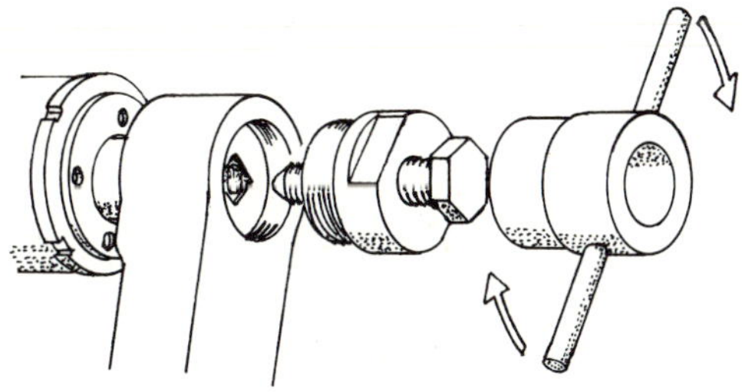

16.13 Entfernen einer keillosen Tretkurbel

Werkzeuge und Hilfsmittel

- je nach Fabrikat und Modell: Kurbelabzieher oder Inbusschlüssel

Vorgang: Entfernen

1. Falls es sich um das Modell mit Inbusschraube handelt, diese nach links drehen und dabei die Kurbel gegenhalten. Nachdem sie sich gelockert hat, stößt sie von innen gegen den Einsatz der Tretkurbel und drückt so beim Weiterdrehen die Tretkurbel von der Achse ab.

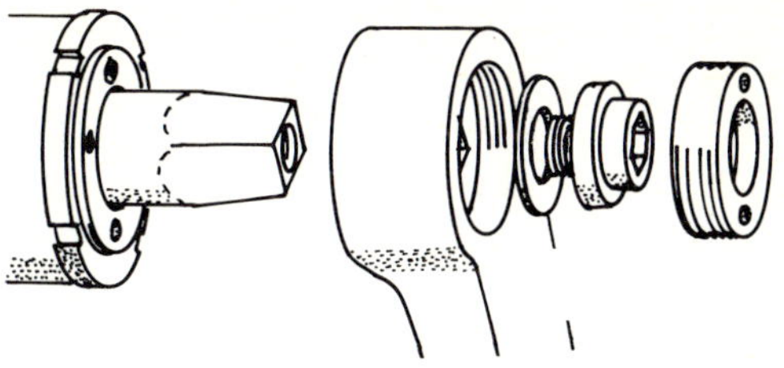

16.14 Inbus-Tretkurbel-Befestigung

2. Bei anderen Modellen Staubkappe entfernen, dann Mutter oder Bolzen mit dem Steckschlüsselteil des Kurbelabziehers entfernen.
3. Unterlegscheibe entfernen.
4. Kurbelabzieher mit zurückgeschraubtem Innenteil mindestens 5 Umdrehungen in die Einsparung der Tretkurbel einschrauben.
5. Innenteil des Kurbelabziehers einschrauben und gleichzeitig die Tretkurbel gegenhalten. Dabei wird die Tretkurbel von der Achse abgezogen. Abzieher entfernen.

Vorgang: Anbringen

1. Die Kontaktflächen der Achse und des Tretkurbellochs reinigen und leicht mit Vaseline einschmieren.
2. Tretkurbel in der richtigen Orientierung aufstecken (Tretkurbel mit Kettenblatt-Befestigung rechts, d. h. kettenseitig; die zwei Tretkurbeln 180 Grad zueinander versetzt).
3. Unterlegscheibe und Bolzen oder Mutter anbringen und mit dem Steckschlüsselteil des Kurbelabziehers festziehen.
4. Staubdeckel einschrauben.
5. Nach ca. 50 km den Bolzen oder die Mutter nachziehen.

Bemerkung

Falls die Tretkurbel zu weit auf die Achse gezogen wird, wodurch z. B. das Kettenblatt am rechten Hinterrohr schleift, ist bereits das Loch in der Tretkurbel zu sehr verformt. Ein improvisiertes Abstandsblech schafft Abhilfe, obwohl es besser ist, die Tretkurbel zu ersetzen. Bei Rillen-Tretlagern läßt sich dieses Problem manchmal durch Einstellen der Position des Lagers im Tretlagerge-

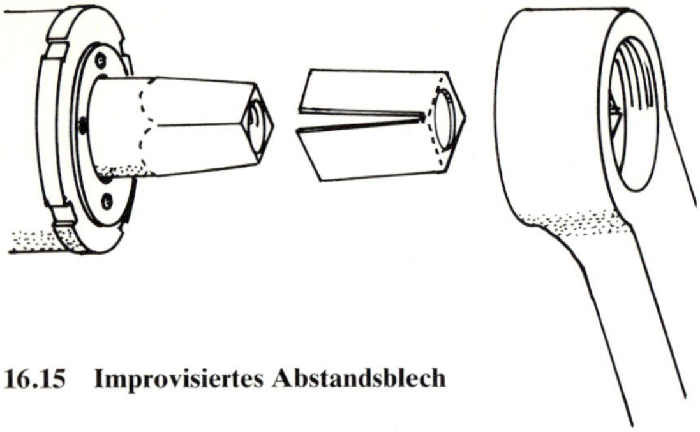

16.15 Improvisiertes Abstandsblech

häuse nach links oder rechts beheben. Das geschieht durch Ein- bzw. Ausschrauben der beidseitigen Konterringe (falls vorhanden).

Die Pedale

Pedale gibt es auch wieder in vielen unterschiedlichen Ausführungen, je nach Fahrradtyp. Die billigsten sind nur mit Gleitlagern ausgestattet, während alle Ausführungen mit Kugellagern entweder so aufgebaut sind wie in Abbildung 16.17 oder mit festen Industrie-Kugellagern anstelle von einstellbaren Kugellagern. Modelle mit festen Kugellagern brauchen nicht geschmiert zu werden und sind nicht einstellbar. Bei Störungen können solche Kugellager nur vom Fachmann ersetzt werden, weil dazu Spezialwerkzeug erforderlich ist.
Die Modelle mit normalen, einstellbaren Kugellagern werden zum Einstellen und Überholen an den Tretkurbeln belassen. Die Ein- und Ausbauanleitung gilt für das Ersetzen der Pedale oder einer Pedalachse, die verbogen ist, was sich in „wackeligen" Fußbewegungen beim Treten bemerkbar macht.

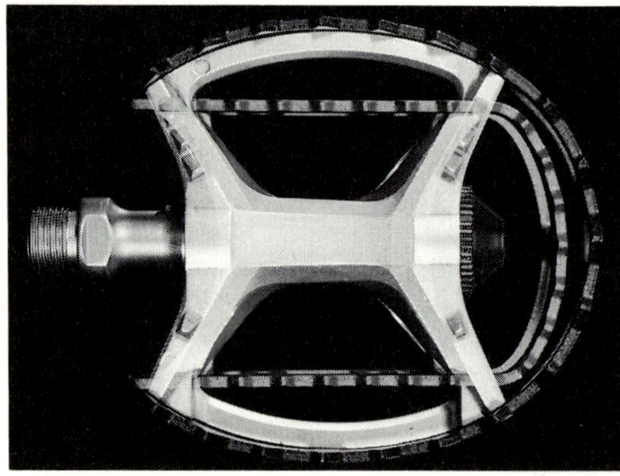

Zweimal (fast) das gleiche Pedal: Sun-Tour-Pedal mit Druckgrußkorpus in Ausführungen für Rennrad und für Mountainbike

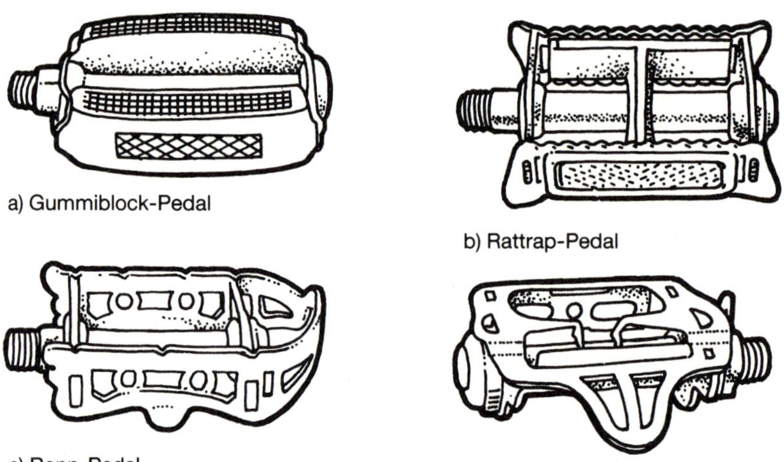

16.16 Pedaltypen

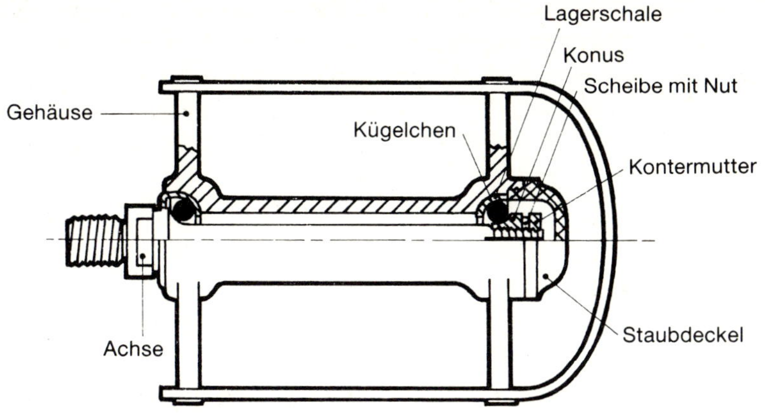

16.17 Querschnitt durch das Pedal

Ersetzen eines Pedals

Werkzeuge und Hilfsmittel

- je nach Pedaltyp Schraubschlüssel, besonderer Pedalschlüssel oder Inbusschlüssel

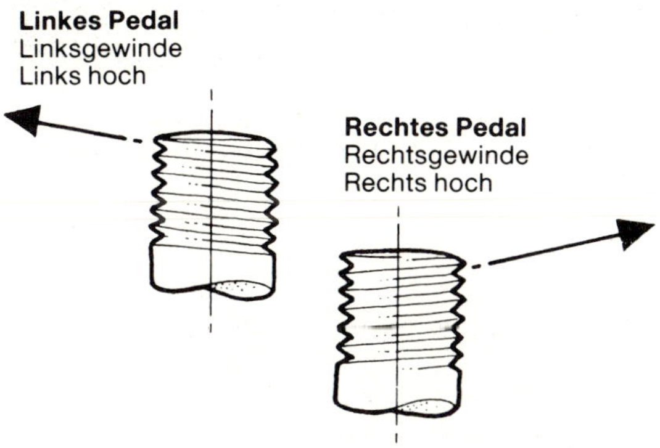

16.18 Gewindeende: linkes bzw. rechtes Pedal

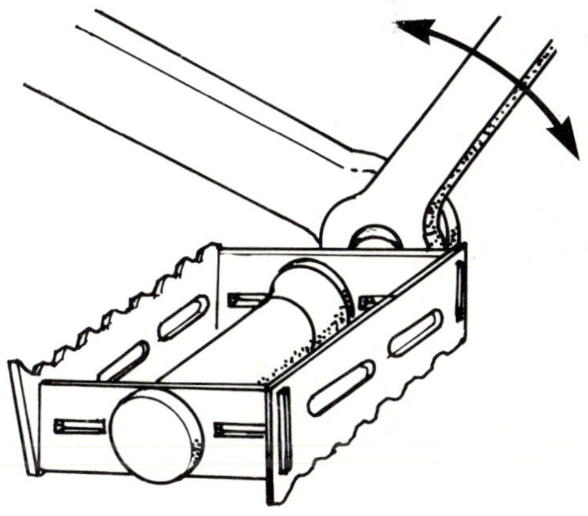

16.19 Ein- bzw. Ausschrauben eines Pedals

Vorgang: Entfernen

1. Die Tretkurbel gegenhalten, z. B. indem ein länglicher, fester Gegenstand so hinter die Kurbel und durch den Rahmen gesteckt wird, daß die Kurbel gesperrt wird.
2. Von der Schraubschlüsselfassung an der Tretkurbelseite der Pedalachse aus abschrauben: das rechte Pedal (kettenseitig) nach links, das linke Pedal nach rechts (Linksgewinde).

Vorgang: Anbringen

1. Zuerst prüfen, welches das linke und welches das rechte Pedal ist. Das rechte Pedal hat Rechtsgewinde und wird kettenseitig montiert. Das linke Pedal hat Linksgewinde. Falls die Pedale nicht mit R bzw. L markiert sind, kann man anhand der Abbildung 16.18 feststellen, welches das linke und welches das rechte ist.
2. Gewinde reinigen und leicht mit Vaseline einschmieren.
3. Das rechte Pedal (kettenseitig) nach rechts und das linke nach links einschrauben, dabei an der Tretkurbel gegenhalten.
4. Nach 50 km nochmals festziehen.

Bemerkungen

1. Es gibt zwei unterschiedliche Gewindenormen, die französische und die internationale Norm. Falls ein neues Pedal nicht richtig paßt, liegt das u. U. an einer Verwechslung der beiden Normen.
2. Falls das Gewinde in der Tretkurbel beschädigt ist oder der falschen Norm entspricht, kann es vom Fachmann ausgebohrt und mit einem Spiral-Gewindeeinsatz wieder brauchbar gemacht werden.
3. Die billigen Pedale ohne Kugellager sind nicht einstellbar und müssen ersetzt werden, wenn sie nicht richtig funktionieren.

Einstellen eines Pedals

Diese Anleitung gilt nur für Pedale mit einstellbaren Kugellagern. Das Pedal muß nicht entfernt werden.

Werkzeuge und Hilfsmittel

- Zange oder Spezialschlüssel für Staubdeckel
- Schraubschlüssel
- kleiner Schraubendreher

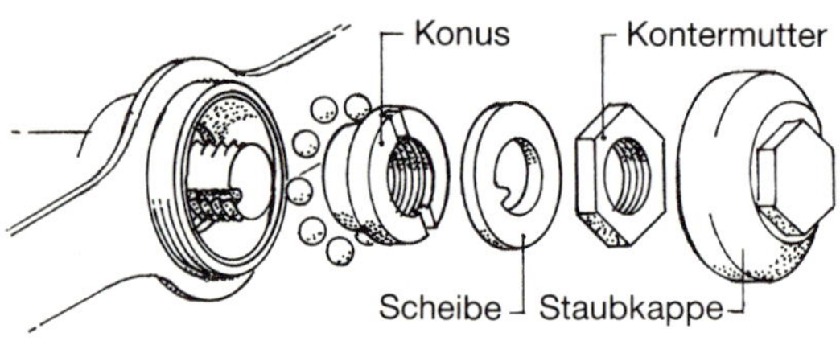

16.20 Einstellteile des Pedals

Vorgang

1. Zuerst den Staubdeckel entfernen.
2. Kontermutter um ca. 2 Umdrehungen lockern.
3. Unterlegscheibe anheben.
4. Konus mit dem Schraubendreher ein- oder ausschrauben.
5. Konus halten, während die Mutter festgeschraubt wird.
6. Prüfen: Pedal muß frei, jedoch ohne Spiel drehen. Falls erforderlich, nachstellen, dann Staubdeckel aufschrauben. Falls nicht richtig einstellbar, Pedal überholen.

Überholen eines Pedals

Diese Anleitung gilt nur für Pedale mit einstellbaren Kugellagern. Das Pedal muß nicht entfernt werden.

Werkzeuge und Hilfsmittel

- Zange oder Spezialschlüssel für Staubdeckel
- Schraubschlüssel
- kleiner Schraubendreher
- Kugellagerfett
- Lappen

Vorgang: Ausbauen

1. Zuerst den Staubdeckel entfernen.
2. Kontermutter entfernen.
3. Unterlegscheibe entfernen.
4. Konus abschrauben.
5. Pedalgehäuse von der Achse abziehen, dabei die Kügelchen auffangen.

Vorgang: Überholen

1. Zuerst sämtliche Teile reinigen und prüfen.
2. Beschädigte Lagerteile ersetzen, ebenso:
   a. die Achse, falls sie verbogen ist;
   b. die Unterlegscheibe, falls deren Nut so weit abgenutzt ist, daß sie nicht fest in der Rille der Achse sitzt;
   c. die Kügelchen.
3. Lagerschalen mit Kugellagerfett ausfüllen und Kügelchen hineindrücken.
4. Pedalgehäuse mit dem Staubdeckelgewinde nach außen auf der Achse anbringen. Dabei achtgeben, daß Sie keine Kügelchen verlieren.
5. Konus aufschrauben.
6. Scheibe mit der Nut in der Rille der Achse anbringen.
7. Kontermutter aufschrauben, wobei der Konus nicht mitdrehen darf (falls er das tut, Scheibe ersetzen).
8. Prüfen und ggf. nachstellen.
9. Staubdeckel anbringen.
10. Nach ca. 100 km nochmals nachstellen.

Fußhaken und Schuhbindungen

Die offenen Metallpedale, die z. B. auf dem Renn-, Trimm- oder Touristikrad benutzt werden, sind dazu geeignet, Fußhaken zu montieren, wie sie in der Abbildung 16.21 gezeigt

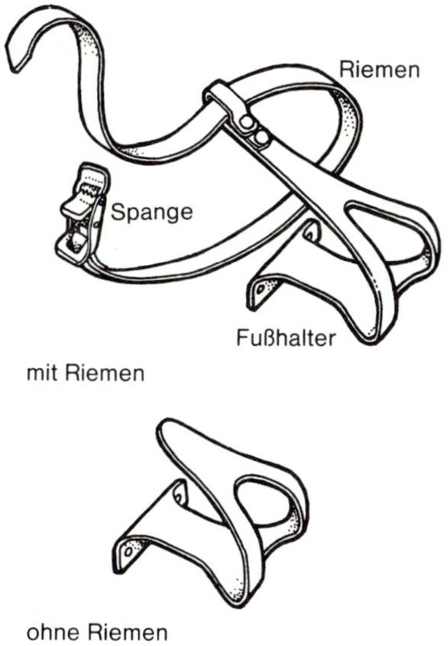

16.21 Fußhaken

sind. Diese halten die Schuhe fest in einer wirksamen Position. Unter Bedingungen, wo sie häufig absteigen müssen, sind Modelle ohne Festziehriemen zu empfehlen. Halten Sie sich bei der Montage des Modells mit Riemen an die Abbildung 16.22.

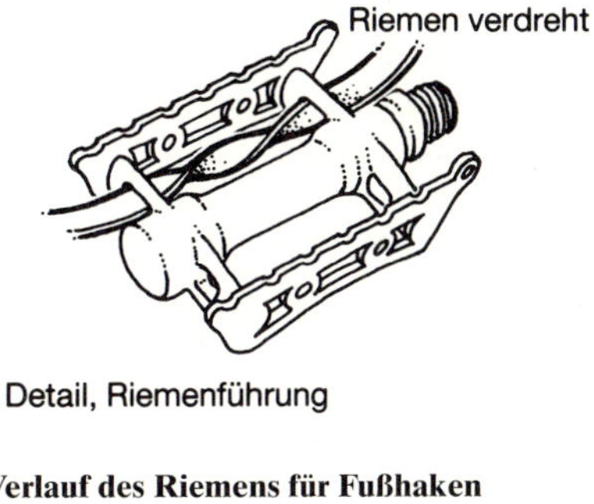

16.22 Verlauf des Riemens für Fußhaken

In den letzten Jahren haben viele Hersteller Patentpedale eingeführt, die zu einem besonderen Schuh bzw. einer auf der Sohle montierten Klammer passen. Es gibt viele verschiedene Fabrikate, und alle funktionieren ganz gut – ob teuer oder billig. Allerdings haben sie alle den Nachteil, daß man in den Schuhen so gut wie nicht mehr gehen kann. Für den intensiven Radsport sind sie hervorragend geeignet – aber nicht, wenn Sie hin und wieder auch vom Fahrrad runter wollen.

Die Kettenblätter

Eines oder mehrere Kettenblätter – also die großen Zahnscheiben, über die die Kette vorne läuft – sind an der rechten Tretkurbel montiert. Bei der Kettenschaltung mit Kettenblattumwerfer sind es meistens zwei, beim Reiserad und Mountainbikes sogar drei. Bei einfacheren Rädern gibt es nur ein Kettenblatt, das dann meist mit der Tretkurbel zusammengenietet ist, während sie bei hochwertigeren Ausführungen mit besonderen Schraubverbindungen an einer sternförmigen Halterung der rechten Tretkurbel befestigt sind (siehe Abbildung 16.23, S. 176). Auch hier gibt es viele unterschiedliche Ausführungen, so daß man wieder darauf achten muß, beim Ersetzen ein passendes Teil zu bekommen. Die Schräubchen sind von Zeit zu Zeit zu prüfen und ggf. fest anzuziehen.
Manche Räder mit Kettenschaltung – insbesondere Trimmräder und Mountainbikes – werden heutzutage mit nichtrunden Kettenblättern ausgestattet. Am verbreitetsten ist das Biopace-Modell von Shimano, das etwas eiförmig ist, während einige andere Modelle elliptisch ausgeführt werden. Sie erlauben den optimalen Einsatz der Antriebskräfte bei einem langsamen Trettakt: Die Kraftphase hält lang an, und die unbelastete Phase wird praktisch

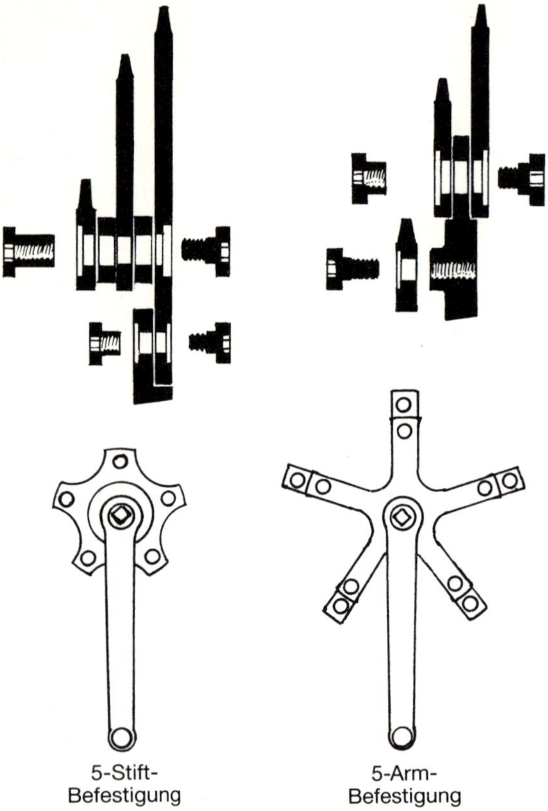

16.23 Kettenblatt-Befestigung

schnell in einer höheren Übersetzung durchfahren.
Im Prinzip ist diese Idee uralt und wird seit ca. 1890 alle 20 Jahre als Neuigkeit präsentiert. Die jetzige Shimano-Ausführung ist allerdings schon etwas wissenschaftlicher konzipiert. Anfänger fahren so tatsächlich besser. Für Radfahrer, die gelernt haben, schnell zu treten, wie es alle erfahrenen Radsportler tun, bringt diese Lösung keine Vorteile. Und den Ungeübten, denen sie helfen soll, würde ich eher empfehlen, sich im schnellen und gleichmäßigen Treten zu üben.
Alle Kettenblätter müssen von Zeit zu Zeit gereinigt werden. Falls die Zähne verbogen oder

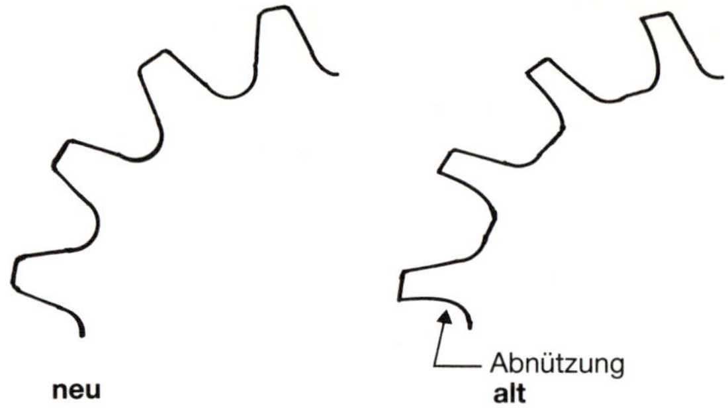

16.24 Verschleiß des Kettenblattes

stark abgenutzt sind (siehe Abbildung 16.24), muß das Kettenblatt ersetzt werden. Wenn sie mit der Tretkurbel aus einem Stück sind, müssen sie natürlich auch zusammen ersetzt werden.
Manchmal gelingt es, ein verbogenes Kettenblatt, das sich durch unregelmäßiges Schleifen am Hinterrohr bemerkbar macht, zu richten. Das erledigt man durch geschicktes Hämmern (während das Kettenblatt an einer anderen Stelle abgestützt wird) oder durch Zurechtbiegen mit Hilfe eines keilförmigen Holzklötzchens, das in die auszubiegende Stelle zwischen Hinterrohr und Kettenblatt geklemmt wird. Einzelne Zähne können evtl. mit einem Rollgabelschlüssel ausgerichtet werden.

Die Kette

Trotz aller Bestrebungen, einen gleichwertigen Ersatz für die Kette zu finden, bleibt dieses schmutzige Ding, das sich leider so schlecht schützen läßt, der ideale Fahrradantrieb. Der Wirkungsgrad ist optimal: Antriebsriemen und -wellen haben einen wesentlich höheren mechanischen Widerstand – in neuem Zustand etwa den zweifachen: d. h. ca. 10% gegenüber 5% bei einer Kettenübertragung.
Die Abbildung 16.25 zeigt den Aufbau der zwei gängigsten Kettentypen. Bei Rädern

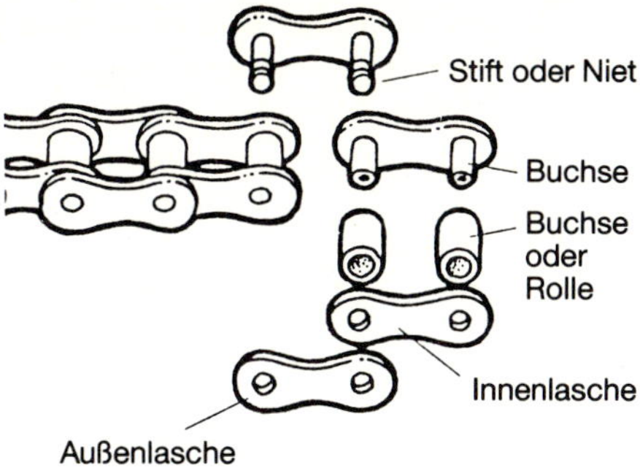

16.25 Konstruktion der Kette

ohne Kettenschaltung findet die breite Kette ½'' × ⅛'') mit Kettenschloß Anwendung, bei Rädern mit Kettenschaltung die schmale Kette (½'' × 3⁄32'') ohne Kettenschloß. Die Länge der einzelnen Glieder ist mit ½'' immer gleich, und die Breite von ⅛'' bzw. 3⁄32'' ist die Innenbreite.

Ob eine Kette ersetzt werden muß, hängt vom Grad der durch Verschleiß verursachten Verlängerung ab. Regelmäßiges Reinigen und Schmieren fördert den leichten Lauf und beschränkt den Verschleiß sowohl der Kette selbst als auch der Kettenblätter und Ritzel, auf denen die Kette läuft.

Wenn die Kette sich um mehr als ca. 2% verlängert hat, sollte sie ersetzt werden. Die Kettenlänge läßt sich am besten dadurch feststellen, daß die Kette entfernt und eine Länge von 50 Gliedern nachgemessen wird, deren Gesamtlänge dann 65 cm nicht überschreiten darf. Man kann davon ausgehen, daß eine Kette, die sich vorne um mehr als 3 mm vom Kettenblatt abheben läßt (siehe Abbildung 16.26), ersetzt werden muß. Die Länge der neuen Kette richtet sich nach der Gliederzahl, nicht nach der gemessenen Länge der alten Kette.

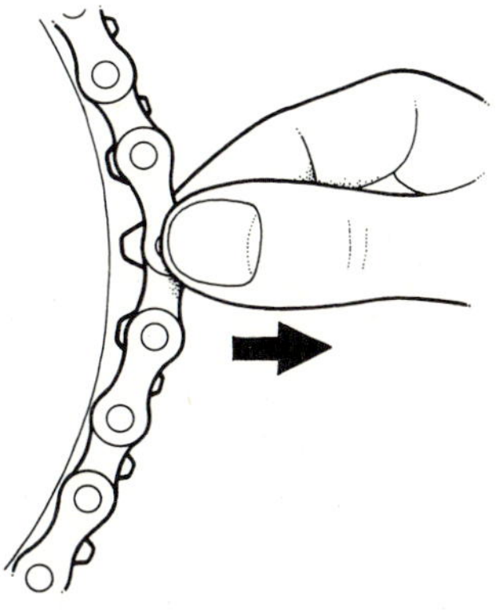

16.26 Prüfen des Kettenverschleißes

Wenn eine neuinstallierte Kette nicht gleichmäßig abläuft, sondern zu „springen" scheint, prüfen Sie zuerst, ob alle Kettenglieder frei beweglich sind. Falls ein Glied festsitzt, kann es manchmal durch seitliches Hin- und Herbiegen gelockert werden. Falls das Problem damit nicht gelöst ist, muß wahrscheinlich auch das Ritzel oder der ganze Zahnkranz am Hinterrad ersetzt werden, weil anzunehmen ist, daß die alte Kette auch das Ritzel abgenutzt hat.

Installation und Wartung von Ketten mit Kettenschloß

Diese Form der Kette wird bei Rädern ohne Kettenschaltung benutzt. Die Abbildung 16.27 zeigt, in welche Richtung das offene Ende des Kettenschlosses zeigen muß, damit es während der Fahrt nicht abläuft. Zum Reinigen und Schmieren muß die Kette entfernt und später wieder installiert werden. Um das Kettenschloß leichter erkennen zu können, empfiehlt es sich, es farblich, z. B. orange, zu kennzeichnen. Bevor mit der Arbeit angefangen werden kann, muß bei einem Hollandrad der Kettenkasten geöffnet oder entfernt werden (siehe Kapitel 21).

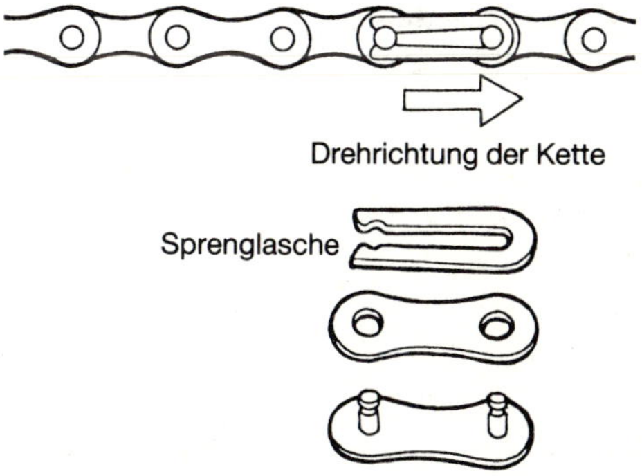

16.27 Kettenschloß

Werkzeuge und Hilfsmittel

- kleiner Schraubendreher
- kleine Zange
- Reinigungsmittel (z. B. Petroleum oder Terpentin mit einer Beimischung von ca. 5% Mineralöl)
- Pinsel
- Lappen
- Kettenschmiermittel

Vorgang: Entfernen

1. Die äußere Sprenglasche des Kettenschlosses aufspreizen und entfernen.
2. Die unter der Sprenglasche liegende Aufstecklasche abheben.
3. Glied nach innen herausdrücken; dabei die zwei Kettenenden halten.

Vorgang: Wartung

1. Kette in Reinigungsmittel ausspülen; dabei mit einem Pinsel zwischen den Gliedern reinigen.
2. In sauberem Reinigungsmittel nachspülen und gleich darauf abtrocknen.
3. Die Kette kann jetzt geschmiert werden, oder Sie machen diese Arbeit erst, wenn die Kette wieder montiert ist. Dazu Spezial-Kettenschmiermittel zwischen die Glieder sprühen.

Vorgang: Auflegen

1. Die Kette um Kettenblatt und Ritzel legen; falls erforderlich, durch Entfernen oder Hinzufügen einzelner Gliederpaare auf die richtige Länge bringen (siehe Beschreibung „Kette ohne Kettenschloß").

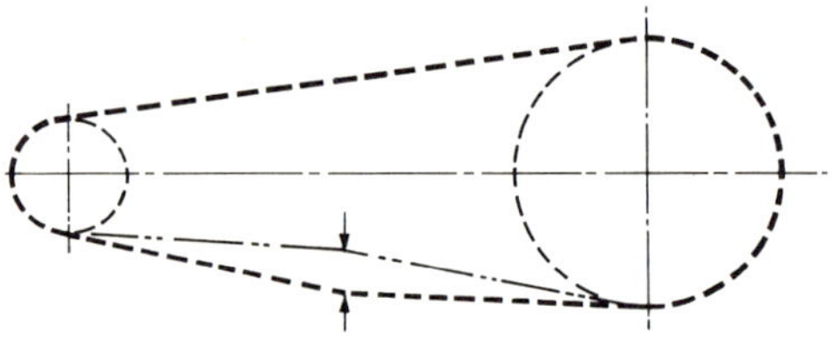

16.28 Kettenspannung (Rad ohne Kettenschaltung)

2. Das offene Glied des Kettenschlosses von links (innen) nach rechts (außen) einführen, um die Enden der Kette zu verbinden.
3. Aufstecklasche aufstecken.
4. Sprenglasche so anbringen, daß das geschlossene Ende in die Antriebsdrehrichtung der Kette zeigt.
5. Kettenspannung ggf. durch Verschieben des Hinterrades (siehe Kapitel 15) anpassen: In der Mitte muß es möglich sein, die Kette 1–2 cm auf und ab zu bewegen.

Installation und Wartung von Ketten ohne Kettenschloß

Diese Anleitung trifft z. T. ebenfalls zu, wenn eine Kette durch Entfernen bzw. Einfügen von Kettengliederpaaren verlängert bzw. verkürzt werden muß. Bei einem Rad mit Kettenschaltung ist zuerst der Gang einzulegen, bei dem die Kette auf dem kleineren Kettenblatt und dem kleinsten Ritzel liegt.

Werkzeuge und Hilfsmittel

- Spezialwerkzeug: Kettennietendrücker
- Reinigungsmittel (z. B. Petroleum oder Terpentinersatz mit einer Beimischung von ca. 5% Mineralöl)
- Pinsel
- Lappen
- Kettenschmiermittel

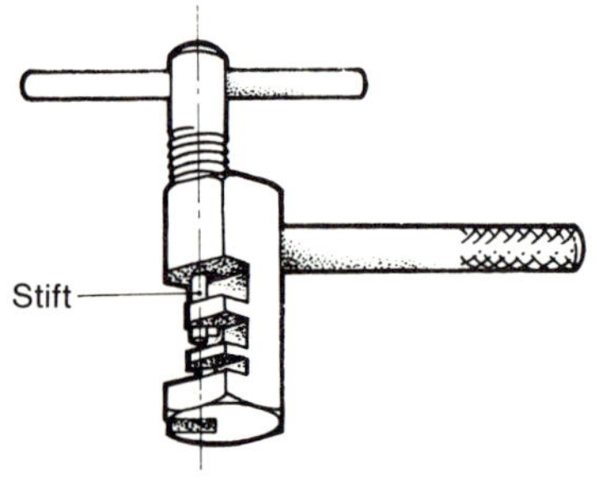

16.29 Kettennietendrucker

Vorgang: Entfernen

1. Kettennietendrücker auf eine Kettenniete aufsetzen und gerade so weit eindrehen, daß der Stift des Werkzeugs die Niete berührt.
2. Werkzeug und Kette festhalten, während der Hebel eingeschraubt wird: 6 Umdrehungen für die schmale Kette, 7½ für die breite (jedenfalls nur so weit, daß die Niete nicht völlig herausgedrückt wird).

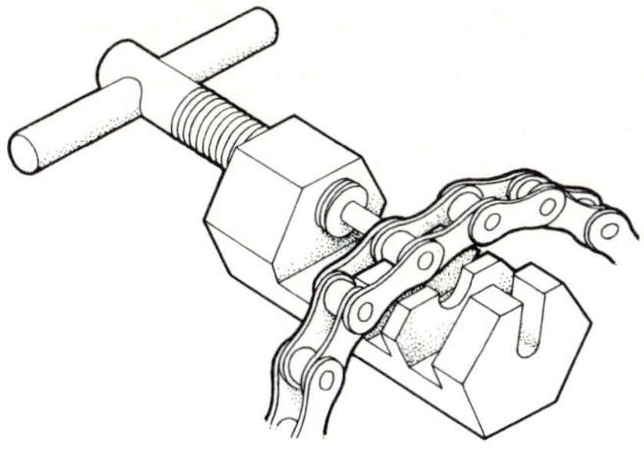

16.30 **Einsatz des Kettennietendruckers**

3. Werkzeug zurückdrehen und entfernen.
4. Kettenteile durch leichtes Verwinden trennen und die Kette entfernen.

Vorgang: Wartung

Hierbei geht man genauso vor wie bei der Beschreibung „Ketten mit Kettenschloß“.

Vorgang: Auflegen

1. Die Länge der Kette wird dadurch bestimmt, daß man sie über das größere Kettenblatt und das größte Ritzel legt, durch den Kettenblatt-Umwerfer und anhand der Abbildung um die Rädchen des Schaltsegments führt, wobei es noch leicht einfedern muß. Falls erforderlich, einzelne Gliederpaare entfernen bzw. hinzufügen.
2. Die gelöste Niete in das freie Gliedende stecken, Nietendrücker aufsetzen und die Niete vorsichtig hineindrücken, bis sie auf beiden Seiten gleich weit herausragt.
3. Durch Hin- und Herbiegen die gerade verbundenen Glieder lockern.

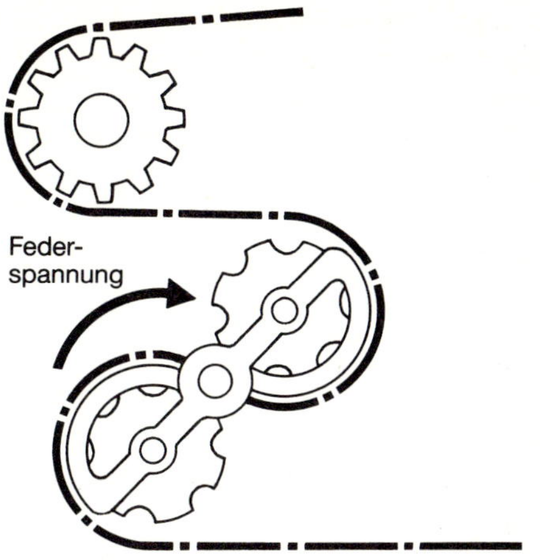

16.31 **Verlauf der Kette bei der Kettenschaltung**

4. Falls die Kette beim Fahren auf das kleinste Ritzel „springt“ oder „rutscht“ (kommt häufig vor, wenn eine neue Kette mit einem alten Ritzel kombiniert wird), muß auch das betreffende Ritzel oder der Zahnkranz ersetzt werden (siehe Kapitel 17).

Kettenlinie

Die Übertragung der Antriebskräfte ist am wirksamsten, wenn die Kette fluchtet, d.h. wenn Kettenblatt und Ritzel genau in einer Flucht liegen. Bei der Zehngang-Kettenschaltung müssen Sie dafür sorgen, daß der genau in der Mitte zwischen den Kettenblättern liegende Punkt exakt mit dem mittleren Ritzel fluchtet.

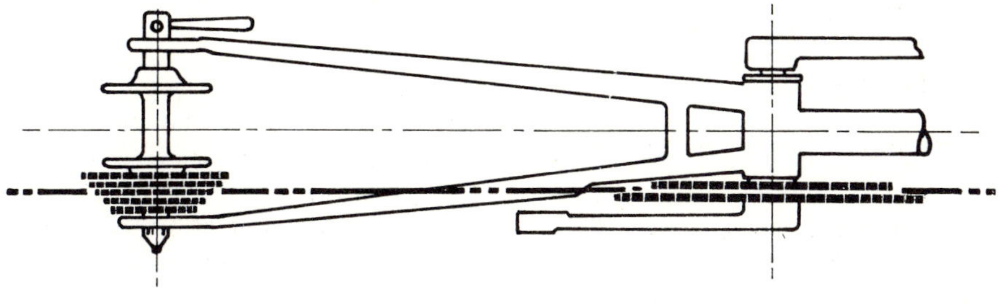

16.32 **Kettenlinie**

Falls erforderlich, korrigieren: entweder Zwischenlegscheiben am Hinterrad einlegen oder (beim Rad ohne Kettenschaltung) z. B. ein flaches Ritzel durch ein entsprechend versetztes Modell ersetzen. In seltenen Fällen deutet eine Abweichung auf eine Verwindung des Rahmens. In Kapitel 12 können Sie nachlesen, wie der Rahmen ggf. gerichtet werden kann.

Tandem-Antrieb bei einem Rennsport-Tandem von Jack Taylor. Diese Tretlager-Garnitur von TA ist das seit langem bewährte Modell für den Tandemgebrauch.

Tandemantrieb

Bei einem Tandem gibt es zwei Tretlager und zwei Ketten. Die Abbildung 16.33 zeigt einige Antriebsmöglichkeiten für das Tandem. Es sind fast immer spezielle Tandemtretlagersätze erforderlich. Um die Spannung der Verbindungskette einzustellen, sollte das eine der beiden Tretlager möglichst in ein Tretlagergehäuse eingebaut sein, das mittels eines Exzenters nach vorne oder hinten verstellt werden kann, damit die Spannung der Verbindungskette eingestellt wird.

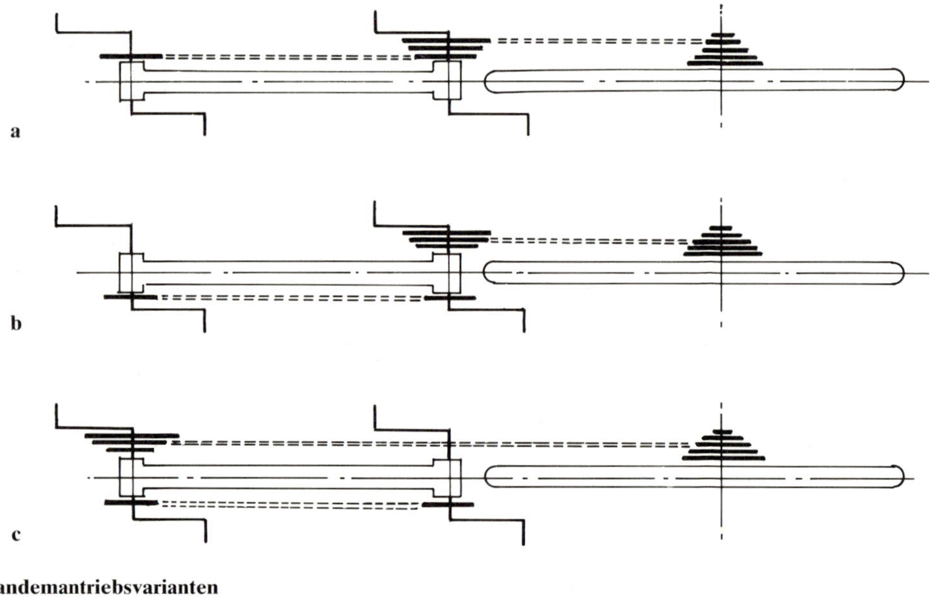

16.33 Tandemantriebsvarianten

a

b

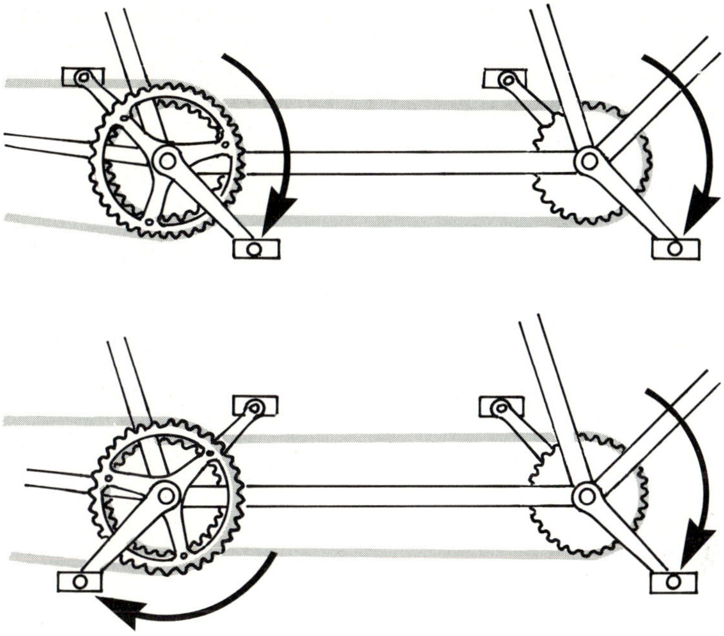

16.34 Normale (a) und versetzte Tandemantriebe (b)

Die überlange Kette der Abbildung 16.33c entsteht dadurch, daß man zwei Standardketten an den Enden verbindet und das Ganze schließlich wieder auf die richtige Länge kürzt. Diese Lösung wird von vielen erfahrenen Tourentandemfahrern bevorzugt, weil das Schalten dabei problemlos ist.

Manche Tandemfahrer versetzen die Tretkurbel gegenseitig um 90 Grad (siehe Abbildung 16.34b). Diese Lösung hat den – zumindest theoretischen – Vorteil, daß die Tretkräfte ausgeglichen sind: Immer wenn der eine Fahrer im toten Punkt des Antriebs ist (Tretkurbel senkrecht), übt der zweite Fahrer die maximale Kraft aus (Tretkurbel waagerecht). Aufgrund meiner Erfahrung halte ich die synchrone Anordnung dann für angebracht, wenn beide Fahrer erfahrene Radsportler sind und ohne weiteres 100 Umdrehungen pro Minute treten können. Langsam tretende Anfänger hingegen benötigen eher die versetzte Anordnung.

Tandem-Antrieb bei einem Rennsport-Tandem von Gazelle. Diese Tretlager-Garnitur von TA ist das seit langem bewährte Modell für den Tandemgebrauch.

17
Die Kettenschaltung

Es wird heute fast kein Fahrrad mehr ohne Gangschaltung verkauft. Dabei handelt es sich immer häufiger um die Kettenschaltung. Sie besteht aus einem Schaltsegment oder hinteren Umwerfer und einem Kettenblatt-Umwerfer oder vorderen Umwerfer. Mit diesen beiden Umwerfern kann man zwischen unterschiedlich großen, auf einem Zahnkranz am Hinterrad montierten Ritzeln bzw. unterschiedlich großen Kettenblättern an der rechten Tretkurbel wählen.

Am verbreitetsten ist die Zehngangschaltung, während einfache Räder manchmal eine Fünfgangschaltung haben und Mountainbikes sowie Reiseräder mit 15- oder 18-Gangschaltungen ausgestattet werden. Die Zehngangschaltung hat zwei Kettenblätter und fünf Ritzel. Bei der Fünfgangschaltung gibt es nur ein Kettenblatt; der Kettenblatt-Umwerfer entfällt hier. Die 15-Gangschaltung hat drei Kettenblätter. Wenn sechs Ritzel montiert sind, erge-

Das passiert, wenn Sie die Kettenschaltung bedienen: Der Umwerfer verschiebt die Kette, bis sie auf einem anderen Ritzel, mit mehr oder weniger Zähnen, liegt.

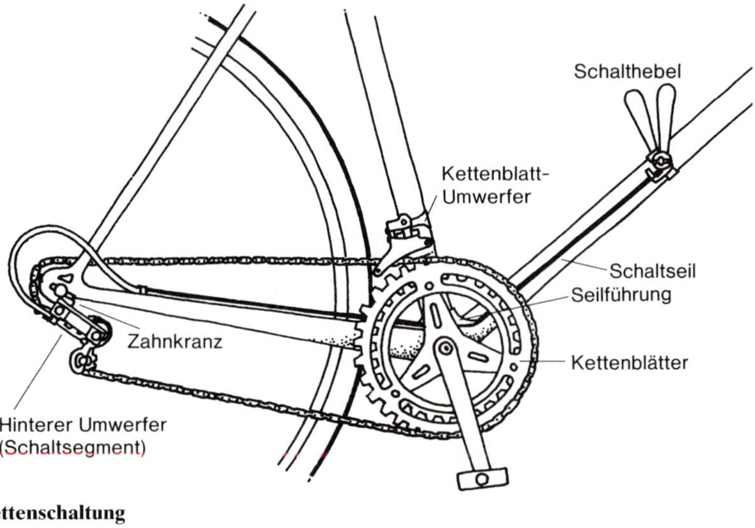

17.1 Teile der Kettenschaltung

ben sich entsprechend 12 bzw. 6 oder 18 Gänge. Rennräder haben meist eine 12- oder 14-Gangschaltung, bei der zwei Kettenblätter mit 6 bzw. 7 Ritzeln kombiniert werden.

Schließlich gibt es noch die interessante Möglichkeit, die hintere Kettenschaltung mit einer Nabenschaltung zu kombinieren, wie es die Firma Sachs-Huret mit ihrem Galaxie-Modell macht. Der Vorteil für den unerfahrenen Radfahrer ist dabei, daß ein ähnlich großer Schaltbereich erreicht wird wie bei der 10- oder 12-Gangschaltung, ohne daß der Fahrer die

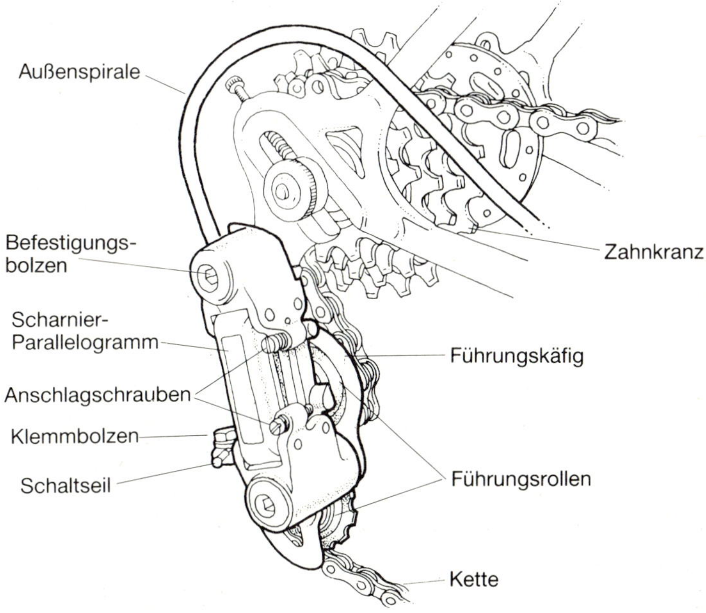

17.2 Hinterer Umwerfer (auch „Schaltsegment“)

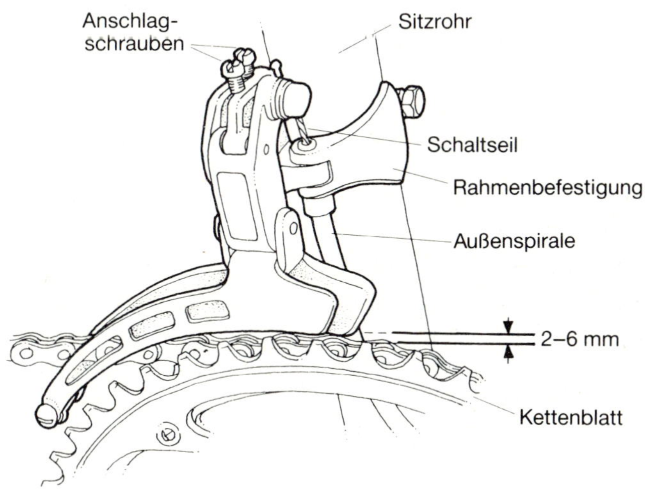

17.3 Vorderer Umwerfer (auch „Kettenblatt-Umwerfer“)

Schwierigkeit hat, mit dem schwer zu bedienenden Kettenblatt-Umwerfer zurechtkommen zu müssen. Allerdings ist hierbei zu bedenken, daß Schaltnaben für schwere Belastungen, wie sie bei echten Geländefahrten auftreten können, nicht geeignet sind, weil sie eine geschwächte Hohlachse haben.
Die Bedienung der gängigen Kettenschaltung erfolgt mit Schalthebeln, die meist auf dem Unterrohr, manchmal jedoch auch am Lenker montiert sind. Die Übertragung vom Schalthebel zum Umwerfer erfolgt mittels flexibler Schaltseile, die über am Rahmen montierte Führungen laufen und bei Modellen mit Schalthebeln am Lenker auch z. T. in eine Außenspirale verlegt sind. Heutzutage werden die hinteren Umwerfer häufig mit Index- oder Rasterstellungen geliefert, damit es für jeden Gang eine erkennbare Position des Schalthebels gibt, ähnlich wie bei der Nabenschaltung. Für den Kettenblattumwerfer gibt es diese Möglichkeit zwar vereinzelt, sie wird dort jedoch nicht so häufig angetroffen und wirkt auch längst nicht so überzeugend.
Manche Probleme der Kettenschaltung lassen sich durch Einstellen der Umwerfer beheben. Die einzelnen Teile (einschließlich Bedienungszügen, Kette und Zahnkranz) müssen regelmäßig gereinigt und geschmiert werden. Im Anschluß an diese Beschreibung wird das Auswechseln der einzelnen Teile behandelt.

Hinterer Umwerfer, hier das Modell Duopar der Firma Sachs-Huret

Umwerfer von Sun-Tour. Dieses Modell ist besonders gut für Mountainbikes geeignet.

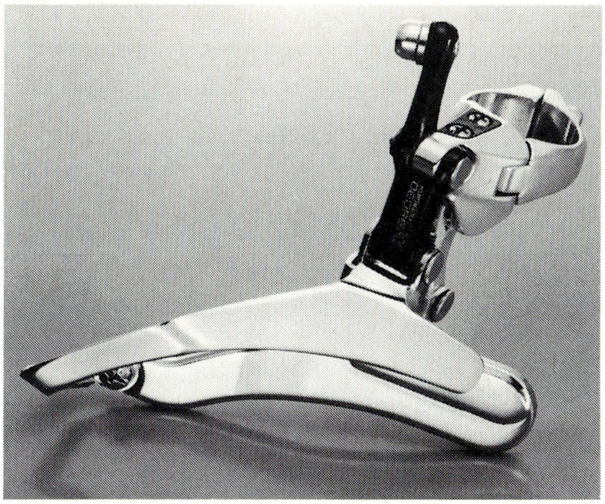

Kettenblatt-Umwerfer von Shimano. Dieses Modell ist hervorragend geeignet für Schaltungen mit sehr unterschiedlich großen Kettenblättern (z. B. für das Reiserad und das Mountainbike).

Einstellen des Umwerfers

Wenn die Kette beim Schalten über das größte oder kleinste Ritzel oder Kettenblatt hinaus verlegt wird oder bestimmte Kombinationen nicht erreicht, muß der entsprechende Umwerfer eingestellt werden. Am besten macht man diese Arbeit am aufgehängten oder umgekehrt aufgestellten Fahrrad. (Den Lenker beim Umkehren so abstützen, daß nichts beschädigt oder eingeklemmt wird.)

Werkzeuge und Hilfsmittel

- kleiner Schraubendreher
- Lappen (falls die Kette abgesprungen ist)

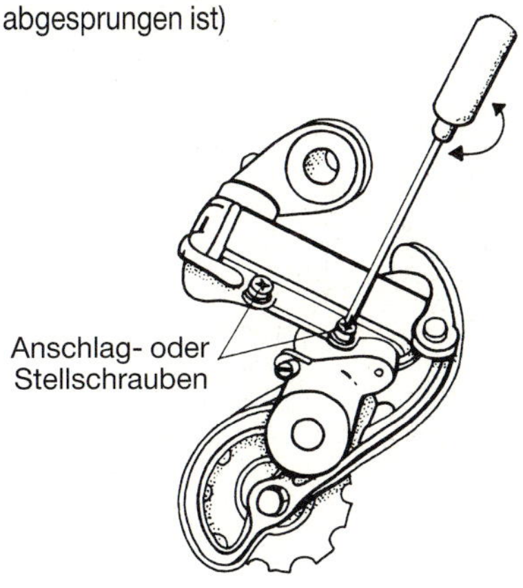

17.4 Einstellen des Umwerfers

Vorgang

1. Falls erforderlich, zuerst die Kette auflegen und den Schalthebel in die entsprechende Position stellen.
2. Feststellen, wo das Problem liegt: wurde die Kette vorne oder hinten, nach innen (links) oder außen (rechts), zu weit oder nicht weit genug verlegt?
3. Zum Einstellen ist jeder Umwerfer mit zwei Stellschrauben ausgestattet, die allerdings je nach Fabrikat und Modell in unterschiedlichen Positionen zu finden sind. Es sind dies die Schräubchen, bei denen eine Spiralfeder unter dem Schraubenkopf das unbeabsichtigte Verstellen durch Vibrationen vermeiden soll. Eines dieser Schräubchen begrenzt den seitlichen Ausschlag des Umwerfers nach innen (links), das andere nach außen (rechts).
4. Falls die Stellschräubchen nicht mit H (für die Begrenzung des höchsten Ganges) bzw. L (für die Begrenzung des niedrigsten Ganges) markiert sind, muß man

Kettenblatt-Umwerfer von Sachs-Huret

selbst feststellen, welches welchem Zeck dient. Dazu den Schalthebel bewegen und dabei beobachten, in welche Richtung der Umwerfer verlegt wird und welche Stellschraube dann an den Anschlag herangeführt wird.

5. Die entsprechende Stellschraube einschrauben, um den Ausschlag des Umwerfers in diese Richtung zu verringern (falls die Kette zu weit verlegt wurde) bzw. ausschrauben, um den Ausschlag zu vergrößern (falls die Kette nicht weit genug verlegt wurde).
6. Jetzt alle Kombinationen der Gangschaltung ausprobieren. Falls erforderlich, noch etwas nachstellen, bis alle Gänge sich richtig einlegen lassen.

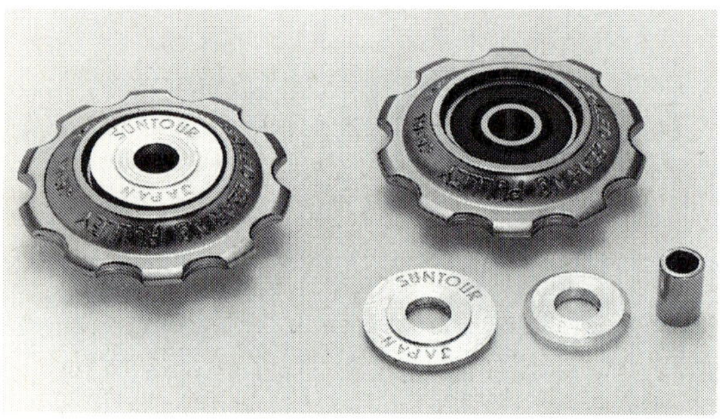

Kettenrädchen eines hinteren Umwerfers. Obwohl diese Form mit Gleitlagern gebräuchlich ist, gibt es vereinzelt auch Modelle mit Kugellagern, die etwas weniger Reibungsverluste bieten.

Bemerkungen

1. Falls das Schaltseil zu locker oder zu straff ist, dieses ebenfalls einstellen (siehe nachfolgende Beschreibung).
2. Falls das Einstellen nicht gelingt, folgende Punkte prüfen:
   a. Schaltseil: falls „ausgefranst", ersetzen.
   b. Außenspirale (soweit vorhanden): falls geknickt, ersetzen.
   c. Führungen des Schaltseils sowie Befestigungen des Schalthebels und des Kettenblattumwerfers am Rahmen: sie müssen richtig fest sitzen; ggf. festziehen.
   d. Klemmschraube des Schalthebels: sie muß gerade so fest eingeschraubt sein, daß sich der Schalthebel nicht lockert.
   e. Tretlagereinstellung und Befestigung der Kettenblätter: beide dürfen kein Spiel haben; ggf. einstellen bzw. festziehen.
3. Falls immer noch nicht in Ordnung, Umwerfer überholen und ggf. prüfen, ob das rechte Ausfallende gerade ist (siehe Kapitel 12).
4. Manche Schaltsegmente des Fabrikats SunTour haben eine zusätzliche Stellschraube, die den Drehwinkel des Umwerfers um den Befestigungsbolzen begrenzt. Manchmal hilft es, diese um 1–3 Umdrehungen zu lockern oder festzuziehen.

Urahn der modernen Kettenschaltung. Der französische „Bi-Direkt"-Umwerfer aus dem Jahre 1910.

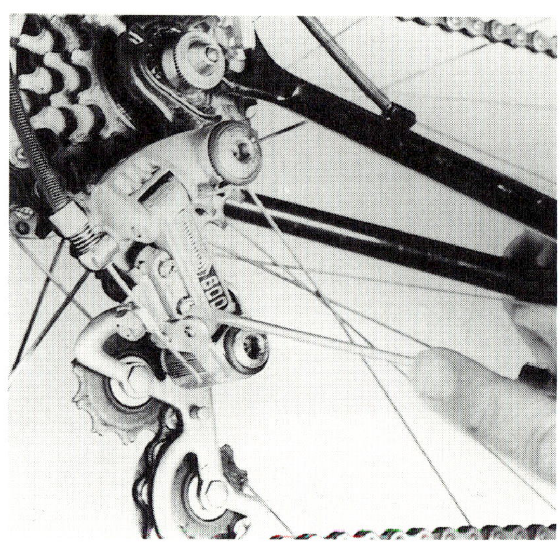

So wird der Umwerfer eingestellt.

Einstellen des Schaltseils

Vorher muß der Umwerfer so weit wie möglich eingestellt sein (siehe vorangegangene Beschreibung). Legen Sie dann denjenigen Gang ein, bei dem die Kette auf dem kleinsten Ritzel und dem kleinsten Kettenblatt liegt. Falls das Seil beschädigt ist („ausgefranst"), muß es anhand der nachfolgenden Anleitung ersetzt werden.

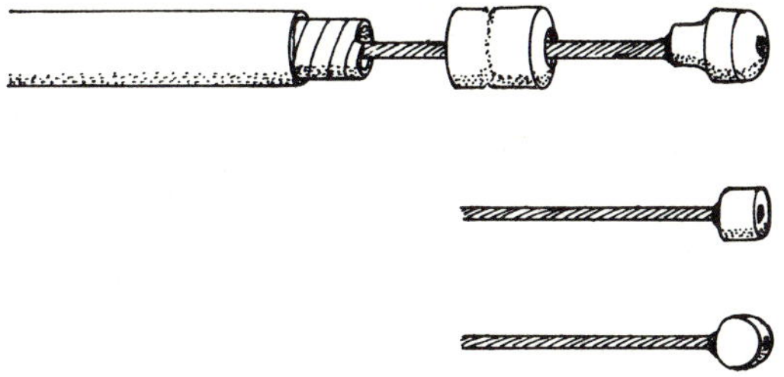

17.5 Schaltseil

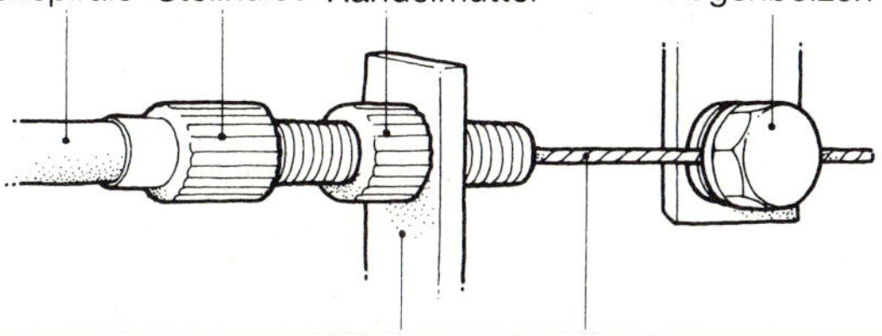

17.6 Einstellen des Schaltseils

Werkzeuge und Hilfsmittel

- Schraubschlüssel

Vorgang

1. Falls eine Stellhülse vorhanden ist, Stellhülse halten und die Kontermutter lösen; Stellhülse ein- oder ausschrauben; Stellhülse wieder halten und Kontermutter festschrauben.
2. Falls keine Stellhülse vorhanden oder der Bereich ihrer Einstellung nicht ausreichend ist: Klemmbolzen oder Mutter des Augenbolzens (je nach Ausführung), mit dem das Kabelende am Umwerfer eingeklemmt ist, um 1–2 Umdrehungen lockern; Schaltseil herausziehen bzw. entspannen; Einklemmung festziehen.
3. Alle Gänge ausprobieren und ggf. nachstellen.

Wartung eines Umwerfers mit Indexschaltung

Heutzutage werden manche Räder mit einem sogenannten Indexsystem ausgestattet, bei dem der Schalthebel des hinteren Umwerfers genau definierte Positionen hat, die mit den einzelnen Gängen übereinstimmen. Obwohl

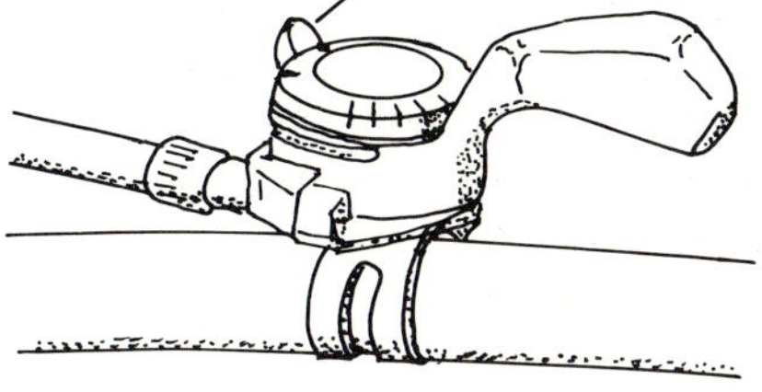

17.7 Indexschalthebel (für gerastertes Schalten)

solche Modelle im Prinzip leichter zu bedienen sind als herkömmliche Modelle, die keine definierten Hebelstellungen für die einzelnen Gänge haben, ist es wesentlich schwieriger, sie richtig eingestellt zu halten. Das gilt insbesondere beim Auswechseln einzelner Teile, weshalb möglichst nur solche des gleichen Fabrikats (Umwerfer, Zahnkranz, Schalthebel und Schaltseil) verwendet werden sollten, auch wenn einige Hersteller mit der Auswechselbarkeit ihrer Teile werben.

Daumenschalter von Shimano. Obwohl eigens für das Mountainbike konzipiert, eignet sich diese Schalterform, die es heute von mehreren Herstellern gibt, auch für jedes andere Rad mit flachem Lenker.

Ersetzen Sie bei diesen Systemen das gesamte Schaltseil sowie die Außenspirale einmal jährlich, und unterlassen Sie hier die Schmierung, weil eine gewisse Reibung für diese Art des Schaltens geradezu erforderlich ist. Wenn Sie unterwegs feststellen, daß die Gänge sich nicht mehr richtig einlegen lassen, schalten Sie dann mit dem Zusatzhebel in die F-Stellung, mit der die nichtgerasterte Stellung gekennzeichnet ist. Nehmen Sie sich die Zeit für die Einstellarbeiten und gehen Sie dabei wie folgt vor:

Werkzeuge und Hilfsmittel

- kleiner Schraubendreher
- ggf. Zange und Schraubschlüssel

Vorgang

1. Den Zusatzhebel des Schalthebels zuerst in die F-Stellung (für nichtgerastertes Schalten) und dann den höchsten Gang einlegen: vorne größtes Kettenblatt, hinten kleinstes Ritzel.
2. In dieser Stellung das hintere Schaltseil so einstellen, daß es gerade straff, jedoch nicht angespannt liegt, was Sie ggf. mit der Stellhülse oder mit der Schaltseileinklemmung am Umwerfer machen können.
3. Jetzt den niedrigsten Gang (kleinstes Kettenblatt, größtes Ritzel) einlegen.
4. Den höchsten Gang wieder einlegen und mit dem Zusatzhebel die Indexstellung (I) wählen, anschließend Seilspannung sowie ggf. Stellschraube anpassen, bis dieser Gang richtig abläuft.
5. Den Schalthebel um eine Rasterposition in den nächstniedrigeren Gang umschalten. Falls der Umwerfer dabei nicht auf das zweitkleinste Ritzel schaltet, muß die Stellhülse um etwa eine halbe Umdrehung angespannt werden. Falls andererseits der Umwerfer an dem zweiten Ritzel vorbeischaltet, muß das Schaltseil entsprechend gelockert werden. Falls erforderlich, diese Einstellung wiederholen, bis richtig geschaltet wird.
6. Jetzt das Schaltseil gerade so weit fester stellen, bis die Kette hörbar gegen das drittkleinste Ritzel abläuft (die Kette liegt dabei auf dem zweitkleinsten Ritzel). Anschließend Stellhülse oder Klemmbolzen gerade wieder so weit eindrehen, bis die Geräusche aufhören, aber nicht weiter.

Eine frühe Form der Index- oder Rasterschaltung war dieser zuverlässige Sachs Commander. Die einzelnen Gänge rasten zuverlässig ein.

Eine geniale, aber aufwendige und teure Lösung der amerikanischen Firma Browning, von Sun-Tour in Lizenz übernommen. Bei diesem elektrisch betätigten Umwerfer schwenkt ein Teil des Kettenblattes aus, damit sich die Kette auf das nächste Kettenblatt legt.

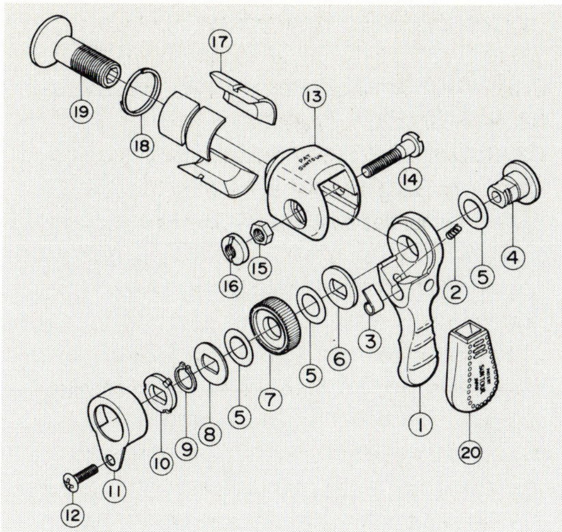

Das Innenleben eines Sun-Tour-Lenkerend-Schalthebels, wie es auf Rädern mit Rennlenkern installiert werden kann.

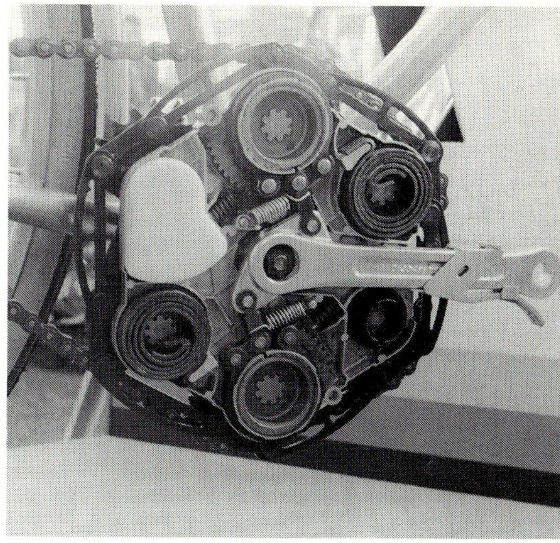

Automatik für das Fahrrad. Dieser englische „Deal Drive" scheint unverdient – denn es war ein durchaus ausgereiftes Produkt – wieder in Vergessenheit geraten zu sein.

7. Prüfen Sie jetzt alle Gänge, um sicherzustellen, daß alle richtig eingelegt werden können, wobei Sie ggf. mit den Stellschrauben nachstellen.

Bemerkung

Falls die richtige Einstellung trotzdem nicht erreicht wird, muß wahrscheinlich der Schalthebel ersetzt werden, oder es kann sein, daß der Umwerfer oder das rechte Ausfallende verbogen ist. Prüfen Sie sämtliche Teile und ersetzen bzw. berichtigen Sie jeweils nur dasjenige, das defekt zu sein scheint.

Ersetzen des Schaltseils

Diese Anleitung wird auch sinngemäß angewandt, wenn eine Außenspirale ersetzt wird. Vorher die Gangschaltung so einstellen, daß der entsprechende Umwerfer in der entspannten Position steht (hinten: immer kleinstes Ritzel, vorne: je nach Fabrikat und Modell, meistens jedoch großes Kettenblatt).

Werkzeuge und Hilfsmittel

- Schraubschlüssel
- ggf. Zange

Vorgang: Entfernen

1. Zuerst den Klemmbolzen oder die Mutter des Augenbolzens (je nach Ausführung) um 2–3 Umdrehungen lockern.
2. Schaltseil aus Einklemmung zurückziehen und bis zum Schalthebel von Führungen oder Außenspiralen lösen.
3. Schaltseil in Schalthebel hineinschieben und Nippel herausnehmen; Schaltseil vom Nippel aus entfernen.

Vorgang: Anbringen

1. Das neue Schaltseil muß den gleichen Nippeltyp haben und mindestens so lang sein wie das alte.
2. Seil mit Vaseline o. ä. einschmieren (jedoch nicht bei einem Schaltseil für ein Indexsystem).
3. Seilende in den Schalthebel stecken und straffziehen, bis der Nippel einrastet.
4. Seil über Führungen und ggf. durch Außenspirale führen und das Ende unter die Klemmung oder durch den Augenbolzen stecken und straffgezogen halten.
5. Schalthebel in den zum eingelegten Gang gehörigen Stand stellen, wobei das Seil weiterhin straff, jedoch nicht angespannt gehalten wird.
6. Klemmbolzen oder Mutter des Augenbolzens festziehen, dabei weiterhin Seil straff halten.
7. Alle Gänge ausprobieren und ggf. nachstellen.

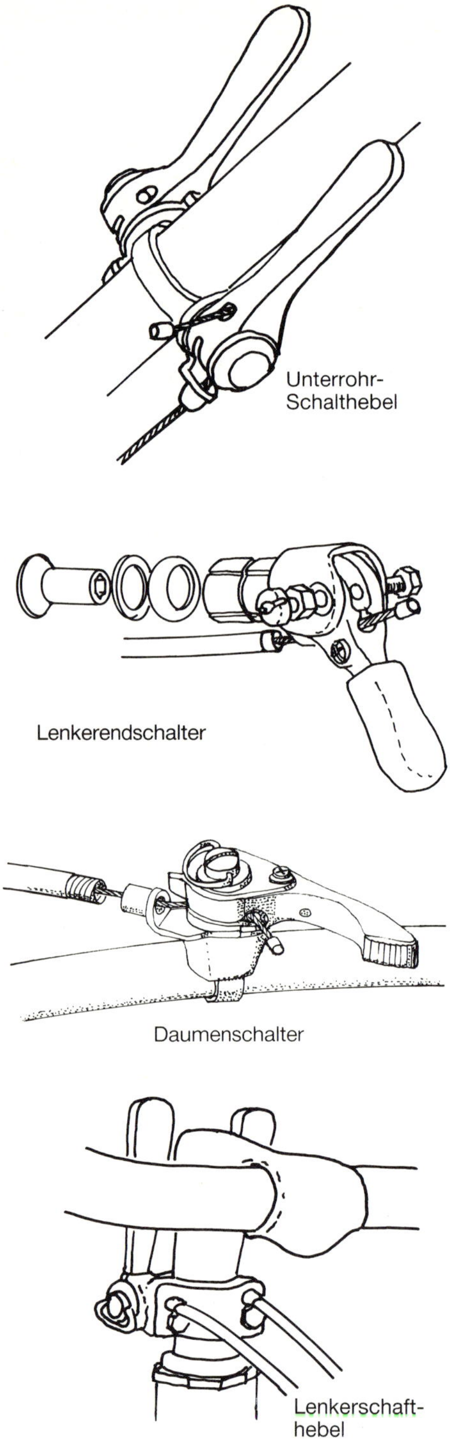

17.8 Schalthebeltypen

Ersetzen des Schalthebels

Vorher muß das Schaltseil anhand der vorangegangenen Anleitung entfernt und anschließend wieder installiert werden. Je nach Ausführung wird der Schalthebel mit eigener Schelle an Unterrohr oder Lenker bzw. direkt an den Gewindebuchsen befestigt, die am Rahmen montiert sind. Wählen Sie möglichst einen Schalter des gleichen Fabrikats wie das des Umwerfers, weil die Teile aufeinander abgestimmt sind.

Bei Lenkerendmodellen, die anstelle der Lenkerendstopfen des Rennlenkers montiert werden, wird die Außenspirale des Schaltseils unter das Lenkerband verlegt. Dieses Modell wird mit einem Klemmbolzen im Lenkerinneren gehalten. Der Klemmbolzen wird vom Ende aus erreicht, indem man zunächst den Querbolzen, um den sich der Hebel dreht, entfernt. Der Klemmbolzen wird mit einem Inbusschlüssel nach rechts gelockert bzw. nach links festgezogen.

Ersetzen und Überholen des Schaltsegments

Das Schaltsegment (der hintere Umwerfer) wird entweder direkt in eine Gewindeöse des rechten Ausfallendes oder (falls diese Öse fehlt) mittels eines Adapters montiert. Dieser Adapter wird bei den meisten Umwerfern mitgeliefert und muß nach dem Entfernen des Hinterrads außenseitig in den Schlitz des Ausfallendes eingelegt werden.

Wählen Sie beim Ersetzen möglichst einen Umwerfer des gleichen Fabrikats, oder ersetzen Sie gleichzeitig auch den Schalthebel durch ein Modell des übereinstimmenden Fabrikats. Wenn die Unterschiede zwischen den Ritzeln groß sind, brauchen Sie ein Modell mit ausreichender Kapazität, um die freigewordene Kettenlänge aufzunehmen. Lassen Sie sich vom Fahrradhändler beraten.

Falls das Ausfallende eine Öse für den Umwerfer hat, ist es gleichfalls besser, wenn Öse und Umwerfer vom gleichen Fabrikat sind. Das Hinterrad muß nur ausgebaut werden, falls der Adapter entfernt oder installiert wird.

Werkzeuge und Hilfsmittel

- Inbusschlüssel
- Schraubschlüssel

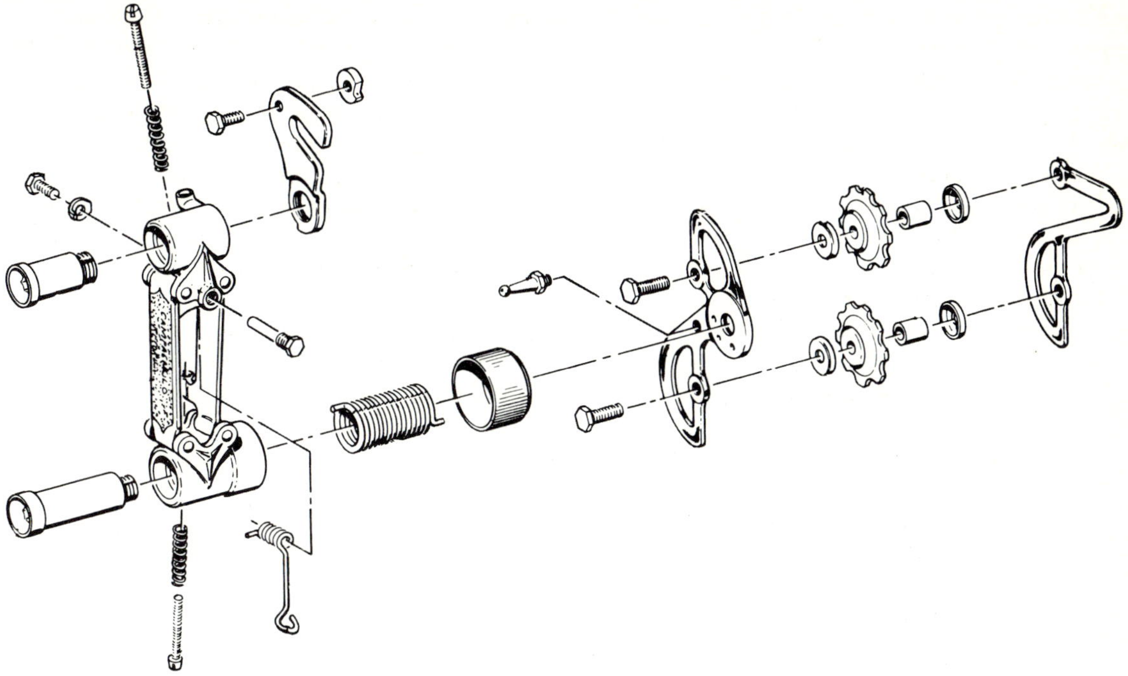

17.9 Aufbau eines hinteren Umwerfers

Vorgang: Ausbau

1. Das Schaltseil lockern und aus der Einklemmung entfernen (siehe Anleitung „Auswechseln des Schaltseils").
2. Entweder die Kette auftrennen (siehe Anleitung S. 178) oder Bolzen eines der Kettenrädchen des Umwerfers ausschrauben, damit die Kette aus der Führung des Umwerfers „befreit" wird.
3. Falls Umwerfer mit Adapter entfernt wird (Hinterrad ist ausgebaut), Adapterbolzen um ca. 1 Umdrehung lockern und Adapter mit montiertem Umwerfer aus Schlitz im Ausfallende herausschieben.
4. Falls der Umwerfer ohne Adapter entfernt wird, Befestigungsbolzen des Umwerfers mit Inbusschlüssel nach links lockern, bis der Umwerfer abgeht.

Vorgang: Überholen

1. Beide Kettenrädchen entfernen. Falls sie stark abgenutzt sind, reinigen oder ersetzen. Die Gleitlagerbuchsen dieser Rädchen mit Fett schmieren.
2. Alle anderen Teile reinigen, prüfen und mit dünnem Öl schmieren.
3. Falls die Kette nicht entfernt wurde, nur ein Kettenrädchen in die Kettenführung installieren. Rädchen muß sich frei drehen.

Vorgang: Einbau

1. Bei einem neuen Umwerfer ggf. die Pappscheibe am Ende des Bolzens entfernen.

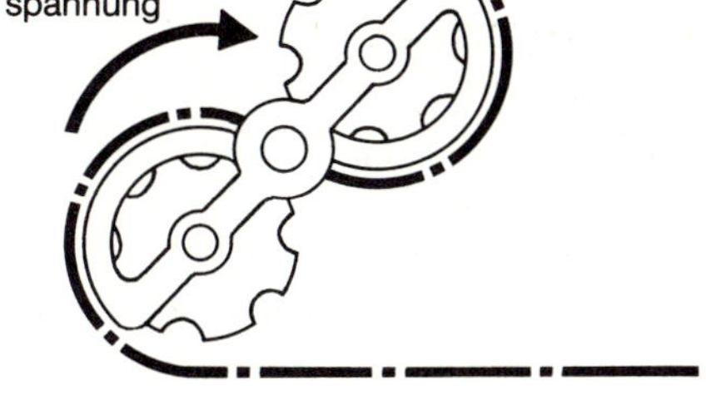

17.10 Führung der Kette

2. Falls erforderlich, Umwerfer auf Adapter montieren.
3. Umwerfer (mit bzw. ohne Adapter) anbringen; Adapterbolzen oder Umwerfer-Befestigungsbolzen festschrauben.
4. Prüfen: Umwerfer muß sich frei um den Befestigungsbolzen bewegen lassen.
5. Kette nach der Abbildung 17.10 führen. Falls erforderlich, das zweite Kettenrädchen installieren. Manche Modelle der Marke Sachs-Huret sowie neuere Modelle von Campagnolo haben zwei entsprechend gekennzeichnete Befestigungspunkte für die Kettenführung. Wählen Sie die äußere Position, falls die Anzahl der Zähne des größten Ritzels die markierte Zahl für die innere Position überschreitet.
6. Schaltseilende locker einklemmen, dann einstellen und festziehen. Seil auf ca. 3 cm abtrennen.
7. Gangschaltung ausprobieren und einstellen.

Ersetzen des Kettenblatt-Umwerfers

Auch der vordere oder Kettenblatt-Umwerfer soll möglichst vom gleichen Fabrikat sein wie der zugehörige Schalthebel. Falls das innere Kettenblatt sich um mehr als 14 Zähne vom äußeren unterscheidet, brauchen Sie ein Sondermodell. Lassen Sie sich vom Fahrradfachhändler beraten.

Falls der Rahmen mit einem Sockel für die Befestigung eines Umwerfers ausgestattet ist, muß der Umwerfer der gleichen Norm entsprechen. Sie können entweder die Kette vorher entfernen und anschließend wieder installieren oder die Kettenführung aufschrauben, damit Sie sie um die Kette montieren können.

Werkzeuge und Hilfsmittel

- Schraubschlüssel
- Schraubendreher

Vorgang: Ausbau

1. Zuerst die Einklemmung des Schaltseils lockern und dort das Schaltseil herausnehmen.
2. Falls die Kette nicht entfernt wurde, Bolzen durch die Verbindung der beiden Führungsseiten ausschrauben und Buchse entfernen.
3. Befestigungsbolzen abschrauben und Umwerfer entfernen.

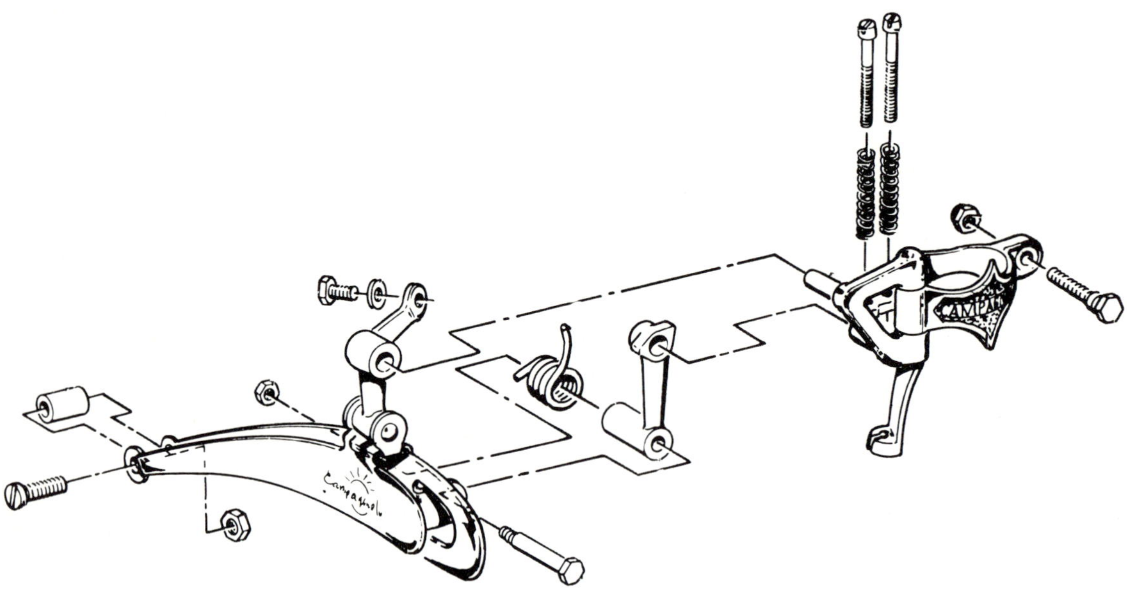

17.11 Aufbau des Kettenblatt-Umwerfers

Vorgang: Einbau

1. Den Umwerfer um das Sitzrohr bzw. am Umwerfersockel befestigen, aber nicht zu fest.
2. Kette installieren und durch die Führung des Umwerfers verlegen oder die Buchse und den Bolzen der Führung so montieren, daß die Kette durch die Führung verläuft.
3. Umwerfer auf richtiger Höhe mit der Führung 2–4 mm über dem großen Kettenblatt und parallel zu ihm einstellen, dann Befestigungsbolzen festziehen.
4. Schaltseilende einklemmen und einstellen.
5. Alle Gänge ausprobieren und Umwerfer einstellen.

Auswechseln des Zahnkranzes

Der Zahnkranz auf der Hinterradnabe muß ausgewechselt werden, wenn der Mechanismus versagt oder wenn die einzelnen Ritzel abgenutzt sind. Ob ein Ritzel (meistens das kleinste) abgenutzt ist, erkennt man äußerlich kaum. Man merkt es daran, daß eine neu installierte Kette beim belasteten Fahren auf die Zähne des alten Ritzels „abrutscht". Es kann auch erforderlich sein, das Ritzel auszuwechseln, wenn ein anderer Übersetzungsbereich (z. B. mit weiter auseinanderliegenden Gängen für Bergfahrten) gewünscht wird. Beim Kauf eines neuen Kranzes aufpassen, daß er vom gleichen Gewindetyp (französisch bzw. italienisch) ist wie die Nabe.
Wenn der Mechanismus noch in Ordnung ist, kann man bei manchen Fabrikaten auch die einzelnen Ritzel auswechseln lassen. Überlassen Sie diese Arbeit dem Fachmann. Falls der Mechanismus locker ist und der ganze Zahnkranz beim Drehen „wackelt", kann er anhand der nachstehenden Anleitung eingestellt werden. Für beide Arbeiten muß das Hinterrad vorher ausgebaut sein (Beschreibung in Kapitel 15).

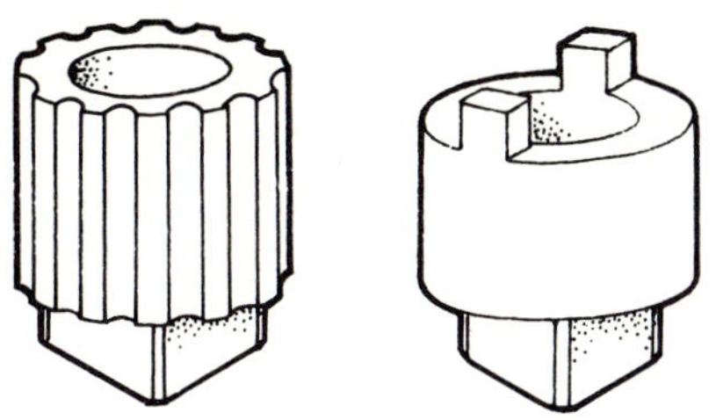

17.12 Kranzabzieher

Werkzeuge und Hilfsmittel

- Spezialwerkzeug – Kranzabzieher (fabrikatgebunden)
- Werkbank mit Schraubstock (zur Not großer Rollgabelschlüssel)
- Lappen
- Vaseline

17.13 Auswechseln des Zahnkranzes

Vorgang: Abziehen

1. Zuerst den Schnellspanner oder die Achsenmutter des Hinterrads entfernen.
2. Kranzabzieher mit den Ausragungen in den korrespondierenden Aussparungen des Zahnkranzes über der Achse aufsetzen. Bei einigen Modellen muß dazu die Kontermutter des Nabenlagers entfernt werden.
3. Achsenmutter oder Schnellspanner mit 1–2 mm Spiel installieren.
3. Falls Schraubstock vorhanden, Rad umdrehen und Kranzabzieher in den Schraubstock einklemmen. Falls kein Schraubstock, Rad sehr fest halten (z. B. mit dem eigenen Körpergewicht in die Ecke eines Raums gestemmt) und Rollgabelschlüssel aufsetzen.
5. Rad oder Werkzeug eine Umdrehung nach links drehen; Mutter oder Schnellspanner um eine Umdrehung lockern und Rad oder Werkzeug wieder etwas weiter lockern, bis der Kranz sich mit dem Werkzeug von Hand abnehmen läßt.

Vorgang: Anbringen

1. Das Schraubgewinde von Zahnkranz und Nabe gründlich reinigen und leicht einfetten.
2. Falls eine Protektorscheibe zwischen Speichen und Zahnkranz gelegt werden soll, diese aufstecken.
3. Rad flach hinlegen, mit dem Gewinde nach oben. Kranz von Hand sehr vorsichtig auf das Gewinde der Nabe ausrichten und festschrauben. Beim Fahren zieht sich der Kranz von selbst richtig fest.
4. Gangschaltung ausprobieren und ggf. einstellen.

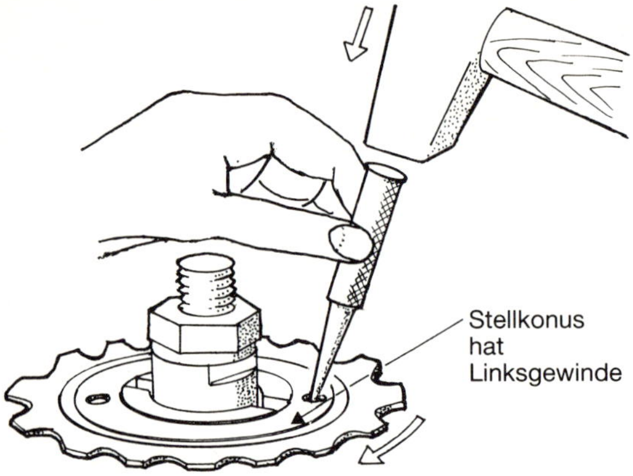

17.14 Aufschrauben des Zahnkranzes (zum Einstellen des Lagers)

Einstellen des Zahnkranzlagers

Wenn der Zahnkranz locker ist und wackelt, kann eine einfache Einstellarbeit manchmal Abhilfe schaffen. Für diese Arbeit ist es nicht erforderlich, den Zahnkranz vom Rad zu entfernen. Das Rad muß jedoch ausgebaut sein.

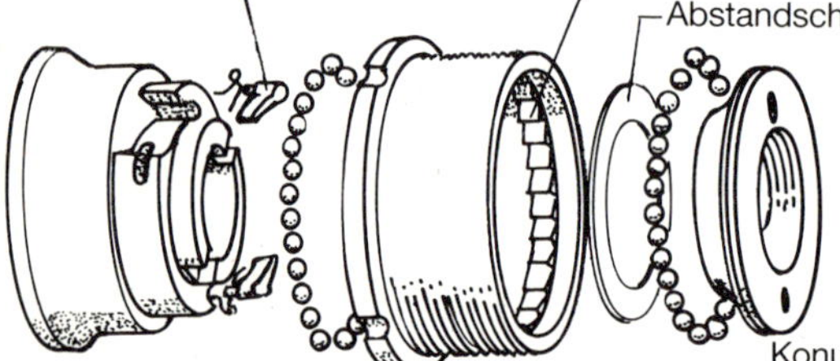

Werkzeuge und Hilfsmittel

- Stiftschlüssel oder Stift und Hammer
- Lappen
- Kugellagerfett

Vorgang

1. Das ausgebaute Rad flach hinlegen (Zahnkranz oben).
2. Der scheibenförmige Stellkonus des Freilauflagers mit den zwei Einsparungen mit Stiftschlüssel oder Stift und Hammer nach rechts abschrauben (Linksgewinde).
3. Einen Abstandsring entfernen (angenommen, das Lager war zu locker eingestellt; andernfalls eine dikkere bzw. eine zusätzliche Scheibe einlegen).
4. Den Raum, wo die Kügelchen liegen, mit Fett ausfüllen; dabei keine Kügelchen verlieren.
5. Den scheibenförmigen Stellkonus nach links fest aufschrauben.
6. Ausprobieren und ggf. einstellen, indem Sie weitere Abstandsringe entfernen bzw. einlegen.

Interessante Fahrräder aus dem letzten Jahrhundert werden heute wieder nachgebaut, so z. B. dieses elegante Pedersen-Rad nach einem Original aus der Zeit um 1895.

18
Die Nabenschaltung

In diesem Kapitel wird die zweite Form der Gangschaltung, die noch immer auf dem alltäglichen Gebrauchsrad bevorzugte Nabenschaltung, behandelt. Bei diesem System ist der Mechanismus in der Form eines Planetengetriebes in der Hinterradnabe eingekapselt. Obwohl in der Bundesrepublik immer mit einer Rücktrittsbremse kombiniert, gibt es auch von dieser Art der Gangschaltung unterschiedliche Ausführungen: Zwei-, Drei- und Fünfgangversionen mit oder ohne Rücktrittbremse sowie mit eingebauter Trommelbremse. Zusätzlich gibt es mindestens ein Modell, das mit einem Mehrfach-Zahnkranz für die Kombination von Ketten- und Nabenschaltung ausgestattet ist.

Alle Dreigangnaben werden vom Lenker aus mit einem Schalter über ein flexibles Schaltseil bedient. Zweigangnaben werden meist durch kurzes Zurücktreten umgeschaltet, obwohl es auch ein Modell gibt, das bei Erreichen einer bestimmten Umdrehungsgeschwindigkeit des Laufrads „automatisch" in den höheren Gang schaltet. Bei der Fünfgangnabe empfiehlt sich die Lösung mit zwei getrennten Schalthebeln und zwei Schaltzügen. Sowohl Sturmey-Archer wie auch Fichtel & Sachs versuchen, das Ganze mit einem einzigen Schalter zu bewältigen – was bislang noch nicht ganz überzeugend gelungen ist.

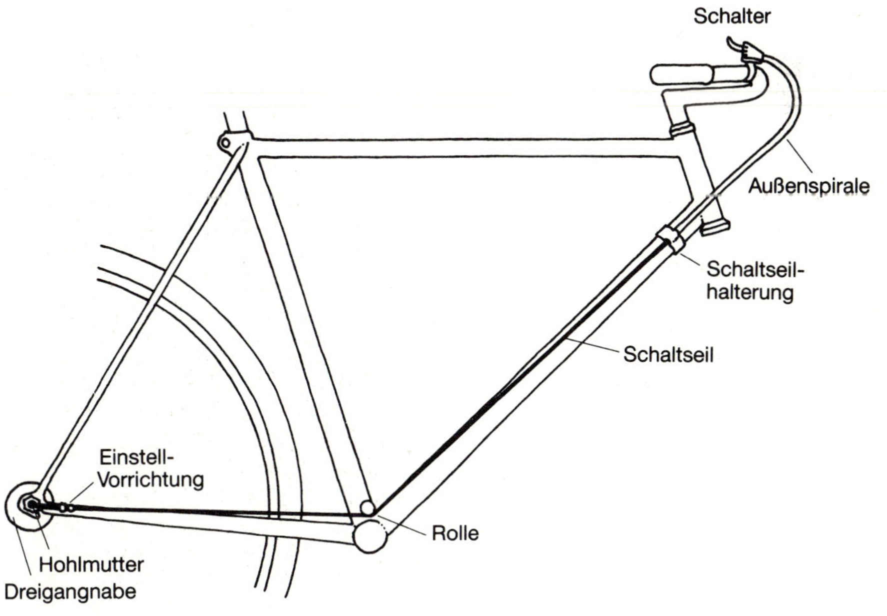

18.1 Die Teile der Nabenschaltung

Die Königin der Schaltnaben: die Fünfgangnabe, hier in einer Freilaufversion von Sturmey-Archer. Es gibt auch Ausführungen mit eingebauter Trommelbremse vom gleichen Hersteller sowie ein Modell mit eingebauter Rücktrittbremse von Fichtel & Sachs.

Die Abbildung 18.2 zeigt, was sich im Inneren einer Dreigangnabe abspielt. Bei einer Fünfgangnabe ist das ganze Planetengetriebe mit den drei umlaufenden Planetenrädern in zweifacher Ausführung vorhanden.

Hauptvorteil der Nabenschaltung gegenüber der etwas flexibleren Kettenschaltung ist die wetter- und schmutzfeste Einkapselung des Mechanismus, die es erlaubt, die Kette in einem geschlossenen Kettenkasten aufzunehmen. Gleichwohl ist es erstaunlich, daß nur sehr wenige Hersteller diesen Vorteil zu nutzen wissen: mit Ausnahme der echten Hollandräder ist die Kette genauso schlecht ummantelt wie bei der Kettenschaltung.

Der Nachteil der Nabenschaltung liegt darin, daß die Abstufung der Gänge von vornherein festgelegt und ungünstig verteilt ist. Die Abstufung ist ergonomisch ungünstig, da die prozentualen Unterschiede zwischen den Übersetzungen im Bereich der hohen Gänge größer sind als im Bereich der niedrigen Gänge.

Andererseits ist die Befürchtung unbegründet, eine Schaltung mit so wenigen Gängen sei ungeeignet für Bergfahrten. Insbesondere die Fünfgangnabe hat einen Übersetzungsbereich zwischen dem höchsten und dem niedrigsten Gang, der breiter gestreut ist als bei manchen Zehngang-Kettenschaltungen. Der höchste Gang der Dreigangnabe bietet eine Übersetzung, die das 1,86fache der Übersetzung des niedrigsten Gangs beträgt – bei der Fünfgangschaltung ist das sogar das 2,24fache. Letzteres Verhältnis ist vergleichbar mit den höchsten

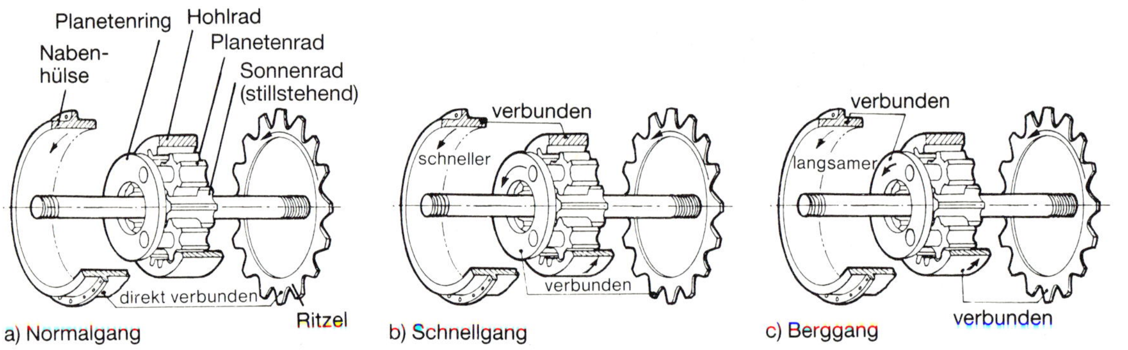

18.2 Funktion der Schaltnabe

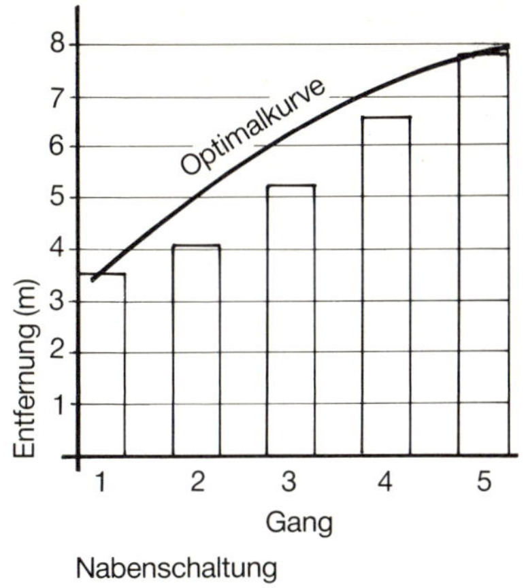

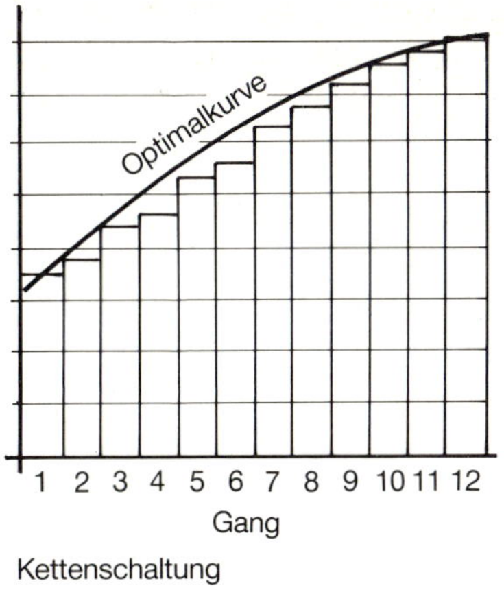

18.3 Abstufung der Gänge bei der Nabenschaltung im Vergleich mit optimaler Abstufung bzw. Abstufung einer Kettenschaltung

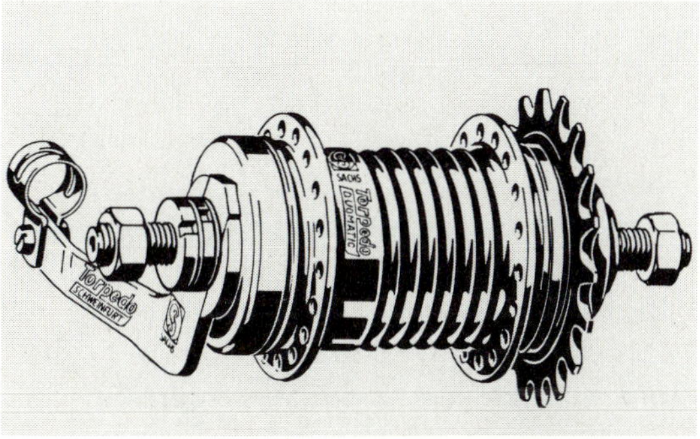

Diese zwei Naben sind leider mit dem Klapprad auch wieder fast verschwunden: Fichtel & Sachs Duomatic- und Automatic-Zweigangnabe. Sie brauchen weder Schalthebel noch Schaltseil. Die Duomatic wird durch Zurücktreten bedient, während die Automatik bei einer bestimmten Geschwindigkeit automatisch in den entsprechenden Gang umschaltet.

und niedrigsten Übersetzungen einer Zehngang-Kettenschaltung mit Kettenblättern von 52 und 42 Zähnen in Verbindung mit einem Zahnkranz mit Ritzeln von 14 bis 26 Zähnen. Das ist zwar noch längst keine Mountainbike- oder Reiserad-Abstufung, aber für manche Bergfahrt ausreichend.

Zu den bei der Kettenschaltung anfallenden Wartungsarbeiten gehören das Einstellen der Bedienung, das Schmieren des Getriebes und das Einstellen der Kugellager sowie das Auswechseln der einzelnen Teile der Bedienungsorgane und des Ritzels zwecks Anpassung des Übersetzungsbereichs. Letzteres bewirkt, daß alle Gänge etwas höher oder tiefer liegen. Dadurch kann das Rad mehr auf die individuellen Erfordernisse des Fahrers abgestimmt werden.

Einstellen von Drei- und Fünfgangnaben

Falls einzelne Gänge nicht richtig ansprechen, ist die Störung fast immer durch Einstellen der Bedienung zu beheben. Prüfen Sie aber zuerst, ob der Schaltzug richtig frei liegt – er darf nicht geknickt oder eingeklemmt sein. Außerdem sind die Schaltseil-Führungen am Rahmen zu überprüfen: Sie müssen fest am Rahmen sitzen. Vergessen Sie auch nicht, Schalter, Seil und Nabe einmal im Monat mit leichtem Öl zu schmieren.

Falls das Problem unterwegs auftritt, können Sie sich das Einstellen für später aufheben, indem Sie einfach das Schaltseil an der Stellhülse lösen. Binden Sie das Schaltseil fest und schrauben Sie das Schaltkettchen aus der Nabe heraus, damit es nicht verlorengeht. So haben Sie zwar keine Gangschaltung mehr zur Verfügung, aber auch keinen Ärger. Die richtige Einstellung machen Sie dann zu Hause in aller Ruhe, nachdem Sie das Schaltkettchen wieder eingeschraubt haben. Werkzeug ist meistens nicht erforderlich.

Die Sturmey-Archer-SAB 3-Dreigangnabe mit eingebauter Trommelbremse

Vorgang: Fichtel & Sachs-Dreigangnaben

1. Schalter auf Schnellgang (3. Gang) stellen. Hinterrad abheben und Tretkurbel um ca. eine halbe Umdrehung drehen.
2. Falls vorhanden (bei älteren Modellen): Rändelmutter der Stellhülse lockern, dabei die Stellhülse selbst halten.

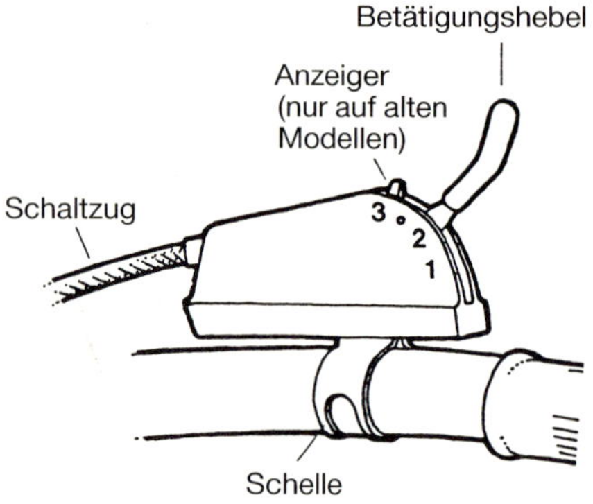

18.4 Schalthebel für Dreigangnabe

3. Stellhülse so einstellen, daß der Schaltzug in dieser Position straff, aber noch nicht unter Spannung steht.
4. Hinterrad hochheben und Tretkurbel drehen – der Schnellgang (3. Gang) muß jetzt eingelegt sein. Gegebenenfalls nachstellen.
5. Stellhülse halten und Rändelmutter festschrauben.
6. Schalter auf Berggang (1. Gang) stellen – das Schaltseil muß in dieser Position völlig angespannt sein (kein Einfedern).

Bemerkung

1. Bei den neueren Versionen der Fichtel & Sachs-Naben ist anstatt der Stellhülse eine Verbindungsbuchse mit Arretierung montiert, und der Stift am Ende des Schaltkettchen hat Rillen (kein Gewinde). Hier entfällt Punkt 2, und unter Punkt 3 braucht die Büchse bloß bis zur richtigen Position aufgesteckt zu werden.
2. Bei älteren Fichtel & Sachs-Naben, die eine neutrale oder Leerlaufposition haben, ist am Schalter eine Position zwischen dem 2. und dem 3. Gang gekennzeichnet. Schalter in dieser Position festhalten und Stellhülse einstellen, bis die Tretkurbeln im Leerlauf gedreht werden können.

Vorgang: Sturmey-Archer-Dreigangnaben

1. Den Normalgang (2. Gang) einlegen. Tretkurbel um ca. eine halbe Umdrehung drehen. (Bei einer Freilaufnabe drehen Sie einfach zurück, während Sie bei dem Modell mit Rücktritt das Hinterrad hochheben müssen.)

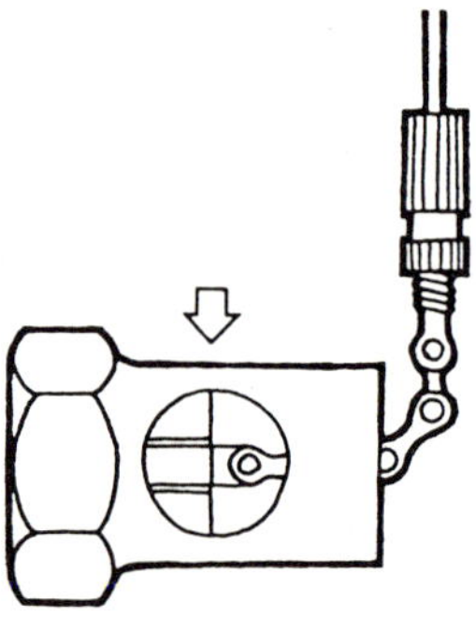

18.5 Einstellen des Sturmey-Archer-Dreigangs

Das Einstellen einer Schaltnabe. Allerdings haben neuere Modelle von Fichtel & Sachs anstatt der verschraubten Stellhülse eine einfach einrastende Steckhülse.

2. In der Öffnung der Hohlmutter der rechten Achsenseite nachsehen: In dieser Position muß das Ende des Stiftes genau mit dem Achsenende fluchten.
3. Falls erforderlich, mit der Stellhülse nachstellen.

Vorgang: Shimano-Dreigangnaben

Bei diesen Naben befindet sich am Achsenende auf der Bedienungsseite anstatt des Schaltkettchens eine Art Hebelmechanismus. Das Einstellen geht ähnlich wie bei der Sturmey-Archer-Nabe. Der Hebelmechanismus hat ein Fensterchen, in dem der Buchstabe N (für Normalgang) sichtbar wird, wenn die Nabe richtig eingestellt ist.

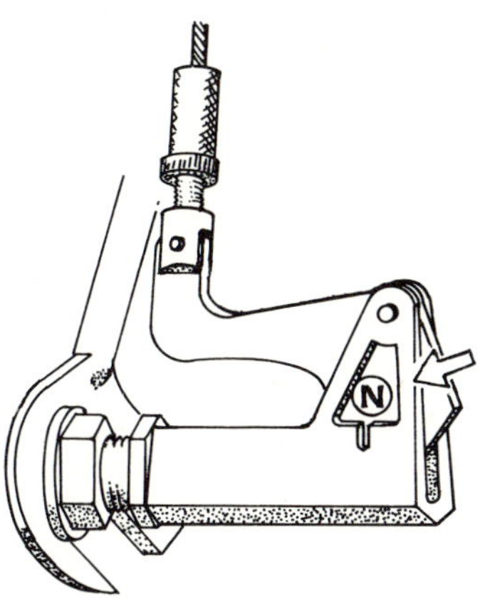

18.6 Einstellen des Shimano-Dreigangs

Vorgang: Sturmey-Archer-Fünfgangnabe

Diese Nabe gibt es in mehreren Ausführungen. Bei einigen dieser Ausführungen befindet sich auf der linken Seite ein ähnlicher Mechanismus wie bei der Shimano-Nabe mit dem Unterschied, daß hier ein Zeiger auf dem Markierstrich für den Normalgang einzustellen ist.

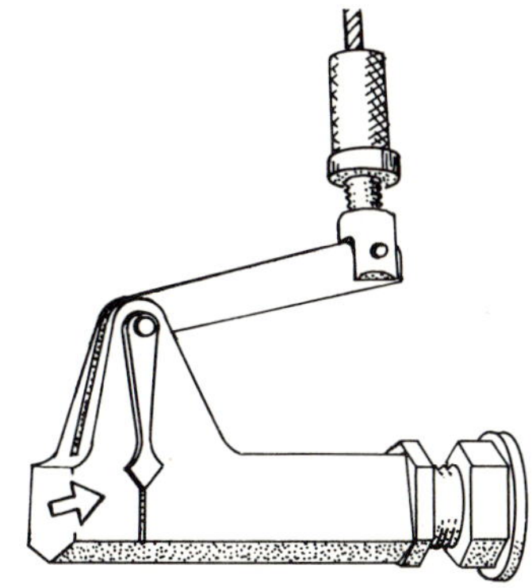

18.7 Einstellen des Sturmey-Archer-Fünfgangs

Zunächst wird der Normalgang auf der rechten Seite eingestellt. Das geht genauso wie bei der Sturmey-Archer-Dreigangnabe. Hiermit sind die mittleren Gänge richtig eingestellt. Anschließend wird der Hebel für die linksseitige Bedienung zurückgezogen. Je nach Ausführung muß die linke Stellhülse so eingestellt werden, daß eine der folgenden Einstellungen zutrifft:

a. das Stiftende fluchtet mit dem Achsenende (falls Ausführung mit Hohlmutter), oder
b. der Anzeiger stimmt mit der Markierung überein (Austuhrung mit Hebelmechanismus).

Vorgang: Fichtel & Sachs-Fünfgangnabe

Diese neue Nabe wird mit einem einzigen Schalter mittels zwei getrennter Schaltseile bedient. Die Einstellung wird am besten wie folgt durchgeführt:

1. Zuerst den 4. Gang einlegen und beide Klemmbuchsen (an den Seilenden beiderseits der Nabe) lockern, damit beide Schaltseile völlig entspannt sind.
2. Hinterrad hochheben und Tretkurbel eine Umdrehung weiter drehen.
3. Beide Seile mit den Klemmbuchsen gerade soweit anspannen, daß das Seil gerade straff, aber nicht angespannt ist. Das in die Nabenachse eintretende Zugkettchen darf dabei nicht weiter herausgezogen werden.

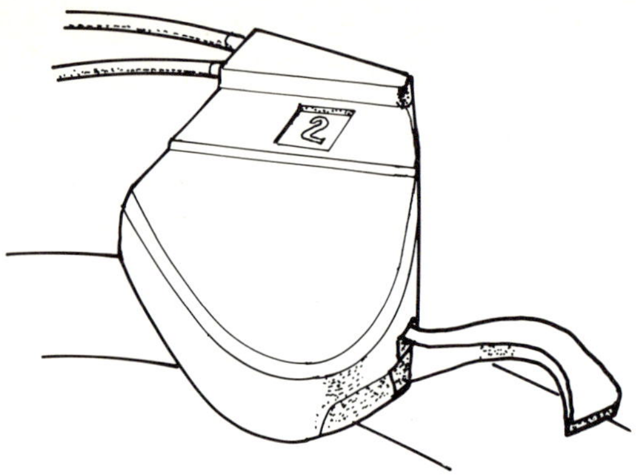

18.8 Schalthebel des F & S-Fünfgangs

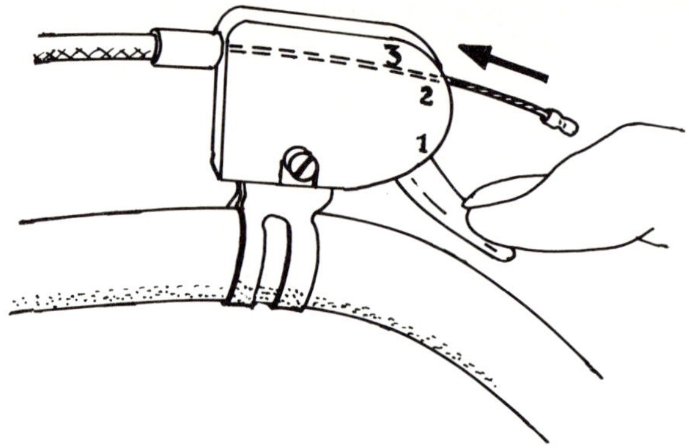

18.9 Schaltseil am Schalthebel

4. Jetzt den 1. Gang einlegen und die Tretkurbel mit gehobenem Hinterrad nochmals um eine Umdrehung weiterdrehen.
5. Prüfen, ob der Gang richtig einrastet. Gegebenenfalls die Einstellung ab Punkt 1. wiederholen.

Bemerkung für alle Nabenschaltung-Einstellungen

Falls die richtige Einstellung nicht erreicht wird, Nabe schmieren, Stellhülse oder Büchse lösen, kontrollieren, ob das Schaltkettchen nicht zu fest eingeschraubt ist (zuerst festschrauben, dann bis zu einer halben Umdrehung lockern, damit das Kettchen fluchtet). Wenn auch das keine Abhilfe schafft, muß die Nabe von einem Fachmann überholt werden – falls Sie einen finden, der sich die Mühe macht, denn meistens ist es billiger, das ganze Hinterrad zu ersetzen.

Ersetzen des Schaltseils

Das Schaltseil muß ersetzt werden, wenn es so geknickt ist, daß die Spannung und die freie Beweglichkeit desselben nicht mehr gegeben sind. Das neue Schaltseil soll mit dem alten möglichst identisch sein (Fabrikat, Länge, Ausführung). Falls nicht vorhanden, eine längere Ausführung mit einem Aufsatznippel und ggf. mit einem Adapterstück besorgen. Adapterteile gibt es, damit z. B. auch Fichtel & Sachs-Schaltzüge mit Sturmey-Archer- und Shimano-Naben verwendet werden können. Der Aufsatznippel wird mit einer Zange an das Seilende geklemmt, nachdem das Seil auf die gewünschte Länge abgetrennt worden ist.

Vorgang: Ausbau

1. Stellhülse oder Arretierungsbuchse bei der Nabe lösen, das Schaltkettchen oder den Hebelmechanismus jedoch belassen.
2. Schalthebel bis kurz an der Berggangposition (1. Gang) vorbei einziehen und dort halten.
3. Nippel und Kabelende am Schalthebelende entfernen und das ganze Seil aus den Führungen am Rahmen entfernen.

Vorgang: Einbau

1. Sicherstellen, daß das Schaltseil paßt: Länge, Nippel, Außenspirale und Stellhülse. Falls erforderlich, Führungen am Rahmen oder Seil entsprechend anpassen.
2. Schalthebel wieder bis kurz an der Berggangposition (1. Gang) vorbei einziehen.
3. Seilende mit Nippel einführen und Nippel einrasten lassen. Seil straff ziehen und über bzw. durch die Führungen am Rahmen verlegen.
4. Das Ende mit der Stellhülse oder Arretierung an dem Stift des Schaltkettchens bzw. am Hebelmechanismus befestigen.
5. Anhand der vorangegangenen Beschreibung für den entsprechenden Nabentyp einstellen. Es kann dabei erforderlich sein, eine der Führungen zu lockern und in einer anderen Position anzubringen.

Ersetzen des Schalthebels

Der Vorgang entspricht im großen und ganzen der vorangegangenen Anleitung zum Ersetzen des Schaltseils. Auch hier sollte bevorzugt der Schalter des entsprechenden Fabrikats installiert werden. Für die Fünfgangnabe sind neben den Originalschaltern nur die alten Dreigangschalter geeignet, die noch ganz aus Metall waren. Diese sind den Originalschaltern sogar vorzuziehen, weil sie solider sind.

Einstellen der Nabenlager

Mit einer Anpassung dieser Einstellung wird Spiel im Rad beseitigt. Außerdem ist es so manchmal möglich, Schalt- und Antriebsprobleme bei Zwei-, Drei- und Fünfgangnaben zu beseitigen. Das Laufrad kann während des Einstellens im Rahmen montiert bleiben. Zunächst aber ist folgendes zu tun:

a. Die Nabe mit vom Hersteller empfohlenem Schmiermittel (meistens ein dünnes Spezialöl) im Schmiernippel sowie am Schaltkettchen oder am Hebelmechanismus schmieren.
b. Prüfen, ob das Schaltseil nicht eingeklemmt oder beschädigt ist.
c. Die Kette schmieren und einstellen.
d. Feststellen, ob das Laufrad richtig montiert ist und frei drehen kann: die Abflachungen der Achse müssen verhindern, daß sich die Achse dreht.

Werkzeuge und Hilfsmittel

- Schraubschlüssel für Achsenmutter
- Spezial-Nabenschlüssel für Konter- und Stellmutter

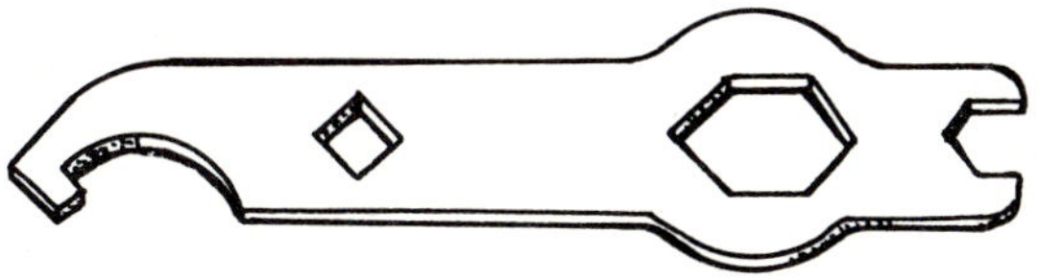

18.10 Torpedo-Schlüssel

Vorgang

1. Zuerst die linke Achsenmutter um 2–3 Umdrehungen lockern.
2. Kontermutter um 1–2 Umdrehungen lockern.
3. Einstellmutter festschrauben, dann um ca. eine viertel Umdrehung lockern. Einstellmutter gegenhalten und Kontermutter festschrauben.
4. Achsenmutter festziehen.
5. Noch einmal überprüfen: an der Felge darf nur 1–2 mm seitliches Spiel bemerkbar sein. Falls erforderlich, wieder bei Punkt 1 anfangen und Einstellmutter diesmal entsprechend mehr oder weniger lockern.

Ersetzen des Ritzels

Die Größe (d. h. die Zahl der Zähne) eines Ritzels ist von Bedeutung für die Übersetzungen, die mit der Nabenschaltung zu erreichen sind. Ein kleineres Ritzel macht alle Gänge niedriger, ein größeres Ritzel entsprechend

flaches Ritzel

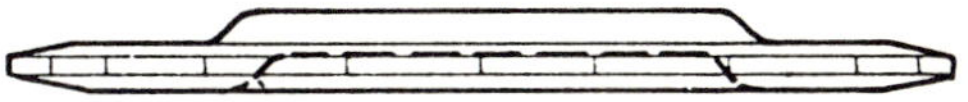

versetztes Ritzel

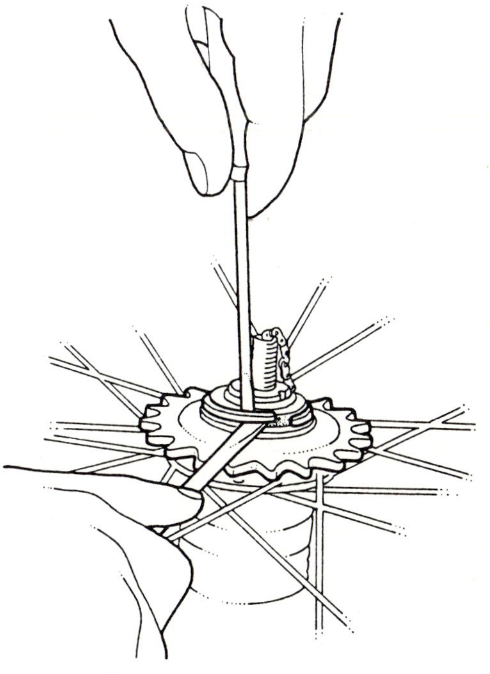

18.11 Ersetzen eines Ritzels

höher. Auch bei anderen Naben (z. B. bei der Rücktrittnabe) kann mit dem Auswechseln des Ritzels eine günstigere Übersetzung erreicht werden. Das Ritzel sollte auch ersetzt werden, wenn es stark abgenutzt ist. Ersetzen Sie dann gleich auch die Kette. Vorher muß das Hinterrad ausgebaut werden.

Werkzeuge und Hilfsmittel

- kleiner Schraubendreher (bei älteren Modellen mit aufgeschraubtem Ritzel ein Spezialschlüssel oder Stift und Hammer)
- Lappen

Vorgang

1. Das Rad flach hinlegen (Ritzel nach oben).
2. Sprengring mit dem Lappen halten und an einem Ende mit dem Schraubendreher aus der Rille herausheben, dann entfernen.
3. Scheibe entfernen (falls installiert).
4. Ritzel abheben.
5. Alle Teile reinigen, Ritzel ersetzen.
6. Ritzel und Scheibe installieren (bei gewölbten Modellen entsprechend der Kettenflucht, entweder nach innen oder nach außen versetzt).
7. Sprengring in die Rille hineinführen, bis sie sicher hält.

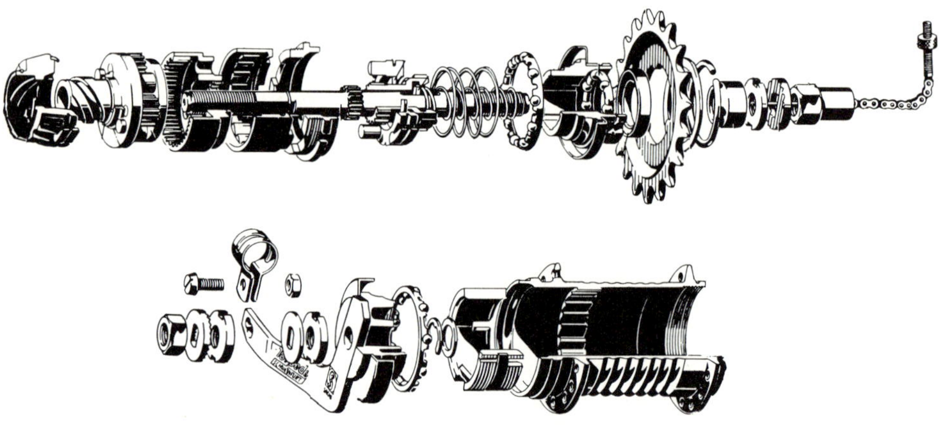

18.12 Aufbau der F & S-Dreigangnabe mit Rücktritt

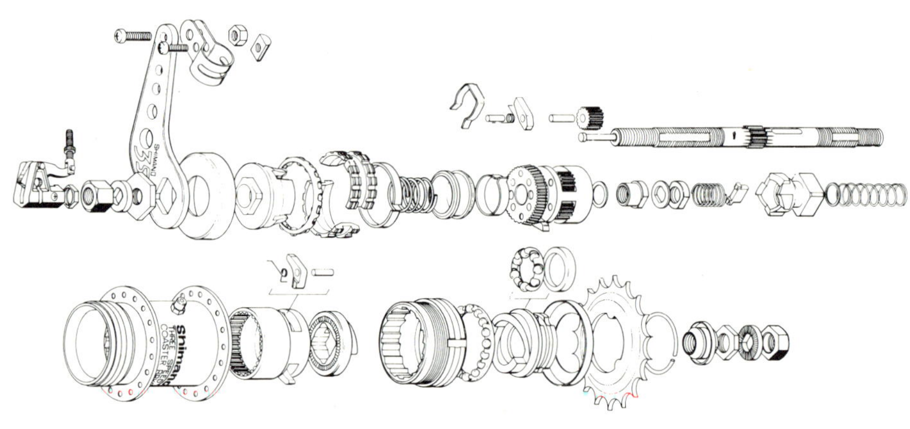

18.13 Aufbau der Shimano-Dreigangnabe mit Rücktritt

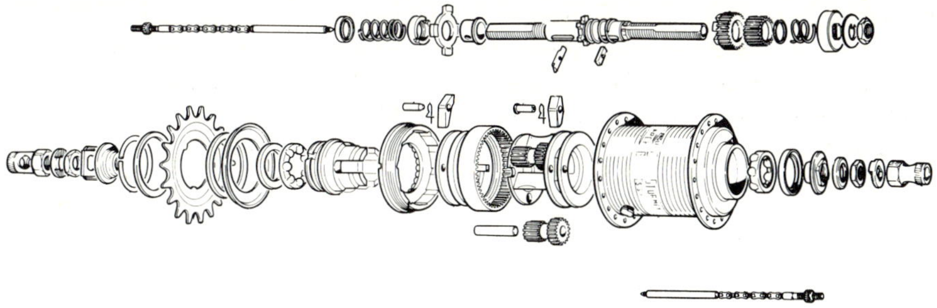

18.14 Aufbau der Sturmey-Archer-Fünfgangnabe

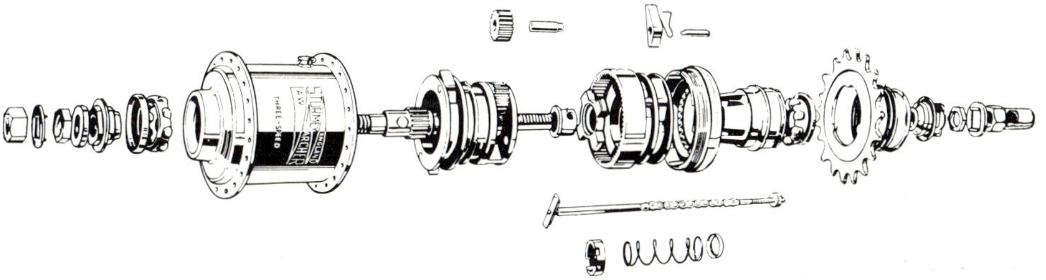

18.15 Aufbau der Sturmey-Archer Dreigangnabe ohne Rücktritt

Rücktritt oder Leerlauf?

In Deutschland wird die Nabenschaltung fast nur in Kombination mit der Rücktrittbremse verkauft. Schade, denn im Verkehr ist es gerade sehr praktisch, keine Rücktrittbremse zu haben. Sie zwingt den Radfahrer nämlich nach jedem Anhalten zu einem ungeschickten Anfahrvorgang, weil die Tretkurbeln in der falschen Stellung sind und nicht mittels Zurücktreten in die richtige Position gebracht werden können. Handbremsen sind eine bessere Lösung.

Alle Nabenhersteller haben auch Modelle ohne Rücktritt, die jedoch in Deutschland meist nicht erhältlich sind. Am ehesten sind noch die Modelle mit eingebauter Trommelbremse zu haben. Wenn Sie eine Gangschaltungsnabe ganz ohne Bremse benutzen, müssen Sie natürlich auch am Hinterrad eine Felgenbremse installieren.

Dreigangnaben lassen sich leicht so umrüsten, daß die Rücktrittbremse nicht mehr wirkt, so daß Sie im Prinzip eine Leerlaufnabe haben. Demontieren Sie dazu die Nabe (systematisch vorgehend und von der rechten Seite angefangen). Entfernen Sie nur den Bremsmantel und bauen Sie das Ganze wieder zusammen.

Obwohl in Deutschland kaum verbreitet, gibt es auch diese Nabe mit Freilauf (also ohne die lästige Rücktrittbremse) von Fichtel & Sachs.

19 Die Nabenbremsen

Beim einfachen Gebrauchsrad wird in Deutschland immer noch die Rücktrittbremse auf dem Hinterrad bevorzugt. Sie hat den erheblichen Nachteil, daß sie das Zurücktreten nicht erlaubt, was besonders im Stadtverkehr insofern hinderlich und gefährlich ist, als der Fahrer nach dem Anhalten nicht einfach die Tretkurbel in die zum Anfahren erforderliche Position bringen kann. Wer aber mit der Rücktrittbremse großgeworden ist, weiß eben nicht, daß es auch anders – bequemer, schneller und sicherer – geht, wenn man einen anderen Bremstyp wählt.

Als Alternative zur Rücktrittbremse bietet sich neben der Felgenbremse noch die ebenfalls in der Nabe eingebaute Trommelbremse an. Obwohl unvernünftigerweise manche Hersteller die Trommelbremse nur im Vorderrad einbauen und dem Fahrer hinten weiterhin eine Rücktrittbremse zumuten, gibt es Trommelbremsen auch für das Hinterrad – mit oder ohne Naben- oder Kettenschaltung. Außer Rücktritt- und Trommelbremsen gibt es zwar auch andere Nabenbremsen, sie sind aber in Europa so gut wie nicht erhältlich: Bandbremse (bei der ein Metallband um eine Bremstrommel straffgezogen wird) und Scheibenbremse sowie die sehr aufwendige Dinex-Bremse der japanischen Firma Bridgestone, die in den Abbildungen 19.3 bis 19.5 gezeigt sind.

Während die Rücktrittbremse durch Zurücktreten über die Kette betätigt wird, funktionie-

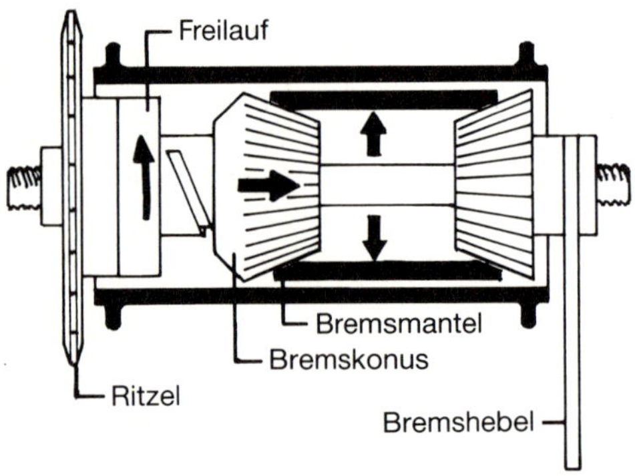

19.1 Prinzip der Rücktrittbremse

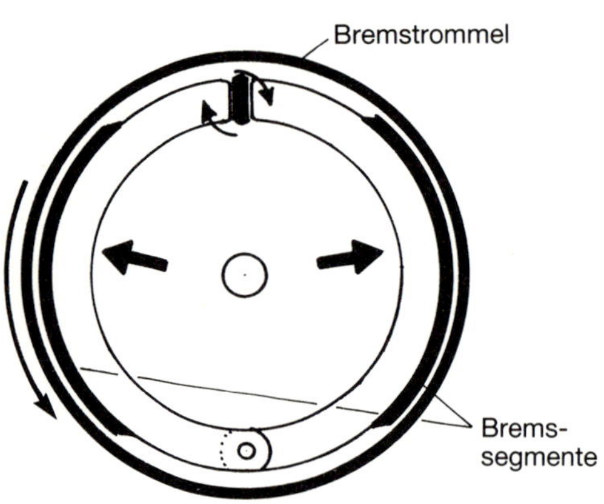

19.2 Prinzip der Trommelbremse

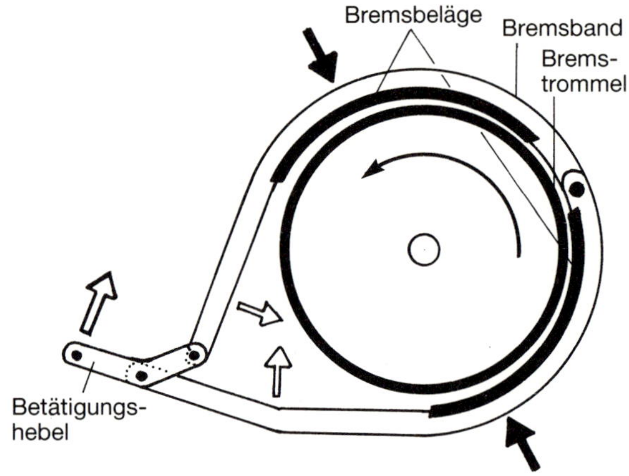

19.3 Prinzip der Bandbremse

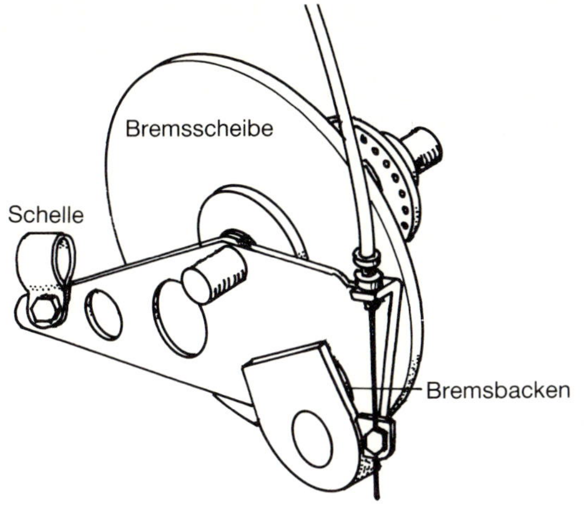

19.4 Scheibenbremse

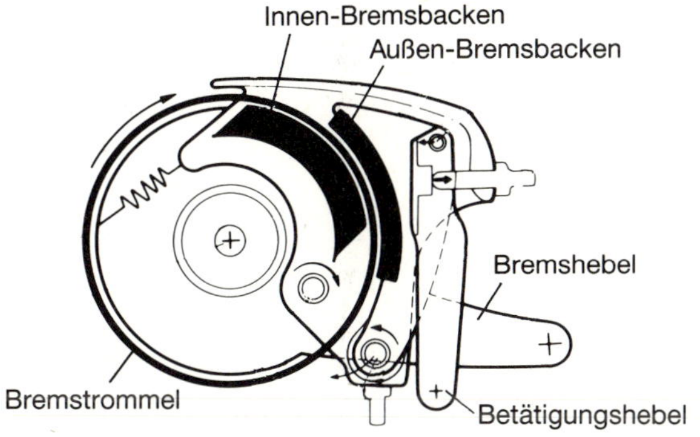

19.5 Dinex-Bremse

Fichtel & Sachs- „Torpedo"-Rücktrittnabe – immer noch die einfachste Lösung des Bremsproblems. Trotz Nachteilen beim Anfahren wird sie in Deutschland wohl nie wegzudenken sein.

ren alle übrigen Nabenbremsen durch Handbetätigung. Die Übertragung vom Bremsgriff aus findet meist über Bowdon-Bremszüge statt. Gelegentlich sieht man allerdings auch ein grundsolides Gefährt, bei dem die Übertragung über ein Gestänge stattfindet. Ein solches Gestänge ist zwar etwas schwerer, aber zugleich auch wesentlich leichtgängiger und störungsfreier. Alle Nabenbremsen haben gegenüber der Felgenbremse den großen Vorteil, daß sie auch bei Regen, Schnee und Matsch gleichbleibend zuverlässig arbeiten. Daher eignen sich diese Bremsen hervorragend für das Gebrauchs- und Stadtrad.

Die Rücktrittbremse

Die Abbildung 19.1 zeigt das Innenleben einer typischen Rücktrittbremse. Die Modelle „Torpedo" und „Komet" der Firma Fichtel & Sachs sind so allgemein verbreitet, daß sich die folgenden Anleitungen allein auf sie beziehen. Falls Ihnen trotzdem ein anderes Fabrikat begegnen sollte, ist es mit ein wenig Phantasie möglich, die Anleitung so abzuwandeln, daß sie auch dort zutrifft.
Die Arbeiten an der Rücktrittbremse beschränken sich hauptsächlich auf die Lager-

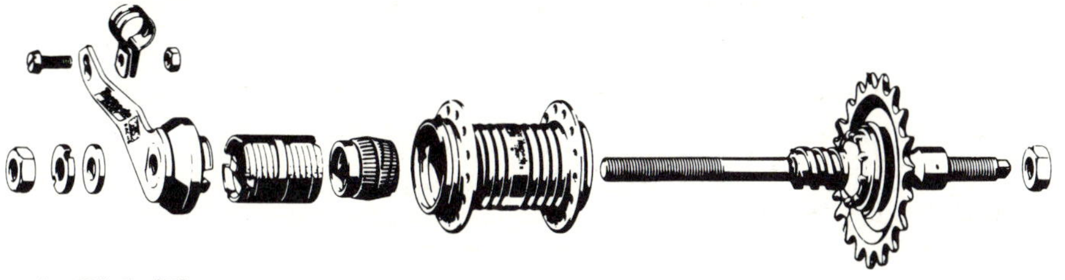

19.6 Aufbau der Rücktrittbremse

wartung. Manchmal sind die Lager zu locker oder zu fest. Ein zu festes Lager kann knakkende Geräusche hervorrufen oder dazu führen, daß die Tretkurbeln mitdrehen. Hin und wieder ergeben sich aber auch Störungen in den Freilauf-, Antriebs- oder Bremsfunktionen, die jeweils das Überholen der Nabe erfordern. Schließlich finden Sie in Kapitel 18 im Rahmen der Gangschaltungsarbeiten eine Anleitung zum Auswechseln des Ritzels.
Bevor Sie sich in das Überholen der Nabe stürzen, versuchen Sie zuerst, das Problem durch Einstellen zu beseitigen. Dazu benutzen Sie den Fichtel & Sachs-Spezialschlüssel (Torpedoschlüssel), der bei fast jedem neuen Fahrrad mit Rücktrittsbremse mitgeliefert wird.

Einstellen der Nabenlager

Prüfen Sie zuerst, ob die Nabe richtig fest sitzt, ob sich kein Gegenstand um die Achse gewickelt hat (z. B. Seil, Putzlappen oder Gras) und ob der Bremshebel richtig am Hinterrohr befestigt ist. Zum Einstellen braucht das Rad nicht ausgebaut zu werden.

Werkzeuge und Hilfsmittel

- Torpedo-Schlüssel
- Schraubschlüssel

Vorgang

1. Zuerst die linke Achsenmutter um 2–3 Umdrehungen lockern.
2. Linke Ringmutter mit dem Torpedoschlüssel um ca. eine Umdrehung lockern.
3. Vierkant des rechten Achsenendes mit dem Torpedoschlüssel vielleicht eine halbe Umdrehung drehen: nach rechts, um die Kugellager zu lockern oder nach links, um sie fester zu stellen.
4. Rechte Achsenmutter (die sich dabei manchmal gelockert hat) festziehen, während das Vierkant-Achsenende gegengehalten wird.
5. Konterring festziehen, dann Achsenmutter festziehen, während das Rad ausgerichtet gehalten wird.
6. Prüfen und ggf. nachstellen. Ist das Problem dann noch nicht gelöst, muß die Nabe überholt werden.

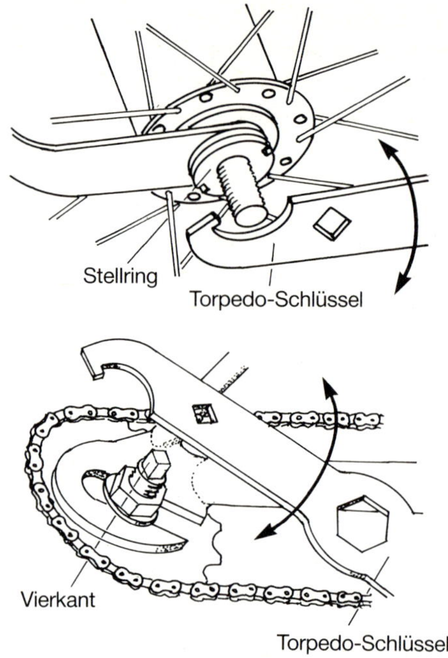

19.7 Einstellen des Rücktrittbremslagers

Überholen der Rücktrittnabe

Auch das ist eine Arbeit, der ein Freizeitmechaniker durchaus gewachsen ist. Hierzu muß zuerst das Hinterrad ausgebaut werden (siehe Kapitel 9). Das Vierkant-Achsenende der rechten Seite wird so in den Schraubstock eingespannt, daß das Rad waagerecht liegt. Sie fangen also beim linken Lager, das jetzt oben liegt, an.

Werkzeuge und Hilfsmittel

- Torpedoschlüssel
- Schraubschlüssel
- Kugellagerfett

Vorgang: Ausbau

1. Zuerst die linke Kontermutter abschrauben.
2. Unterlegscheibe entfernen.
3. Nabenhülse nach unten gedrückt halten (um die Spannung der internen Spiralfeder zu überwinden), während der linke Bremskonus unter Verwendung der Hebelwirkung des Bremshebels herausgeschraubt wird.
4. Einen Lappen unter das Rad legen (um Kleinteile aufzufangen) und das Rad nach oben entfernen. Merken Sie sich, welches Ende der Nabenhülse oben war.

Vorgang: Überholen

1. Die Teile des Nabeninneren der Reihe nach von der Achse entfernen. Diese sowie die übrigen Teile reinigen, prüfen und leicht schmieren. Beschädigte Teile ersetzen.
2. Relativ häufige Störungsursachen sind ein abgenutzter Bremskonus – der ist dann außen glatt – sowie gebrochene Kugelringe und eine verbogene Achse.
3. Lagerschalen mit Kugellagerfett ausfüllen.
4. Auch wenn keine Störungsursache gefunden wurde, wieder zusammenbauen und abwarten: manchmal ist jetzt alles in Ordnung – wenn nicht, den Fachmann zu Rate ziehen.

Vorgang: Einbau

1. Achse mit Ritzel unten am Vierkant-Achsenende in den Schraubstock einklemmen.
2. Alle Teile, die bei Punkt 1 des Vorgangs „Überholen" auf der Achse waren, in der gleichen Reihenfolge auf die Achse aufstecken.
3. Beim Zusammenbauen des Freilaufs der Torpedonabe die Walzen (Rollen) auf dem Freilaufkopf mit einem Stück Garn zusammenhalten, bis das zugehörige Führungsteil aufgesteckt ist, dann das Garn herausziehen und alles zusammenhalten.
4. Rad mit Nabenhülse und montiertem Kugelring und Dichtring aufstecken, dabei aufpassen, daß das richtige Ende oben zu liegen kommt.
5. Bremskonus mit montierter Staubkappe unter Zuhilfenahme des Bremshebels aufschrauben.
6. Scheibe aufstecken und Konterring aufschrauben.
7. Lagereinstellung prüfen und ggf. nachstellen, indem der Konterring gelockert, der Bremskonus gelockert bzw. festgezogen und schließlich der Konterring wieder festgezogen wird.

Die Trommelbremse

Diese Nabenbremse ist sowohl für das Hinterrad als auch für das Vorderrad geeignet. Für das Hinterrad gibt es sie auch mit eingebauter Dreigangschaltung sowie für Kettenschaltung. Die Bedienung erfolgt meist über flexible Bremszüge, obwohl es vereinzelt auch Modelle mit Gestängebedienung gibt. Zu den erforderlichen Wartungsarbeiten gehören Ein-

Nach und nach setzt sich die Trommelbremse durch. Hier die sehr schöne und relativ leichte Elite-Nabe von Sturmey-Archer in einer Ausführung für das Vorderrad.

stellen der Bremswirkung und der Kugellager sowie das Überholen. Einmal jährlich muß die Trommelbremse überholt werden. Dabei werden die Lager geschmiert, und es wird festgestellt, ob die Bremsbeläge noch in Ordnung sind.

Die Schwachstelle einer Trommelbremse ist der Hebel, mit dem das stillstehende Innenteil zum Hinterrohr bzw. zur Gabelscheide gegengehalten wird. An diesem Hebel entfaltet sich das gesamte Drehmoment bei der Bremsung. Wenn er aus Stahl mit einer ausreichenden Stärke von mindestens 4 mm hergestellt ist, das mit einer tiefen Längsfalte geformt und mit einer starken Schelle fest verankert ist, besteht keine Gefahr. Andererseits müssen auch die Gabelscheiden bzw. die Hinterstreben entsprechend solide ausgeführt sein. Bei einem leichten Rad kann es daher erforderlich sein, eine etwas schwerere Gabel zu installieren oder eine Querverbindungsstrebe zwischen Hinterrohr und Hinterstrebe einzulöten.

Einstellen der Trommelbremse

Die Bremswirkung wird genauso geprüft wie bei der Felgenbremse. Bei noch nicht ganz bis zum Lenker eingezogenem Bremsgriff muß das Hinterrad blockieren. Das Vorderrad muß so stark verzögern, daß das Fahrrad anfängt, nach vorne zu kippen. Prüfen Sie auch, ob der Bremshebel richtig an der Vordergabel oder am Hinterrohr befestigt ist und ob die Nabe mit den Achsenmuttern fest im Fahrrad sitzt.

Der Bremszug hat meist auch an dem Ende, wo er mit der Bremse verbunden ist, einen Nippel. So ein Bremszug wird in der richtigen Länge mit Nippeln an beiden Enden und mit Außenspirale geliefert (unterschiedliche Längen für Vorder- und Hinterbremse).

Bei Modellen mit Gestängebedienung sind die Drehpunkte und die Verbindungen der Gestänge untereinander sowie die Verbindung der Drehpunkte zum Rahmen zu prüfen. Die Drehpunkte müssen regelmäßig geschmiert werden.

Werkzeuge und Hilfsmittel

- meistens kein Werkzeug erforderlich, manchmal jedoch Schraubschlüssel und Schraubendreher

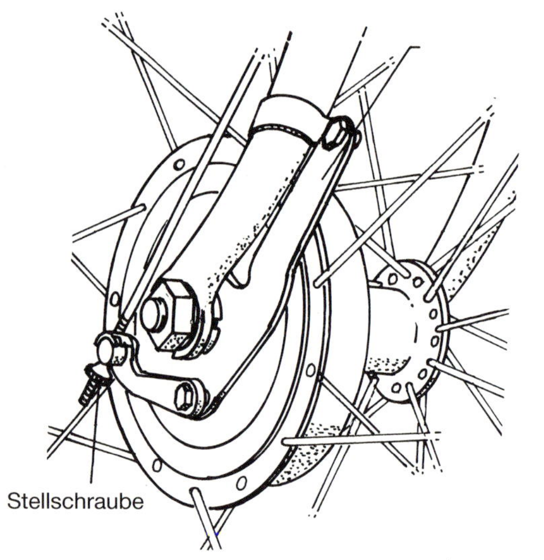

19.8 Einstellen der Trommelbremse

Noch eine Sturmey-Archer-Trommelbremse. Dieses Hinterradmodell ist für die Kombination mit Kettenschaltung gedacht, andere Modelle haben eine eingebaute Drei- oder Fünfgangschaltung.

Hierzulande eine Seltenheit: die Bandbremse, die in Japan sehr weit verbreitet ist

Die ebenfalls japanische Dinexbremse von Bridgestone hat große Kühlrippen zum Abführen der beim Bremsen entstehenden Hitze.

Das Innenleben einer Trommelbremse der holländischen Firma Gazelle. Diese Bremsnabe hat eingebaute Industrielager und braucht praktisch keine Wartung.

Vorgang

1. Die Kontermutter der Stellvorrichtung zurückschrauben.
2. Stellhülse so weit ausschrauben, daß die Bremse blockiert.
3. Stellhülse aus dieser Position ca. eine Umdrehung weiter eindrehen.
4. Prüfen, ob das Rad jetzt in unbetätigtem Zustand frei dreht und volle Bremsleistung bringt, wenn die Bremse betätigt wird. Falls erforderlich, nachstellen.
5. Stellhülse halten und Kontermutter fest einschrauben.

Bemerkungen

1. Bei Modellen mit Gestängebedienung befindet sich am Ende des Gestänges (wo bei dem Bremszug ein Nippel wäre) eine Rändelmutter. Diese entsprechend ein- bzw. ausschrauben.
2. Bei einem Rad mit Gestängebedienung müssen die Einklemmungen des Gestänges neu eingestellt werden, wann immer die Lenkerhöhe geändert wird. Diese Einklemmungen befinden sich neben dem Steuerkopfrohr und werden mit einem Schraubschlüssel und einem Schraubendreher eingestellt.

Trommelbremslager einstellen

Diese Einstellung kann bei eingebautem Laufrad durchgeführt werden. Die Nabenlager werden von der Seite aus eingestellt, auf der die Bremsbedienung liegt. Falls das Rad trotz Einstellens nicht frei und ohne Spiel dreht, muß die Nabe überholt werden.

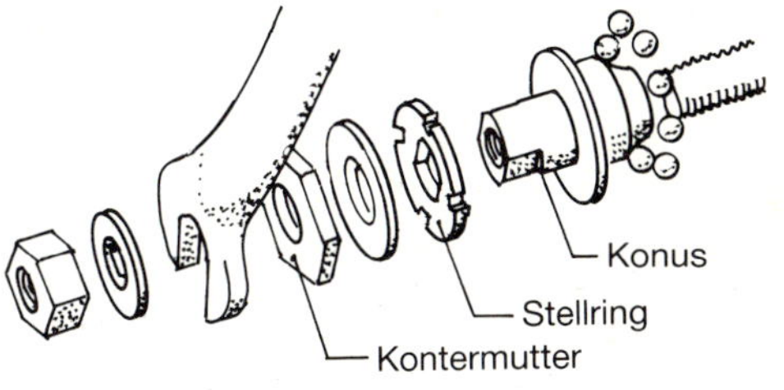

19.9 Einstellen des Trommelbremslagers

Werkzeuge und Hilfsmittel

- Schraubschlüssel
- Spezial-Nabenschlüssel (oder zur Not: Hammer und Stift)

Vorgang

1. Die Achsenmutter auf der Bedienungsseite um 2–3 Umdrehungen lockern.
2. Kontermutter um ca. eine Umdrehung lockern.
3. Stellring (der mit dem Konus des Kugellagers verbunden ist) mit dem Nabenschlüssel oder mit Stift und Hammer ein- oder ausschrauben, um das Lager fester bzw. lockerer zu stellen.
4. Stellring halten, während Kontermutter fest angezogen wird.
5. Rad ausrichten und Achsenmutter fest anziehen.

Überholen der Trommelbremse

Diese Arbeit ist zum einen erforderlich, um die Bremsbeläge zu prüfen oder zu erneuern, zum anderen, um die Kugellager zu schmieren. Vorher muß das Rad ausgebaut werden.

Werkzeuge und Hilfsmittel

- Schraubschlüssel
- Kugellagerfett

Vorgang: Ausbau

1. Von der Seite der Bedienung ausgehend, die Kontermutter abschrauben und Scheibe und Stellring abheben.
2. Konus mit Schraubschlüssel entfernen.
3. Nabenteil mit Bremshebel, Bedienungshebel und Bremssegmenten herausnehmen.

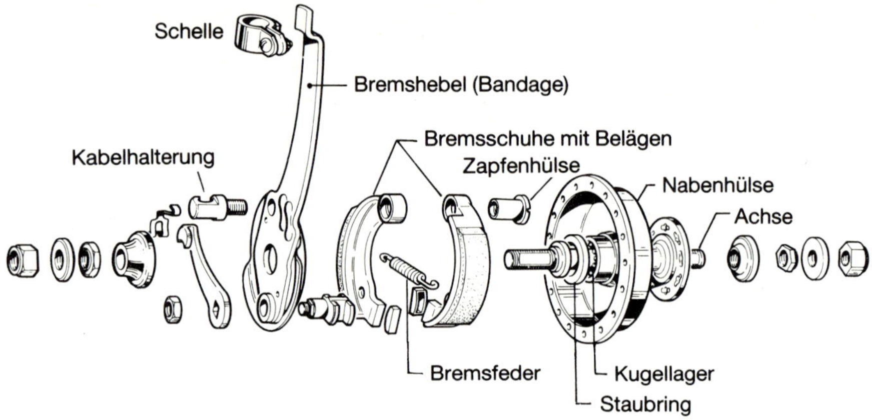

19.10 Aufbau der Trommelbremse

Vorgang: Überholen

1. Die Stärke der Bremsbeläge prüfen – Mindeststärke 2,5 mm. Falls erforderlich, in einem Bremsen-Spezialgeschäft gegen erneuerte Bremssegmente austauschen. Die Bremsbeläge dürfen nicht mit Schmier- oder Lösungsmittel in Berührung kommen.
2. Alle übrigen Teile reinigen, prüfen und evtl. ersetzen. Lagerteile mit Kugellagerfett schmieren, ebenso die Dreh- und Betätigungsteile für die Bremssegmente.

Vorgang: Einbau

1. Das Ganze in umgekehrter Reihenfolge montieren.
2. Rad einbauen; Bedienungskabel oder -gestänge verbinden sowie Bremshebel befestigen.
3. Rad ausgerichtet halten und Achsenmutter fest anziehen, dann auch Bremshebelbefestigung nachziehen.
4. Einstellung prüfen und ggf. nachstellen.

Tandembremsen

Die Trommelbremse eignet sich auch für den schweren Einsatz und wird manchmal für das Hinterrad eines Tandems als Zusatzbremse montiert. In diesem Falle kann ein Spezialbremshebel installiert werden, mit dem zwei Bremszüge gleichzeitig bedient werden können. Die Aufteilung der Bremskräfte über die zwei unterschiedlichen Bremsen ist dabei aber sehr unsicher. Als Alternative bietet sich an, die Bedienung der Trommelbremse dem hinteren Fahrer zu überlassen.

Aufwendige Bedienung mit gegenseitig gekoppelten Bedienungsgestängen für Vorder- und Hintertrommelbremse bei einem Hollandrad der Firma Sparta.

20 Die Felgenbremse

Grundsätzlich gibt es zwei Arten von Felgenbremsen: Modelle mit Bowdenzug-Betätigung, die auf die Flanken der Felge wirken, und Modelle mit einem Gestänge, die direkt neben den Speichen gegen die Felge gezogen werden. In deutschsprachigen Ländern ist letzterer Typ nahezu unbekannt.

In der Abbildung 20.1 sind die vier am häufigsten benutzten Felgenbremsentypen mit Bowdenzugbetätigung gezeigt, von denen die Seitenzug- und Mittenzugbremsen (letztere meist falsch als „Mittelzugbremse" bezeichnet) am meisten verbreitet sind. Einige Varianten, die für das Mountainbike entwickelt bzw. aus dem

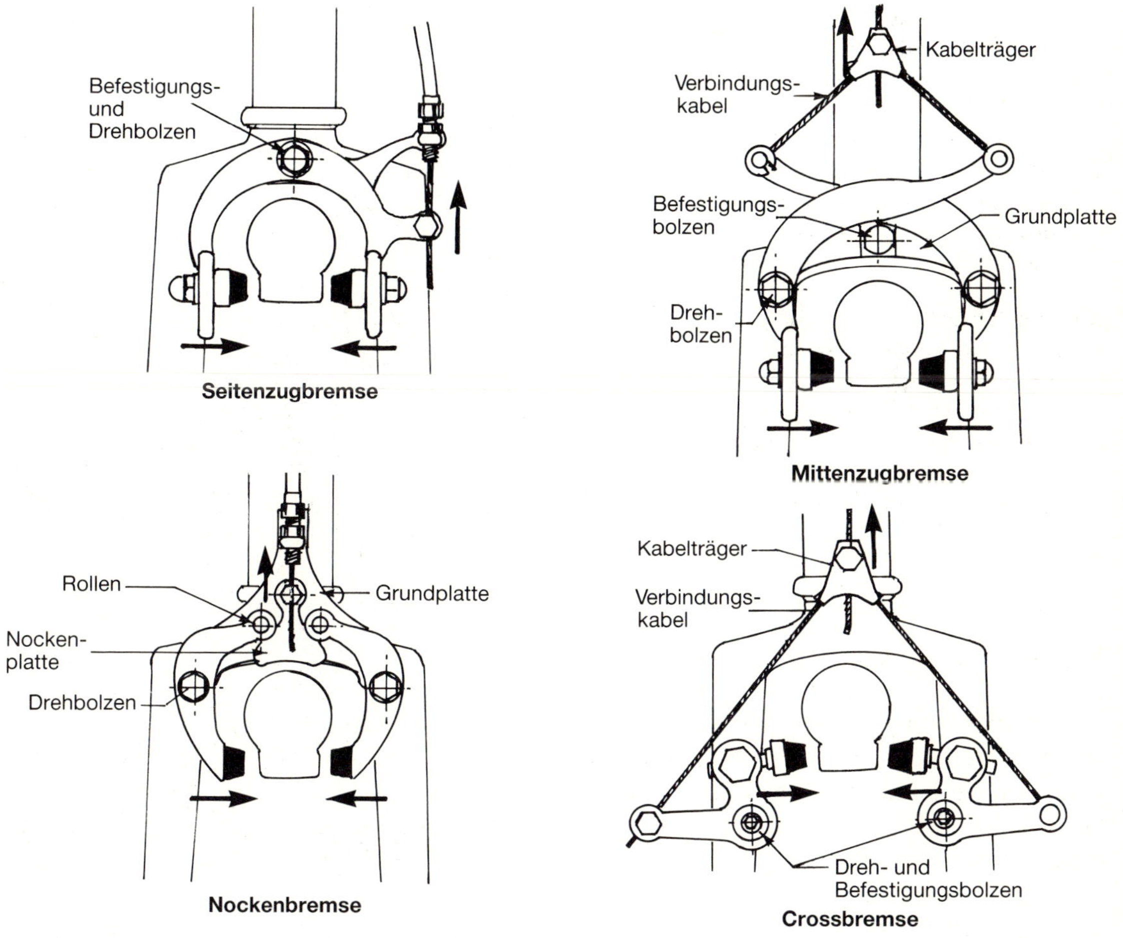

20.1 Felgenbremstypen

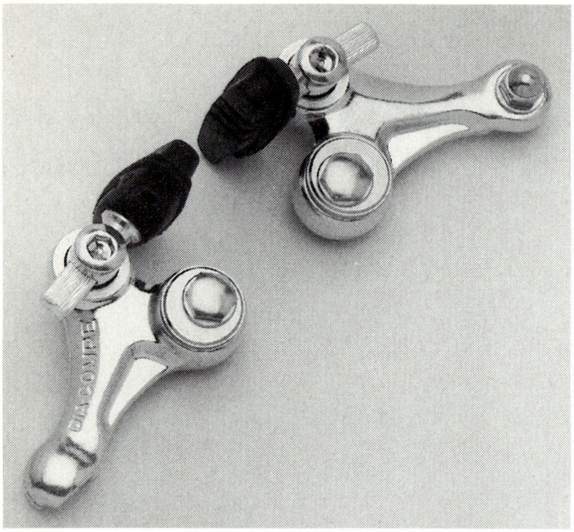

Für Mountainbikes und Reiseräder hat sich die Crossbremse bewährt. Sie ist eine Mittenzugbremse mit Bremszangen, die direkt am Rahmen montiert werden. Hier ein Modell von Dia-Compe.

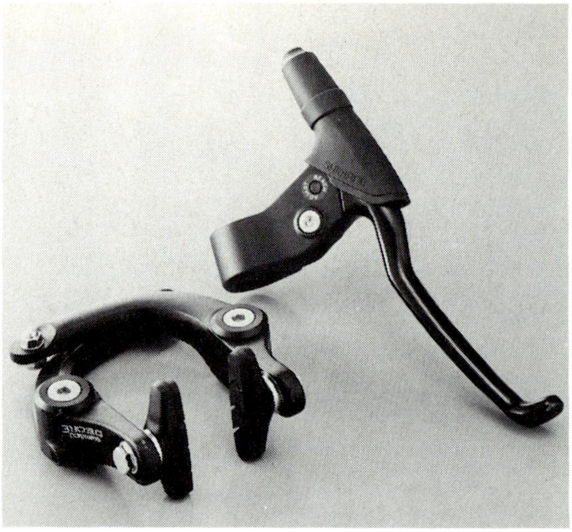

Die U-Bremse hat den Vorteil, daß sie nicht so weit vorsteht wie die Crossbremse. Auch diese Bremse wird häufig bei Mountainbikes verwendet. Hier ein Modell von Shimano.

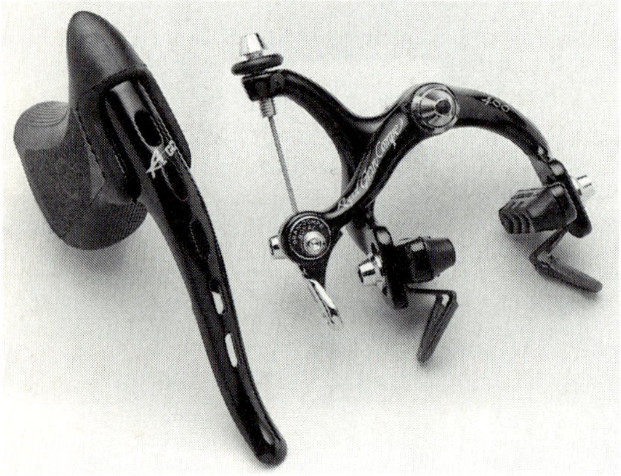

Leichte Seitenzugbremse für das Rennrad: Royal Gran Compe des japanischen Herstellers Dia-Compe

Turbo-Bremse der Firma Weinmann. Funktioniert über eine Drehspindel.

Bestand der längst vergessenen Erfindungen in der Geschichte der Fahrradtechnik ausgegraben wurden, sind die Nockenbremse auf angelöteten Sockeln sowie die ähnlich angebrachte U-Bremse, die eine Variante der Mittenzugbremse ist.

Obwohl heute weiterhin fast alle Felgenbremsen über Bowdenzüge bedient werden, gibt es eine interessante Entwicklung der Firma Magura: die erste wirklich befriedigende hydraulikbediente Bremse, die ebenfalls bei Mountainbikes gut anzukommen scheint. Der Vorteil dieser Bremse liegt in dem geringen Übertragungsverlust der Bedienung: alle Kraft, die am Hebel ausgeübt wird, kommt gleich bei der Bremse an. Andere Varianten

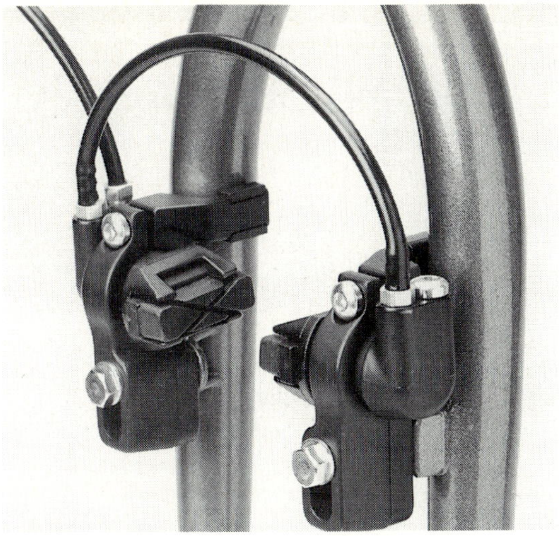

Vielversprechende Hydraulik-Felgenbremse von Magura. Die leichtgängigste Bremse überhaupt, die sich insbesondere beim Mountainbike durchzusetzen verspricht. Es gibt auch Ausführungen, die für andere Fahrradmodelle gedacht sind.

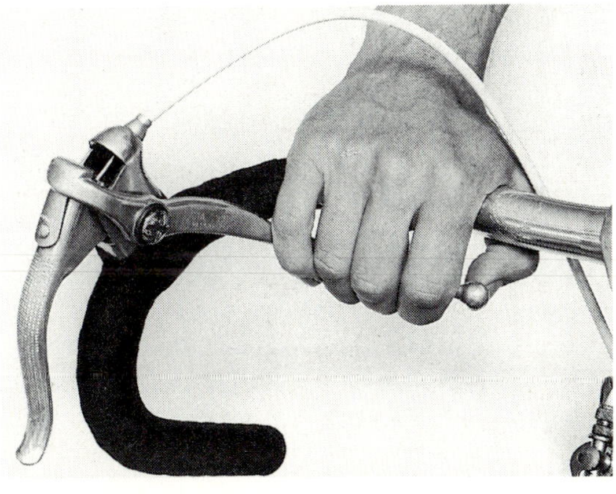

Nachteil des Doppelbremshebels: der Zusatzhebel ist so flexibel, daß er sich ganz einziehen läßt, ohne daß ausreichend Bremsdruck ausgeübt wird.

wie die Turbobremse der Firma Weinmann, bei denen die Übertragung über eine rotierende Schraubspindel läuft, stellen keine wesentliche Verbesserung im Vergleich zu einfacheren Felgenbremsenmodellen dar.

Die Wirkung und Zuverlässigkeit einer Felgenbremse wird größtenteils dadurch beeinflußt, wie stabil sie ist: sie darf sich beim Anpressen nicht verbiegen. Diese Eigenschaft wird ihrerseits größtenteils durch die Materialstärke, die Länge der Zangen sowie Zahl und Ausführung der Drehpunkte beeinflußt. Es ist relativ leicht, eine ausreichend stabile Bremse zu machen, wenn das Maß A zwischen dem Befestigungspunkt und dem Auflagepunkt des Bremsgummis gering ist, wie es beim Rennrad zutrifft. Für Räder mit dicken Reifen und großzügig bemessenen Abständen zwischen

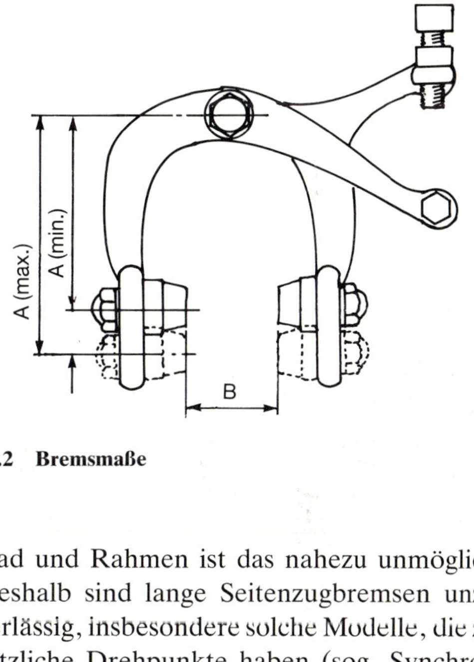

20.2 Bremsmaße

Rad und Rahmen ist das nahezu unmöglich. Deshalb sind lange Seitenzugbremsen unzuverlässig, insbesondere solche Modelle, die zusätzliche Drehpunkte haben (sog. Synchronbremsen).

Für Räder mit dicken Reifen und großen Abständen gibt es immerhin einige einfache Mittenzugbremsen, die ausreichend stabil sind. Das ist darin begründet, daß hier die Drehpunkte näher an den Bremsgummis auf einer stabilen Grundplatte angebracht sind. Noch besser sind die Crossbremsen und andere Modelle, die für den Mountainbike-Einsatz entwickelt wurden. Auf alle Fälle muß das Maß A am Rahmen beim Ersetzen einer Bremse nachgemessen und mit den Herstellerangaben für die Bremse verglichen werden. Zusätzlich

muß auch sichergestellt werden, daß die Bremse sich insgesamt mindestens 6 mm mehr als die Felgenbreite aufspreizen läßt.
Zu den Wartungsarbeiten sämtlicher Felgenbremsen gehören das Einstellen der Bremszüge, das Richten oder Ersetzen der Bremsklötze sowie das Zentrieren der Bremse. Darüber hinaus wird in diesem Kapitel die Wartung und das Ersetzen der Bremse selbst sowie der Bedienungsteile (Bremsgriff und Bremszug) behandelt.

Einstellen der Felgenbremse

Die Hinterradbremse muß auf trockener Felge beim Fahren im Schrittempo so fest angezogen werden können, daß das Rad blockiert. Die Vorderbremse muß unter den gleichen Umständen so viel Verzögerung bringen, daß das Fahrrad anfängt, nach vorne zu kippen. Falls die Bremse nachläßt oder anfängt zu schleifen, quietschen oder „rubbeln", muß zuerst die Felge gereinigt werden. Falls sie dann noch nicht in Ordnung ist, wird die Bremse eingestellt. Falls auch das nicht Abhilfe schafft, muß die Bremse überholt oder ersetzt werden.

Werkzeuge und Hilfsmittel

- manchmal kein Werkzeug erforderlich
- für Punkt 5: Schraubschlüssel und Zange

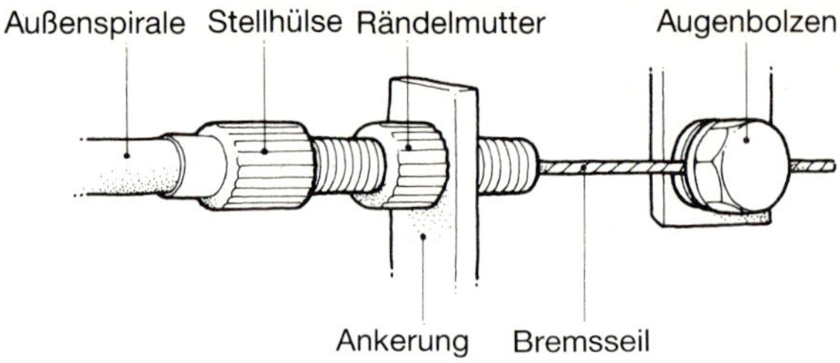

20.4 Stellhülse

Vorgang

1. Die Stellhülse ausfindig machen (bei Seitenzug- und Nockenbremse direkt an der Bremse, bei Mittenzug- und Crossbremse an der Ankerung der Außenspirale)
2. Stellhülse halten und Rändelmutter lockern.
3. Stellhülse einschrauben, um die Bremse zu lockern; ausschrauben, um sie fester zu stellen.
4. Stellhülse halten und Rändelmutter gegen die Halterung festschrauben.
5. Falls der Einstellbereich der Stellhülse nicht ausreicht, diese ganz einschrauben (d. h. Bremse lockern); wo vorhanden, Schnellspanner vorher lockern. Bremszugeinklemmung lockern, Bremsseil lockern oder anziehen und in neuer Position festsetzen.
6. Prüfen und ggf. nachstellen.

Bemerkungen

1. Bei Mountainbikes findet die Einstellung direkt am Bremshebel statt, wo eine Stellhülse mit Rändelmutter angebracht ist (siehe Abbildung 20.5). Dieser Mechanismus hat sogar einen Schlitz, durch den das Bremsseil beim Ersetzen desselben leicht entfernt bzw. eingelegt werden kann.

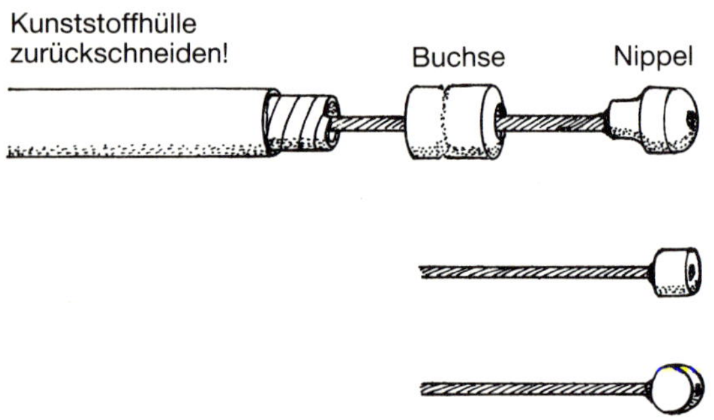

20.3 Bowdenzug

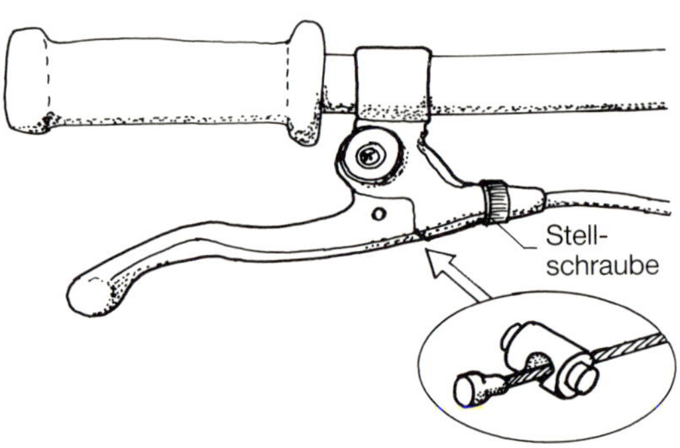

20.5 Mountainbike-Bremshebel

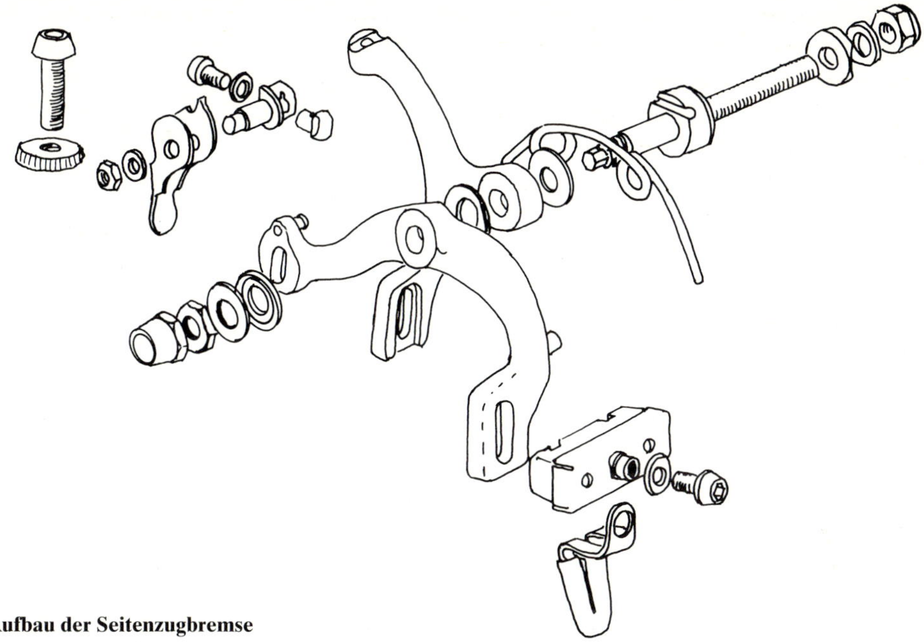

20.6 Aufbau der Seitenzugbremse

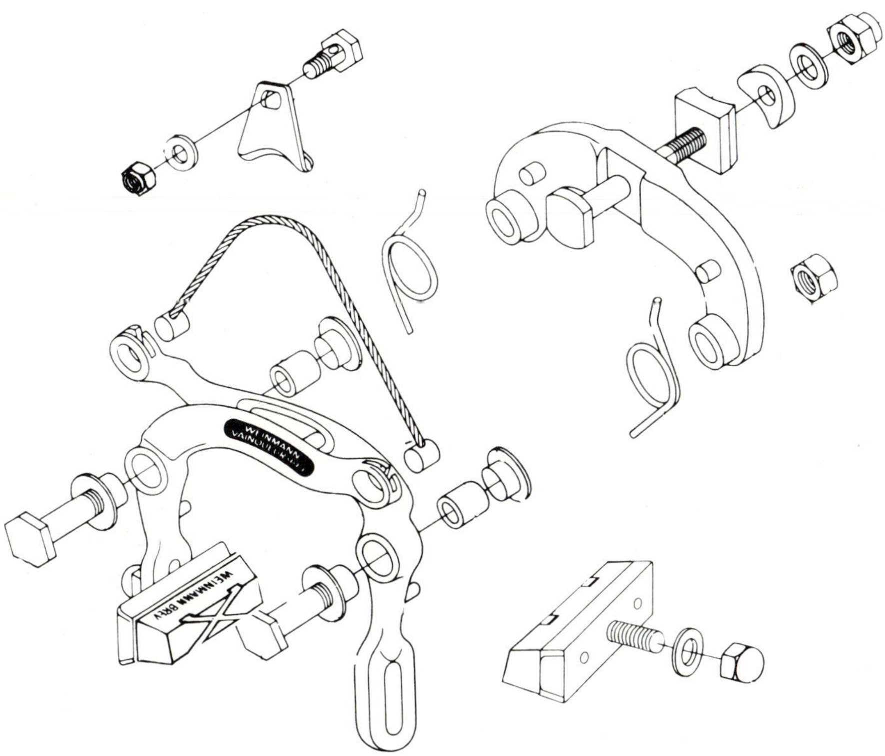

20.7 Aufbau der Mittenzugbremse

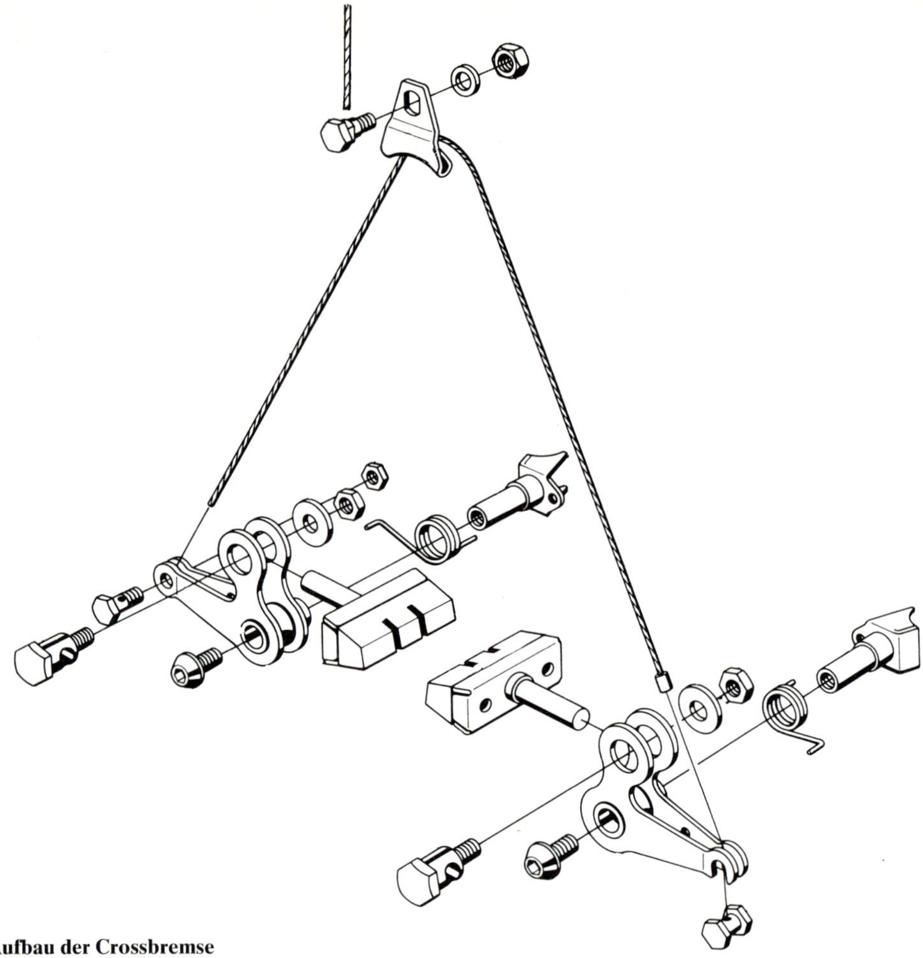

20.8 Aufbau der Crossbremse

2. Mountainbike-Bremshebel haben auch eine Stellschraube, mit der der Abstand zwischen dem unbetätigten Griff und dem Lenker eingestellt werden kann. Stellen Sie diesen so ein, daß der Hebel leicht zu bedienen ist und der Abstand zwischen Lenker und Griff bei voll angezogener Bremse mindestens 2 cm beträgt.

Überholen der Felgenbremse

Werkzeuge und Hilfsmittel

- je nach anfallender Arbeit: Schraubschlüssel, Rollgabelschlüssel, Zange

Vorgang

1. Die Mutter des Befestigungsbolzens festziehen und dabei ggf. die Bremse ausrichten.
2. Bremsseil und Außenspirale prüfen. Falls erforderlich, reinigen, schmieren oder ersetzen (Anleitung S. 218).
3. Prüfen, ob die Bremsklötze über die gesamte Länge und Breite auf den Felgenflanken aufliegen. Falls erforderlich, nachstellen: Befestigungsmutter lockern, drehen oder verschieben, in der richtigen Position mit angezogener Bremse halten und Mutter festziehen. Falls zu sehr abgenutzt, ersetzen (s. S. 219).
4. Prüfen, ob die Bremsfeder die Bremszangen richtig zurückzieht, wenn der Griff losgelassen wird. Falls erforderlich, schmieren oder Bolzen des Drehpunktes

lockern. Bei der Mittenzugbremse sind das selbständige Bolzen, bei der Seitenzugbremse ist das zugleich der Befestigungsbolzen: untere Mutter gegenhalten und Kopfmutter um ca. eine halbe Umdrehung lockern, dann die beiden Muttern in der gewünschten Position wieder festziehen.

5. Falls die Bremse einseitig schleift, weil sie schief sitzt (insbesondere Seitenzugbremse), anhand der Anleitung „Ausrichten der Bremse“ korrigieren.
6. Falls Rubbeln beim Bremsen daher rührt, daß das hintere Teil des Bremsklotzes die Felge zuerst berührt, sind die Bremszangen so zurechtzubiegen, daß die Vorderseite des Bremsklotzes sie zuerst berührt.
7. Falls so immer noch keine Abhilfe zu schaffen ist, muß man die Bremse entfernen und auseinandernehmen, die Teile reinigen, inspizieren, schmieren oder ersetzen, dann wieder zusammenbauen und montieren (Anleitung zum Ersetzen auf S. 221 in diesem Kapitel).
8. Schnellspanner festziehen, prüfen und nachstellen.

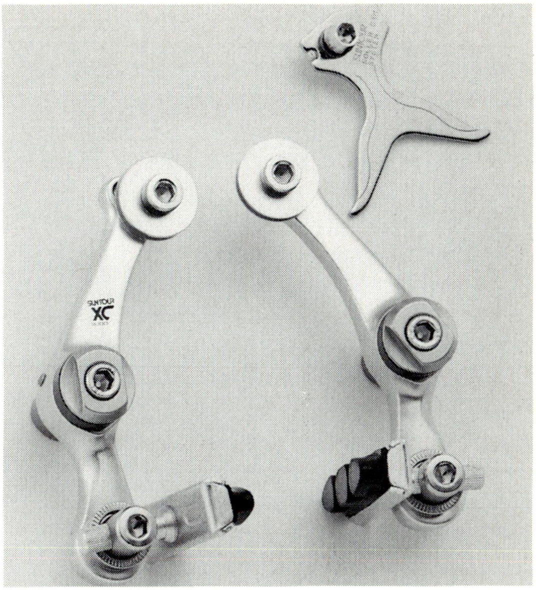

Von Sun-Tour stammt diese Nockenbremse für das Mountainbike.

20.9 Aufbau der Nockenbremse

Ersetzen des Bremsseils

Diese Arbeit lohnt sich einmal alle ein bis zwei Jahre. So hält man den Betätigungsaufwand gering und steigert die Zuverlässigkeit. Auf längeren Touren sollte man wohl ein Reservebremsseil mitführen. Bedenken Sie, daß es Bowdenzüge mit unterschiedlichen Nippelenden gibt, je nach der Ausführung des Bremsgriffs. Besorgen Sie sich die dazu passende Version. In den letzten Jahren sind insbesondere bei Renn- und Trimmrädern Bremsgriffe eingeführt worden, bei denen das Bremsseil nicht oben herausragt, sondern innen und anschließend unter dem Lenkerband durchläuft. Der Vorteil dieser Ausführung ist, daß die Bremszüge nicht so anfällig für Beschädigungen sind. Beim Ersetzen des Bremsseils ist auch bei diesen Modellen zu prüfen, ob das Seil reibungslos durch die Außenspirale verläuft. Wenn nicht, muß das Lenkerband entfernt werden, damit die Außenspirale ersetzt werden kann, um anschließend wieder mit neuem Lenkerband am Lenker umwickelt zu werden (Beschreibung S. 128).

Ersetzen bzw. Festsetzen des Bremszugs einer Mittenzugbremse

Werkzeuge und Hilfsmittel

- Schraubschlüssel
- Spitzzange
- Seitenschneiderzange (oder Spezial-Kabelschneidezange)
- Schmiermittel

Vorgang: Ausbau

1. Falls vorhanden, Schnellspanner lockern. Klemmbolzen des Bremsseils an der Bremse selbst (Seitenzug- und

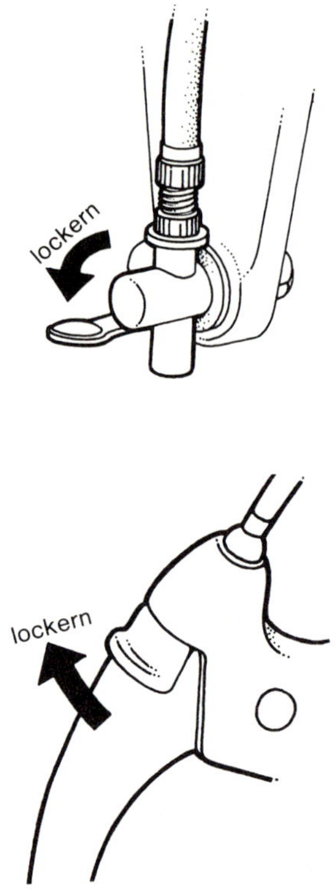

20.10 Bremsschnellspanner

Parapullbremse) oder am Kabelträger (Mittenzug- und Crossbremse) lockern und Bremsseil herausziehen (Kabelträger und Verbindungsseil nicht verlieren!).
2. Bremsgriff betätigen und gleich wieder loslassen, damit das Seil sich lockert. Seil mit Nippel tiefer in den Bremsgriff hineindrücken, bis der Nippel aus der Aussparung entfernt werden kann.
3. Bremsseil vom Nippelende her zurückziehen, dabei Außenspirale auffangen.

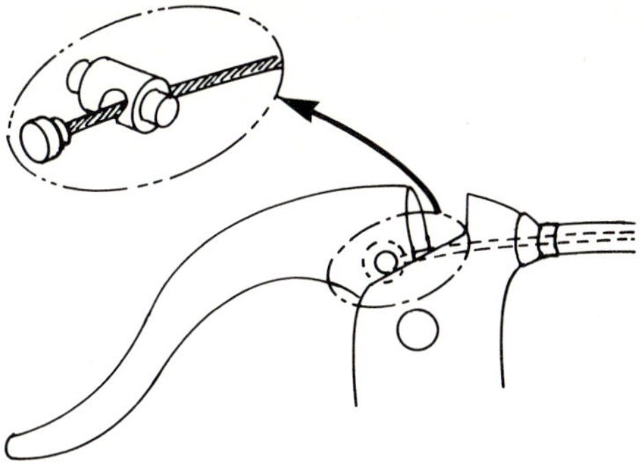

20.11 Nippel in Bremshebel

Vorgang: Einbau

1. Nachprüfen, ob Seil und Außenspirale einwandfrei sind (ausreichend lang und nicht angerostet oder ausgefranst bzw. geknickt).

20.12 Defektes Bremsseil

2. Länge der Außenspirale (bzw. ihrer Teilstücke) bestimmen: so kurz wie möglich, ohne geknickt zu werden – auch bei vollem Lenkereinschlag.
3. Außenspirale auf Maß so abtrennen, daß am Ende kein „Haken" entsteht; ggf. zurückbiegen. An beiden Enden ca. 6 mm der Kunststoffschicht entfernen und Endbuchsen installieren (falls vorhanden).
4. Bremsseil einfetten und, vom Bremsgriff ausgehend, durch Bremsgriffdurchführung, Endbuchsen, Außenspirale, Stellhülse und etwaige Führungsteile am Rahmen bis zur Einklemmung an der Bremse (Seitenzug- und Parapullbremsen) oder bis zum Kabelträger des Verbindungsseils (Mittenzug- und Crossbremsen) führen. Falls vorhanden, Schnellspanner locker gestellt halten.
5. Nippel in die Aussparung am Bremsgriff einlassen, Seil straff ziehen und dann am anderen Ende anziehen; jetzt das freie Ende an der Bremse einklemmen. Bei Mittenzug- und Crossbremsen das Verbindungsseil über den Kabelträger legen und in beide Bremsarme einhaken.
6. Seilspannung und andere Einzelheiten der Bremse einstellen. Schnellspanner (falls vorhanden) festsetzen.

Ersetzen der Bremsklötze (Bremsgummis)

Das ist erforderlich, wenn die Gummis sehr stark oder unregelmäßig abgenutzt sind oder wenn ein besser auf das Felgenmaterial abgestimmtes Modell montiert wird (es gibt Bremsgummis, die bei nassen Stahlfelgen funktionieren, jedoch nicht für Aluminiumfelgen geeignet sind oder umgekehrt).
Je nach Fabrikat und Modell wird entweder ein neues Bremsgummi in die alte Halterung eingeklemmt, oder der komplette Bremsklotz (Bremsgummi mit Halterung) muß ersetzt werden. Bedenken Sie auch, daß es Bremsklötze aus unterschiedlichen Werkstoffen gibt, die auf das Material der Felge abgestimmt sind. Wenn Ihr Fahrrad verchromte Stahlfelgen hat, ist unbedingt eine Ausführung zu wählen, die dafür geeignet ist, damit die Bremswirkung bei Nässe nicht völlig verloren geht.

Werkzeuge und Hilfsmittel

- Schraubschlüssel (bei einigen Modellen Inbusschlüssel)
- nur zum Auswechseln des Bremsgummis in die alte Halterung: Schraubendreher

Vorgang

1. Bremse entspannen (mit Schnellspanner, falls vorhanden).
2. Mutter oder Bolzen und Unterlegscheibe der Bremsklotzhalterung entfernen.

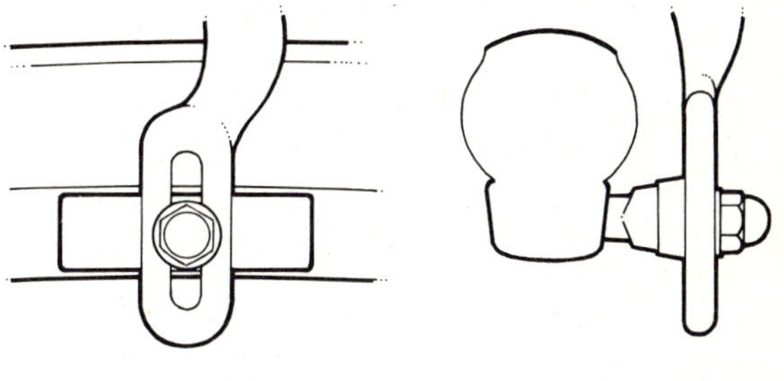

20.13 Auflage des Bremsgummis auf der Felge

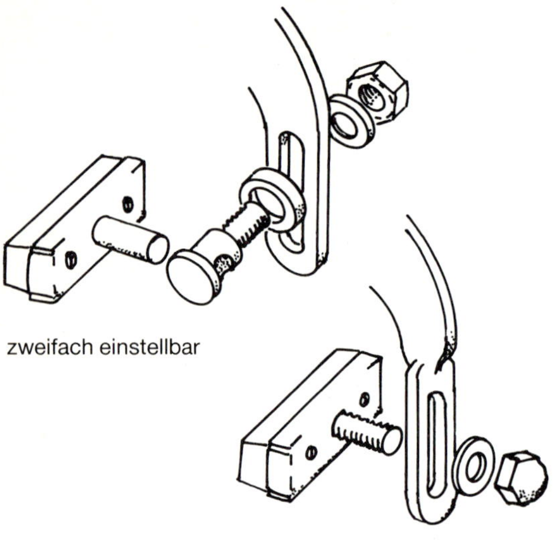

20.14 Einstellen der Bremsklötze

3. Bremsklotz herausnehmen.
4. Bei Verwendung eines neuen Gummis in der alten Halterung schieben Sie das alte Gummi mit dem Schraubendreher in Richtung des offenen Endes hinaus. Neues Gummi hineinschieben und Halterung seitlich fest andrücken.
5. Bremsklotz in den Schlitz des Bremsarms einlegen; Bremsgriff anziehen; Bremsgummi gegen Felge ausrichten und dort halten; Scheibe und Mutter oder Bolzen installieren und festziehen.
6. Die Schritte 2–5 für den zweiten Bremsklotz wiederholen.
7. Bremse anspannen und einstellen.

Ausrichten der Bremse

Wenn die Bremse einseitig schleift, so ist das zwar häufig durch Ausrichten des Laufrads zu beheben (siehe S. 157); manchmal muß jedoch die Bremse selbst ausgerichtet werden.
Bei der Mittenzugbremse wird das einfach mit der Hand gemacht. Ggf. muß die Mutter des Befestigungsbolzens um ca. eine Umdrehung gelockert und anschließend festgezogen werden, während die Bremse in der richtigen Position gehalten wird.

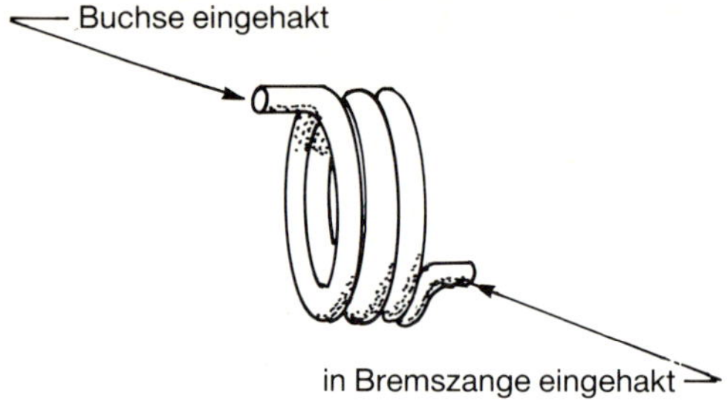

20.15 Rückstellfeder

Crossbremsen werden ausgerichtet, indem eine der Rückholfedern, die in der Abbildung 20.15 gezeigt sind, mit zwei Zangen so nachgebogen wird, daß beide Bremsklötze gleich weit von der Felge sind, wenn die Bremsschuhe gleich weit ausragen.
Andere Mountainbikebremsen, wie z. B. die U-Bremse und die Nockenbremse, haben eine Stellschraube in einer der Bremszangen, die ein- oder ausgeschraubt wird, um die Bremszangen auszurichten.
Bei der Seitenzugbremse geht man so vor:

Werkzeuge und Hilfsmittel

- Je nach Fabrikat und Ausführung entweder Spezial-Zentrierschlüssel (z. B. für einige Modelle der Firma Weinmann, aber insbesondere auch für teure Rennbremsen, die allerdings alle untereinander abweichen) oder zwei Schraubschlüssel (für einfache Bremsen, für die es keine besondere Spezialschlüssel gibt)

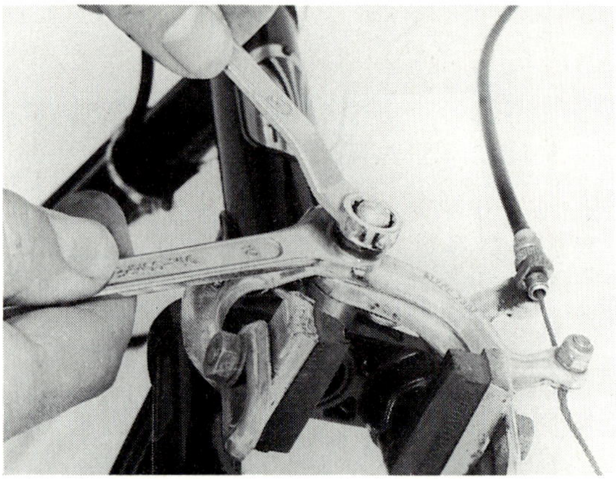

Zentrieren einer einfachen Seitenzugbremse. Aufwendigere Modelle haben extra zu diesem Zwecke eine Stellschraube und bedürfen eines Spezialwerkzeugs.

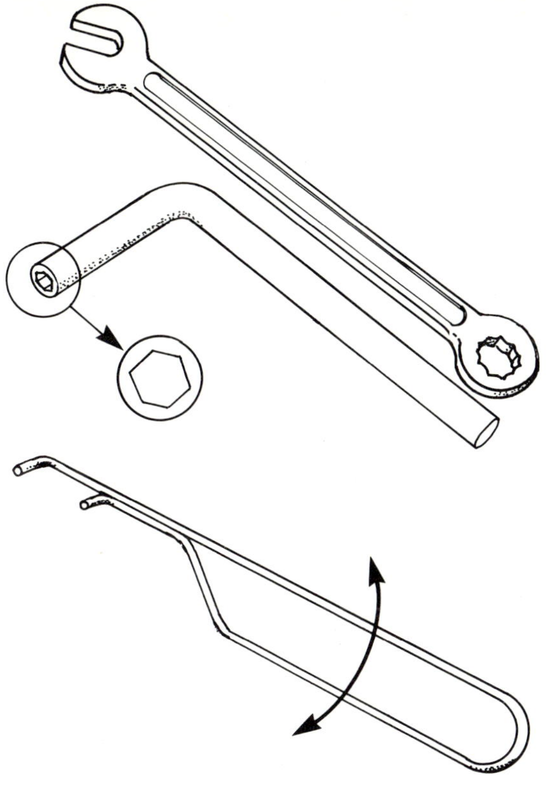

20.16 **Bremszentrierwerkzeug**

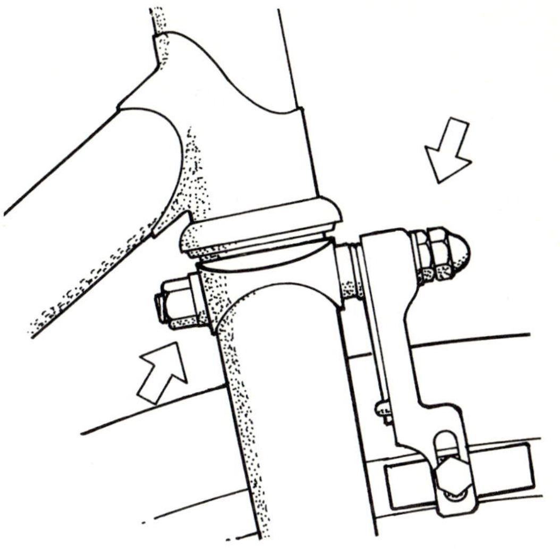

20.17 **Zentrieren einer einfachen Seitenzugbremse**

Vorgang

1. Zuerst die Befestigungsmutter prüfen: sie muß fest angezogen sein.
2. Mutter und Kontermutter der Bremsseile prüfen: sie müssen gegenseitig blockiert, jedoch so eingestellt sein, daß die Bremsarme sich frei, aber ohne Spiel bewegen können.
3. Bei Modellen mit Spezialwerkzeug dieses einsetzen und in die gewünschte Richtung drehen.
4. Bei anderen Modellen die Befestigungsmutter und eine der zwei anderen Muttern gleichzeitig drehen: Befestigungsmutter und obere Mutter, um nach rechts zu drehen, Befestigungsmutter und untere Mutter, um nach links zu drehen.
5. Prüfen und evtl. nachstellen.

Ersetzen der Bremse

Diese Anleitung gilt ebenfalls, wenn die gleiche Bremse zum Überholen entfernt und wieder eingebaut wird. Beim Kauf einer neuen Bremse auf die richtige Größe achten: bindend sind senkrechter Abstand Felge–Bremsbolzenloch und Felgenbreite (siehe Abb. 20.2 auf S. 213). Wählen Sie besser ein Modell aus dickem Aluminium als eine Ausführung aus dünnem Stahl, weil ersteres verwindungsfester oder steifer und damit zuverlässiger ist.
Es ist möglich, einen anderen Bremstyp zu installieren als den alten. Dann müssen ggf. für Mittenzug- und Crossbremsen Bremszughalterungen (meistens im Steuersatz und an den Sattelklemmbolzen) montiert werden. Die Crossbremse erfordert an den Gabelscheiden und Sattelstreben angelötete Nocken.

Werkzeuge und Hilfsmittel

- Schraubschlüssel
- für Mittenzugbremse: Spitzzange

Vorgang: Ausbauen

1. Die Bremse entspannen (mit dem Schnellspanner, falls vorhanden); Bremsseilbefestigung entfernen (siehe Anleitung „Ersetzen des Bremsseils“).

2. Mutter des Bremsbefestigungsbolzens sowie die darunterliegenden Scheiben entfernen.
3. Bremse herausziehen und die einzelnen Teile aufheben. Merken Sie sich, in welcher Reihenfolge die Scheiben auf beiden Seiten montiert waren.
4. Falls zutreffend, Bremse demontieren, reinigen, schmieren, überholen und anhand der betreffenden Abbildung wieder zusammenbauen.

Vorgang: Einbauen

1. Zuerst die Teile anbringen, die auf der Bremsseite des Befestigungsbolzens montiert werden (bei der Vorderbremse manchmal auch die Scheinwerferbefestigung).
2. Befestigungsbolzen einführen – die Vorderbremse kommt vor die Gabel, die Hinterbremse hinter die Hinterstreben (bei Mixte- und Berceau-Damenrahmen oben auf die durchlaufenden Rahmenstreben).
3. Die übrigen Scheiben auf den Bolzen stecken, dabei z. B. Schutzblech- und Gepäckträgerbefestigung nicht vergessen.
4. Mutter aufschrauben. Bremse genau ausrichten und halten, während die Mutter richtig festgezogen wird.
5. Bremsseil befestigen und Bremse einstellen, dabei auch die Bremsgummis richtig einstellen, damit diese ganz auf den Felgenflanken aufliegen (siehe Beschreibungen an anderen Stellen).

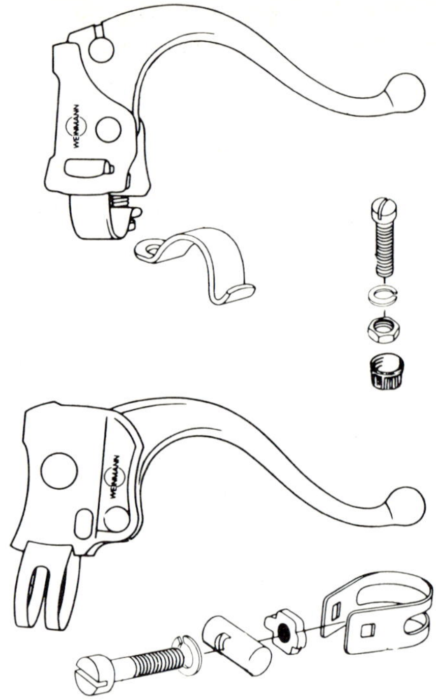

20.18 Bremsgriff

Ersetzen eines Bremsgriffs

Diese Anleitung gilt für Modelle mit „unsichtbarer" Klemmung, also nicht für Modelle mit nach außen ausragender Schelle mit Bolzen, wo selbstverständlich nur dieser entfernt wird. Sie trifft ebenfalls zu, wenn der Bremsgriff überholt oder aus anderen Gründen (z. B. zum Ausbauen des Lenkers) entfernt wird. Beim Ersetzen Bremsseil an der Bremse lockern (siehe Anleitung „Ersetzen des Bremsseils"); sonst nur entspannen. Lenkerband oder Lenkergriffe vorher entfernen.

Bei der Auswahl eines Bremsgriffs ist darauf zu achten, daß er für den bestimmten Lenker geeignet sein muß, denn Griffe für Rennlenker sind anders proportioniert als solche, die für flache Lenker gedacht sind. Ich rate davon ab, einen sogenannten Doppelbremsgriff zu wählen, der zwar auch von oben erreicht wird, dafür aber nicht ausreichend stabil ist, um die Bremskräfte in einer

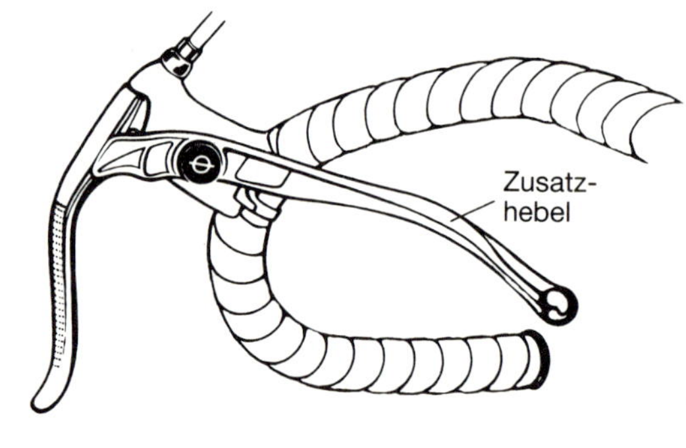

20.19 Doppelbremsgriff

heiklen Situation einwandfrei zu übertragen. Manche Bremsgriffe haben eine eingebaute Rückstellfeder; diese ungemein leicht wirkenden Bremshebel müssen unbedingt mit den entsprechenden Bremsen des gleichen Fabrikats kombiniert werden, weil die in der Bremse selbst vorhandene Rückstellfeder bei diesen Modellen absichtlich so weich ausgelegt ist, daß sie nicht auf diese zusätzliche Rückstellhilfe verzichten kann. Zusammen wirken sie unglaublich weich, jedoch einzeln unbefriedigend.

Werkzeuge und Hilfsmittel

- Schraubendreher (bei einigen Modellen jedoch Inbusschlüssel, je nach Bolzentyp)
- manchmal: Spitzzange

Vorgang: Ausbau

1. Den Bremsgriff anziehen und die Nippel des Bremsseils aus der Aussparung entfernen (nicht erforderlich, wenn der Griff so wieder installiert wird).
2. Bremsgriff ziehen und die dann im Inneren sichtbare Schraube um ca. 4 Umdrehungen lockern.
3. Bremsgriff in einer drehenden Bewegung zum Lenkerende hin abschieben.
4. Falls erforderlich, demontieren, reinigen, schmieren, überholen und anhand der Abbildung 20.20 zusammenbauen.

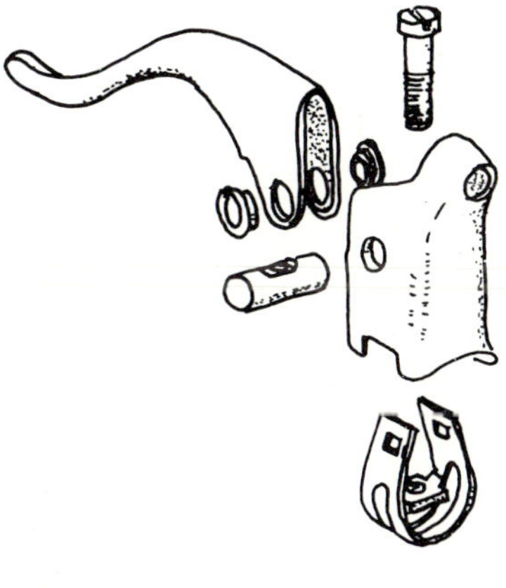

20.20 Aufbau Bremsgriff

Vorgang: Einbau

1. Falls erforderlich, die Klemmutter der Schelle einführen (eine ausgesprochene Fummelarbeit, die Sie dadurch vermeiden, daß Sie die Schraube beim Abmontieren nicht zu weit lockern).
2. Griff mit Schelle über das Lenkerende schieben (falls erforderlich, Schraube etwas lockern) und an die richtige Stelle bringen.
3. Schraube festziehen.
4. Bremsseil installieren und einstellen (siehe Anleitungen an anderen Stellen).
5. Die Position des Griffs nochmals prüfen und ggf. nachstellen: Schraube um ca. eine Umdrehung lockern, Griff verschieben und Schraube wieder festziehen.

Das besondere Fahrrad und sein Konstrukteur: Alex Moulton mit seinem kleinrädrigen, abgefederten AM2-Rad.

21
Beleuchtung und weiteres Zubehör

In diesem Kapitel werden jene Teile des Fahrrads behandelt, die sich auch nachträglich anbringen lassen. Neben der Beleuchtung sind das solche Teile wie Gepäckträger, Schutzbleche, Kettenschirm, Klingel sowie allerlei weniger praktische Spielereien.
Nicht alles Zubehör ist auch wirklich so nützlich, wie es die Hersteller darstellen. Zögern Sie nicht, Sachen, die sich als unpraktisch erweisen, wieder zu entfernen oder, besser noch, gar nicht erst anzubringen. Beim Anbringen ist die Anleitung des Herstellers (falls mitgeliefert) zu beachten. Auch für Teile, die bereits am Fahrrad montiert sind, wenn es gekauft wird, kann man manchmal über den Händler eine Anleitung besorgen. Das ist besonders notwendig bei solch relativ komplizierten Teilen wie z. B. einem Tachometer, aber manchmal auch schon für einen geschlossenen Kettenkasten, bei dem immer wieder ziemlich ausgefallene Lösungen für die Befestigung gefunden wurden.

So hell wie diese alte Karbidlampe ist auch die beste moderne elektrische Fahrradbeleuchtung nicht.

Beleuchtung

Es gibt im Grunde zwei Typen von Fahrradbeleuchtung. In der Bundesrepublik nicht nur am gängigsten, sondern kurioserweise sogar gesetzlich vorgeschrieben ist die Dynamobeleuchtung, obwohl eine Batteriebeleuchtung manchmal zuverlässiger ist. Im Hinblick auf die Verkehrssicherheit hat die Instandhaltung der Beleuchtung Vorrang vor allen anderen Reparaturen und Wartungsarbeiten, denn keine andere Störung führt so häufig zu Fahrradunfällen wie die der Lichtanlage.

Dynamobeleuchtung

Die Lichtanlage besteht aus Dynamo (auch „Lichtstrommaschine“ genannt), Scheinwerfer und Rücklicht. Der im Dynamo erzeugte elektrische Strom wird über isolierte Stromkabel zu Scheinwerfer und Rücklicht geführt und fließt über Massenkontakte und das Metall des Fahrradrahmens wieder zum Dynamo zurück. Die Abbildung zeigt, wie die Teile untereinander verbunden sind.

Der Dynamo muß so angebracht sein, daß die Rolle in unbetätigtem Zustand 5–8 mm von Reifen entfernt bleibt und in betätigtem Zustand kräftig und flach aufliegt. Die Achse des Dynamos muß nach der Achse des Laufrads ausgerichtet sein. Diese Einstellung wird ggf. durch Lockern der Befestigungsschraube, Verschieben oder Verdrehen der Halterung und Festziehen der Schraube korrigiert.
Allerdings gibt es mindestens einen, scheinbar ganz normalen Dynamo, der nicht am Reifen, sondern auf der Felgenflanke abläuft. Das ist der Nordlicht-Dynamo in der Ausführung mit

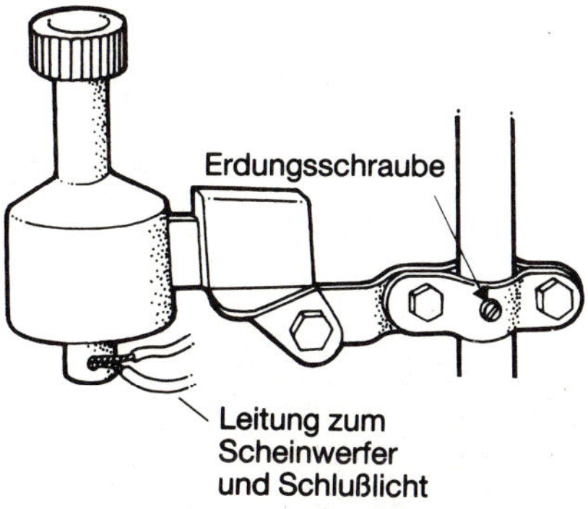

21.1 Dynamo

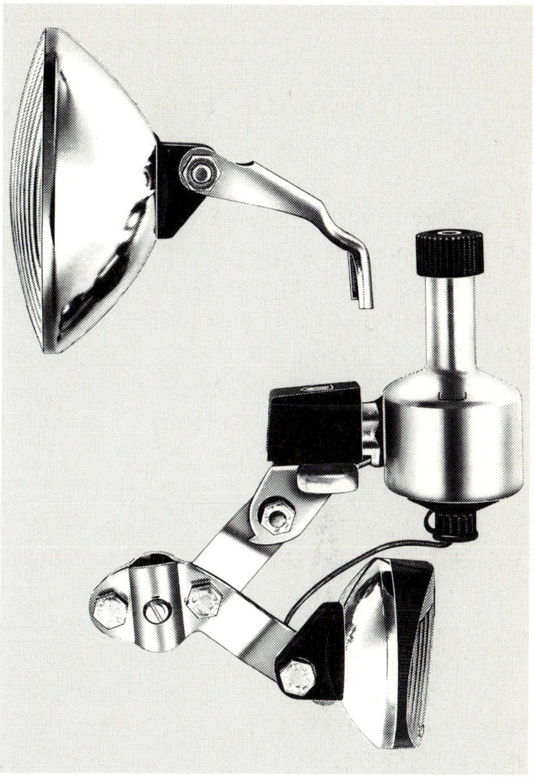

Gute Dynamoanlage von Union. Dieses Modell mit Rücklicht für die Montage an der Hinterstrebe ist für Mountainbikes sowie für Renn- und Trimmräder geeignet. Es gibt diesen Scheinwerfer auch mit der lichtstärkeren Halogenbirne.

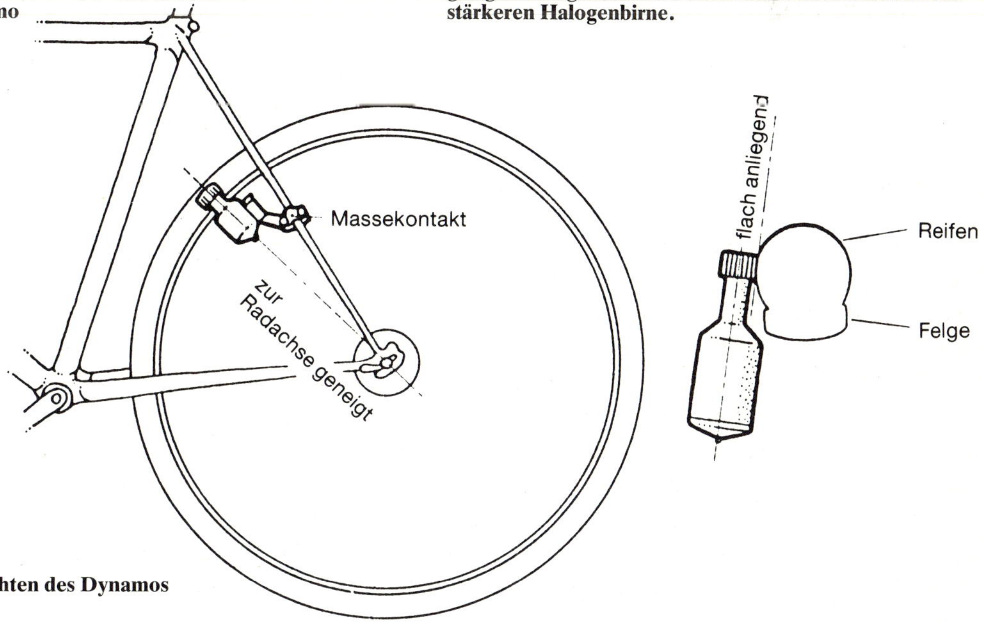

21.2 Ausrichten des Dynamos

einer Gummirolle. Solide hergestellt, elektrisch und mechanisch weit besser ausgeführt als die meisten herkömmlichen Modelle, ist er der Dynamo meiner Wahl. Er läuft leise und rutscht auch bei Regen und Schnee nicht ab, gerade weil das schmale Gummirädchen eine viel kleinere Kontaktfläche mit einem nicht nachgiebigen Teil des Laufrads hat und folglich einen höheren Druck darauf ausübt, ohne unnötigen Rollwiderstand zu erzeugen. Wer unbedingt eine herkömmliche Rolle haben will, die auf der Reifenflanke abrollt, kann auch diesen Dynamo mit einer Metallrolle haben – das kann für ein Hollandrad mit schmalen Felgen erforderlich sein.

Der Scheinwerfer muß so eingestellt sein, daß der Brennpunkt seines Lichtbündels auf einen Punkt 10–15 m direkt vor dem Fahrrad gerichtet ist. Die Befestigung muß gerade so fest angezogen sein, daß er sich mit der Hand gerade noch einstellen läßt, jedoch keineswegs locker sitzt. Für die Ausleuchtung der Straße ist es am günstigsten, wenn der Scheinwerfer so hoch wie möglich angebracht ist.

Das Rücklicht wird auf dem Schutzblech oder an einer der hinteren Streben angebracht und muß waagerecht ausgerichtet direkt nach hinten leuchten. Bei der Strebenbefestigung darf das Licht nicht durch Gepäck verdeckt werden. Die Befestigungsschraube des Rücklichts dient als Massenkontakt und muß mit einem metallisch am Rahmen befestigten Teil verbunden sein.

Bei einigen Kunststoffschutzblechen ist ein Metallstreifen zu diesem Zweck integriert; bei anderen Kunststoffmodellen muß dieser Kontakt mit einem Stromkabel hergestellt werden. Auch die Verbindung der Stromzufuhr kann mit einem Metallstreifen im Kunststoffschutzblech hergestellt werden. Dazu sind zwei Kabelsteckverbindungen erforderlich: vom Dynamo zu einer Buchse vorne am Schutzblech und von einer Buchse hinten am Schutzblech zum Rücklicht.

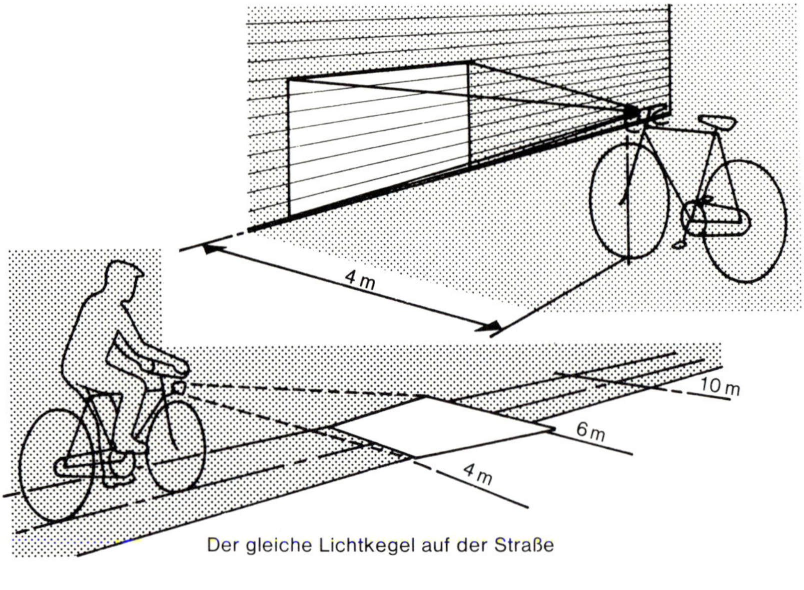

21.3 Einstellen der Scheinwerfer

Störungen der Lichtanalge
Bei einer Störung der Dynamoanlage muß bei der Fehlersuche systematisch vorgegangen werden, z. B. anhand des nachfolgenden Diagramms (Abb. 21.4). Es ist nicht möglich, genaue Anleitungen für alle Typen zu geben, weil diese sich stark voneinander unterscheiden, insbesondere hinsichtlich der Erreichbarkeit der Birne und des Anschlusses. Ein kurzer Blick auf die Einzelteile zeigt aber schon, wie es im Einzelfall ist.

Als Ersatz müssen Reservebirnchen vom gleichen Typ wie das installierte mitgeführt werden – am besten papierumwickelt im Flickzeugkästchen, obwohl es auch Rücklichter mit Steckplätzen für Reservebirnen gibt. Normalerweise hat die Birne des Scheinwerfers eine Nennleistung von 6 Volt, 2,4 Watt (0,4 Amp) und die für das Rücklicht 6 Volt, 0,6 Watt (0,1 Amp). Halogenbirnchen strahlen bei gleicher Nennleistung wesentlich mehr Licht aus und büßen auch nach längerer Zeit nichts von ihrer

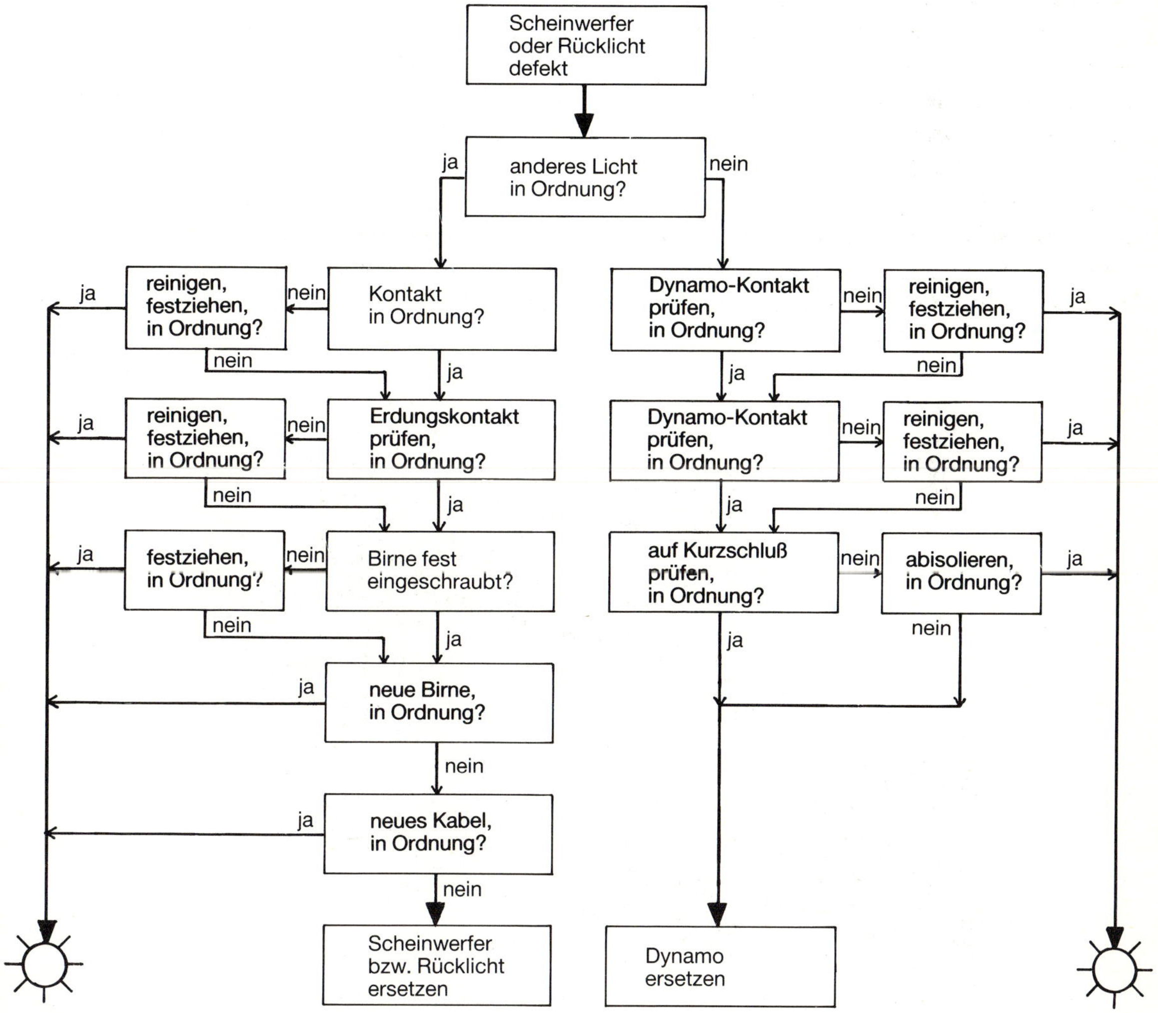

21.4 Diagramm zur Behebung einer Lichtstörung

Dynamo mit eingebautem Scheinwerfer der französischen Firma Cibié

Helligkeit ein. Sie haben eine abweichende Fassung und können deshalb nur in eigens für sie entworfene Gehäuse installiert werden.

Die häufigsten Störungen bestehen lediglich darin, daß ein Stromkabel sich vom Kontakt des Dynamos oder der Lampe gelöst hat. Bei den heute üblichen Federklemmkontakten empfiehlt sich das Verlöten der Kabelenden. Die Isolierung muß dazu über ca. 1 cm zurückgeschnitten werden, damit die Litze freiliegt, bevor sie verlötet wird. Bei Schraubkontakten muß eine Kabelöse am Ende des Kabels befestigt werden. Verlöten Sie nach Möglichkeit auch die Verbindung zwischen Kabel und Öse.

Falls Birne und Kontakte in Ordnung sind, ist das ganze Kabel zu ersetzen, weil die Litze unter der Isolierung irgendwie gebrochen sein kann. Die freien Kabelenden müssen so lang sein, daß z. B. der Lenker voll eingeschlagen werden kann und trotzdem noch ca. 10 cm Kabel frei bleibt, das dann bei einer Störung noch gekürzt werden kann. Ein durch den Rahmen geführtes Kabel wird ersetzt, indem das neue einfach an das Ende des alten Kabels gelötet wird. Ziehen Sie das alte Kabel vorsichtig heraus und schieben Sie gleichzeitig das neue nach.

Die häufigste Störung des Dynamobetriebs besteht darin, daß die Rolle auf der Reifenflanke abrutscht, insbesondere bei Nässe. Es gibt Reifentypen, die dieses Problem verringern, weil eine Seite geriffelt ist. Montieren Sie in dem Fall den Reifen so, daß die Riffelung auf der gleichen Seite ist wie der Dynamo. Manchmal hilft es auch, die Halterung weiter einzubiegen. Dadurch erhöht sich der Auflegedruck.

Walzendynamo

Dieser Dynamotyp wird direkt hinter dem Tretlager unter den Unterrohren angebracht und läuft auf der Lauffläche des hinteren Reifens. Sein Vorteil ist ein günstiger Wirkungsgrad: er erzeugt nur geringen mechanischen Widerstand beim Fahren. Leider ist er besonders störungsanfällig, denn die Walze rutscht sehr leicht ab. Abhilfe schafft manchmal das Überstulpen eines Stücks von einem alten Fahrradschlauch auf die Walze. Dazu muß der Walzenträger auf einer Seite gelöst und später

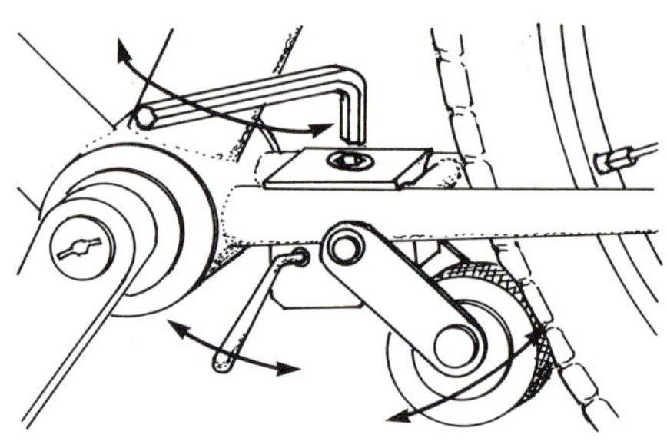

21.5 Walzendynamo

Der Walzendynamo wird direkt hinter dem Tretlager, unter den Kettenstreben, eingebaut und drückt gegen die Lauffläche des Hinterradreifens.

wieder montiert werden. Eine andere Lösung ist es, den Auflagedruck zu erhöhen, indem eine kräftige Gummikordel zwischen Walzenträger und Ausfallende gespannt wird.
Dieser Dynamotyp ist nicht für alle Fahrradtypen geeignet, weil die erforderlichen Einbaumaße z.B. auf keinem modernen Rennrad vorhanden sind, ein ironischer Umstand, wenn man bedenkt, daß der Vorteil dieser Ausführung gerade der ist, daß sie die empfindlichen Reifenflanken der leichten Rennradreifen schont.

Nabendynamo

Hierbei handelt es sich um eine in der Nabe des Laufrads integrierte Lichtstrommaschine. Die bekannteste Variante, die Dyno-Hub der Firma Sturmey-Archer, wird nicht mehr hergestellt, aber es sind wohl noch einige Exemplare im Umlauf. Weil sie weniger Leistung bringt als der normale Dynamo, soll sie nur mit dem besonderen Birnchen für den Scheinwerfer benutzt werden. (Sie ist in der Bundesrepublik nicht mehr zugelassen!)
Die Bedrahtung unterscheidet sich von der einer üblichen Anlage darin, daß das Metall des Fahrrads hier nicht als Rücklauf für die Stromversorgung benutzt werden darf. Scheinwerfer und Rücklicht müssen deshalb vom Metall des Fahrrads isoliert werden. Die Abbildung zeigt das Schaltschema mit einem Schalter zum Ein- und Ausschalten.
Bei Störungen darf der Nabendynamo niemals allein demontiert werden, weil dabei der Magnetismus zum größten Teil verlorengehen würde. Er muß ggf. zur Reparatur an den Hersteller eingesandt werden.

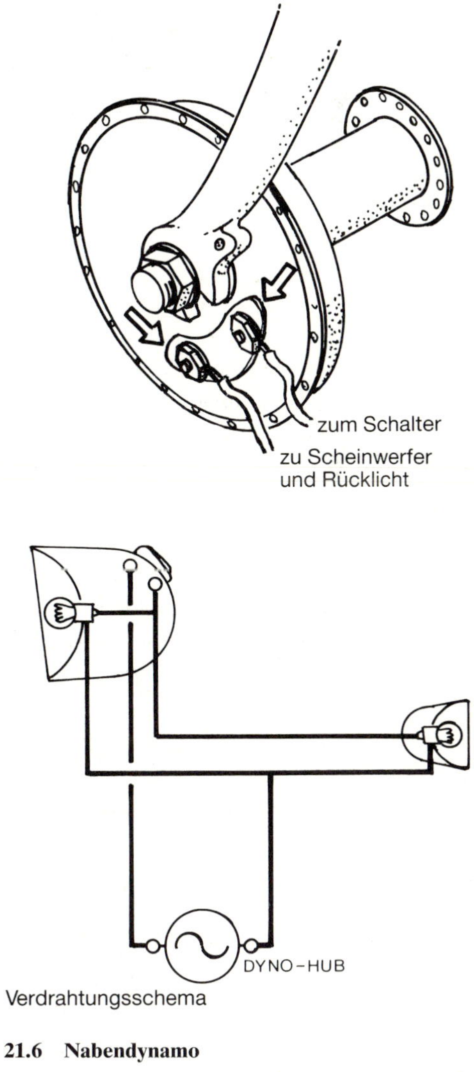

21.6 Nabendynamo

Batteriebeleuchtung

Es ist erstaunlich, daß die Batteriebeleuchtung trotz ihrer Vorteile (Unabhängigkeit von der Fahrgeschwindigkeit und der Witterung) so wenig angewandt wird (und sogar in der BRD als Hauptbeleuchtung nicht zugelassen ist). Eine wirklich ausreichende Beleuchtung ist nur durch Modelle mit mindestens zwei Monozellen (das sind die größten zylindrischen Batterien) gewährleistet. Die zugehörigen Birnchen haben eine Nennspannung von 2,4 Volt.

Weil Batterien nur eine beschränkte Haltbarkeit haben, auch wenn sie nicht eingeschaltet sind, muß jede Batterielampe wöchentlich ausprobiert werden. Um Witterungsschäden und Vandalismus zu verhindern, entfernt man die Lampen vom Fahrrad, wenn sie nicht gebraucht werden. Vergessen Sie sie aber dann nicht, wenn es dunkel wird. Ein Satz Reservebatterien und -birnchen ist auch mitzuführen. Bei einer Störung sind neben Batterie und Birne auch die elektrischen Kontakte zu prüfen: leicht abschmirgeln und mit Batteriefett (in der Tube, erhältlich in Autozubehörgeschäften) schützen.

Rückstrahler

Rückstrahler sind als „sekundäre“ Beleuchtung anzusehen. Sie werfen das aufgestrahlte Licht einer anderen, auf sie gerichteten Lichtquelle zurück. Der Rückstrahler verliert seine Wirksamkeit, wenn Feuchtigkeit auf der Innenseite des Rückstrahlelements kondensiert. Deshalb muß ein Rückstrahler mit einem Riß oder einem Bruch unverzüglich ersetzt werden.

Weiteres Zubehör

Bei der Auswahl des Zubehörs ist darauf zu achten, daß nicht alle Modelle zu jedem Fahrradtyp passen. Schutzbleche gibt es in verschiedenen Breiten, und es gibt Räder, die so eng gebaut sind, daß auch für die winzigste Ausführung nicht genug Platz zwischen Reifen und Rahmen verbleibt.

Was montiert ist, sollten Sie wenigstens pflegen. Alles Zubehör mit beweglichen Teilen muß genauso gereinigt, geschmiert und eingestellt werden wie andere Fahrradteile auch. Was das Anbringen betrifft, so werden sich Teile, die nicht wenigstens an zwei Punkten gehalten werden, unweigerlich irgendwann lösen. Also: an mindestens zwei Stellen festmachen, auch wenn das vom Hersteller nicht vorgesehen ist. Natürlich werden gelockerte Schrauben auch gleich festgeschraubt oder ersetzt, wobei sich Stoppmuttern besonders eignen.

Teile, die mit einer Schelle an den Rahmenrohren angebracht sind, halten am besten, wenn das Rahmenrohr an der Stelle zuerst mit einem Flicken umklebt wird. Hierzu das Rohr reinigen und mit Gummilösung aus dem Flickzeugkästchen einschmieren, antrocknen lassen und den Flicken genau wie beim Reifenflicken auftragen. Wenn ein großer Flicken gebraucht wird, macht man ihn selbst aus einem alten

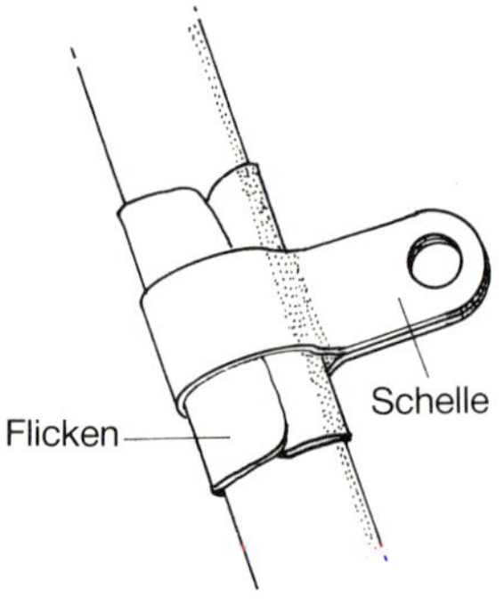

21.7 Umkleben des Rahmenrohrs für Schelle

Fahrradschlauch. Dann aber auch diesen Flikken mit Gummilösung einschmieren und ca. 3 Minuten antrocknen lassen.

Schutzbleche

Die Bolzen der Streben, mit denen die Schutzbleche an den Ausfallenden befestigt sind, müssen gelegentlich nachgezogen werden, ebenso die Bolzen, die Schutzblech und Strebe verbinden. Wenn das Schutzblech schief sitzt oder am Laufrad schleift, werden die Strebenbolzen am Ausfallende gelockert. Dann werden die Streben weiter ein- oder ausgezogen. Ziehen Sie den Bolzen wieder fest an.

Meistens werden Augenbolzen benutzt. Die Abbildung zeigt, in welcher Reihenfolge die Teile installiert werden. Bei einfachen Schrauben muß sowohl unter der Mutter als auch zwischen Strebe und Schraubenkopf eine Unterlegscheibe montiert werden. Die Streben des Hollandrads werden um die Radachse und unter die Unterlegscheibe der Achsenmutter gehalten. Sie lassen sich deshalb aber nicht einstellen. Hier kann nur durch Biegen der Streben Abhilfe geschaffen werden.

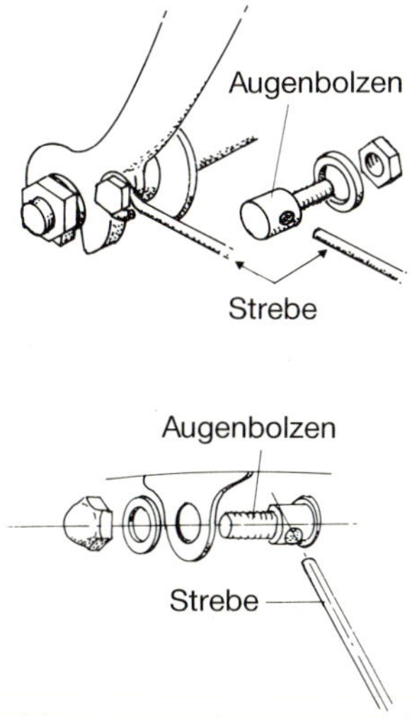

21.8 Schutzblechbefestigung

Gepäckträger

Die DIN-Anforderungen an einen Gepäckträger sind so niedrig, daß manche Modelle unter ihrer Last bald zusammenbrechen oder sich zumindest verbiegen und verformen. Hollandräder und die Aluminiumräder der Firma Kettler bilden in dieser Hinsicht positive Ausnahmen. Weitere hervorragende Modelle aus geschweißtem Aluminium sind für leichte Reiseräder sowie für Mountainbikes gut geeignet. Die Abbildung 20.19 zeigt einige gute Bei-

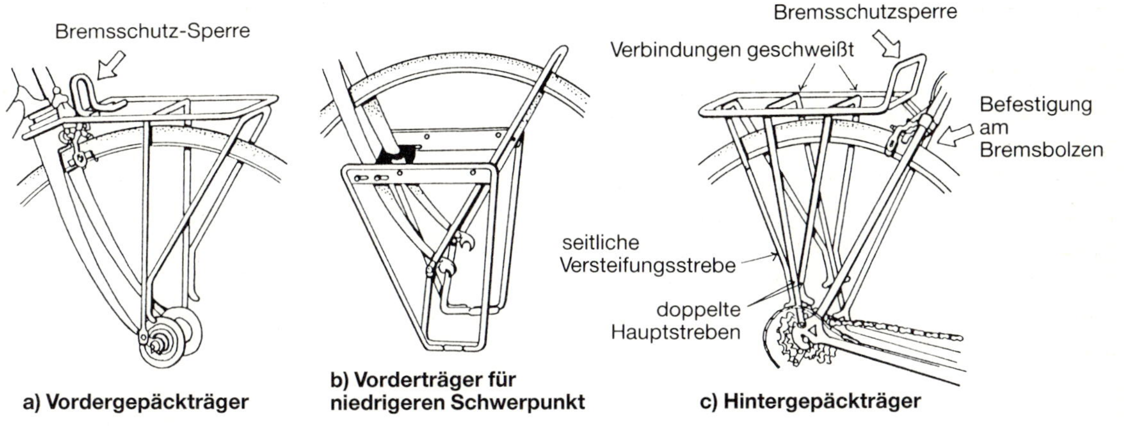

21.9 Gepäckträger

spiele, die ausreichend verstrebt sind, um auch seitlich stabil zu sein.

Wenn Lasten befördert werden sollen, die schwerer als ein Schulranzen oder Picknickkorb sind, ist eine entsprechend solidere Ausführung anzubringen. Ein stabiler Gepäckträger hat eine Gerüst- und Strebenkonstruktion, die entweder aus dickem Metallrohr oder aus in Dreieckskonstruktion verschweißten Stahl- oder Aluminiumdraht beträchtlicher Stärke (Stahl mindestens 6 mm, Aluminium mindestens 6 mm) besteht. Die Anbringungsschrauben müssen regelmäßig geprüft, festgezogen und ggf. ersetzt werden.

Die Streben des Gepäckträgers werden direkt am Ausfallende angebracht, also nicht über, sondern unter denen des Schutzblechs, falls beide an der gleichen Öse montiert werden. Auch hier sind Unterlegscheiben unter Schraubenkopf und Mutter erforderlich. Die Befestigung an den hinteren Rahmenstreben muß ebenfalls sicher sein, ggf. mittels einer Schelle (vorher aber dann das Rahmenrohr umkleben).

Kettenschutz

Die meisten Fahrräder ohne Kettenschaltung haben einen einseitigen Kettenschutz, der zwar die Kleidung einigermaßen gegen Schmiere, die Kette jedoch überhaupt nicht gegen Schmutz und Wasser schützt. Hollandräder haben dafür einen geschlossenen Kettenkasten, der für diesen Zweck eher tauglich ist.

Obwohl es Nachrüstmodelle gibt, denen eine ausreichende Montageanleitung beiliegt, ist das „Aufrüsten“ problematisch: fast immer schleift oder klappert das Ganze, weil die Antriebsteile des Fahrrads nicht auf den Kettenkasten berechnet sind. Der Nachrüstkasten eignet sich besser für das Ersetzen eines beschädigten Kettenkastens. Wenn Sie lediglich einen Kettenschirm anbringen, so kommt für ein Rad mit Rücktrittbremse nur ein Modell mit voller Kettenblattabdeckung in Frage. Sonst könnte es passieren, daß es sich infolge einer verbogenen bzw. gelockerten Befestigung beim Zurücktreten verklemmen und Bremsen unmöglich machen würde.

Die Montageteile des Kettenschirms sind Sorgenkind Nummer eins: regelmäßig prüfen, festziehen bzw. die Montageschellen und -schienen verstellen oder ausrichten. Wenn der Kettenschutz an der Kette, am Kettenblatt, am Laufrad oder an der Tretkurbel schleift, muß nicht er selbst, sondern die Anbringung überprüft und nachgestellt oder zurechtgebogen werden. Der geschlossene Kasten des Hollandrads muß dazu erst aufgemacht werden.

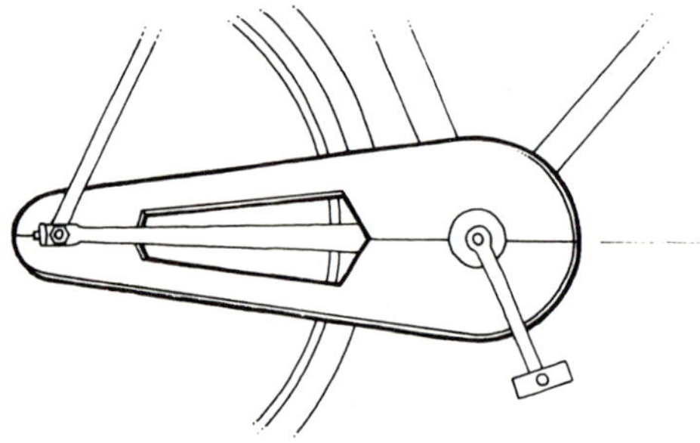

21.10 Kettenkasten

Bei manchen dieser Kettenkästen können Sie selbst leicht feststellen, wie er auf- und zugemacht wird. Bei den mehrteiligen Kunststoffkästen der Firma De Woerd (Standardausstattung vieler Hollandräder) werden die zwei Kunststoffstifte vorne und hinten, die wie Schlitzschrauben aussehen, nur um 90 Grad gedreht und dann herausgezogen. Alle anderen Kunststoffteile werden nur durch Einklemmen gehalten. Sie können der Reihe nach entfernt werden, bis nur das nackte Gerüst übrigbleibt.

Um die Kette eines Rads mit geschlossenem Kettenkasten zu erreichen, braucht man diesen nur teilweise aufzumachen. Bei den mehr-

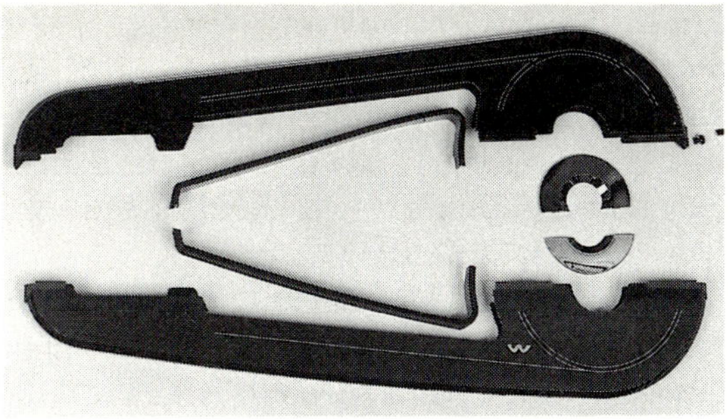

Schöner Kettenschutz der holländischen Firma De Woerd (es gibt inzwischen jedoch ähnliche Kettenkästen von anderen Herstellern). Nur so bleibt die Kette geschützt und geschmiert.

teiligen Kunststoffkästen von De Woerd kann die Kette geschmiert oder ihre Spannung geprüft werden, indem lediglich eine der Schienen des Mittenausschnitts entfernt wird (einfach biegen und herausziehen).

Der Ständer

Am verbreitetsten ist der Einbein- oder Seitenständer. Es gibt aber auch Zweibeinständer, auf denen das Fahrrad sicherer und im Gleichgewicht steht. Beide Modelle werden zwischen den Hinterrohren angebracht – entweder mit einer 8-mm-Inbusschraube (bei einfachen Rädern mit flachem Verbindungsplättchen zwi-

Auf diesem japanischen Ständer steht das Fahrrad zuverlässiger als auf dem gebräuchlichen Ständer, der hinter dem Tretlager montiert wird. Außerdem stört dieser Ständer weniger.

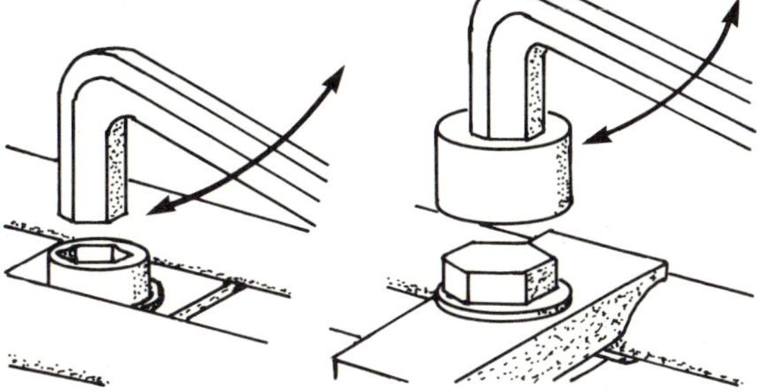

21.11 Befestigung des Ständers

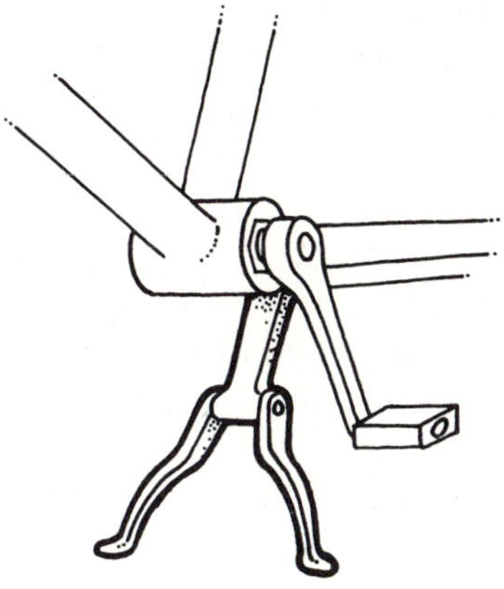

21.12 Zweibeinständer

schen den Unterrohren) oder mit einem Gegenstück und einem Sechskantbolzen.

Der Einbeinständer sitzt häufig schief. Er schleift dann beim Fahren an Laufrad oder Tretkurbel und hält das Rad nicht richtig beim Abstellen. Dieses Problem wird behoben bzw. vermieden, indem der Bolzen regelmäßig angezogen wird: Die Investition des sonst nirgends am Rad benötigten 8-mm-Inbusschlüssels lohnt sich. Falls das Rad nicht richtig steht, kann der Ständer mit der Metallsäge entsprechend gekürzt werden.

Einige Zweibeinständermodelle neigen dazu, sich unter der Last eines beladenen Fahrrads zu spreizen. Die einfachste Löstung ist, die zwei Beine mit einem Metallkettchen zu verbinden. Um das Verbiegen des flachen Hinterrohr-Verbindungsplättchens zu vermeiden, legt man zusätzlich eine 3–4 mm starke Stahlplatte der gleichen Größe mit einem eingebohrten 10-mm-Loch zwischen Platte und Ständer. Vergessen Sie auch nicht, die Unterlegscheibe zu montieren.

Fahrrad-Computer als Tachometer und Kilometerzähler. Dieses Modell der holländischen Firma IKU hat sich gut bewährt, weil es wasserdicht und einfach zu bedienen ist.

Der Tachometer

Neben den alten, mechanisch angetriebenen Tachometertypen werden heutzutage mehr und mehr elektronische Modelle angeboten. Nicht von ungefähr, denn sie arbeiten problemlos und reibungslos. Allerdings empfehle ich, ein Modell auszuwählen, das möglichst wenige Knöpfe und Schalterchen hat, denn in der Bedienung ist jede weitere Taste eine Taste zuviel. Für die Montage sowie die Wartung sind die Anleitungen des Herstellers, die sich in der Packung befinden, zu befolgen.

Bei den herkömmlichen, mechanisch vom Reifen angetriebenen Modellen muß die Rolle und ihre Lagerung regelmäßig mit Wasser gereinigt werden (angenommen, es handelt sich um Kunststoff; bei Modellen aus Metall werden Lager und Antriebswelle mit dünnem Öl geschmiert). Das Laufrad muß ausgerichtet sein und ausreichenden Druck auf den Reifen ausüben. Zu diesem Zweck muß man ggf. die Anbringung verschieben. Falls erforderlich, muß der Auflagedruck erhöht werden, indem Sie das Laufrad lockern, die Anbringung einbiegen und schließlich das Laufrad wieder festsetzen.

Modelle, die von einem Zahnrad an der Vordernabe angetrieben werden, haben ein unteres Gehäuse, in das die Antriebswelle eingeschraubt ist, was einmal monatlich geschmiert werden soll. Kehren Sie dazu das Fahrrad um (Lenker so abstützen, daß nichts beschädigt oder geknickt wird) und installieren Sie nach dem Ölen wieder den Stopfen der Schmieröffnung. Bei einer Störung wird die Welle entfernt, geschmiert und wieder eingebaut.

Die Klingel

Sie muß von der normalen Handposition aus leicht erreichbar und fest am Lenker befestigt sein. Schrauben Sie gelegentlich die Schale ab, damit Sie den Mechanismus leicht mit Öl schmieren können. Das trifft nicht auf die Ein-

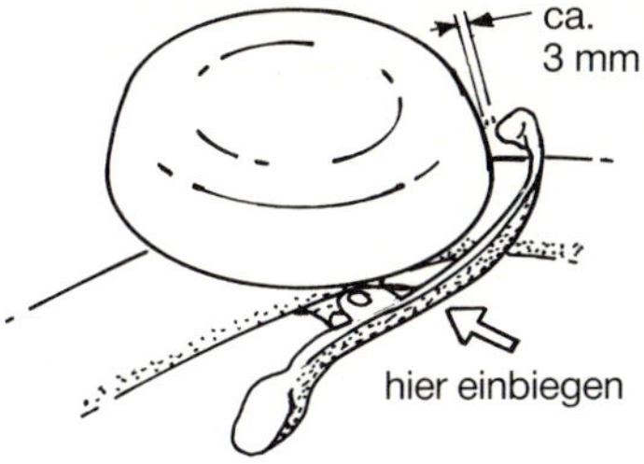

21.13 Einschlagklingel

schlagklingel zu, die an sportliche Räder montiert wird, weil diese lediglich ein Hämmerchen besitzt, das direkt betätigt wird. Falls sie nicht voll ausklingt, prüfen Sie zuerst, ob die Schale nicht unversehens ein anderes Teil des Fahrrads (z. B. den Bremszug) berührt. Sonst müssen Sie das Hämmerchen etwas ein- oder ausbiegen.

Die Luftpumpe

Luftpumpen gibt es, je nach Ventiltyp, mit unterschiedlichen Anschlüssen. Dabei eignet sich die sog. Rennpumpe mit Anschluß für das Sklaverandt-Ventil auch für die herkömmlichen Dunlop- und Blitzventile, jedoch nicht umgekehrt. Für das Autoventil, das manchmal auf Reifen für Mountainbikes und BMX-Rädern angetroffen wird, eignet sich nur die entsprechende Pumpe (oder der Luftschlauch jeder Tankstelle).

Es gibt zwei Arten von Störungen: Die Pumpe komprimiert nicht (kein Widerstand beim Pumpen spürbar) oder es entweicht Luft (das kann man hören). Im ersten Fall ist das Pumpenleder am Ende des Pleuels im Pumpeninneren ausgetrocknet: Pumpe aufmachen, mit pflanzlichem Fett bearbeiten, ggf. ersetzen und festschrauben.

Wenn Luft ausströmt, kann das daher kommen, daß das Pumpengehäuse selbst undicht ist. Dann muß die Pumpe ersetzt werden. Meistens liegt es jedoch an dem Dichtring des Anschlusses: zuerst mal die Kappe festschrauben, wodurch der Dichtring komprimiert wird. Wenn Sie damit nichts erreichen, müssen Sie den Dichtring ersetzen und anschließend die Kappe wieder fest aufschrauben.

Das Schloß

Fahrradschlösser gibt es zwar in vielen Ausführungen. Dafür sind aber nur wenige Modelle wirklich ausreichend sicher. Mir wurde vor kurzem ein Fahrrad gestohlen, das ausgerechnet mit dem sichersten Schloß abgeschlossen war. Dabei handelte es sich um ein großes U-förmiges Bügelschloß amerikanischer Herstellung. Das Problem bestand darin, daß das Rad zwar ab-, jedoch nicht angeschlossen war, weil kein Gegenstand vorhanden war, um den das Schloß paßte und an den das Rad angeschlossen werden konnte. So konnte der Dieb das Rad samt Superschloß einfach davontragen, um es daheim in aller Ruhe zu knacken.

Folglich ist in solchen Fällen ein Schloß mit einem Kabel die bessere Lösung, auch wenn so ein Kabel sowie das zugehörige Vorhängeschloß mit einem Bolzenschneider relativ leicht zu knacken ist.

Zur Wartung des Schlosses ist noch zu erwähnen, daß es nur sehr leicht geschmiert wird,

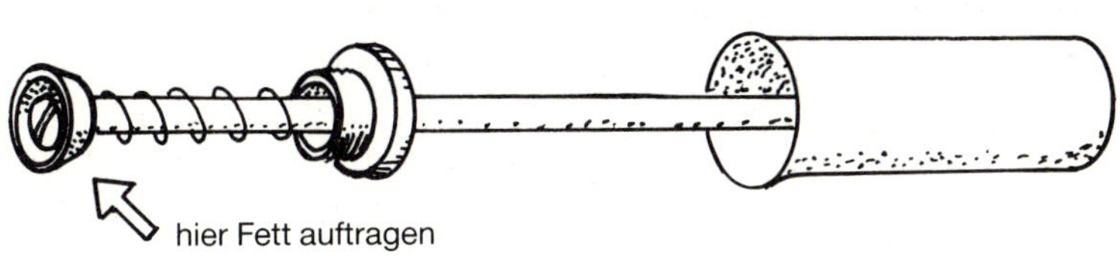

21.14 Wartung der Luftpumpe

So wird das Fahrrad richtig abgeschlossen. Dieses amerikanische Bügelschloß ist praktisch unzerstörbar, nützt aber nur, wenn das Fahrrad an einen festen Gegenstand angeschlossen wird.

Ansatz zum verkleideten Fahrrad: Dieser Zzipper Fairing aus den USA erlaubt nicht nur eine geringfügig höhere Geschwindigkeit, sondern schützt auch vor Wind, Regen und Insekten, was sicher wichtiger ist.

damit sich keine dicke schmutzige Pampe im Mechanismus bildet. Es reicht, wenn Sie ein- oder zweimal im Jahr einen Tropfen Öl am Schlüssel sowie an den Stellen, wo der Bügel in das Gehäuse geht, geben und dann das Schloß ein paarmal öffnen und schließen.

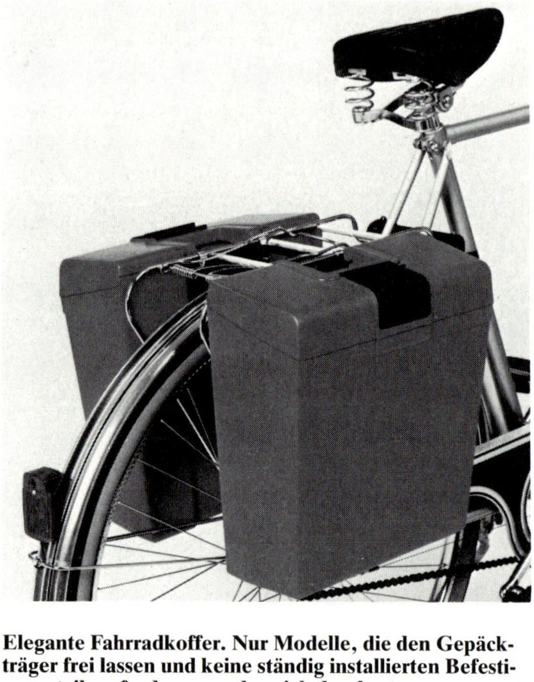

Elegante Fahrradkoffer. Nur Modelle, die den Gepäckträger frei lassen und keine ständig installierten Befestigungsteile erfordern, werden sich durchsetzen.

22 Werkstatteinrichtung und Wartung

Die Arbeiten, die in den vorangegangenen Kapiteln beschrieben wurden, können zum größten Teil mit den einfachsten Hilfsmitteln ausgeführt werden. Trotzdem ist es am schönsten, wenn Sie sich einen richtigen Arbeitsraum mit den wichtigsten Werkzeugen für die Arbeit am Fahrrad einrichten können. Obwohl es sehr wohl möglich und manchmal unvermeidlich ist, diese Arbeiten in jedem beliebigen Raum oder auch unterwegs durchzuführen, macht eine eigens dafür eingerichtete Werkstatt mit einigen besonderen Hilfsmitteln das Arbeiten am Rad leichter. Hier erfahren Sie, wie Sie sich so eine Werkstatt einrichten können.

Die Werkstatt

Die minimalen Abmessungen einer Heim-Fahrradwerkstatt sind recht bescheiden: zwei Meter lang und ebenso breit. Eine gute Beleuchtung muß auch her: eine Raumbeleuchtung sowie eine Schwenkleuchte, die Sie auf die Arbeit richten können.
Eine Werkbank mit Schraubstock und ein Wandregal mit festen Plätzen für die einzelnen Werkzeuge sowie für die Aufbewahrung von Kleinteilen gehören dazu. Das Fahrrad selbst kann entweder aufgehängt oder umgekehrt aufgestellt werden. Dabei dürfen Teile, die am

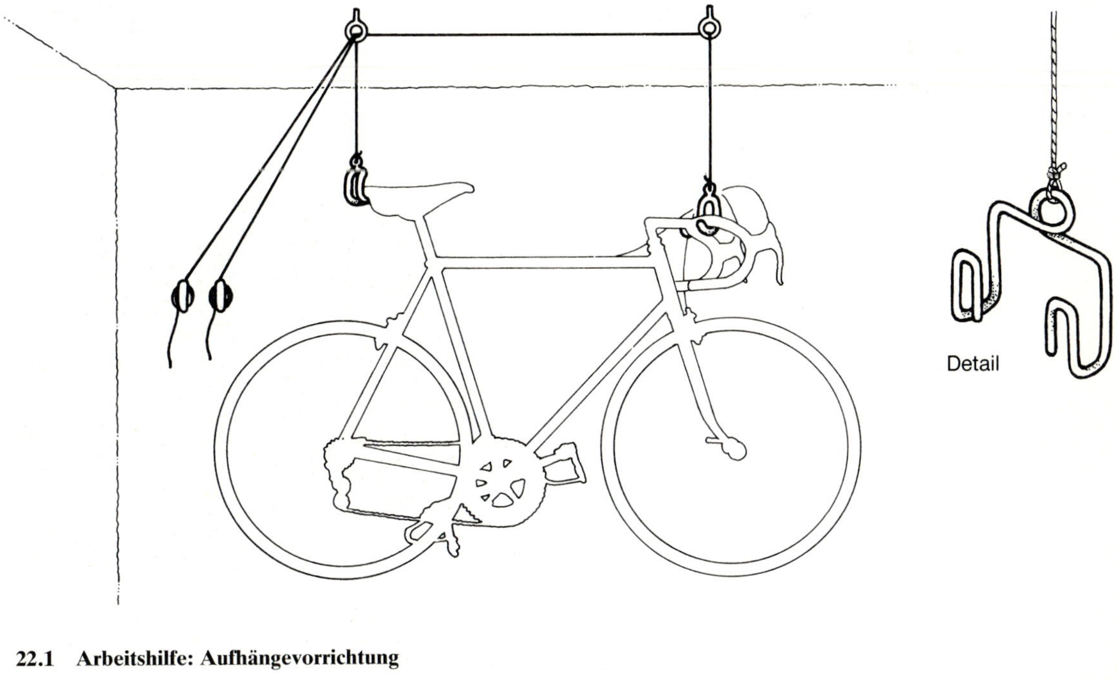

22.1 Arbeitshilfe: Aufhängevorrichtung

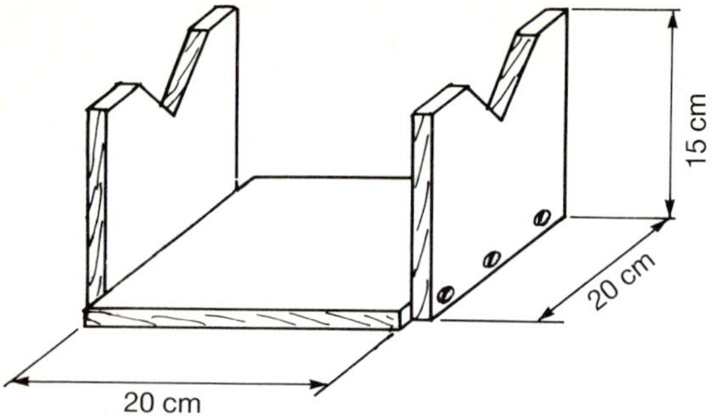

22.2 Arbeitshilfe: Lenkerstütze

Lenker angebracht sind sowie insbesondere Bremszüge nicht beschädigt bzw. eingeklemmt oder geknickt werden. In den Abbildungen sehen Sie, wie eine Aufhängevorrichtung und eine Lenkerstütze selbst herzustellen sind, mit deren Hilfe solche Beschädigungen vermieden werden.

Das Werkzeug

Es gibt eine große Auswahl an Fahrrad-Spezialwerkzeug, und ich kenne Radfahrer, die mehrere tausend DM in solche Werkzeuge investiert haben. Das muß jedoch nicht unbedingt sein. Ich selbst komme ganz gut mit einer sehr bescheidenen Ausrüstung zurecht. Einige wenige Arbeiten können tatsächlich nur mit Spezialwerkzeug durchgeführt werden. Bei 90% aller anfallenden Arbeiten genügt jedoch eine ganz bescheidene Grundausstattung. In diesem Abschnitt werden lediglich die gängigsten Werkzeuge aufgeführt, die in keiner Werkstatt fehlen dürfen.

Welche Werkzeuge auch auf einer Radtour mitgeführt werden müssen, hängt von den Umständen ab: Überlegen Sie sich, was passieren kann und welche Werkzeuge und Ersatzteile mitgenommen werden sollen. Bedenken Sie beim Werkzeugkauf, daß es große Qualitätsunterschiede gibt und sich langfristig das teurere Modell auf jeden Fall lohnt. Es sind zwei Typen von Werkzeugen zu unterscheiden: universales Werkzeug und spezifisches Fahrradwerkzeug. Letzteres ist ausschließlich in Fahrrad-Fachgeschäften erhältlich. An dieser Stelle wird nur das Universalwerkzeug beschrieben, während das Fahrradwerkzeug bereits jeweils bei den spezifischen Arbeiten, für die man es braucht, behandelt wurde.

Schraubendreher Für die Arbeit an üblichen Schlitzkopfschrauben brauchen Sie Modelle mit Klingenbreiten von ca. 4 mm und 7 mm. Zusätzlich benötigen Sie ein oder zwei Kreuzkopfmodelle.

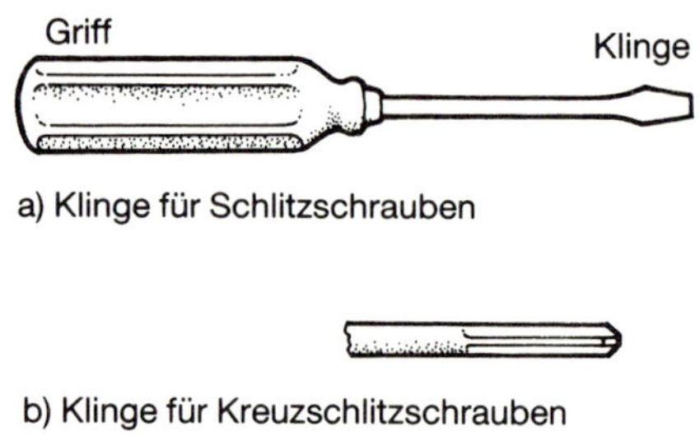

22.3 Schraubendreher

Schraubschlüssel Zum Gegenhalten, Ein- und Ausschrauben von Sechskantmuttern und -schrauben sowie für verschraubte Teile mit abgeflachten Griffflächen. Sie brauchen (einstellbare) Rollgabelschlüssel (ca. 15 cm und 20–25 cm lang), Gabelschlüssel und Steckschlüssel (Maulweiten jeweils 7–15 mm).

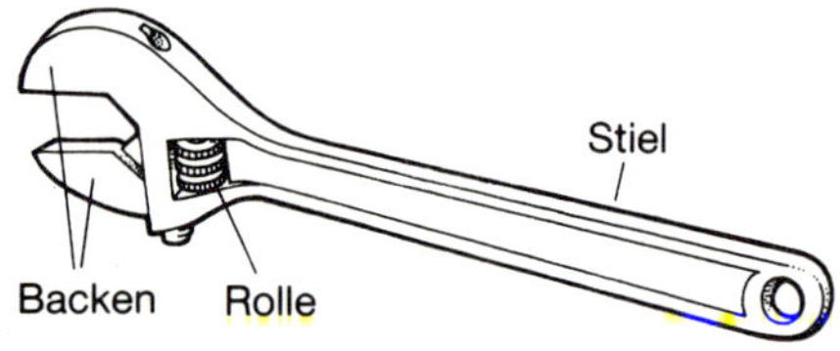

22.4 Rollgabelschlüssel

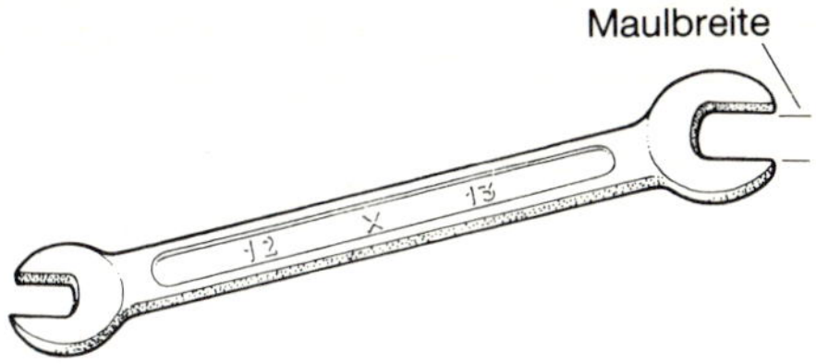

22.5 Gabelschlüssel

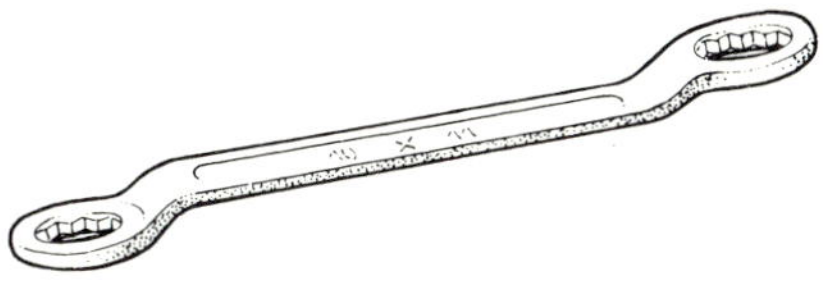

22.6 Ringschlüssel

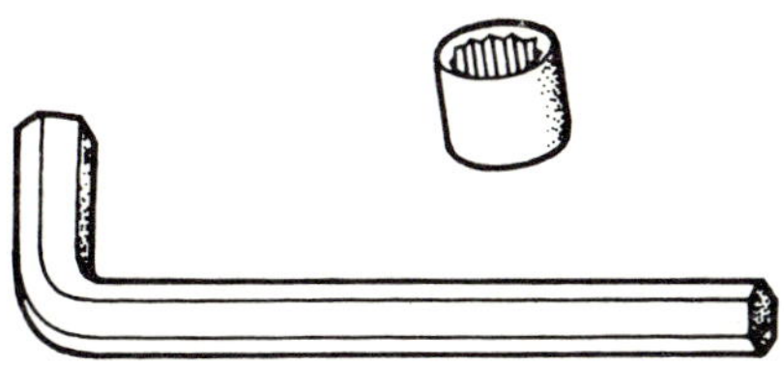

22.7 Steckschlüssel

Inbusschlüssel Dieses Werkzeug wird für Spezialschrauben und Fahrradteile mit sechskantiger Aussparung im Kopf gebraucht (Größen 4–8 mm).

22.8 Inbusschlüssel

Hammer Sie benötigen einen ca. 200–300 g schweren Schreinerhammer sowie einen Schonhammer aus Holz oder Kunststoff.

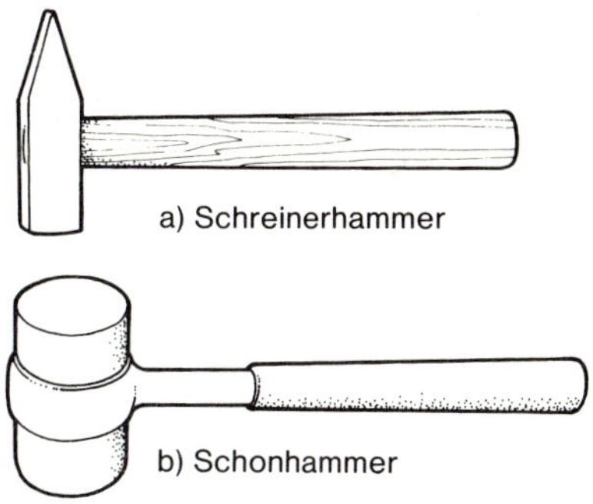

22.9 Hammer

Einfaches Spezialwerkzeug für die Fahrradwerkstatt. Nach und nach wird Ihre Werkzeugsammlung wachsen, aber mit diesen Teilen können Sie schon mindestens 95% der anfallenden Arbeiten selbst erledigen.

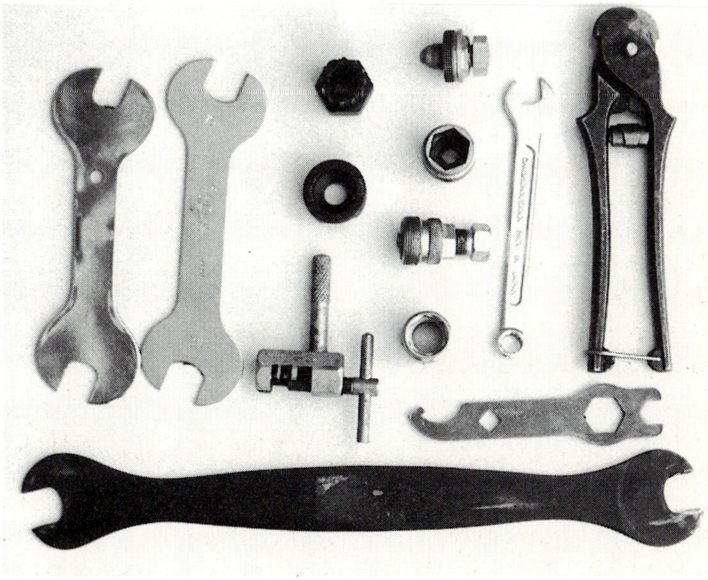

Metallsäge Billig und praktisch ist die kleine sog. Pucksäge. Gelegentlich werden Sie die Säge brauchen, um z. B. einen beschädigten Schraubenschlitz auszubessern oder um festgerostete und beschädigte Teile abzutrennen.

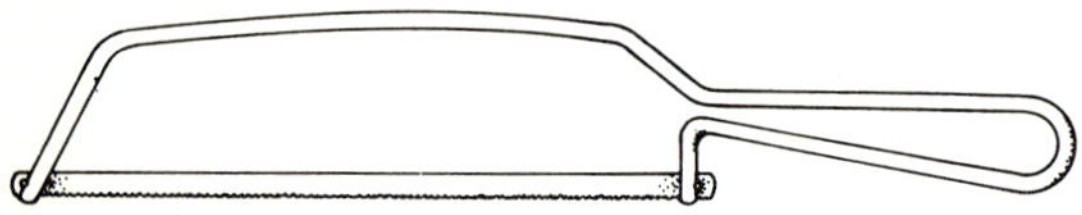

22.10 Metallsäge

Zangen Nicht für Arbeiten benutzen, für die es passendere Werkzeuge gibt – eine Zange ist kein ausreichender Ersatz für einen Schraubschlüssel! Nützlich sind eine Wasserpumpenzange („Wapu") sowie Spitzzange und Seitenschneiderzange.

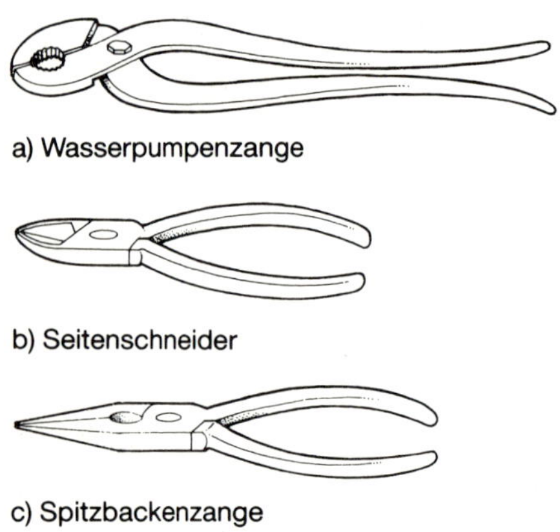

22.11 Zangen

Feilen und Drahtbürsten Gelegentlich werden Sie eine kleine Flach- oder Rundfeile brauchen, um beschädigte oder zu große Teile nachzuarbeiten. Mit Feilen und Drahtbürste können auch Schraubverbindungen und andere stark angerostete Teile gesäubert werden.

Meßwerkzeuge Um sicherzugehen, daß Teile in der richtigen Größe gekauft und montiert werden, ist eine Schieblehre unentbehrlich. Lassen Sie sich im Werkzeuggeschäft erklären, wie mit diesem Werkzeug Längen, Breiten, Stärken, Tiefen und Aussparungen bis auf 0,1 mm genau gemessen werden. Zusätzlich ist ein einfaches Rollmaß erforderlich.

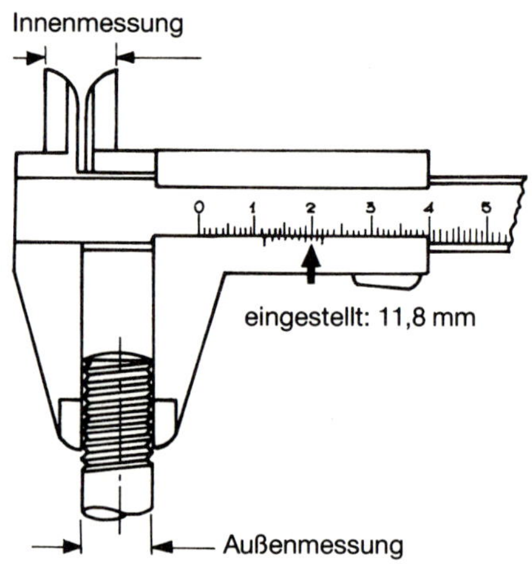

22.12 Schieblehre

Reinigungswerkzeuge Ein paar relativ kleine Bürsten und Pinsel sowie einige Putzlappen und Stahlwolle oder ein Topfreiniger genügen schon.

Schmier-, Schutz- und Reinigungsmittel Kugellagerfett, Mineralöl (z. B. SAE 30 Motoröl), Spezial-Kettenschmiermittel und ein dünnes Öl in der Sprühdose zum Schmieren. Letzteres neben Vaseline und Lackschutzwachs auch zum Schützen der blanken Metallteile des Fahrrads. Zum Reinigen, neben Wasser und Seife, auch Terpentin oder Petroleum. Mischen Sie diesen Flüssigkeiten bis zu 5% Mineralöl bei, damit das Entstehen von Rost nach dem Reinigen vermieden wird. Für Chrom- und Aluminiumteile brauchen Sie ein Metallputzmittel.

Werkzeuge für unterwegs

Was Sie auf einer Fahrradtour an Werkzeug mitführen, müssen Sie selbst entscheiden. Auf meine täglichen Fahrten nehme ich nur das Notwendigste mit:

Luftpumpe
Flickzeug
Reifenheber
kleiner Schraubendreher
Inbusschlüssel
kleiner Rollgabelschlüssel
Putzlappen
Handreinigungspaste
Reservebirnen

Für eine längere Tour muß man aber auf vieles vorbereitet sein. Nehmen Sie sich die Zeit festzustellen, welche Werkzeuge in welchen Größen und welche Reserveteile für Ihr Fahrrad gebraucht werden. Nehmen Sie dann nur diese mit. Die Liste kann nach einiger Erfahrung ergänzt oder gekürzt werden. Andererseits kann man wohl auch auf einiges verzichten – ich selbst habe in 40 Jahren nur einmal einen Reserveschlauch gebraucht, weil ich den Reifen sonst immer unterwegs habe flicken können.
Suchen Sie sich dann dieses erforderliche Werkzeug zusammen, und legen Sie es sortiert vor sich hin. Sie können es einfach in einen Lappen wickeln oder eine Hülle aus festem Stoff nähen. Die Abbildung zeigt, wie so eine Hülle aussehen kann. Die einzelnen Werkzeuge müssen so weit auseinander liegen, daß die Hülle sich leicht aufrollen läßt. Lassen Sie ein paar Positionen frei für eventuelle spätere Ergänzungen. Nur die Pumpe und größere Reserveteile bringen Sie an anderen Stellen am Rad unter. Speichen z. B. lassen sich leicht entlang eines der Rahmenrohre binden oder in der Pumpe oder dem Lenker verstecken.

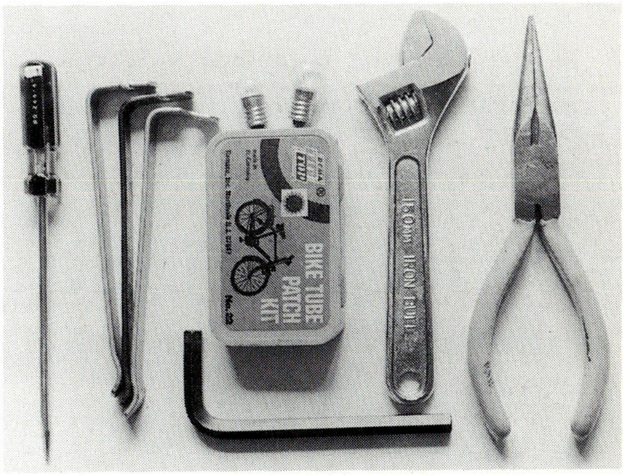

Notwerkzeug für unterwegs: Flickkasten, Reifenheber, Rollgabelschlüssel, Schraubendreher, Spitzzange, Inbusschlüssel und Reservebirnchen.

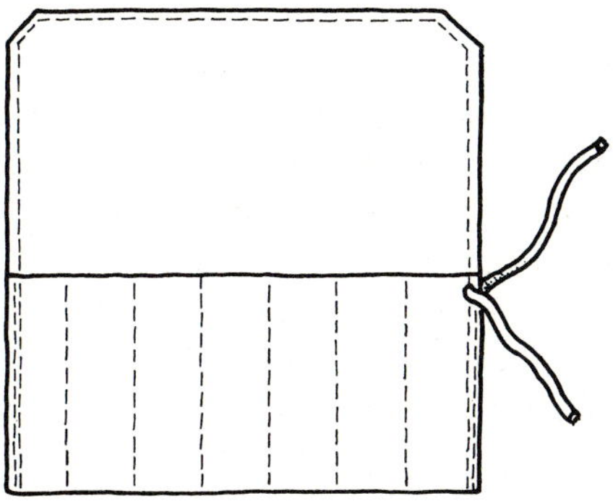

22.13 Werkzeughülle

Vorbeugende Wartung

Durch regelmäßige Inspektionen und einfache Wartungsarbeiten kann späteren Reparaturen vorgebeugt werden. Es genügt nicht, nur festzustellen, ob alles noch einigermaßen funktioniert. Zur Fahrradpflege gehört auch das Reinigen, Schmieren und Einstellen, wobei man am besten systematisch vorgeht, z. B. anhand der nachfolgenden Beschreibungen.
Führen Sie die Wartung des Rads nach einem bestimmten Schema wöchentlich, monatlich und halbjährlich durch. Das muß nicht sehr zeitaufwendig sein. Nach einer kurzen Prüfung, bei der Sie feststellen, welche Arbeiten erforderlich sind, machen Sie nur das Nötigste.

Wie die einzelnen Arbeiten durchgeführt werden, finden Sie in den entsprechenden Abschnitten dieses Buches. Hier folgt lediglich die Auflistung der regelmäßig erforderlichen Inspektionen.

Wöchentliche Inspektion

Handbremsen

a. Halten Sie das Fahrrad mit beiden Händen am Lenker. Ziehen Sie den Griff der Vorderbremse ein, und versuchen Sie gleichzeitig, das Fahrrad unter kräftigem Druck vorwärts zu schieben. Die Bremse muß das Laufrad bereits blockieren, wenn noch ein 2 cm großer Zwischenraum zum Lenker verbleibt.
b. Die hintere Handbremse (falls vorhanden) auf ähnliche Weise prüfen, wobei mit einer Hand kräftig auf den Sattel gedrückt und das Rad dabei vorwärts geschoben wird.
c. Falls erforderlich, nach der Anleitung in Kapitel 20, S. 214, einstellen.

Reifendruck

a. Beide Reifen müssen fest aufgepumpt sein, und die Ventile müssen richtig festsitzen.
b. Falls erforderlich, aufpumpen oder reparieren nach der Anleitung in Kapitel 15, S. 151. Am besten nehmen Sie auch immer die Pumpe und Flickzeug mit.

Laufräder

a. Heben Sie zuerst das eine, dann das andere Laufrad hoch, und drehen Sie es. Das Rad muß frei drehen und nach einigem Pendeln mit dem Ventil nach unten zur Ruhe kommen.
b. Greifen Sie das Rad oben bei der Gabel oder den Hinterstreben und üben Sie abwechselnd in beiden Richtungen Druck aus. Das Rad darf dabei nicht hin- und herschlackern.
c. Falls erforderlich, anhand der Anleitungen in Kapitel 15, S. 157, korrigieren.

Lenker und Sattel

a. Prüfen Sie, ob der Lenker auf die für Sie richtige Höhe eingestellt, ausgerichtet und festgezogen ist. Das gleiche gilt für den Sattel.
b. Falls erforderlich, anhand der Anleitungen in den Kapiteln 13 bzw. 14 korrigieren.

Gangschaltung

a. Stellen Sie fest, ob der Schalthebel (bei der Kettenschaltung ggf. beide Hebel) in der richtigen Position festsitzt und sich gut verstellen läßt.
b. Heben Sie das Hinterrad hoch und prüfen Sie, ob sämtliche Gänge eingelegt werden können, indem Sie den Hebel verstellen, während die Tretkurbeln gedreht werden.
c. Falls erforderlich, nach den Anleitungen in den Kapiteln 17 bzw. 18 einstellen.

Beleuchtung

a. Betätigen Sie den Dynamo und drehen Sie das Laufrad mit Schwung, während Sie feststellen, ob Scheinwerfer und Rücklicht aufleuchten. Dazu halten Sie das Rad mit der zu prüfenden Lampe dicht auf eine helle Wand gerichtet.
b. Stellen Sie fest, ob der Scheinwerfer richtig eingestellt ist, d.h. geradesteht und der Lichtstrahl ca. 10 m vor das Rad auf die Straße gerichtet ist.
c. Batterielampen sind zu prüfen, indem sie angeschaltet und beobachtet werden.
d. Falls erforderlich, anhand der Anleitung in Kapitel 21, S. 227, korrigieren.

Klingel

a. Betätigen und feststellen, ob sie hell tönt und leicht erreichbar festsitzt.
b. Falls erforderlich, anhand der Anleitung in Kapitel 21, S. 235, korrigieren.

Sichtprüfung

a. Stellen Sie fest, ob sonst noch etwas nicht in Ordnung ist und ob keine Teile fehlen oder locker sitzen.
b. Falls erforderlich, festziehen, einstellen oder ersetzen.

Monatliche Inspektion

Zusätzlich zu den Arbeiten, die auch unter „Wöchentliche Inspektion" aufgeführt wurden, ist das Fahrrad einmal im Monat noch etwas gründlicher zu prüfen und je nach Anfälligkeit einzustellen bzw. zu reparieren. Insbesondere sind folgende Arbeiten durchzuführen:

Reinigung

Eine Beschreibung dieser Arbeit – die ja auch außerhalb der monatlichen Inspektion hin und wieder mal anfallen wird – finden Sie weiter unten in diesem Kapitel.

Prüfung

Bei der monatlichen Inspektion führen Sie zuerst alle oben beschriebenen Arbeiten der wöchentlichen Inspektion durch und korrigieren wie gewohnt alles, was nicht in Ordnung ist. Anschließend sind noch folgende Punkte durchzugehen:

Allgemeines

Prüfen Sie, ob alle Teile und Schraubverbindungen richtig befestigt sind. Ziehen Sie die Schraubverbindungen nach und ersetzen Sie alle fehlenden oder schwer beschädigten Teile.

Kugellager

Prüfen Sie, ob die Lager aller beweglichen Teile (Laufräder, Tretlager, Pedale, Lenkung, Gangschaltung) frei und ohne Spiel, Widerstand oder Geräusch funktionieren. Falls erforderlich, anhand der Anleitungen in den entsprechenden Kapiteln einstellen, schmieren oder überholen. Für diese Arbeiten ist es angebracht, sich neben den Beschreibungen in den entsprechenden Kapiteln auch die Erläuterungen über die Kugellager in Kapitel 11, S. 107, noch einmal durchzulesen.

Brems- und Schaltzüge

Prüfen Sie, ob die Bowdenzüge für Bremsen und Gangschaltung frei beweglich und richtig eingestellt sind. Falls erforderlich, anhand der Anleitung in Kapitel 11, S. 111, oder in den entsprechenden Kapiteln für Schaltung und Bremsen korrigieren, schmieren, einstellen oder ersetzen.

Reifen

Hängen Sie das Fahrrad auf oder kehren Sie es um (auf die in der Abbildung S. 238 gezeigte Lenkerstütze, damit keine Teile beschädigt werden) und prüfen Sie sorgfältig, ob die Reifen rundum in einwandfreiem Zustand sind. Eventuelle eingefahrene Glassplitter, Metallteilchen oder Steinchen entfernen. Größere Beschädigungen ggf. nach den Anleitungen in Kapitel 15, S. 151, reparieren. Falls erforderlich, Schlauch, Ventil oder Decke ersetzen.

Laufräder

Drehen Sie die Laufräder langsam, und beobachten Sie dabei, ob die Felge hin- und herzuwackeln scheint. Ist das der Fall, muß das Laufrad nach der Beschreibung in Kapitel 15, S. 157, gerichtet werden.

Spuren der Räder

Prüfen Sie, ob die Laufräder „spuren": Stellen Sie sich hinter das Rad und beobachten Sie, ob beide Laufräder genau in eine Flucht hintereinander gebracht werden können. Falls dies nicht zutrifft, ist entweder die Gabel oder der Rahmen verzogen, oder aber eines der Laufräder ist nicht zentriert. In den entsprechenden

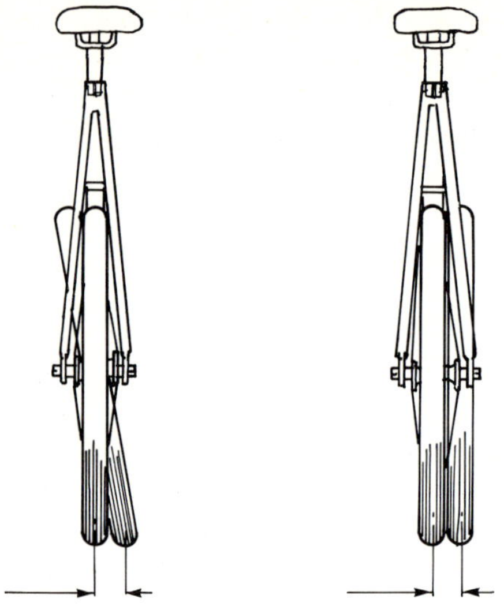

22.14 **Prüfung: Spuren der Laufräder**

Gangschaltung
Außer dem bereits beschriebenen Einstellen sind sämtliche Teile der Gangschaltung und ihrer Bedienung zu reinigen und mit leichtem Öl zu schmieren. Anschließend den Überfluß an Schmiermittel wieder abwischen.

Beleuchtung
Zusätzlich zur Funktionsprüfung bei der wöchentlichen Inspektion ist zu prüfen, ob der Dynamo nach den Anleitungen in Kapitel 21, S. 225, eingestellt ist und ob sämtliche Verbindungen in Ordnung sind.

Schmierung
Befolgen Sie die Anleitungen unter „Schmierung" für alle beweglichen Teile des Fahrrads.

Kapiteln finden Sie Anleitungen zur Feststellung und Behebung solcher Schäden.

Felgenbremsen
Prüfen Sie zusätzlich zu dem im Abschnitt „Wöchentliche Inspektion" beschriebenen Bremstest, ob die Bremsgummis der Felgenbremsen wenigstens 4 mm aus den Bremsgummihaltern ausragen und genau über ihre ganze Länge und Breite flach auf der Felge aufliegen. Falls erforderlich, nach den Beschreibungen in Kapitel 20, S. 214, korrigieren.

Kette
Prüfen Sie den Zustand der Kette. Falls sie quietscht oder verschmutzt ist, muß sie anhand der Anleitung in Kapitel 16, S. 148, entfernt, gereinigt und geschmiert werden. Prüfen Sie auch, ob die Kette eines Rades ohne Kettenschaltung nicht zu locker oder zu fest ist: Man muß sie in der Mitte etwa 1–2 cm auf- und abbewegen können. Lesen Sie ggf. die Anleitungen in Kapitel 16, S. 148, zwecks Korrektur.

Halbjährliche Inspektion

Falls Sie das Rad ganzjährig benutzen, empfiehlt es sich, jeweils im Herbst und Frühling eine noch gründlichere Inspektion durchzuführen. Falls das Rad nur in der „schönen" Jahreszeit benutzt wird, braucht dies nur am Ende der Saison gemacht zu werden. Am Beginn der nächsten Saison genügt dann eine monatliche Inspektion.
Bei der halbjährlichen Inspektion führen Sie alle Arbeiten durch, die für die wöchentlichen und monatlichen Inspektionen beschrieben wurden. Zusätzlich sind noch folgende Arbeiten erforderlich:

1. Kette entfernen, reinigen, schmieren und wieder installieren oder ggf. ersetzen.
2. Brems- und Schaltzüge entfernen, kontrollieren, schmieren und ggf. ersetzen.
3. Sämtliche Lager nachstellen und schmieren bzw. überholen.
4. Blanke Metallteile mit Vaseline oder Chromschutz behandeln.

5. Evtl. fehlende, nicht richtig funktionierende oder abgenutzte Teile ersetzen.
6. Das ganze Rad gründlich reinigen und schmieren.
7. Stellen, die Lackschäden aufweisen, mit Schmirgelpapier oder Stahlwolle und Rostschutzmittel behandeln. Mit Terpentin reinigen und lackieren. Lack mindestens 24 Stunden trocknen lassen.

Reinigung

Hier folgt eine ausführliche Beschreibung der Reinigung, damit diese anscheinend so einfache und dennoch selten richtig durchgeführte Arbeit systematisch und wirksam verläuft:

1. Entfernen Sie losen Schmutz und Staub mit einem Lappen, einem Pinsel oder einer Bürste.
2. Wischen Sie den verbleibenden Schmutz mit einem feuchten Lappen ab. Falls erforderlich, mit viel Wasser und einem Schwamm oder Lappen abspülen und anschließend gleich wieder trocknen. Versuchen Sie zu vermeiden, daß Wasser in die Lager der Laufräder, Tretkurbeln, Pedale und des Steuersatzes eindringt.
3. Öliger Schmutz und Schmiere können mit einer Mischung aus Lösemittel (z. B. Petroleum oder Terpentinersatz) und ca. 5% Öl entfernt werden. Auch hier sollten Sie vermeiden, daß diese Mischung (die das erforderliche Schmiermittel wegspülen könnte) in die Lager eindringt.
4. Entfernen Sie auch den Schmutz in versteckten Winkeln wie z. B. zwischen den Kettenrädern, an den Schaltungsteilen und bei den Bremsen.
5. Tragen Sie mit einem reinen Lappen auf alle blanken Metallteile Vaseline dünn auf. Anschließend mit einem trockenen Lappen Vaseline, Öl und Schmiere überall dort entfernen, wo das Rad angefaßt wird oder mit der Kleidung in Berührung kommt.
6. Drehen Sie das Rad um und prüfen Sie es auch aus diesem Blickwinkel.

Schmierung

Auch die Schmierung des Fahrrads ist am wirksamsten, wenn sie systematisch durchgeführt wird. Die Abbildung zeigt, an welchen Stellen das Fahrrad regelmäßig geschmiert werden muß. Entfernen Sie aber stets vor dem Schmieren etwaigen Schmutz. Wählen Sie folgende Schmiermittel und Arbeitsweisen für die einzelne Teile:

Kette
Monatlich mit speziellem Kettenschmiermittel aus der Sprühdose behandeln. Zuerst jedoch die Kette reinigen (siehe Anleitung in Kapitel 16, S. 148). Abschließend überschüssiges Schmiermittel abwischen.

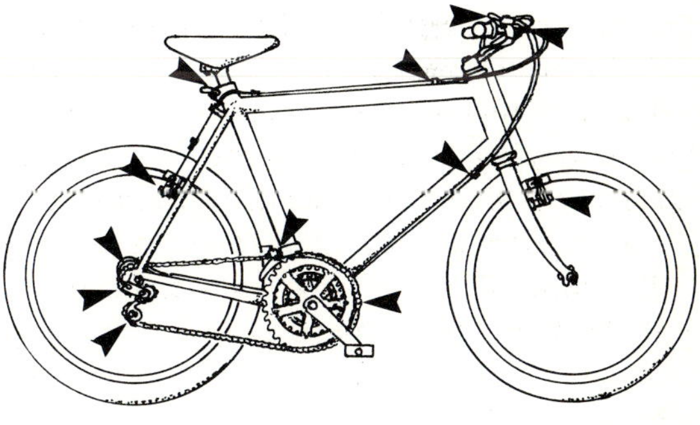

22.15 Schmierpunkte

Brems- und Schaltzüge
Monatlich mit der Sprühdose an den Punkten schmieren, wo das Seil geführt wird oder wo es in die Außenspirale eintritt. Anschließend überschüssiges Schmiermittel entfernen. Falls der Zug entfernt oder ersetzt wurde, das Seil

Die Kette wird am einfachsten mit Öl aus der Spraydose geschmiert. Allerdings muß sie vorher sauber sein: ggf. zuerst in Lösungsmittel auswaschen.

z. B. mit Vaseline einreiben, bevor es in die Außenspirale gelegt wird.

Kettenschaltung und Bedienung der Nabenschaltung
Monatlich nach sorgfältiger Reinigung mit der Sprühdose schmieren. Zielen Sie dabei auf die Drehpunkte und Einstellvorrichtungen sowie auf die Kettenrädchen des Schaltsegments. Anschließend überschüssiges Schmiermittel abwischen.
Die Schaltseile der modernen Index-Kettenschaltungen mit Rasterung sollen nur gereinigt und nicht geschmiert werden, weil ein bestimmter Widerstand der Bedienung für das Einrasten der Schaltpositionen erforderlich ist. Ersetzen Sie diese Kabel (Seil und Spirale komplett) jedoch mindestens einmal jährlich und achten Sie darauf, sie nicht zu knicken oder zu beschädigen.

Kugellager
Jährlich einmal Lager ausbauen, reinigen und mit Kugellagerfett füllen, dann wieder zusammenbauen.

Nabenschaltung
Einmal monatlich ca. 5 Tropfen Mineralöl (z. B. SAE 30 Motoröl) in den Schmiernippel eingeben.

Felgenbremsen
Monatlich, nach sorgfältiger Reinigung, mit der Sprühdose nur an den Drehpunkten von Griffen und Bremszangen sowie an Bedienungs- und Übertragungsmechanismen leicht schmieren. Überschüssiges Schmiermittel entfernen und darauf achten, daß die Bremsklötze sowie die Felgen nicht mit dem Schmiermittel in Berührung kommen.

Nabenbremsen
Einmal jährlich wie Kugellager (Trommelbremse und Rücktrittbremse ohne Schmiernippel) oder wie Gangschaltungsnabe (Rücktritt mit Schmiernippel) schmieren. Bei Trommelbremsnaben ist darauf zu achten, daß weder Schmiermittel noch Lösemittel (falls das bei der Reinigung eingesetzt wird) in den Bremsteil eindringen darf. Insbesondere bei der Sturmey-Archer-Nabe mit Gangschaltung und Trommelbremse ist zu bedenken, daß keine ausreichende Dichtung zwischen Gangschaltung und Bremse vorhanden ist. Deshalb muß man dort nicht nur sehr sparsam schmieren, man darf sogar das Rad nie seitlich mit der Bremsseite nach unten hinlegen, weil sonst Schmiermittel in die Bremstrommel laufen würde.

Anhang

Tabelle 1: Rahmengröße

Beinlänge	*Empfohlene maximale Rahmengröße*		
	Standard-rad	*Rennrad*	*Mountain-bike*
cm	cm	cm	cm
69–70	46	45	42
71–72	48	46	44
73–74	50	48	46
75–76	52	50	48
77–78	54	52	50
79–80	56	54	52
81–82	58	56	54
83–84	60	58	56
85–86	62	60	58
87–89	63	62	60
90–92	65	64	60

Bemerkungen

1. Die Beinlänge wird nach der Abbildung rechts gemessen.
2. Die Rahmengröße wird als Sitzrohrlänge von Mitte des Tretlagers bis Mitte des Oberrohrs gemessen. Falls bis Oberkante Sattelmuffe gemessen wird, ist ein um jeweils 1 bis 2 cm größeres Maß zu wählen.

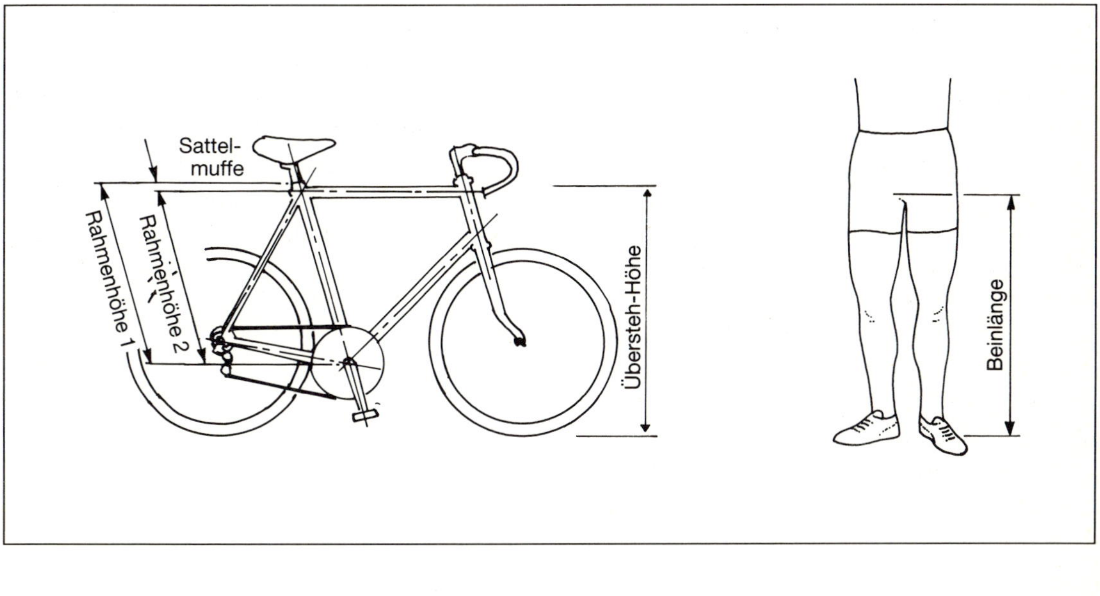

Tabelle 2: Kinderfahrradgrößen

Altersgruppe	*Schrittlänge*	*Rahmengröße*	*Laufradgröße*	*Altersgruppe*	*Schrittlänge*	*Rahmengröße*	*Laufradgröße*
4–6	45–55 cm	30 cm	400 mm (16'')	9–11	60–70 cm	40 cm	550 mm (22'')
5–7	50–60 cm	35 cm	450 mm (18'')	10–12	65–70 cm	45 cm	600 mm (24'')
7–9	55–65 cm	40 cm	500 mm (20'')	11–14	65–75 cm	45 cm	650 mm (26'')

Tabelle 3: Gewindemaße

Anwendungsbereich	*Englisch**	*Französisch*	*Italienisch*	*Schweizer*
Tretlager feste Schale	1,370 × 24 TPI (L)	35 × 1 (R)	36 × 24 TPI (R)	35 × 1 (L)
Tretlager Einstellschale	1,370 × 24 TPI (R)	35 × 1 (R)	36 × 24 TPI (R)	35×1 (R)
Pedal links	9/16'' × 20 TPI (L)	14 × 1,25 (L)	englisch	
Pedal rechts	9/16'' × 20 TPI (R)	14 × 1,25 (R)	englisch	
Steuersatz	1'' × 24 TPI	25 × 1	25,4 × 24 TPI	
Zahnkranz/Hinterradnabe	1,370'' × 24 TPI	34,7 × 1	35 × 24 TPI	
Ausfallende/Umwerfer Befestigung**	(französisch)	10 × 1	10 × 26 TPI	

Bemerkungen

* Einfache Fahrräder des TI-Raleigh-Konzerns (Raleigh, Rudge, BSA, Humber, Phillips) haben abweichende firmeneigene Normen für Steuersatz (1'' × 26 TPI) und Tretlager (1,375 × 26 TPI).

** Einige Ausfallenden haben ein Kettenumwerfer-Befestigungsloch ohne Gewinde.

Konvertierung Entfaltung (in m) – Übersetzung (in Zoll)

Tabelle 4: Entfaltungstabelle für Kettenschaltung

Zähnezahl des Kettenblattes	*Zähnezahl des Kettenblattes*																		
	12	*13*	*14*	*15*	*16*	*17*	*18*	*19*	*20*	*21*	*22*	*23*	*24*	*25*	*26*	*27*	*28*	*29*	*30*
28	4.98	4.59	4.27	3.98	3.75	3.51	3.32	3.14	2.99	2.84	2.71	2.60	2.48	2.39	2.30	2.21	2.13	2.06	1.99
29	5.14	4.76	4.42	4.12	3.88	3.64	3.44	3.25	3.09	2.94	2.81	2.68	2.57	2.47	2.38	2.29	2.21	2.13	2.06
30	5.34	4.92	4.58	4.27	4.01	3.77	3.56	3.36	3.20	3.05	2.91	2.76	2.68	2.55	2.46	2.36	2.29	2.20	2.13
31	5.51	5.08	4.73	4.41	4.14	3.89	3.68	3.48	3.31	3.15	3.01	2.84	2.75	2.64	2.54	2.44	2.36	2.28	2.21
32	5.69	5.24	4.89	4.55	4.27	4.02	3.80	3.59	3.41	3.25	3.10	2.92	2.84	2.72	2.62	2.52	2.44	2.35	2.28
33	5.87	5.41	5.04	4.69	4.40	4.14	3.92	3.71	3.52	3.35	3.20	3.00	2.93	2.81	2.71	2.60	2.52	2.42	2.35
34	6.04	5.57	5.19	4.84	4.53	4.27	4.04	3.83	3.63	3.45	3.29	3.09	3.02	2.90	2.79	2.69	2.60	2.49	2.42
35	6.22	5.74	5.34	4.98	4.67	4.40	4.16	3.94	3.75	3.56	3.39	3.17	3.11	2.99	2.87	2.76	2.68	2.57	2.48
36	6.40	5.90	5.49	5.12	4.80	4.53	4.27	4.05	3.85	3.66	3.49	3.25	3.20	3.08	2.95	2.84	2.75	2.64	2.56
37	6.58	6.07	5.75	5.27	4.93	4.65	4.38	4.16	3.95	3.76	3.59	3.34	3.29	3.17	3.03	2.92	2.83	2.72	2.63
38	6.77	6.23	5.80	5.41	5.07	4.78	4.50	4.27	4.06	3.86	3.70	3.42	3.38	3.25	3.11	3.00	2.90	2.79	2.70
39	6.94	6.40	5.94	5.55	5.21	4.90	4.62	4.38	4.16	3.96	3.79	3.62	3.47	3.33	3.20	3.08	2.97	2.86	2.77
40	7.12	6.57	6.10	5.69	5.34	5.02	4.74	4.50	4.27	4.07	3.88	3.71	3.56	3.42	3.28	3.16	3.05	2.94	2.84
41	7.30	6.73	6.25	5.84	5.47	5.15	4.86	4.61	4.37	4.17	3.98	3.80	3.64	3.50	3.36	3.24	3.13	3.01	2.92
42	7.47	6.90	6.40	5.98	5.60	5.27	4.98	4.72	4.48	4.27	4.07	3.90	3.75	3.58	3.45	3.32	3.20	3.08	2.99
43	7.65	7.06	6.56	6.12	5.74	5.40	5.10	4.83	4.59	4.37	4.17	3.98	3.82	3.67	3.53	3.40	3.28	3.16	3.06
44	7.83	7.23	6.71	6.26	5.87	5.52	5.22	4.94	4.70	4.47	4.27	4.08	3.91	3.76	3.61	3.48	3.36	3.24	3.13
45	8.01	7.39	6.86	6.40	6.00	5.65	5.34	5.05	4.80	4.57	4.37	4.18	4.00	3.84	3.69	3.56	3.43	3.31	3.20
46	8.18	7.55	7.01	6.55	6.14	5.78	5.45	5.17	4.91	4.67	4.46	4.27	4.09	3.93	3.78	3.64	3.51	3.39	3.28
47	8.36	7.72	7.17	6.69	6.27	5.90	5.57	5.28	5.02	4.78	4.56	4.36	4.18	4.01	3.86	3.72	3.59	3.46	3.35
48	8.54	7.88	7.32	6.83	6.40	6.03	5.69	5.39	5.12	4.88	4.66	4.45	4.27	4.10	3.94	3.80	3.66	3.53	3.42
49	8.72	8.05	7.47	6.97	6.54	6.15	5.81	5.50	5.23	4.98	4.75	4.55	4.36	4.18	4.02	3.87	3.75	3.60	3.49
50	8.90	8.21	7.63	7.12	6.67	6.28	5.93	5.62	5.34	5.08	4.85	4.64	4.45	4.27	4.10	3.95	3.82	3.68	3.56
51	9.07	8.38	7.78	7.26	6.81	6.40	6.05	5.73	5.44	5.18	4.95	4.73	4.54	4.35	4.19	4.03	3.89	3.75	3.63
52	9.25	8.54	7.93	7.40	6.94	6.53	6.17	5.84	5.55	5.29	5.04	4.83	4.62	4.44	4.27	4.11	3.97	3.82	3.70
53	9.43	8.70	8.08	7.54	7.07	6.66	6.29	5.95	5.66	5.39	5.14	4.92	4.71	4.52	4.35	4.19	4.04	3.90	3.77
54	9.61	8.87	8.23	7.69	7.20	6.78	6.40	6.07	5.76	5.49	5.24	5.01	4.80	4.61	4.43	4.27	4.12	3.97	3.85
55	9.78	9.03	8.39	7.83	7.33	6.90	6.52	6.16	5.87	5.59	5.34	5.10	4.89	4.70	4.51	4.34	4.19	4.04	3.92
56	9.97	9.20	8.54	7.97	7.47	7.03	6.64	6.29	5.98	5.69	5.43	5.20	4.98	4.78	4.59	4.42	4.27	4.12	3.98

Bemerkungen

1. Die Tabelle zeigt, wieviel Meter pro Tretkurbelumdrehung zurückgelegt werden bei jeder bestimmten Kombination von Kettenblatt und Zahnritzel für ein Renn- oder Rennsportrad mit 27''- oder 28''-Reifen.
2. Die Grundlage und die Benutzung der Tabelle werden auf Seite 42 f. erklärt.
3. Für Fahrräder mit Laufrädern anderer Größen wird die Entfaltung berechnet nach der Formel:

$$\text{Entfaltung} = \frac{\text{Zähnezahl Kettenblatt}}{\text{Zähnezahl Ritzel}} \times \text{Raddurchmesser} \times 3{,}14$$

Tabelle 5: Übersetzungszahlen in Zoll

Zähnezahl des Kettenblattes

	32	33	34	35	36	37	38	39	40	41	42	43	44	45	46	47	48	49	50	51	52	53	54	55	56
12	**72** 2.66	**74** 2.75	**76** 2.83	**79** 2.92	**81** 3.00	**83** 3.08	**86** 3.17	**88** 3.25	**90** 3.33	**92** 3.42	**94** 3.50	**97** 3.58	**99** 3.67	**101** 3.75	**104** 3.83	**106** 3.92	**108** 4.00	**110** 4.08	**112** 4.17	**115** 4.25	**117** 4.33	**119** 4.42	**122** 4.50	**124** 4.58	**126** 4.67
13	**66** 2.46	**69** 2.54	**71** 2.62	**73** 2.69	**75** 2.77	**77** 2.85	**79** 2.92	**81** 3.00	**83** 3.08	**85** 3.15	**87** 3.23	**89** 3.31	**91** 3.38	**93** 3.46	**96** 3.54	**98** 3.62	**100** 3.69	**102** 3.77	**104** 3.85	**106** 3.92	**108** 4.00	**110** 4.08	**112** 4.15	**114** 4.23	**116** 4.31
14	**62** 2.29	**64** 2.36	**66** 2.43	**68** 2.50	**69** 2.57	**71** 2.64	**73** 2.71	**75** 2.79	**77** 2.86	**79** 2.93	**81** 3.00	**83** 3.07	**85** 3.14	**87** 3.21	**89** 3.29	**91** 3.36	**93** 3.43	**94** 3.50	**96** 3.57	**98** 3.64	**100** 3.71	**102** 3.79	**104** 3.86	**106** 3.93	**108** 4.00
15	**58** 2.13	**59** 2.20	**61** 2.27	**63** 2.33	**65** 2.40	**67** 2.47	**68** 2.53	**70** 2.60	**72** 2.67	**74** 2.73	**76** 2.80	**77** 2.87	**79** 2.93	**81** 3.00	**83** 3.07	**85** 3.13	**86** 3.20	**88** 3.27	**90** 3.33	**92** 3.40	**94** 3.47	**95** 3.53	**97** 3.60	**99** 3.67	**101** 3.73
16	**54** 2.00	**56** 2.06	**57** 2.12	**59** 2.19	**61** 2.25	**62** 2.31	**64** 2.38	**66** 2.44	**68** 2.50	**69** 2.56	**71** 2.62	**73** 2.69	**74** 2.75	**76** 2.81	**78** 2.88	**79** 2.94	**81** 3.00	**83** 3.06	**84** 3.12	**86** 3.19	**88** 3.25	**89** 3.31	**91** 3.38	**93** 3.44	**94** 3.50
17	**51** 1.88	**52** 1.94	**54** 2.00	**56** 2.06	**57** 2.12	**59** 2.18	**60** 2.24	**62** 2.29	**64** 2.35	**65** 2.41	**67** 2.47	**68** 2.53	**70** 2.59	**71** 2.65	**73** 2.71	**75** 2.76	**76** 2.82	**78** 2.88	**79** 2.94	**81** 3.00	**83** 3.06	**84** 3.12	**86** 3.18	**87** 3.24	**89** 3.29
18	**48** 1.78	**50** 1.83	**51** 1.89	**52** 1.94	**54** 2.00	**56** 2.06	**57** 2.11	**58** 2.17	**60** 2.22	**62** 2.28	**63** 2.33	**64** 2.39	**66** 2.44	**68** 2.50	**69** 2.56	**70** 2.61	**72** 2.67	**74** 2.72	**75** 2.78	**76** 2.83	**78** 2.89	**80** 2.94	**81** 3.00	**82** 3.06	**84** 3.11
19	**45** 1.68	**47** 1.74	**48** 1.79	**50** 1.84	**51** 1.89	**53** 1.94	**54** 2.00	**55** 2.05	**57** 2.11	**58** 2.16	**60** 2.21	**61** 2.26	**63** 2.32	**64** 2.37	**65** 2.42	**67** 2.47	**68** 2.53	**70** 2.58	**71** 2.63	**72** 2.68	**74** 2.74	**75** 2.79	**77** 2.84	**78** 2.89	**80** 2.95
20	**43** 1.60	**45** 1.65	**46** 1.70	**47** 1.75	**48** 1.80	**50** 1.85	**51** 1.90	**53** 1.95	**54** 2.00	**55** 2.05	**57** 2.10	**58** 2.15	**59** 2.20	**61** 2.25	**62** 2.30	**63** 2.35	**65** 2.40	**66** 2.45	**68** 2.50	**69** 2.55	**70** 2.60	**72** 2.65	**73** 2.70	**74** 2.75	**76** 2.80
21	**41** 1.52	**42** 1.57	**44** 1.62	**45** 1.67	**46** 1.71	**48** 1.76	**49** 1.81	**50** 1.86	**51** 1.90	**53** 1.95	**54** 2.00	**55** 2.05	**57** 2.10	**58** 2.14	**59** 2.19	**60** 2.24	**62** 2.29	**63** 2.33	**64** 2.38	**66** 2.43	**67** 2.48	**68** 2.52	**69** 2.57	**71** 2.62	**72** 2.67
22	**39** 1.45	**40** 1.50	**42** 1.55	**43** 1.59	**44** 1.64	**45** 1.68	**47** 1.73	**48** 1.77	**49** 1.82	**50** 1.86	**52** 1.91	**53** 1.95	**54** 2.00	**55** 2.05	**56** 2.09	**58** 2.14	**59** 2.18	**60** 2.23	**61** 2.27	**63** 2.32	**64** 2.36	**65** 2.41	**66** 2.45	**68** 2.50	**69** 2.55
23	**38** 1.39	**39** 1.43	**40** 1.48	**41** 1.52	**42** 1.57	**43** 1.61	**45** 1.65	**46** 1.70	**47** 1.74	**48** 1.78	**49** 1.83	**50** 1.87	**52** 1.91	**53** 1.96	**54** 2.00	**55** 2.04	**56** 2.09	**58** 2.13	**59** 2.17	**60** 2.22	**61** 2.26	**62** 2.30	**63** 2.35	**65** 2.40	**66** 2.43
24	**36** 1.33	**37** 1.37	**38** 1.42	**39** 1.46	**40** 1.50	**42** 1.54	**43** 1.58	**44** 1.63	**45** 1.67	**46** 1.71	**47** 1.75	**48** 1.79	**50** 1.83	**51** 1.87	**52** 1.92	**53** 1.96	**54** 2.00	**55** 2.04	**56** 2.08	**57** 2.12	**58** 2.17	**60** 2.21	**61** 2.25	**62** 2.29	**63** 2.33
25	**35** 1.28	**36** 1.32	**37** 1.36	**38** 1.40	**39** 1.44	**40** 1.48	**41** 1.52	**42** 1.56	**43** 1.60	**44** 1.64	**45** 1.68	**46** 1.72	**48** 1.76	**49** 1.80	**50** 1.84	**51** 1.88	**52** 1.92	**53** 1.96	**54** 2.00	**55** 2.04	**56** 2.08	**57** 2.12	**58** 2.16	**59** 2.20	**60** 2.24
26	**33** 1.23	**34** 1.27	**35** 1.31	**36** 1.35	**37** 1.38	**38** 1.42	**39** 1.46	**40** 1.50	**42** 1.54	**43** 1.58	**44** 1.62	**45** 1.65	**46** 1.69	**47** 1.73	**48** 1.77	**49** 1.81	**50** 1.85	**51** 1.88	**52** 1.92	**53** 1.96	**54** 2.00	**55** 2.04	**56** 2.08	**57** 2.12	**58** 2.15
27	**32** 1.19	**33** 1.22	**34** 1.26	**35** 1.30	**36** 1.33	**37** 1.37	**38** 1.41	**39** 1.44	**40** 1.48	**41** 1.52	**42** 1.56	**43** 1.59	**44** 1.63	**45** 1.67	**46** 1.70	**47** 1.74	**48** 1.78	**49** 1.81	**50** 1.85	**51** 1.89	**52** 1.93	**53** 1.96	**54** 2.00	**55** 2.04	**56** 2.07
28	**31** 1.14	**32** 1.18	**33** 1.21	**34** 1.25	**35** 1.29	**36** 1.32	**37** 1.36	**38** 1.40	**39** 1.43	**40** 1.46	**41** 1.50	**42** 1.54	**43** 1.57	**44** 1.61	**45** 1.64	**45** 1.68	**46** 1.71	**47** 1.75	**48** 1.79	**49** 1.82	**50** 1.86	**51** 1.89	**52** 1.93	**53** 1.96	**54** 2.00
29	**30** 1.10	**31** 1.14	**32** 1.17	**33** 1.21	**34** 1.24	**34** 1.28	**35** 1.31	**36** 1.34	**37** 1.38	**38** 1.41	**39** 1.45	**40** 1.48	**40** 1.52	**41** 1.55	**42** 1.59	**44** 1.62	**45** 1.66	**46** 1.69	**47** 1.72	**47** 1.76	**48** 1.79	**49** 1.83	**50** 1.86	**51** 1.90	**52** 1.93
30	**29** 1.07	**30** 1.10	**31** 1.13	**32** 1.17	**32** 1.20	**33** 1.23	**34** 1.27	**35** 1.30	**36** 1.33	**37** 1.37	**38** 1.40	**39** 1.43	**40** 1.47	**40** 1.50	**41** 1.53	**42** 1.57	**43** 1.60	**44** 1.63	**45** 1.67	**46** 1.70	**47** 1.73	**48** 1.77	**49** 1.80	**50** 1.83	**50** 1.87

Bemerkungen

1. Die fettgedruckten Werte sind die Übersetzungszahlen (in Zoll) für 27″- und 28″- (700 C-)Schlauchreifen und Drahtreifen.
2. Werte für abweichende Laufgrößen werden ermittelt, indem die kleingedruckten Werte mit der zutreffenden Laufgröße (in Zoll) multipliziert werden.

Register

Die fett gesetzten Einträge weisen auf Reparatur- und Wartungsanleitungen hin.

aerobe Schwelle 93
Anlötteile 117
Antrieb 14
Aufhängevorrichtung 137
Ausfallenden 113, 115
Ausfallenden richten 125
Auto-Fahrradträger 77
Automatik 189
Auto-Ventil 149

Bandbremse 50, 204
Batteriebeleuchtung 230
Bekleidung 30
Beleuchtung 14, 224
BMX-Rad 20
Bowdenzug 111, 214
Bremse 14
Bremse ausrichten 220
Bremse ersetzen 221
Bremsgriff ersetzen 222
Bremshandschuhe 31
Bremshebel 111
Bremsklötze ersetzen 219
Bremsmaße 213
Bremsseil ersetzen 218
Bremstechnik 47
BSA-Lager 163
BSA-Lager einstellen 168
BSA-Lager überholen 168

Cross-Bremse 211, 212, 216

Damenrad 27
Damenrahmen 116
Damensattel 140
Daumenschalter 190
Dinexbremse 50, 205
Dreigangnabe
Dreigangnabe einstellen 197
Dreigangnabe, Fichtel & Sachs 202
Dreigangnabe, Shimano 202
Dunlop-Ventil 149
Durchmesser, nomineller 109
Dynamo 224
Dynamobeleuchtung 224

Einspeichmuster 155, 159
Entfaltung 42, 249
Entfaltungstabelle 249
Etikett 118
ETRO 150

Fahrradhelm 52
Fahrradkarten 78
Fahrradkoffer 77
Fahrradschuhe 30
Fahrradtaschen 77
Fahrradtouren 68
Falschfahrunfall 58
Felge 144, 153
Felgenbremse 211
Felgenbremse einstellen 214
Fichtel & Sachs-Dreigangnabe 202
Fichtel & Sachs-Fünfgangnabe 203
Flankenwinkel 109
Flüssigkeitsaufnahme 60
Formel-1-Rad 20
Fünfgangnabe 203
Fünfgangnabe einstellen 197
Fußhaken 175

Gabel 128
Gabel, Inspektion 129
Gabelkonus 132
Gabelschaft 128
Gabelscheide 129
Ganghöhe 109
Gangschaltung 14
Gangschaltung, Umgang 42
Gebrauchträder 28
Geländefahren 85
Gepäck 71
Gepäckanhänger 74
Gepäckträger 231
Gepäckverteilung 72
Gewindemaße 248
Gewinderichtung 109

Hebelantrieb 165
Herrenrahmen 113
Herrensattel 140
Hindernis umfahren 88
Hinterradbremse 48
Hinterrohre 113
Hochflanschnabe 145
Hollandrad 15
Hydraulik-Felgenbremse 213

Index-Schaltung warten 187
Index-System 44
Inspektion 242

Kalorienzähler 96
Kardanantrieb 165
Karten 78
Karten, topografische 91
Kette 176
Kette mit Schloß, Installation und Wartung 177
Kette ohne Schloß, Installation und Wartung 178
Kette, Verlauf 147
Kettenblatt-Umwerfer 182
Kettenblatt-Umwerfer ersetzen 192
Kettenblätter 175
Kettenkasten 232
Kettenlinie 179
Kettennietendrücker 178
Kettenschaltung 182
Kettenschaltung, Übersetzungstabelle 249
Kettenschloß 177
Kettenschutz 232
Kettenverschleiß 176
Kiddy-Cranks 62
Kinder
Kinder, Anhänger 66
Kinder, Fahrradfahren lernen 65
Kinder, Fahrradtouren 66
Kinderfahrradgrößen 248
Kinderrad 20
Kinderrad, Kauf 64
Kindersitz 62
Klapprad 18
Klingel 234
Kontermutter 110
Kontrollverluststürze 55
Kranzabzieher 193
Kronstück 128
Kröpfung 127
Kugellager 107
Kunststoffe 106
Kurbelabzieher 170

Lackierung 121
Lackierung ausbessern 126
Laufrad 14, 144
Laufrad einbauen/ausbauen 146, 147
Laufrad einspeichen 158
Laufrad richten 157
Laufrad, Zentrierung 155
Ledersattel, Pflege 143
Leerlauf 203
Leichtlaufrad 15
Leistungskontrolle 96
Leistungsverlauf 94
Lenker 42, 134
Lenker einstellen 135
Lenker umwickeln 137
Lenkerbügel 127
Lenkerbügel auswechseln 136
Lenkerendschalter 190
Lenkerend-Stopfen 137
Lenkergriffe 138
Lenkerschalthebel 190
Lenkung 14, 127
Lichtanlage, Störungsübersicht 227
Luftpumpe 235

Manschettenbolzen 127
Mittenzugbremse 211, 215
Mountainbike 18, 81
Mountainbike, Gangschaltung 85
Mountainbike, Geländefahren 85
Mountainbike, Rad tragen 87
Mountainbike, Steigungen fahren 85

Nabe 144
Nabe einstellen 148
Nabe überholen 148
Nabenbremse 204
Nabendynamo 229
Nabenlager einstellen 201, 206
Nabenschaltung 195
Nachlauf 127
Niederflanschnabe 145
Nippel 144
Nippelspanner 157
Nockenbremse 211, 217
nomineller Durchmesser 109

Oberrohr 113
Orientierung 91

Pedal 172
Pedal einstellen 174
Pedal ersetzen 173
Pedal überholen 174
Preise 23
Presta-Ventil 149

quadruple-butted 105

Rad siehe Laufrad
Radsport 97
Radwanderführer 78
Rahmen 14, 113
Rahmen, dynamische Belastung 114
Rahmen, Pflege und Reparatur 123
Rahmen richten 125
Rahmen, statische Belastung 114
Rahmengeometrie 119
Rahmengröße 24, 247
Rahmeninspektion 124
Regenausrüstung 33
Regenkleidung 36
Reifen 144, 149
Reifen flicken/ersetzen 151
Reifendecke ersetzen 152
Reifenheber 151
Reifenmantel 149
Reifenmaße 150
Reinigung 245
Reiserad 17
Rennlenker umwickeln 137
Rennrad 17
Rennschuhe 31
Rennsportrad 17
Rillenlager 107, 108, 164
Ritzel ersetzen 201
Rohrdurchmesser 119
Rohrtypen 104
Rollwiderstand 83
Rückstrahler 230
Rücktritt 203
Rücktrittbremse 204
Rücktrittnabe überholen 206

Sattel 14, 139
Sattel auswechseln 141
Sattel einstellen 140
Sattelbezug 139
Sattelhöhe 41
Sattel-Klemmbolzen 142
Sattelmuffe 113
Sattelneigung 140
Sattelstütze 139, 141
Sattelstütze auswechseln 143
Schalthebel 111, 182
Schalthebel ersetzen 190
Schaltnabe 196
Schaltsegment einstellen und überholen 190
Schaltseil 182
Schaltseil einstellen 187
Schaltseil ersetzen 189, 200
Schalttechnik 44
Scheibenbremse 50, 205
Scheinwerfer einstellen 116
Schlauch
Schlauch ersetzen 152
Schlauch flicken/ersetzen 151
Schloß 235
Schmierung 245
Schnellspann-Nabe 145
Schräder-Ventil 149
Schraubverbindungen 108
Schuhbindungen 175
Schuhe 30
Schutzbleche 231
Schutzhelm 52
Schwingungsfreiheit 75
Seilführung 182
Seitentaschen 74
Seitenzugbremse 215
Shimano-Dreigangnabe 202
Sitzposition 39
Sitzrohr 113
Sklaverandt-Ventil 149
Spats 36
Speichen 144, 154
Speichen ersetzen 158
Speichenreflektor 60
Spritzschutz 33
Stadtrad 18
Ständer 233
Steifigkeit 103
Stellhülse 112
Steuerkopf 113
Steuerkopflager 127
Steuerkopflager einstellen 130
Steuerkopflager überholen 131
Steuerkopfmuffen 113
Steuerkopfwinkel 127
Steuersatz 133
Stoppmutter 110
Streben 113

Tachometer 234
Tandem 19
Tandem, Kauf 28
Tandemantrieb 180
Tandembremse 210
Tandemrahmen 122
Thompsonlager 163
Tompsonlager einstellen 167
Tompsonlager überholen 167
Tourenrad 70
Touristikrad 17
Trainingsschema 97
Tretgeschwindigkeit 43
Tretkurbel
Tretkurbel, keillos, auswechseln 171
Tretkurbel, keillos, festziehen 170
Tretkurbel, verkeilt, auswechseln 170
Tretkurbel, verkeilt, festziehen 169
Tretkurbelsatz 164
Tretlager 107, 163
Tretlagermuffe 113
Trimmrad 17, 97
triple-butted 105
Trommelbremse 50, 204, 207
Trommelbremse einstellen 208
Trommelbremse überholen 209
Turbobremse 212

Umwerfer 182, 183
Umwerfer einstellen 185
Unfälle 52
Unicrowngabel 128
Unterrohr 113
Unterrohrschalthebel 190

Ventil 144
Ventiltypen 149
Verarbeitungsqualität 121
Verkehrssicherheit 55
Verletzungen 53
Verwindungsfestigkeit 103
Verzögerung 48
Vorbau 127, 134
Vorbau auswechseln 135
Vorderrahmen 113
Vordergabel 113
Vordergabel richten 130

Walzendynamo 228
Wellenantrieb 165
Werkstatt 237
Werkstoffe 102
Werkzeuge 241
Wiegetritt 45
Winterkleidung 34
Woody-Ventil 149

Zahnkranz 182, 193
Zahnkranz auswechseln 193
Zahnriemenantrieb 165
Zubehör 30
Zweibeinständer 233